조선을 침몰시킨 청일전쟁

세계사와 포개 읽는 한국 100년 동안의 역사 ❻

조선을 침몰시킨 청일전쟁

김 용 삼
근현대사 탐구가

백년
동안

프롤로그

총체적 난국

청일전쟁이 발발한 조선 후기는 500여 년 지탱해 온 왕조가 곳곳에서 물이 새 침몰 직전의 상황이었다. 17세기까지 전체 인구의 10퍼센트 미만에 불과했던 양반 숫자가 잦은 정변과 무계획적인 과거 시행으로 19세기에는 무려 70퍼센트로 폭증했다. 반면 쓸모 있는 관직은 900여 자리로 한정돼 있었다. 그 결과 양반들은 지연·학연·혈연으로 붕당을 형성해 치열한 관직 쟁탈전을 벌였다. 이것이 당쟁이다.

순조 시대부터 '소년 왕과 외척의 시대'가 개막된다. 정권은 안동 김씨, 풍양 조씨, 여흥 민씨 같은 특정 가문의 일당독재로 타락해 왕권은 무력화됐다. 권력을 잡은 가문의 부정부패와 매관매직으로 국가 운영의 기초인 삼정三政이 극도로 문란해져 왕조는 멸망의 나락으로 추락해 갔다. 조선이 총체적 난국으로 붕괴를 향한 카운트다운을 시작했을 때 동아시아는 러시아의 진출이라는 중대 변수를 맞게 된다.

증기기관 발명과 수에즈 운하 개통으로 "바다를 지배하는 자가 세계를 지배한다"라는 해양 국가 우세론이 판을 쳤다. 그런데 한편으론 철도의 등장으로 러시아·독일 등 대륙 국가의 이점이 부각되기 시작했다. 영국 지리학자 헬퍼드 매킨더(Halford J. Mackinder)는 시베리아횡단철도가 러시아 제국에게 기동성을 부여해 군사력과 경제력의 팽창 조건을 구비하게 해주었고, 이로써 러시아는 몽골 제국을 대신해 유라시아 지역의 정치적 주축으로 자리 잡았다고 평가한다.

영국의 거문도 점령 사태로 블라디보스토크 항구가 봉쇄되면서 극동 지역의 안전에 치명적 한계를 경험한 러시아는 9,300킬로미터에 달하는 시베리아횡단철도 건설을 통해 유럽과 극동을 연결하는 사상 초유의 도박에 베팅한다.

러시아가 시베리아철도를 건설할 경우 그 종착역은 겨울에도 얼어붙지 않고 태평양 진출이 손쉬운 부산이나 마산으로 연결될 것이 불을 보듯 뻔했다. 러시아 제국의 깃발이 부산·마산에 휘날리는 날 일본의 안보는 러시아의 위협 아래 놓이게 된다. 러시아 세력의 한반도 진출을 막기 위한 예방전 차원에서 일본은 조선을 보호국으로 삼아 러시아가 차지하지 못하도록 한다는 계획을 세운다.

하지만 조선의 현실은 청나라의 속국 신세였다. 일본은 조선과 청의 연결 고리를 치단해 조선을 보호국화하기 위해 청일전쟁을 결심한다. 일본의 궁극적인 주적은 러시아였고, 한반도를 차지하기 위한 최종전은 러일전쟁이었다. 말하자면 청일전쟁은 본게임에 앞서 치러야 했던 오픈게임이었다. 이런 이유 때문에 일부 학자들은 청일전쟁과 러일전쟁을 합쳐 10년 전쟁이라 부르기도 한다.

하필이면 이 엄혹한 시기에 전라도 일대에서 동학 농민 봉기가 폭발한다. 농민 봉기조차 진압할 힘이 없었던 고종은 청나라에 원군을 요청한다. 아이러니하게도 이 땅에 일본군을 끌어들여 식민지 전략의 뇌관을 터뜨린 장본인은 조선 국왕 고종이었다. 오죽했으면 일본 외상 무쓰 무네미쓰陸奧宗光가 "앞으로 일·청 양국 사이에 있어 당시의 외교 역사를 쓰게 된다면, 동학당의 난을 제1장에 놓지 않으면 안 될 것"이라고 자신의 회고록 『건건록蹇蹇錄』에 기록해 놓았겠는가(무쓰 무네미쓰, 김승일 옮김, 『건건록』, 범우사, 2013, 32쪽).

한국 문제 해결 방안

청일전쟁은 동아시아의 패권을 둘러싼 일본과 청국의 격전장이었다. 일본 시각으로 보면 아시아 지배를 향한 '승리의 기록'이고, 청국 쪽에서 보면 중화 시스템의 몰락을 예고하는 '패배의 기록'이다(정선태, 「'일청전쟁'이라는 재난과 문명세계의 상상 | 『혈의 누』를 다시 읽는다」, 『한국학논총』 43, 2015, 275쪽).

유길준은 1883년 자신이 쓴 「세계대세론」에서 중국을 '지나支那'라고 부르기 시작했다. 'china'를 음역한 '지나'는 일본에서 중국을 폄하하는 뜻을 담고 있었다(황동란, 「중국에는 역사가 없는가 | 지나사, 동양사에서 중국사에 이르기까지」, 『개념과 소통』 제8호, 한림과학원, 2011, 130쪽). 중국을 지나라고 불렀던 유길준에게 중국은 이미 천하의 중심이 아니라 그저 하나의 지역일 따름이었다(최규진, 「청일전쟁기 지식인의 국제정세 인식과 세계관」, 『아시아문화연구』 제26집, 가천대 아시아문화연구소, 2012, 155~156쪽).

동아시아에서 '세력 이동(power shift)'이 일어날 때 강대국은 한반도를 둘러싼 각축을 벌인다. (잠재적) 적대국에 대한 완전한 승리가 어려운 상황에서 강대국은 '전략적 영토'인 한반도를 차지하고자 충돌하면서 지역 질서의 근본적 변화를 초래하거나 예견했다(정성철, 「동아시아 세력전이와 한반도 전쟁 | 19세기 청일전쟁과 21세기 미중경쟁」, 『담론 201』 제23권 1호, 한국사회역사학회, 2020, 94쪽).

한반도를 둘러싸고 첨예한 갈등을 벌인 열강은 한반도의 현상 유지

를 위해 조선 분할, 중립화, 공동 관리라는 해결 방안을 모색했다. 반면에 동아시아 질서에 대한 개편을 결정한 일본은 조선 보호국화를 추구했다. 한국 문제 해결과 관련해 열강이 제기한 분할, 중립화, 공동 관리, 보호국화 방안은 해방 이후 한국 문제 처리를 위한 준거 틀로 활용됐고, 이 중 한반도 분할안은 현재의 분단 체제로 귀착됐다(홍용덕, 「19세기 동아시아 국제질서의 구조적 변동과 '한국문제'의 형성 | 청일전쟁과 러일전쟁을 중심으로」, 한신대 박사학위 논문, 2015, 4~5쪽).

일본 지도부의 한반도 인식

일본 학자들 중 일부는 "중국과의 전쟁은 일본 역사상 필연적으로 일어날 수밖에 없었고, 그것이 1894년이라는 특정 시기에 발발한 것은 개전의 구실이 그때 비로소 나타났기 때문"이라고 주장한다.

일본과 청국이 전쟁으로 치달은 이유 중의 하나는 조선에 대한 일본 군부의 전통적 인식이다. 청일전쟁 이전부터 일본 군부는 조선을 "일본군의 활동 무대"로 생각했다(모리야마 시게노리, 「청일전쟁 중 일본군부의 대한정략」, 김기혁 외, 『청일전쟁의 재조명』, 한림대학교 아시아문화연구소, 1996, 174쪽).

군부뿐만 아니라 일본의 지식인·언론인들은 "해외 시장 진출이 경제적 번영을 좌우한다"라는 인식하에 일본이 아시아의 패권을 장악해야 한다는 생각에 젖어 있었다. 1894년 6월 일본 「주오中央신문」은 "일본의 임무는 일본의 영향력을 아시아 대륙에 걸쳐 확대하는 것이다. 하늘은 우리를 이 좁은 열도에 감금당한 채 살라고 창조하지 않았다"라면서 아시아 진출을 선동했다.

이런 사고방식을 가진 사람들이 볼 때 조선에서 청이나 러시아가 영향력을 강화하는 것은, 열강을 꿈꾸며 아시아 대륙에서 제국을 건설하려는 일본의 구상을 좌절시키려는 것으로 해석됐다.

청나라는 건륭제乾隆帝 시절 신장新疆 일대의 광활한 영토를 정복했다. 하지만 광대한 영토 정복이 반드시 좋은 결과만을 가져오지는 않는다. 청은 이 지역을 유지하기 위해 막대한 재정을 투입해야 했다. 건륭제 통치 기간 동안 청은 최고의 번영을 이루었지만, 번영의 끝은 쇠락이었다. 한편에선 몰락의 전조가 이미 진행되고 있었다.

19세기 중반까지만 해도 전 세계 제조업 생산량의 3분의 1을 담당하던 중국은 산업혁명 덕분에 약진을 거듭한 서양 열강에 뒤처지기 시작했다. 중국 근대사에서 청나라는 다섯 차례 대규모 전쟁을 치렀는데, 그 결과는 청국의 굴욕적인 패배였다. 아편전쟁이 외부 세계에 굳게 닫혔던 중국의 문호를 열게 해주었다면, 청일전쟁은 그 문을 아예 부숴버렸다(이경하, 「청일전쟁 시기 '신보申報' 사설에 나타난 '조선'과 '일본'에 대한 시각」, 『중국어문학지』 제23집, 중국어문학회, 2007, 152쪽).

완충국이 처한 냉엄한 현실

미국 미네소타대학의 국제정치학자 타니샤 파잘(Tanisha Fazal) 교수는 『국가의 죽음』이란 저서를 통해 망국을 집중적으로 연구한 학자다. 파잘의 연구에 의하면 1816년부터 2000년 사이 207개 국가 중 무려 32퍼센트인 66개국이 소멸했다. 소멸한 66개 국가 중 50개가 이웃 국가들이 휘두른 폭력(전쟁)에 의해 사라졌다. 이런 통계 수치를 근거로 파잘 교수는 특히 라이벌 국가 사이에 놓인 완충 국가는 다른 국가보다 망국을 경험할 가능성이 높다고 분석했다.

세력전이 벌어지는 상황에서 강대국 간 불신이 심화하면 전쟁에서 완전한 승리를 거두는 것을 추구한다. 현실적으로 상대국을 병합하거나 전복시키는 것이 어려우면 '전략적 영토(strategic territory)'를 차지하는 것이 중요하다. 전략적 영토를 확보하면 방어가 손쉽기 때문에 상대국의 공격에 대한 우려를 낮출 수 있다. 반대로 전략적 영토를 빼앗기면 종전 후 상대국의 공격을 방어하는 데 어려움을 겪는다. 전략적 영토를 획득하면서 전쟁을 마무리하면 상대국에 대한 절대 승리를 제외하고는 최선의 결과가 된다.

한반도는 중국·러시아·일본 사이에 낀 완충 지대다. 때문에 완충 지역을 차지하려는 강대국의 욕구는 높아질 수밖에 없다. 동아시아 패권을 차지한 나라는 한반도를 자국의 영향력 아래 두었다. 명에서 청, 청에서 일본, 일본에서 미국과 소련으로 동아시아 패권이 옮겨갈 때마다 한반도는 새로운 영향권에 흡수됐다.

주권선·이익선 확장의 역사

일본은 자국의 독립과 안선을 위한다는 미명하에 대외 영토 확장을 국가 목표로 정했다. 자국 주위에 넓은 완충 공간을 확보함으로써 자국의 이익을 서구 열강의 직접적 침략으로부터 보호하려 한 것이다. 일본이 인식한 가장 시급한 위협은 러시아의 동진 정책이었다. 러시아를 일본의 주적으로 판단한 야마가타 아리토모山縣有朋는 "해외 열강의 행위가 우리에게 불리하게 작용할 경우, 우리는 책임감을 가지고 이를 배격해야 하며 불가피할 경우에는 군사적 수단이라도 이용해 우리의 의지를 달성해야 한다"라고 주장했다(육군군사연구소, 『청일전쟁(1894~1895)』, 국군인쇄창, 2014, 206쪽).

이러한 그의 생각이 체계적으로 정리돼 공표된 것은 1890년 12월 제국의회 시정 방침 연설이었다. 이날 야마가타 일본 총리는 "국경인 '주권선'뿐만 아니라 주권선의 안위와 밀접한 관계가 있는 '이익선'을 보호해야 한다"라고 선언했다. 그가 말한 주권선은 일본 본토이고, 이익선은 한반도였다. 일본의 안전에 직접적인 영향력을 미치는 한반도까지를 무력으로 보호해야 하니 군비 확충을 위한 세금을 많이 걷어도 양해해 달라는 연설이었다.

일본은 1894년 청일전쟁을 기폭제로 삼아 1904년 러일전쟁, 1914년 제1차 세계대전, 1921년 시베리아 출병, 1931년 만주사변, 1937년 중일전쟁, 1941년 태평양전쟁에 이르기까지 5~10년 주기로 대전쟁을 끊임없이 반복했다. 그것은 주권선·이익선 확장의 역사였다. 1910년 이익선이었던 대한제국을 합병하면서 한반도는 일본의 주권선이 됐다. 이렇게 되자 일본의 이익선은 만주로 확장됐다. 1931년 만주사변을 일으켜 만주국이 일본에 귀속되자 이익선은 중국 본토로 확장된다. 일본은 자신들의 이익선을 보호한다는 명목으로 중일전쟁을 일으킨다.

청일전쟁은 10년 후 벌어진 러일전쟁의 서막이자, 50년에 걸친 일본 대전쟁의 개막을 알리는 전초전이었다. 청일전쟁의 포성이 울린 1894년부터 1945년 미국의 원자폭탄 공격을 받고 패전하기까지 50년간 일본의 아들들은 한반도, 만주, 중국 대륙, 시베리아, 동남아, 태평양 군도에 이르기까지 산과 바다를 누비고 강과 사막, 열대 밀림을 헤치며 전쟁을 치렀다. 일본의 아들들이 진출하는 곳마다 그들을 위무하기 위해 '일본의 딸'들이 동원됐다. 그 위로와 위무의 대열에 일본의 식민지가 된 '한국의 딸'들도 포함돼 있었다.

한마디로 제국 일본의 역사는 주권선·이익선 확장의 역사였다. 말을 좀 바꾸면 1894년 청일전쟁 이래 1945년까지 주권선·이익선을 지키기 위해 50년간 죽어라 하고 전쟁을 계속한 셈이다. 일본은 이른바 '이익선' 방어 본능에 극단적으로 집착함으로써 비극의 길로 질주했다.

용과 사무라이의 혈투

청일전쟁은 16세기 말 도요토미 히데요시豊臣秀吉가 한반도 정복을 도모했다가 실패한 뒤 또다시 한반도를 차지하기 위해 일으킨 전쟁이었다. 한반도를 '순망치한脣亡齒寒의 관계'라고 인식하는 중국과, '우리의 심장을 겨냥한 비수'라고 해석하는 일본이 조선을 차지하기 위해 벌인 한 판 승부였다.

청일전쟁은 중국 중심의 동아시아 역학 관계를 뒤집어 일본 중심의 질서로 재편하고 한·중·일 세 나라의 근대화 방향을 결정지은 전쟁이었다. 또 아시아에서 각축을 벌이던 열강 간의 제국주의적 영토 분할 경쟁을 촉발한 세계사적 의의를 지닌 전쟁이었다. 강성학은 청일전쟁을 "용과 사무라이가 한반도를 걸고 피 터지게 싸운 혈투"라고 표현한다(강성학 편저, 『용과 사무라이의 결투 | 중(청)일전쟁의 국제정치와 군사전략』, 리북, 2006, 5쪽).

청일전쟁·러일전쟁을 통해 일본은 조선을 식민지로 차지하면서 열강 대열에 오르게 된다. 또 '압박받는 나라'였던 일본이 '압박하는 나라'로 전환됐다는 점에서 일본 근대사에 획을 긋는 획기적인 전쟁이었다. 일본에게는 제2차 세계대전에 필적할 만한 의미 있는 전쟁이었다(후지무라 미치오, 허남린 옮김, 『청일전쟁』, 도서출판 소화, 1997, 7쪽).

때문에 청일전쟁과 관련한 일본 측 의견은 위풍당당하다. 이토 히로부미伊藤博文 총리는 "청일전쟁은 일본 역사가 시작된 이래 가장 중대한 사건"이라고 말했다. 언론인 도쿠토미 소호德富蘇峰는 "우리는 자신의 힘

을 파악하게 됐고, 우리의 역량은 전 세계에 알려졌다. 또 우리는 전 세계가 우리의 역량을 인지했음을 알고 있다"라고 토로했다. 도쿠토미는 청일전쟁이 한창일 때 『대일본팽창론』을 발간해 일본이 문명의 지도자, 인도人道의 확장자, 문명의 사자使者가 돼야 한다고 주장했다(정의, 「근대 일본의 서구숭배와 국수주의 | 메이지유신부터 청일전쟁까지를 중심으로」, 『일본사상』 제27호, 한국일본사상사학회, 2014, 288쪽).

하지만 청일전쟁이 청국의 정치 제도나 법률 체계를 변화시키지는 못했다. 또 중국 24개 성 중 4개 성만 전쟁의 영향을 받았을 뿐 나머지 20개 성은 평소와 같은 일상적 삶이 계속됐다. 전쟁의 결과로 인해 서양인들은 청국의 비참하고 절망적인 상황을 이해했다.

알지 못하는 사이에 빠져든 전쟁

청일전쟁에서 일본은 군인 17만 4,017명, 군부軍夫라 불린 노무자 15만 3,974명 등 합계 32만 7,991명을 조선과 청에 파병했다. 청측은 병사 약 35만 명을 동원했다(原田敬一, 「軍夫の日清戰爭」, 『日清戰爭と東アジア世界の變容 (下)』, 東京: ゆまに書房, 1997, 479쪽). 일본은 도로 건설이나 군수 물자 운반 등을 위해 별도로 조선인과 청국 사람 연인원 1,211만 명을 역부役夫로 사역시켰다(大谷正, 「日清戰爭の'軍夫'關係史料調査旅行の記錄 (上)」, 『專修大學人文科學研究所月報』 147, 1992-5, 2쪽).

서구 열강은 청일전쟁에서 승리한 일본을 자신들과 동등한 문명국으로 간주했고, 중국을 분할해 서로 뜯어먹는 카니발을 시작했다. 청일전쟁의 패배로 동아시아 지역 질서는 천하질서에서 제국질서로 변화했고, 한반도는 조공국에서 식민지로 전락했다.

청일전쟁은 중국 지식인들에게 아편전쟁의 패배보다 더 쓰라린 상처를 남겼다. 하수로 업신여기던 일본이 서구의 기술과 군사 제도를 받아들여 유교 종주국을 패배시킴으로써 서양 문명의 우월성을 인정할 수밖에 없었다. 나아가 세계는 중화 문명과 야만의 이분법 체계가 아니며, 유교 문명은 여러 문명 중 하나에 불과하다는 사실도 받아들여야 했다.

청일전쟁은 군국주의 일본의 진면목을 보여준 첫 전쟁이기도 했다. 개전 과정에서 정치인들은 머뭇거린 반면, 가와카미 소로쿠川上操六 참모차장처럼 군부는 적극적으로 개전을 밀어붙였다. 청일전쟁은 일본 정부가 결정한 전쟁이 아니라 육군 참모본부에 의해 기획되고, 정부가 군부에 등 떠밀려 참모본부가 깔아놓은 레일 위를 질주한 것이나 다름없었다.

총리 이토 히로부미는 개전 후 "알지 못하는 사이에 전쟁에 빠져들고 말았다"라고 한탄했다. 개전에 소극적이었던 메이지 천황도 "이번 전쟁은 대신들의 전쟁이지 나의 전쟁은 아니다"라고 불만을 드러냈다. 오자키 유키오尾崎行雄는 25차례나 중의원 의원에 선출돼 '의회정치의 아버지'로 불리는 일본의 유력 정치가다. 그는 중국과의 전쟁을 부추기는 데 앞장섰는데, 이러한 정치가도 "청일전쟁은 부화뇌동의 산물이었고, 국민의 의지와 행동력이 취약해 평생의 학문·소신·이해·감정을 모두 방기했기에 가능했다"라고 비판했다.

일본의 지식인이나 정치인 중에서도 청일전쟁에 비판적인 사람들이 많았다. 막부군 사령관 출신 가쓰 가이슈勝海舟가 대표적인 인물이다. 그는 청일전쟁에 대해 "명분 없는 군대 동원"이라고 비판했다.

영국의 역할

청일전쟁을 위한 일본 해군 근대화 과정에서 일본 연합함대의 주력함 전부가 영국제 군함이었다. 러일전쟁 때도 마찬가지였다. 일본 학자 우치야마 마사쿠마內山正熊는 "영국 해군은 일본 해군을 양육한 부모"라는 결론을 내렸다(정의, 「근대 일본의 서구숭배와 국수주의」, 2014, 291쪽).

일본군이 서울 시가지에서 위력 행진을 벌이던 1894년 7월 16일, 영국은 일본 정부의 30년 숙원이었던 영-일 신조약(신영일항해통상조약)을 체결해 주었다. 청일전쟁 개전 직전에 영국이 불평등조약 개정에 서명한 것은 청일전쟁을 앞둔 일본에게 "이번 전쟁에 대해 우리는 신경 쓰지 않을 것이니 소신껏 싸우라"라는 선물을 준 것이나 다름없었다.

거문도사건 이후 영국과 일본의 반러시아 공동전선 형성의 주요 근거였던 시베리아횡단철도는 한반도의 부동항과 연결돼야만 본연의 부설 목적을 이룰 수 있었다. 유럽과 아시아를 연결하는 러시아 산업화의 대동맥으로 연중무휴 기능하기 위해서는 부동의 해양 출구와 접속돼야 했기 때문이다(최덕규, 「청일전쟁과 고승호 사건의 국제법(1894-1903)」, 『군사軍史』 제113호, 국방부 군사편찬연구소, 2019년 12월, 104쪽).

청일전쟁은 시베리아횡단철도가 폭발시킨 전쟁이다. 1890년 청의 북양대신 리훙장李鴻章이 만주철도를 건설할 계획으로 영국인 철도 기술자에게 현지답사를 진행시켰다. 이에 자극받은 러시아는 1891년 5월 시베리아횡단철도를 서둘러 착공한다. 야마가타 아리토모 총리는 시베리아철도가 일본의 이익선인 조선을 압박해 조선에서 러-일 간 분쟁이 발생할 것으로 예측했다. 그 결과 러일전쟁의 전초전으로 조선 보호국화를 위해 일으킨 것이 청일전쟁이다.

일본군이 경복궁을 점령하고 고종을 구금한 1894년 7월 23일, 로즈버리(Rosebery) 영국 총리는 "일본이 텐진天津조약에 의해 부여된 권리를 뛰어넘는 행동을 하지 않는 한, 무력 간섭의 조건은 존재하지 않는다"

라면서 "우리는 동아시아 해양에서 러시아에 대한 방파제 역할을 할 수 있는 강국(일본)을 약화시키고, 그 나라와 불화할 필요는 없다"라고 밝혔다(후지무라 미치오, 『청일전쟁』, 1997, 119쪽).

겉으로 드러난 청일전쟁은 일본과 청나라가 동아시아의 패권을 놓고 벌인 전쟁이다. 하지만 내면을 깊숙이 들여다보면 영-러 '그레이트게임'이라는 보다 중요한 변수가 등장한다. 영국이 동아시아에서 러시아의 남진을 견제하는 임무를 청에서 일본으로 바꾸었고防俄用日策, 그 결과 영국의 도움과 지원을 받은 일본이 안심하고 전쟁을 벌여 청을 무릎 꿇린 전쟁이었다. 청일전쟁은 동아시아에서 영국과 러시아의 대립을 반영해 가면서 진행된 것이다.

근대화 개혁의 시동

청일전쟁은 우리 근대사에서 결정적으로 중요한 갑오개혁의 시동이 걸린 계기라는 점에서 지극히 중요한 전쟁이다. 일본군이 경복궁을 점령한 후 주한 일본 공사관의 배후 조종으로 근대적 개혁 추진 기구인 군국기무처가 출범한다. 군국기무처는 문벌과 양반·상민 등의 계급 타파, 공사公私 노비의 해방에 의한 인신매매 금지, 미망인의 재혼 자유, 조혼早婚 금지, 연좌법 폐지 등 혁명적 개혁을 추진했다.

군국기무처의 갑오개혁은 조선의 근대화 과정에서 반드시 실행해야 할 중요한 개혁이었다. 하지만 그 시기와 시행 주체가 문제였다. 이 개혁은 일본군의 점령·주둔 상황에서 일본의 간섭 및 일본과 관계가 깊은 친일 개화파가 권력을 장악하고 추진한 개혁(박종근, 박영재 옮김, 『청일전쟁과 조선』, 일조각, 1989, 174쪽)이라는 점에서 오늘날까지 시비의 대상이 되고 있다.

우리는 청일전쟁을 얼마나 알고 있나

임진왜란은 조선 지도부가 도요토미 히데요시의 침략 계획을 사전에 인지하고 사신을 파견해 그 실체를 확인했지만 당파 싸움으로 수수방관하다 당한 전쟁이었다. 병자호란은 조선 사신들이 선양瀋陽에서 청 태종 홍타이지의 황제 즉위식에서 난동을 부려 재를 뿌림으로써 침략을 자초한 전쟁이었다.

청일전쟁의 발발 과정을 추적해 보면 청군 원병을 동원해 동학농민 봉기를 진압하려 한 고종의 실책이 핵심 원인이었다. 그 결과 조선을 속국으로 지배하던 중국이 한반도에서 퇴장하고, 일본이라는 신흥 세력에게 주도권이 넘어간다. 청은 막대한 전쟁 배상금 마련을 위해 열강으로부터 차관을 도입하는 과정에서 숱한 이권을 강탈당해 반半식민지로 전락한다.

"과거를 지배하는 자가 미래를 지배하고, 현재를 지배하는 자가 과거를 지배한다."

"신이 세상을 창조했을지는 몰라도 역사는 인간에 의해서 만들어진다."

"역사는 죽은 자들의 삶을 살아 있는 자들이 자신들을 위해 재구성한 것이다."

순서대로, 조지 오웰의 소설 『1984』에 나오는 오세아니아 집권당의 슬로건, 18세기 역사철학자 잠바티스타 비코(Giambattista Vico)의 말, 현대 프랑스 작가 레이몽 아롱(Raymond Aron)의 말이다. 인류는 역사에 대한 책임으로부터 도피할 수 없다(강성학, 『시베리아 횡단열차와 사무라이 | 러일전쟁의 외교와 군사전략』, 고려대 출판부, 1999, 30쪽). 역사란 이렇듯 중요한 것이다. 역사에서 배우지 못한 자는 그 실수를 되풀이할 수밖에 없다.

동아시아 근대사, 나아가 세계 역사의 지축을 뒤흔든 청일전쟁에 대해 우리는 무엇을 알고 있는가. 전쟁은 누가 일으켰으며, 어떤 과정을 거쳐 일어났고, 원인은 무엇이며, 전쟁이 벌어지는 동안 이 땅의 지도부 인사들은 어떤 대응을 했는지를 제대로 알고 있는 사람이 몇이나 될까.

| 차례 |

프롤로그_ 4

총체적 난국 | 한국 문제 해결 방안 | 일본 지도부의 한반도 인식 | 완충국이 처한 냉엄한 현실 | 주권선·이익선 확장의 역사 | 용과 사무라이의 혈투 | 알지 못하는 사이에 빠져든 전쟁 | 영국의 역할 | 근대화 개혁의 시동 | 우리는 청일전쟁을 얼마나 알고 있나

제1장 이것이 진짜 헬 조선이다_ 23

외부에 조선을 소개한 사람들 | 도로가 존재하지 않는 나라 | 사유 재산이 보호받지 못하는 나라 | 화폐다운 화폐가 존재하지 않는 왕국 | 지방관 임명장은 착취 면허증 | 형벌을 관리의 기분에 따라 집행 | 목숨 걸고 조선 사람 구제 위해 일한 선교사들 | 철포 저당 잡혀 술 마시는 조선 병사들 | 수차 발명할 지식도 없는 인간 쓰레기터 | 상점이 단 한 곳도 없는 나라 | 한반도는 '헬 조선', 일본은 식산흥업

제2장 청·일 양군 조선에 출병하다_ 44

고종은 청군 파병 요청, 대신들은 반대 | 5월 31일 사실상 청군 파병 결정 | 일본의 계략에 속은 위안스카이 | "청군이 조선으로 가서 동학 농민군 진압하라" | 갈팡질팡한 국왕과 조선 정부 | 전쟁 준비가 돼 있지 않았던 북양 육·해군 | 일본군은 전쟁 준비 완료 | 아시아 최강 북양함대의 현실 | 일본과의 전쟁 부추긴 청류당 | 때를 만난 일본 군부 | 1893년 전시 편성 완료한 일본군 | 일본 의회가 빚은 정치 위기 | 이토 내각, 탄핵 상주안 가결로 위기 맞아 | 동학 농민군 봉기는 하늘이 준 기회 | 전시 편제의 혼성여단 조선 파견 | 전쟁 작심하고 대본영 설치 | 전쟁 작심한 일본 군부 | 육전대와 함께 서울 입성한 오토리 공사 | 일본군 동원령 발동 | 일본군이 먼저 조선 출병 결정

제3장 대일본제국 헌법이 전쟁의 원인_ 83

동아시아 판도를 바꾼 역사적 전쟁 | 일본은 지식인·언론이 전쟁 부추겨 | 전쟁을 열망한 일본 | 자본주의 고도화 단계 진입한 일본 | 민중 착취형 자본주의 만연 | 일본 헌법의 맹점 | 난감한 상황에 빠진 일본 지도부 | 오토리 공사, 청-일 동시 철병 주장 | 강경론으로 선회한 오토리 공사 | 조선 내정 개혁 문제로 청국 압박 | 6월 22일, 제1차 절교서 보낸 일본

제4장 수단 방법 가리지 말고 전쟁 일으켜라_ 107

전쟁 도발에 협조한 일본 낭인들 | '조선 내정 개혁'은 전쟁 위한 핑계 | 수단 방법 가리지 않고 개전 기회 노린 일본 | 노인정 회의 | 일본, 제2차 절교서 보내 | 열강의 간섭 | 청국 대신 일본을 선택한 영국 | 불평등 조약 개정 위한 노력 | 러시아 남진의 방파제는 일본 | 미관파천美館播遷 요청한 고종 | 고종, 내정 개혁 27개조 거부 | 일본에 기밀 정보 제공한 영국 | 7월 20일 개전 명령 내린 일본 | 전신선을 확보하라 | 7월 22일, 일본군 의주 전신선 절단

제5장 경복궁 점령 작전_ 137

승리를 예측하지 못한 일본 | "한-청 종속 관계 파기하라" 조선 정부 협박 | 대원군을 주목한 일본 | 대원군 포섭 공작 | 경복궁 점령 작전 계획 수립 | 일본군 경복궁 난입 | 고종 포로로 잡고 조선군 무장 해제 | 대원군, 일본과 손잡다 | 대원군에게 권력 이양한 고종 | 청일전쟁 첫 전투는 경복궁 점령 | 고종을 감시 통제한 일본군 | 경복궁 점령과 동시에 서울 전신국 접수 | '청군 구축 의뢰서' 받아내기 | 수송·식량 대책 없이 용산 출발한 일본군 | 강제로 '청군 구축 의뢰서' 받아낸 일본

제6장 청일전쟁 포성이 울리다_ 168

청군, 조선에 증원 병력 파병 | 일본 연합함대 한반도로 출동 | 풍도 앞바다에서 양군 조우 | 요시노함 선제 발포로 청일전쟁 개전 | 지위안호 뤼순 항으로 도주 | 도고 함장, 가오성호 격침시켜 | "가오성호 격침은 국제법상 정당했다" | 청국, 일본과의 전쟁 승리 확신 | 병참 부족으로 악전고투한 일본군 | 초전에 청군 승리 | 병력 분산으로 각개격파당한 청군 | 풍도·성환 승리로 광란의 분위기 연출 | 전쟁을 못마땅하게 생각한 메이지 천황

제7장 조선 보호국화 시동 걸다_ 195

방어전에 급급했던 청군 | 청일전쟁은 군부가 일으킨 전쟁 | 대본영 어전 회의에 참석한 이토 총리 | 북양함대의 실수 | 일본 각의, 조선을 보호국화하기로 결정 | 조선의 철도·전신 이권 확보한 일본 | 조선의 경부 철도 건설 추진 | 일본, 군용 전신선 개설 작업 돌입 | 조선 백성들, 전신선 절단 | 조선의 목에 칼 대고 조일 군사 동맹 체결 | 조선 신식 군대인 교도중대 창설 | 국민군이 아니라 '천황의 군대'가 된 일본군

제8장 근대화를 향한 갑오개혁 시동_ 219

대원군, 민 왕후 폐위 시도 | 개혁 기구인 군국기무처의 출범 | 개화 인사들 권력 전면에 등장 | 개화 인사들의 특징 | 개혁파의 대부분은 서자 출신 | 갑오개혁에 대한 비판적 시각 | 갑오경장, 무엇을 위한 개혁이었나 | 행정 제도 개혁에 나서다 | 행정 개혁의 결과는? | 경제 제도 개혁의 성과 | 군사·경찰·사법 제도 개혁 | 군국기무처와 대원군의 갈등 | 대원군의 이중 행보 | 박영효, 궁정파와 손잡고 대원군과 대립각 | 대원군, 평양의 청군 사령부에 비밀 서한 | 동학 교단 사주해 반일 의병 봉기 | 개화파 김학우 암살한 대원군

제9장 평양 전투 및 황해 해전 승리한 일본_ 252

온갖 패악질 자행한 청군 | 일본군은 근대군, 청군은 중세군 | 보급 문제 심각했던 일본군 | 부산에 상륙한 일본군 | 악전고투한 일본군 | 조선 인부들 도주 | 청군에게는 우호적으로 대해 | 평양성 포위한 일본군 | 전투 초반 고전 거듭한 일본군 | 청군, 느닷없이 백기 게양 | 다량의 군수 물자 빼앗긴 청군 | 평양 이북 지역 초토화 작전 펼친 청군 | 일본군 승리 믿지 않은 조선 백성들 | 압록강 입구에서 양국 군함 조우 | 거함거포와 속사포의 대결 | 북양함대는 횡렬진, 연합함대는 단종진 | 북양함대의 장렬한 저항 | 필로 맥기펀이 체험한 황해 해전 | 악전고투 끝에 일본이 승리한 황해 해전

제10장 전장, 중국으로 확대되다_ 287

뤼순·다롄 할양을 강화 조건으로 검토 | 청군 추적해 압록강으로 진격 | 허망하게 무너진 청군의 압록강 저항선 | 일본군 제2군, 랴오둥반도 상륙 | 뤼순은 동양 제일의 난공불락 요새 | 단 하루 공격으로 뤼순 점령 | 뤼순 대학살 | 문명의 가면 벗고 야만 드러낸 괴물 | 외국 언론 무마 공작 돌입 | 만주에 식민지 건설의 꿈 | 고전을 면치 못한 일본군 | 대본영에 반기 든 야마가타 아리토모 | 야마가타 사령관 해임 | 하이청에서 포위된 일본군 제3사단

제11장 동학 농민군, 일본군과 격돌_ 316

오토리 게이스케 공사 해임 | '조선 보호국화' 위해 거물을 파견 | 일본군에 맞서기 위해 조선 의병 봉기 | 대원군과 전봉준 공모설 | 전봉준-대원군 공모의 증거들 | 전봉준은 대원군과의 공모 부인 | 동학 남·북접 모두 봉기 | 동학 농민군 토벌 위한 병력 파병 요청 | 일본 대본영, 동학 농민군 몰살 명령 | 영국군 서울에 못 오도록 막기 위해… | '조선 보호국화'의 적은 동학

제12장 동학 농민군의 최후_ 338

개화파 정부가 동학 토벌 찬성한 까닭은 | 조선 관군, 일본군에 예속 | 식량·탄약도 없이 동학군 토벌에 나선 조선군 | 논산에서 남·북접 농민군 합류 | 충청도 농민군 세성산에서 대패 | 전봉준·손병희 부대, 공주로 북상 | 우금치 전투 | 근대군과 중세군의 격돌 | 12월 24일 동학 농민군 해산 | 전사자 1 대 36,000, 전투가 아니라 제노사이드 | 순창에서 체포된 전봉준 | 전라도 농민군 학살 | 동학 농민군 토벌대 개선식 | 정보 수집 덕분에 농민군에 압승 | 시 한 수 남기고 처형

제6권 연표_ 366

참고문헌_ 380

제1장

이것이 진짜 헬 조선이다

이사벨라 버드 비숍(Isabella Bird Bishop) 여사는 작가 겸 지리학자로, 영국 왕립지리학회 최초의 여성 회원이다. 그는 청일전쟁이 발발한 1894년부터 1897년까지 네 차례 조선을 방문해 곳곳을 답사한 끝에 『한국과 그 이웃 나라들』이란 저서를 펴냈다. 비숍 여사가 처음 조선으로 떠날 준비를 할 때 친구들은 조선이 적도에 있다거나 지중해에 있다고 주장했고, 그리스 연안의 나도해 가운데 있다는 견해도 등장했다.

비숍은 지금까지 자신이 여행한 나라 중 가장 재미없는 나라라는 인상을 받았다. 그녀가 체험한 조선은 "수세기에 걸친 잠에서 거칠게 뒤흔들려 깨워진 이 미약한 독립 왕국은 지금, 반쯤은 경악하고 전체적으로는 멍한 상태로 세상을 향해 걸어 나오는" 상태였다(이사벨라 버드 비숍, 이인화 옮김, 『한국과 그 이웃 나라들』, 살림, 2003, 30쪽).

막상 조선을 방문해 정치적 불안, 급속한 변화, 어찌 될지 알 수 없는 이 나라의 운명을 체험하면서 그녀는 이 나라에 강렬한 흥미를 갖게 됐다. 비숍 여사는 "이 왕국은 한 손엔 으스스한 칼을, 다른 한 손엔 미심쩍은 만병통치약을 든 낯선 세력에 휘둘리는 자신을 발견하고 있다"라고 썼다(이사벨라 버드 비숍, 『한국과 그 이웃 나라들』, 2003, 30쪽).

도로는 그 나라의 산업·경제·문화·문명 수준을 보여주는 척도다. 당시 조선을 방문한 서양인들이 관찰한 조선은 '도로가 없는 나라'였다. 서울에 나 있는 대부분의 길은 마부 한 사람이 짐을 실은 황소 한 마리를 끌고 지나갈 수 있는 너비였다.

러시아 정부는 1895~96년 다섯 명으로 구성된 탐험대를 조선에 파견했다. 탐험대장은 육군 대령 V. P. 카르네프, 그의 보좌관은 제3동시베리아 부대 중위 미하일로프, 행정 관리 K. N. 다데슈칼리안 공후公侯(일정한 영토를 가지고 그 영내의 백성을 다스리는 사람), 육군 중령 V. A. 알프탄, F. M. 베벨리였다. 그들은 러시아 정부의 명을 받아 조선의 지리·군사·정치·경제·사회·문화에 대한 전반적인 연구 조사를 진행했다.

러시아 탐험대는 부산-동래-양산-경주-영일 노선으로 북상했고, 베벨리는 경흥-회령에서 출발해 서울로 남하했다. 카르네프 대령은 자신들이 통과한 조선의 도로에 대해 "짐승들만 통행할 수 있을 정도로 험난했다"라고 표현했다(카르네프 외 4인, A. 이르계바예브·김정화 옮김, 『내가 본 조선, 조선인 | 러시아 장교 조선 여행기』, 가야넷, 2003, 57~61쪽). 서울에 도착한 카르네프 대령은 1896년 2월 고종이 아관파천을 하는 장면을 목격하게 된다.

외부에 조선을 소개한 사람들

1890년대의 조선을 일본에 소개한 두 사람이 있다. 지리학 교수 야즈 쇼에이矢津昌永와 조선에서 활동한 일본 낭인 혼마 규스케本間九介다. 1893년 7월 26일 부산에 도착한 야즈 쇼에이는 부산 주재 일본 총영사 무로타 요시아야室田義文로부터 조선 여행과 관련한 세 가지 주의 사항을 들었다.

> 첫째, 무더위에 조선 내지를 여행하는 것은 매우 곤란하다. 경성(서울)까지 17~18일 걸릴 것이고 도로는 인도가 아니라 수도水道다.
>
> 둘째, 비가 와서 4~5일 체류하는 경우도 드물지 않다. 주막은 냄새가 심하고 밤에는 빈대·모기·이·벼룩 때문에 잘 수가 없다.
>
> 셋째, 음식물과 침구, 조선 동전韓錢을 싣기 위해 말 두 필과 통역 한 명이 필요하다.

전율스러운 총영사의 설명에 겁을 먹은 야즈 쇼에이는 부산 일대를 둘러본 후 선박 편으로 원산에 잠시 들렀다가 블라디보스토크로 갔다(최혜주, 「'조선시베리아기행'에 보이는 야즈 쇼에이의 조선 인식」, 박찬승 엮음, 『여행의 발견 | 타자의 표상』, 민속원, 2010, 165~166). 야즈 쇼에이는 이때의 견문 내용을 1894년 『조선·시베리아 기행』으로 출간했다.

이 책은 같은 해 발행된 혼마 규스케의 『조선잡기朝鮮雜記』와 함께 일본인들이 가장 많이 읽은 조선 견문기였다(김대래, 「개항기 일본인의 조선인식 | 혼마 규스케의 『조선잡기』를 중심으로」, 『역사와 경계』, 부산경남사학회, Vol. 93, 2014).

혼마 규스케는 '대륙 경영의 뜻'을 품고 24세 되던 1893년 봄 부산 땅을 밟았다. 그는 스즈키 덴간鈴木天眼이 주필로 있는 「니로쿠신보二六新報」의 조선 특파원으로서, 조선에서 보고 들을 내용을 글로 작성해 조슈고지如囚居士란 필명으로 연재했다. 그는 1894년 4월 17일부터 6월 16일까지 「니로쿠신보」에 연재했던 조선 관련 내용을 책으로 엮어 『조선잡기』란 단행본을 출간했다.

1890년대 외국인들이 조선을 여행한 후 기록한 저작 가운데 대표적인 것이 비숍의 책이다.

그는 말이 특파원이었을 뿐, 청일전쟁의 풍운이 몰아치던 시기에 부산을 거점으로 약장사 행상으로 가장해 조선 팔도를 정탐한 낭인 겸 사설 정보원이었다. 텐유쿄天佑俠 회원으로 활동했고, 종전 후에는 서울에서 사진관을 운영했다. 러일전쟁을 전후해서는 고쿠류카이黑龍會 회원으로 활동했다. 1902년 11월에는 대구의 낭인 거점인 비룡상회(1903년 일본상품진열소로 개칭) 책임자로 활동했다.

도로가 존재하지 않는 나라

혼마 규스케는 러일전쟁 후 통감부 탁지부의 정부재산관(1906), 재무서의 재무관(1907~1908), 농상공부 촉탁(1909)으로 근무했다. 조선총독부가 설치되자 총독부 취조국의 조사 사무 촉탁(1911~12)으로 조선의 관습과 제도 조사, 식민지 법령 제정을 위한 실지 조사와 문헌 조사를 담당했다(최혜주, 「일본은 19세기 조선을 어떻게 인식했을까」, 혼마 규스케, 최혜주 역주, 『조선잡기』, 김영사, 2014, 277쪽).

혼마 규스케의 친구이자 「니로쿠신문」 창업자, 후에 정치인으로 활약하는 아키야마 데이스케秋山定輔가 혼마 규스케에 대해 "만권의 책을 읽은 사람"이라고 소개한 것으로 보아 혼마는 상당한 독서를 한 일본의 엘리트 청년으로 추정된다. 아키야마는 『조선잡기』 서문에서 "조선 사정을 자세하게 아는 데 있어 세상에서 혼마와 비길 만한 자를 보지 못했다"라고 소개했다(혼마 규스케, 『조선잡기』, 김영사, 2014, 5쪽).

그렇다면 혼마 규스케가 관찰한 1890년대의 조선은 어떤 모습이었을까. 그가 체험한 조선의 도로 사정도 앞서 소개한 비숍 여사나 러시아 탐험대의 관찰과 다를 것이 없었다. 그는 부산에서 서울까지 이어진 조선의 대표적인 간선 도로는 일본의 시골 마을 길보다 훨씬 심하게 울퉁불퉁하고 비좁아 군대가 일렬로 행군하지 않으면 통행이 어려울 정도였다고 기록했다. 서울 의주 간 도로는 청으로 향하는 사신 행차 덕분에 그나마 사정이 좀 나은 편이었다. 그럼에도 불구하고 혼마는 "군대가 겨우 2열로 행군할 수 있을 정도"라고 평했다.

혼마 규스케를 비롯한 일본 낭인들은 조선을 여행할 때 가벼운 약품을 등에 지고 다니며 의사·약상으로 가장해 조선 사람을 진찰하고 약을 팔아 여비를 해결했다. 하지만 돌팔이 무면허인 그들이 병에 대해 얼마나 알았겠는가. 뱀에 물린 사람에게 만병통치약으로 알려진 만금단萬金丹을 발라주고 고환염에 해열제를 주는 식이어서 일본 의사는 신용을 상실했다(혼마 규스케, 『조선잡기』, 2014, 232쪽 참조).

강에는 교량이 없었다. 그나마 나룻배가 있어 그것을 타고 강을 건널 수 있으면 행운이었다. 선착장의 뱃사공들은 여행객에게 무법으로 뱃

삯을 요구해 분란이 벌어졌다. 다리도, 배도 없는 강을 만나면 여행객은 나체로 헤엄쳐 건너야 했다. 겨울에는 물이 얼어붙거나 흙다리를 만들어 물에 젖지 않고 건널 수 있지만, 여름이 문제였다. 폭우로 물이 불어나면 발만 동동 구를 뿐 속수무책이었다(혼마 규스케, 『조선잡기』, 2014, 231쪽 참조).

비숍 여사의 조사에 의하면 한강에는 전 구간에 걸쳐 교량은 단 하나도 없었다. 서울 인구는 도성 안 14만 4,626명, 도성 밖 7만 5,189명 등 총 21만 9,815명이었다(1897년 1월 통계). 인구 22만이 거주하는 수도 서울의 불결함은 형용할 수 없을 정도였다. 비숍 여사는 베이징北京을 보기 전까지는 서울이 세상에서 가장 더러운 도시였다고 기록했다(이사벨라 버드 비숍, 『한국과 그 이웃 나라들』, 2003, 52쪽).

사유 재산이 보호받지 못하는 나라

도보 이외에 교통수단이라고는 특권층이 타는 가마 정도에 불과한 나라, 도시·시골 할 것 없이 상점이 없고 필요한 물품은 닷새마다 열리는 장에 의존하는 나라, 남자 일색인 군중들이 특별히 하는 일 없이 이리저리 빈둥거리는 나라가 조선이었다. 외국인들은 이처럼 빈둥거리는 거리의 사람들을 보고 조선은 게으른 민족이라고 지적했다. 조선 사람들이 게으른 이유는 노동으로 획득한 사유 재산이 전혀 보호받지 못하는 체제에서 살았기 때문이다(이사벨라 버드 비숍, 『한국과 그 이웃 나라들』, 2003, 101쪽).

비숍 여사는 조선의 관리와 양반들을 "생명력을 빨아먹는 기생충들"이라고 혹평했다. 조선 양반은 담뱃대조차 자기가 들고 다니지 않고, 양반 자제는 서당까지 갈 때 하인들이 책을 운반해 준다. 기생충이나 다를 바 없는 양반들은 하인이 인도하는 말을 타고, 하인은 백성들을 위협해 닭과 달걀을 돈도 안 치르고 빼앗아 온다(이사벨라 버드 비숍, 『한국과 그 이웃 나라들』, 2003, 126쪽).

서울의 길에는 퀴퀴한 물웅덩이와 초록색 점액질의 걸쭉한 것들이 고여 있는 수채 도랑이 있었다. 악취 나는 수채 도랑은 때가 꼬질꼬질한 반라의 어린아이들과 수채의 걸쭉한 점액 속에 뒹굴다 나오는 개들의 즐거운 놀이터였다. 반면에 남산 기슭의 일본 조계는 청결과 우아함, 검약이 돋보이는 집과 상점들이 거리를 메우고 있었다(이사벨라 버드 비숍, 『한국과 그 이웃 나라들』, 2003, 52~58쪽).

청일전쟁 초기 「아사히朝日신문」 종군 기자로 조선에 파견된 니시무라 도키스케西村時輔는 서울 만리창 도로 양편의 집들을 보고 난 뒤 "가옥이라기보다는 차라리 작은 돼지우리라고 말하는 것이 맞을 정도로 불결하다"라고 기록했다(조재곤, 「한 일본인 종군기자가 본 1894년 청일전쟁과 조선」, 『군사軍史』 제66호, 2008년 4월, 263쪽).

1890년대 외국인들의 여행기에는 조선의 개가 자주 등장한다. 비숍 여사가 목격한 조선의 개는 친구도, 가족의 일부도 아니다. 서울의 쓰레기를 상당 부분 해결해 주는 청소부이며, 한국인들은 개를 몽둥이로 때려죽여 식용으로 먹는다.

화폐다운 화폐가 존재하지 않는 왕국

혼마 규스케는 "조선의 개는 인분을 먹고 생명을 연장한다. 어린아이가 방 안에 똥을 싸면 개를 불러 그것을 핥아 먹도록 한다"라고 썼다. 그렇게 자란 개를 인간이 잡아먹는다. 집집마다 개를 기르는 이유는 도둑을 지키기 위해서가 아니라, 그 고기를 먹기 위해서였다(혼마 규스케,

『조선잡기』, 2014, 109쪽).

조선의 유일한 현금은 가운데 사각형으로 구멍이 뚫린, 구리로 된 엽전(동전)뿐이었다. 이마저도 조정이 필요에 따라 계속 주조하는 바람에 가치가 크게 떨어졌다. 그 결과 외국인들의 조선 여행 과정에서 돈의 운반에 심각한 문제가 발생했다.

비숍 여사의 기록에 의하면 조선의 화폐 가치는 명목상으로는 달러당 3,200푼이었다. 동전은 수백 개씩 밀짚 끈으로 꿰여 있었는데, 영국 화폐 10파운드(일본 돈 100엔)를 조선 동전으로 환전하면 운반하는 데 인부 여섯 명이나 조랑말 몇 마리가 필요했다(이사벨라 버드 비숍, 『한국과 그 이웃 나라들』, 2003, 88쪽). 동전이 어마어마하게 무거워 말 한 필에 겨우 20관(30엔)밖에 싣지 못했기 때문에 거래 과정에서 조선 동전은 화폐 기능을 상실했다.

러시아 탐험대도 조선 동전 때문에 곤욕을 치렀다. 카르네프 대령 일행이 경주 군수와 만났을 때 늙은 군수는 러시아 화폐, 특히 100루블권에 큰 관심을 표명했다. 루블권은 주머니에 50장 정도 넣고 아무 데고 멀리 갈 수 있었다. 조선에서는 이런 상황은 꿈도 꿀 수 없었다. 1루블은 조선 돈으로 약 170냥. 100루블권 50장(5,000루블)을 조선 동전으로 환전하면 85만 냥이 된다. 조선 동전으로 그만한 액수를 가지고 다니려면 말 150마리가 필요했다(카르네프 외 4인, 『내가 본 조선, 조선인』, 2003, 52쪽).

비숍 여사가 본 한국인의 평균 신장은 163.4센티미터(최대 179.9센티미터, 최소 145.2센티미터)로 일본인보다 훨씬 컸다. 그녀가 인용한 한국인 평균 신장 수치는 인천 해관의 초대 세무사로 근무했던 영국인 A. B. 스트리플링(A. B. Stripling)이 1897년 1월 서울 지역에서 1,060명의 성인 남자의 키를 잰 결과물이다. 가슴둘레는 평균 78.7센티미터, 머리둘

레는 평균 54.6센티미터였다(이사벨라 버드 비숍, 『한국과 그 이웃 나라들』, 2003, 19쪽).

조선의 관립 학교인 육영공원 교사로 초빙돼 온 길모어(George W. Gilmore) 선교사는 "조선의 숲은 벌거벗은 상태였고, 벗겨진 산은 작열하는 태양과 빗줄기에 노출돼 홍수로 연결됐다. 해안을 따라 여행할 때도 일본의 내륙 해안을 지날 때와 같은 세련되고 아름다운 광경이 보이지 않았다. 오로지 황량한 작은 산, 울퉁불퉁한 바위, 후미진 어촌에 흩어져 있는 낮은 오두막집이었다"(윌리엄 길모어, 이복기 옮김, 『서양인 교사 윌리엄 길모어 서울을 걷다』, 살림출판사, 2009, 14~16쪽)라는 기록을 남겼다.

일본 낭인 혼마 규스케의 눈에 비친 조선은 "불결하고 게으르고 무례한 나라"였다. 어린아이와 천연두로 죽은 사람은 시신을 땅에 묻지 않고 가마니에 넣어 새끼로 묶은 다음 나무에 매단다. 삼복더위에 시신이 부패해 썩은 액체가 지상에 떨어지고, 악취가 끝없이 사방에 흩어져 코를 찌른다(혼마 규스케, 『조선잡기』, 2014, 157쪽).

러시아 탐험대도 혼마 규스케의 기록과 비슷하게 짚으로 싸서 나무에 매달아 놓은 시체들을 목격했다. 나무에 매달린 시체는 짚더미 바깥으로 발이나 무릎이 나와 있었고, 어떤 경우는 개들이 시체를 뜯어먹기도 했다(카르네프 외 4인, 『내가 본 조선, 조선인』, 2003, 110쪽).

지방관 임명장은 착취 면허증

혼마는 혼란의 도를 넘어버린 조선의 매관매직, 무분별한 형벌 남용, 무너진 군사 제도, 끝을 알 수 없는 양반-상놈의 계급 구조, 시도 때도 없이 관리들에게 착취당해 삶의 희망을 상실한 백성들의 가난을 적나라한 필치로 기록하고 있다.

매관매직과 관련해 혼마는 자신의 조선 친구인 경기도 안성 양반 조병철의 사례를 소개했다. 그는 대과에 급제해 문관 종4품인 조산대부朝散大夫에 임명돼 성균관 출근을 명받았다. 며칠 후 그는 강원도 강릉으로 유배됐는데, 알고 보니 그가 청빈해 관직을 받고도 뇌물을 바치지 않았기 때문이었다(혼마 규스케, 『조선잡기』, 2014, 246쪽).

조선에서 고관이 되려면 한자와 중국 문헌에 대한 지식이 풍부해야 한다. 고관이 되면 가마꾼·짐꾼·기수·비서를 포함해 수행원을 많게는 50명까지 데리고 다닐 수 있다. 혼마의 관찰에 의하면 조선에서 관리가 되면 3대가 앉아서 먹고살 수 있다. 조선의 관직 중에서도 가장 큰 부를 얻으려면 지방관이 돼야 한다.

지방관 임명장은 마음껏 백성을 착취할 수 있는 면허증이나 다름없다. 혼마는 과거에 급제해 지방관으로 근무 중인 조선 관리와 필담을 나누었는데, 그들의 형편없는 한문 실력과 문장력에 충격을 받았다. 알고 보니 거의 모든 지방관이 돈을 주고 급제한 탓이었다. 작은 현의 수령이 되기 위해서는 3,000냥(900엔)을 내야 하며, 1만 엔을 내면 한 도道의 주재자인 관찰사가 될 수 있었다.

과거 응시자는 학문이 아무리 뛰어나도 재산이 없으면 급제할 수 없다. 급제해도 뇌물을 쓰지 않으면 관직에 임명되지 못한다. 그 결과 재산 있는 자는 재산을 믿고 재산 없는 자는 자포자기해 공부를 게을리한 탓에 조선은 위로부터 썩고 부패해 붕괴 상태에 이르렀다고 혼마는 분석했다.

많은 투자를 해서 벼슬을 산 관리들은 재임 동안 자신의 임지에서 투자금을 회수하기 위해 혼신의 힘을 다해 백성들을 착취한다. 혼마는 관리가 인민을 괴롭히는 것이 도적보다 심하다고 했다. 그 결과 조선의 관리 중 도적 아닌 자가 없고, 한 몸을 희생해 관리 한 명을 죽여도 그 뒤를 계승하는 관리 역시 도적이니 조선 사람들은 참담한 지옥에 살고 있는 형국이라고 진단했다.

형벌을 관리의 기분에 따라 집행

혼마는 조선의 형벌은 관리의 그날그날 기분에 따라 집행하는 것이 대부분이며, 전국에 똑같이 적용되는 징벌법이 없는 현상을 기이하게 생각했다. 특히 죄인을 엎드리게 한 다음 떡갈나무로 만든 길이 4척 5~6촌, 두께 5푼의 몽둥이로 살이 찢어져 뼈가 부서질 때까지 매를 치는 잔인한 형벌이 전국에서 집행되고 있는 현상을 소개했다(혼마 규스케, 『조선잡기』, 2014, 47쪽).

비슷한 시기, 러시아 탐험대는 조선에서 일반적으로 자행되는 형벌인 판자로 무릎을 쳐서 골절상 입히기, 등 뒤로 두 손을 묶어 매달기, 나무 도끼로 몸의 일부 자르기 모습을 기록으로 남겼다. 특히 반국가 사범은 물론 좀도둑에게도 사형이 적용되는 등 사형이 평범한 형벌로 자행되고 있는 현상에 깊은 충격을 받았다(카르네프 외 4인, 『내가 본 조선, 조선인』, 2003, 269쪽).

혼마 규스케는 조선의 유교에 대해서도 각 군현에 공자묘를 세워 예를 행하는, 빈 수레나 다름없는 허명뿐이라고 비판했다. 시골 유생들은 스스로를 유자儒者라 칭하면서 동네 아이들에게 『논어』 『맹자』를 가르친다. 하지만, 학문의 깊이가 얕아 겨우 주자의 집주集註를 금과옥조로 마음에 새기는 수준이다. 주자 이외에는 어떤 이론도 내놓지 못해 조선에는 '큰선비'라 칭할 수 있는 박식한 인물을 찾아보기 힘들다고 토로했다(혼마 규스케, 『조선잡기』, 2014, 181~183쪽).

그는 또 조선에는 서양의 알파벳을 능가하는 훌륭한 문자(한글)가 있음에도 불구하고 왜 고생스럽게 일상의 서간문에까지 어려운 한문을 사용하는지 도무지 이해하지 못했다. 그는 한자를 숭상하는 폐단을 사대 근성의 표상으로 해석했다. 조선의 선비들이 지나(중국)를 항상 '중화中華'라 말하고 스스로를 '소중화'라 부르는 것도 의아하게 생각했다.

조선 사람이 혼마에게 고국을 물으면 그는 "대화大和 사람"이라고 답했다. 조선 사람들은 혼마를 "오만한 사람"이라고 비난했는데, 그런 비난에 부딪칠 때마다 혼마는 "오만해 자랑하는 것과 비루해 주눅 든 것 중 어느 것이 나은가?"라고 되물었다.

목숨 걸고 조선 사람 구제 위해 일한 선교사들

혼마는 만리타향 조선에 와서 목숨 걸고 야소교(기독교)를 전파하기 위해 혼신의 힘을 다하는 서양 선교사들의 모습에 크게 감동했다. 선교사들이 병원을 세워 백성들을 치료하고, 빈민들을 위한 학교를 열고, 고초를 견디며 지극정성으로 노력하는 데 감화받아 기독교를 믿는 조선 사람들이 늘어나는 모습을 보며 혼마는 회한에 잠긴다.

혼마의 토로에 의하면 일본 불교는 그 교법이 조선에서 전파돼 일본 사람들이 큰 은혜를 입었다. 그럼에도 불구하고 일본의 불교계가 무종교·무도덕의 파도에 출렁이는 조선 사람을 보면서도 저들의 생사를 도외시하고 있는 모습에 크게 실망한다. 혼마의 관찰에 의하면 조선에 진출한 일본 승려들은 서양 선교사들처럼 조선의 민중을 위해 열심히 노력하지 않았다. 공부도 하지 않았고, 조선 사람을 감화시키는 자도 없었으며, 승려 중 한국어에 정통한 자도 없었다.

혼마는 조선 불교가 다시 흥성하도록 돕는 것은 일본 승려들의 책임이라면서 "우리 불교의 본국 조선을 야소교도가 점령하려 하고 있다. 일본의 승려 된 자, 어찌 법고法鼓를 울리고 법당을 차고 일어나지 않는가"라고 외쳤다(혼마 규스케, 『조선잡기』, 2014, 219~221쪽).

'칼의 나라' 후예답게 혼마는 조선의 군사 제도에 관심이 많았다. 그가 대구 일대를 지날 때 조선 병사가 "화약이 있으면 나눠달라"라고 요구했다. 사정을 알아보니 대구 병영에 철포를 가진 병사가 600명 있었는데, 탄약이 한 발도 없어 지나가는 일본 행인에게 화약을 구걸한 것이다(혼마 규스케, 『조선잡기』, 2014, 261쪽).

장교 집단인 무관武官들은 이름만 무관일 뿐, 손자孫子와 오자吳子의 병법서도 읽지 못하는 수준이었다. 정부에 돈을 내고 장교에 임용된 탓이다. 혼마는 "그들은 첨사僉使·수사水使·병사兵使 등 훌륭한 관직명을 가지고 있을 뿐 모질게 구는 호랑이와 승냥이 무리에 불과하다. 감히 병졸들을 이끌고 나라를 지키지 못하는 존재들"이라고 질타했다.

혼마의 관찰에 의하면 조선의 병졸은 "무뢰한이 모여 흑색 목면 옷을 입고 철포를 어깨에 멘 존재들"일 뿐이었다. 이들은 나라를 지키기 위해서가 아니라, 품삯을 탐해 모였을 뿐이다. 전쟁이 날 경우 병졸들은 재빨리 철포를 버리고 평상복으로 갈아입어 적병에게 당하지 않으면 된다고 자위했다.

철포 저당 잡혀 술 마시는 조선 병사들

그들은 술과 도박에 빠져 돈이 궁해지면 철포를 저당 잡히는 것을 조금도 이상하지 않게 생각했다. 혼마는 "병사의 철포가 술 밑천이 된다"라고 토로했다. 조정은 병졸들에게 봉급을 주지 못하자 부자를 위협해 약탈하도록 은근히 부추겼다. 서울 장안에 겨울철이면 도적떼가 늘어나는 이유는 조정이 겨울 봉급을 병졸들에게 지급하지 않는 것이 한 원인이라고 혼마는 진단했다.

러시아 탐험대가 수원에서 만난 조선 병사의 칼은 칼집에서 빠지지 않을 정도로 녹슬어 있었다. 수원에 주둔한 조선 병사는 80명이었는데, 그들은 카르네프 대령에게 자신들이 봉급을 받을 수 있도록 도와달라고 부탁했다(카르네프 외 4인, 『내가 본 조선, 조선인』, 2003, 108~109쪽).

나주에서 카르네프 일행은 자신들이 소지한 3연발 라이플총과 조선 병사들의 화승총 사격 시합을 벌였다. 조선산 화승총으로 사격 준비를 하는 데 30초 정도가 걸렸다. 탄환의 방향은 정확했지만 화승총은 400보 앞에 세워놓은 표적에 도달조차 하지 못했다고 카르네프는 기록했다.

러시아 탐험대의 다데슈칼리안 공후가 관찰한 조선은 군함도 상선도 없는 나라, 200여 명의 수군이 돛배를 타고 근무하는 나라였다. 조선은 병력 2만~3만을 동원할 수 있으나 당시에는 3,000명만 소총으로 무장했다. 그중 600명의 국왕 친위대만이 속사 소총이었고, 2,400명은 재래식 화승총이었다(카르네프 외 4인, 『내가 본 조선, 조선인』, 2003, 190쪽). 화폐 체계가 없고 세금이 상당 부분 현물로 걷히기 때문에 국가 수입을 정확하게 측정하기 어려운 나라였다.

혼마 규스케는 일본 목수는 반나절이면 충분히 끝낼 수 있는 일을 조선 목수는 3, 4일 걸려야 끝낸다고 관찰했다. "일본인 눈으로 볼 때 작업의 태평함에 화가 치밀어 오를 정도"라고 그는 토로했다.

조선의 각 마을에는 정해진 날에만 장이 서는데, 이날 외에는 바늘 한 개 사고파는 곳이 없다. 장에서의 매매는 원시적 물물교환이 대세였다. 혼마는 조선이 4,000년이나 된 오랜 나라임에도 불구하고 문물·제도·

기계·공예 등 거의 모든 분야에서 사람의 시선을 끌 만한 물건이 없어 "나라 수준이 아프리카 수준"이라고 진단한다.

다데슈칼리안 공후는 쌀과 담배, 살림에 필요한 것만 경작하고 그 외의 것들은 생산하지 않는 단순한 농촌 경제, 왕국의 모든 토지는 왕(즉 국가)에 귀속돼 있는 현실, 그 결과 조선에는 법적으로 토지를 소유한 자들이 없고, 토지 임차인만 존재하는 기이한 모습을 기록하고 있다(카르네프 외 4인, 『내가 본 조선, 조선인』, 2003, 171~173쪽).

그는 또 100만 명에 달하는 노비들의 노동력 덕분에 1,000만 명에 달하는 양반과 중인, 상업 계층이 무위도식하고 있는 현실을 전해 주었다. 이런 사회 구조 덕분에 조선의 노비를 비롯해 억압받는 계층들이 러시아의 남우수리 지방으로 도주하고 있다고 기록했다(카르네프 외 4인, 『내가 본 조선, 조선인』, 2003, 174~175쪽).

수차 발명할 지식도 없는 인간 쓰레기터

다데슈칼리안의 조사에 의하면 조선에서 대량으로 목재를 베어내지만, 그 수입은 1883년에 겨우 30만 달러 정도에 불과했다. 그는 이 수입마저 사라질 것으로 전망했다. 산림이 눈에 띌 정도로 황폐해졌기 때문이다. 이로 인해 앞으로 물 부족, 기후 변화 등 그 무엇으로도 치유될 수 없는 재난이 닥칠 것으로 전망했다(카르네프 외 4인, 『내가 본 조선, 조선인』, 2003, 192쪽).

그는 또 조선에서는 풍부한 건축 및 선박용 목재가 생산됨에도 불구하고 나무에서 얻는 이득은 체계 없이 제멋대로 베어낸 목재를 싼값으로 청국에 수출해 얻는 것뿐이라고 지적했다. 다데슈칼리안은 조선 조정이 조속히 이 사태를 이해하고 무의미한 삼림 채벌을 끝내야 한다고 조언했다. 불행하게도 이 조언은 받아들여지지 않았고, 그의 전망대로 조선은 '치유될 수 없는 재난'으로 인해 결정적 타격을 입게 된다.

혼마 규스케가 관찰한 조선의 산악은 대부분 민둥산이었다. 조금만 가물어도 수원이 말라 논밭이 갈라지고 벼 모종이 붉은색을 드러내어 백성들이 고생했다. 혼마는 일본에서는 지대가 높은 곳에 수차를 이용해 물을 대기 때문에 가뭄을 극복할 수 있지만, 조선에는 수차가 없어 물통으로 물을 퍼 올리는 모습에 충격을 받았다. 그는 조선을 "수차를 발명할 지식조차 없는 불쌍한 인간의 쓰레기 터"라고 기록했다.

조선 팔도의 하천은 평소에는 물이 적거나 완전히 말라버린 상태지만, 조금이라도 비가 오면 급격하게 물이 불어 범람한다. 홍수로 논밭이 잠기는 것을 염려해 조선 사람은 될수록 물가를 피해 경작한다. 제방이 발달하지 않았기 때문이다. 그래서 좋은 경지가 있어도 종자를 뿌리고 모를 심는 것이 불가능하다. 이와 관련해 혼마는 "조선 사람은 천연적으로 좋은 지세에 씨를 뿌리고 모를 심는 것은 알아도, 인공으로 천연의 나쁜 지세를 변화시키는 법은 모른다"라고 평했다.

가뭄이 계속돼 수확이 없으면 조선 사람들은 아녀자를 부자나 중국인에게 노비로 팔아 식량을 구한다. 혼마는 흉년에 민중이 기근으로 고통 받다가 부잣집 문 앞에 가서 한 그릇의 밥을 구걸하는 모습, 찢어진 옷에 흐트러진 머리를 하고 뺨에 뼈가 튀어나올 정도로 마른 사람들이 지팡이에 의지해 비틀거리며 걷는 모습이 참담하다고 기록했다.

혼마는 또 무슨 사업이든 사람들이 공동으로 성사시키는 따위의 일은 조선에서는 바랄 수 없다고 한탄한다. 도로가 수리돼 있지 않은 것도, 위생적이지 못한 것도 공동정신이 부족한 결과다. 아무리 이익이 있는 사업이라도 개개인이 소자본으로, 일시적 미봉책으로 일을 벌인다. 때문에 안동포·화문석·칠부채·부채 등 특산물이 있음에도 불구하고 공급이 수요를 따라오지 못한다. 해외에 판로를 개척하려는 희망이 없어 상공업이 발달하지 못하고 있다. 혼마는 결국 국가가 가난한 것도 공동정신이 없기 때문이라고 분석했다.

조선이 일본과 통상하기 전에는 설탕이 없었다. 혼마는 조선 사람을 만나 의기투합하면 설탕을 조금씩 나눠주었다. 그때마다 조선 사람들은 아까워서 바로 먹지 않고 넣어두었다가 복통약으로 사용하곤 했다. 여성이 병에 걸리면 남자 의사에게 진찰을 받는 일이 없다고 한다. 때문에 여성이 중병에 걸리면 하늘을 원망하며 죽는 수밖에 없다. 이런 모습을 보면서 혼마는 일본에 의사 공부를 해서 개업한 여의女醫가 많은데, 이들이 조선에 와서 불쌍한 조선의 부인들을 치료하면 이익을 많이 볼 것이라고 권장했다.

상점이 단 한 곳도 없는 나라

조선의 경제 상황이 이 정도였으니 혼마 규스케는 조선의 상거래는 "마치 신농씨神農氏의 시대를 상기시킨다"라고 평할 정도였다. 그럼에도 불구하고 이 땅의 일부 학자들은 자본주의 맹아론 운운하며 조선에서 자본주의가 싹트기 시작했으며, 그것이 채 발아하기 전에 일본이 침략해 온갖 모순이 발생했다고 주장한다. 19세기 말, 20세기 초까지 제대로 된 화폐와 시장이 없는 나라에서 자본주의 맹아론을 주장하는 것에 대해 미국의 한국사 학자 카터 에커트는 "오렌지 밭에서 사과를 찾으려는 행위"라고 비판했다.

팔도를 유랑하며 사회 내면을 깊숙이 들여다본 혼마 규스케는 이 땅에 한 사람의 의사義士도 존재하지 않는다고 통탄하며 "조선은 썩은 달

걀과 같아 이미 부화력이 없다. 어찌 스스로 껍질을 깨고 '꼬끼오'라고 외치는 새벽을 얻을 것인가"(혼마 규스케, 『조선잡기』, 2014, 42쪽)라고 한탄했다.

러시아 탐험대의 일원이었던 다데슈칼리안 공후는 조선에 머무는 동안 사람들이 그를 구경할 수 있도록 군중에 에워싸인 채 그냥 서 있어야 하는 경우가 자주 있었다. 어떤 때는 자기가 입고 있는 양복의 안쪽이 어떻게 돼 있는지를 보여주기 위해 옷을 벗어야 할 때도 있었다.

조선 사람들은 그렇게 좋은 물건들이 있다는 것에 놀랐고, 지금까지 그런 것들을 모르고 지내온 데 대해 슬퍼했다. 또 조선 사람들이 세상에서 고립된 채 살아왔기에 더 나은 삶, 더 나은 상황, 더 나은 질서가 있다는 사실을 알지 못했다고 기록했다(카르네프 외 4인, 『내가 본 조선, 조선인』, 2003, 166~167쪽).

러시아 탐험대원 알프탄 중령은 조선에는 광물 자원이 풍부했지만 이 자원들을 개발하려는 노력을 거의 하지 않는다는 사실을 의아하게 생각했다. 알프탄의 분석에 의하면 광물 자원이 방치돼 있는 이유는 이 나라에서 생산되는 금·은 등이 모두 국왕 소유였기 때문이다. 이런 근본적 상황이 변하지 않는 한 조선에는 개인 소유의 광산은 존재하지 않을 것이라고 그는 예견했다.

알프탄도 조선에 일상 생활용품을 파는 상점이 단 한 곳도 없다는 사실에 충격을 받았다. 그는 조선에서 상업이 발달하지 못한 이유로 조선인 성격상 상업적 기질의 부재, 자금난, 조선 관리들의 착취, 상업 장려 조치의 부재, 무역항 부족 등을 거론하며 조선인들의 특징적인 관습 다섯 가지를 다음과 같이 소개했다(카르네프 외 4인, 『내가 본 조선, 조선인』, 2003, 255쪽).

첫째, 생활이 단조롭고 자신들의 수요를 최저로 제한하는 것.

둘째, 필요한 모든 생활용품들은 가족들이 직접 생산하는 극단적인 자급자족.

셋째, 다른 나라에서처럼 화폐가 모든 경제 활동의 수단이 되지 못하는 것.

넷째, 조선인들의 모든 노력과 관심사는 오로지 농사라는 점.

다섯째, 공장은 말할 것도 없고 가내공업도 극히 제한적이었다는 점.

알프탄은 조선의 소들이 러시아의 남우수리 지역으로 수출되는 모습을 보며, 조선에 소가 많아서가 아니라 가난 때문에 소를 먹이기 힘들어 러시아에 팔고 있다고 지적했다. 또 조선인들이 어업에 종사하기를 꺼리기 때문에 일본인들이 조선 바다에서 물고기를 잡아 가고 있는 현황도 소개했다(카르네프 외 4인, 『내가 본 조선, 조선인』, 2003, 248·255쪽).

일본 낭인 혼마 규스케가 조선을 정탐할 무렵 조선 민중들은 일본인에 대한 감정이 좋지 않았다. 일본인이 지나가면 욕설과 함께 돌을 던져 부상을 당하는 사례도 적지 않았다. 그럼에도 불구하고 다수의 일본인들이 조선으로 건너온 이유는 "돈을 벌기 위해서"였다. 전라·경상도 해역에서는 일본 어선 1,500척, 다른 해역에는 1,000척 이상이 상시 조업을 했다. 이들 대부분은 히로시마·야마구치·쓰시마 출신이었다. 어선 한 척에 다섯 명의 어부가 승선하는 것으로 계산하면 1만 2,500명의 일본 어부가 매년 조선 연안에서 어로 작업을 한 셈이다.

이들이 조선 해역에서 잡아 간 어획고는 매년 150만 엔, 어부 한 사람당 연간 120엔 정도가 돌아간 셈이다. 이 정도 수입은 당시 상황에서는 엄청난 것이었다. 때문에 성난 파도를 무릅쓰고 조선 해역으로 몰려오는 일본 어선들이 점점 늘었다. 전라·경상도에 일본 어부 한 사람이 늘면 그만큼 조선의 이익을 가져가는 것이므로 일본의 국력은 신장되고 조선의 국력은 줄어든다.

"일본인이여, 조선 사람에게서 '왜놈, 똥 먹어라' 등의 욕설과 함께 돌을 얻어맞더라도 조선으로 와서 이익을 취하라! 그것이 일본을 부강하게 하고 조선을 멍들게 하는 일이다!"

이것이 '대륙 경영의 뜻'을 품고 조선을 정탐한 혼마 규스케의 속마음이었다.

한반도는 '헬 조선', 일본은 식산흥업

일본에 망명한 김옥균을 지원하면서 『대동합방론』을 집필한 다루이 도키치樽井藤吉는 1890년대에 일본 자본으로 아시아를 개발하기 위한 장기 계획을 세운다(조관자, 「청일·러일전쟁기의 사상과 동아시아의 변혁 | 일본의 아시아주의, 국수주의, 사회주의를 중심으로」, 『한림일본학』 제32집, 한림대 일본학연구소, 2018, 85~86쪽).

1893년 간행된 『대동합방론』에서 다루이 도키치는 러시아의 남하로 조선의 자주독립이 유명무실해진 상황에서 조·일 양국이 국정의 본원과 이해를 연합해 '대동大東'이라는 국호로 합방할 수 있다고 주장했다. 그는 중국과도 '동국합종東國合從'해 아시아를 방위하고 부흥시켜 서양 제국의 분열과 경쟁, 빈부의 격차를 극복하고 세계를 통합하자면서 "아시아 황인국 연방을 수십 년 내에 이루자"라고 주장했다. 이러한 다루이의 『대동합방론』에 깊이 공감한 인물이 일진회의 이용구다. 그는 다루이의 책을 읽고 감동한 나머지 자기 아들 이름을 오히가시 구니오大東國男

라 지었다.

한반도가 '헬 조선'의 늪에 빠져 있는 동안 일본은 메이지유신을 기점으로 근대화를 위한 신산업 육성 정책을 열렬하게 추진했다. 이런 총체적 움직임이 식산흥업殖産興業이다. 구체적인 방법론은 외국인 고문 기용, 박람회 개최, 도로·철도 건설, 농업연구소를 통한 농산물 증산, 제사製絲·조선·군수·광산 분야에서 다수의 국영 기업 설립, 신도량형 도입, 신화폐 제도 실시, 은행 제도와 주식회사 제도 도입 등이었다. 구미의 기계와 기술자를 채용한 신공장은 일본 경제에 강한 혁신 효과를 고취했고, 많은 국영 기업들이 민영화돼 흑자로 전환했다(이균, 『일본경제 근대화의 발자취』, 한국학술정보, 2007, 69쪽).

일본은 메이지유신을 단행한 1868년부터 40여 년간 식산흥업에 매진하고 한반도는 '헬 조선'을 헤맨 총체적 결과물이 일본에 의한 한반도 병합이었다.

제2장

청·일 양군 조선에 출병하다

미국 교관의 근대식 훈련을 받은 조선의 정예 부대 장위영마저 황토현과 장성 황룡촌에서 동학 농민군에게 패하자 왕실과 조정은 패닉 상태에 빠졌다. 시중에는 "적이 이미 금강을 건넜다"라는 뜬소문이 걷잡을 수 없이 퍼져나가 민심이 흉흉해졌다.

양호초토사 홍계훈은 현지 상황을 볼 때 소수 병력의 관군이 수만 명의 농민군을 제압하는 것은 불가능하다며 두 차례나 청군 파병을 요청했다. 이제 동학 농민군 진압을 위한 청군 파병은 종묘사직의 안위가 달린 긴급 현안으로 대두했다.

동학 농민군이 전라도 일대를 휩쓸고 있을 때 오토리 게이스케大鳥圭介 주한 일본 공사의 장기 휴가로 스기무라 후카시杉村濬 서기관이 대리공사를 맡았다. 스기무라는 조선 정세와 왕실 관련 고급 정보를 일본 정부에 제공함으로써 조선 문제 전문가로 명성이 자자했다. 참모본부에서 조선에 파견돼 스기무라와 함께 청일전쟁 개전 공작을 수행한 후쿠시마 야스마사福島安正는 스기무라에 대해 "담력도 있고, 외교적 민완가로서 실로 위대한 인물"이라고 평했다.

스기무라는 난세를 만난 고종이 선택할 수 있는 현실적 카드는 청군에게 의지해 농민 반란을 진압하는 것이라고 판단했다. 청군이 조선에 파병되면 동아시아에서 천하대란이 시작될 것이 분명했다. 스기무라는 1894년 5월 22일 무쓰 무네미쓰 일본 외상에게 "만약의 경우에 대비해 일본 정부는 조선에서 일·청 양국의 세력 균형을 유지하기 위해 출병 준비가 필요하다"라고 상신했다.

일본 외무성 내에서 조선 문제에 가장 정통한 전문가로 자타가 공인하는 인물이 출병 준비를 요청하자 일본 정부에 비상이 걸렸다. 메이지 유신 이후 근대 일본이 조선에 군대를 파견한 것은 1875년 운요호雲揚號가 처음이었다. 운요호의 강화도 충돌 사건을 계기로 조선을 강제 개국시킨 일본이 조선에 군대를 파견한 것은 1880년 12월 일본 공사관이 설치될 때 공사관 호위 무관으로 입국한 여섯 명이 최초였다.

이들은 조선과 주둔 약속을 맺지 않은 공사관 소속 무관이었다. 조선과 일본 사이에 정식으로 일본군의 조선 주둔을 명문화한 것은 1882년 8월 30일 임오군란 사후 처리를 위해 맺은 제물포조약이다. 이 조약을 계기로 일본군은 나고야 주둔 제3사단 소속 보병 2개 중대를 최초로 한국에 주둔시켰다.

조선 주둔 일본군은 1884년 12월 발생한 갑신정변의 사후 처리를 위해 1885년 4월 청·일 양국이 체결한 톈진조약에 의해 1885년 7월에 철수했다. 그로부터 9년 후 일본군이 또다시 조선에 파병을 준비하기 시작함으로써 동아시아에 전운이 감돌기 시작했다.

고종은 청군 파병 요청, 대신들은 반대

5월 27일, 장성에서 또다시 관군이 패전했다는 급보가 날아들자 조정은 비상 대책 회의를 소집했다. 관군 지휘관 홍계훈의 청군 파병 요청안이 공개되면서 묘당에서는 일대 격론이 일었다. 국왕과 민씨 척족 세력은 시급히 상국인 청에 원병을 요청해야 한다는 입장이었다. 조정 대신들은 "그렇게 되면 톈진조약에 의해 일본군을 불러들이고, 러시아마저 끌어들여 서울이 외국군으로 가득 차게 될 것"이라는 의견을 제기했다. 영돈녕부사 김병시는 "비도(동학 농민군)의 죄가 망사에 해당하나, 그들도 우리 백성인데 다른 나라 군대를 빌려서 토벌하면 민심이 흩어질 우려"가 있다면서 신중한 판단을 해야 한다고 말했다.

청군이 조선에 파병될 경우 톈진조약에 의해 일본군도 동시에 파병해 충돌할 수도 있어 대단히 심각한 문제였다. 이런 상황이 닥쳤음에도 불구하고 조선의 대신 중 "그런 정략은 난국 타개에 전혀 도움이 안 된다"라고 용기 있게 반대하는 자는 없었다(무쓰 무네미쓰, 『건건록』, 2013, 39쪽).

스기무라 후카시의 회고에 의하면 부패 탐학의 대명사였던 민영준은 처음에는 중앙군을 보내 동학 농민군을 토벌하려 했다. 이때 대신들 중에 "동학당은 지방관의 학정에 견디다 못해 봉기한 것이므로 그들을 위로해야지 토벌 대상으로 삼아서는 안 된다"라면서 출병에 반대하는 의견이 많았다. 대신들의 지지를 얻지 못한 민영준은 은밀하게 위안스카이袁世凱를 만나 동학당 진압을 논의했다(스기무라 후카시, 「재한고심록在韓苦心錄 1894~1895」, 이노우에 가쿠고로, 한상일 역·해설, 『서울에 남겨둔 꿈』, 건국대 출판부, 1993, 82쪽).

5월 29일, 초토사 홍계훈이 또다시 청군 원병 요청을 호소했다는 소식을 접한 위안스카이는 동학 농민군이 북상해 서울을 위협할 경우 외국과 마찰이 일어날 것을 우려했다. 그는 직속상관인 북양대신 겸 즈리直隸 총독 리훙장에게 조선 정부를 원조해 동학 농민군을 진압해야 한다고 보고했다.

5월 31일 사실상 청군 파병 결정

동학 농민군이 전주성을 점령한 다음 날인 6월 1일, 민영준이 위안스카이를 찾아가 또다시 청군 파병을 요청했다. 위안스카이로부터 관련 사실을 보고받은 리훙장은 총리아문에 "조선 국왕은 병력이 없어 더 파견할 수 없고 군대도 믿을 수 없다면서 중국에서 병력을 파견해 대신 토벌하도록 의견을 구했다"라고 보고했다.

그동안 청국 정부는 거듭된 조선 측의 파병 요청에도 불구하고 '파병 불가' 원칙을 고수해 왔다. 그런데 조선 상황이 급박하게 돌아가자 리훙장은 조선 정부에 "중국 군대가 반드시 필요할 경우 문서를 갖춰 요청하면 중국 정부에 청원하겠다"라고 통보했다(곽위동, 「동학농민군의 기의와 중·한·일 삼국의 외교 각축」, 동학농민혁명기념사업회 엮음, 『동학농민혁명의 동아시아사적 의미』, 서경문화사, 2002, 84쪽). '파병 불가'에서 '파병 가능'으로 정책을 전환한 것이다.

여러 사료를 근거로 할 때 위안스카이는 전주성이 함락된 5월 31일, 본국 정부의 훈령도 없는 상태에서 청군 파병을 결정했다. 고종은 청군이 서울에 진입하지 않겠다는 위안스카이의 약속을 근거로 청군 파병을 수용했다(은정태, 「청일전쟁 전후 조선의 대청정책과 조청관계의 변화」, 왕현종 외 4인, 『청일전쟁기 한·중·일 삼국의 상호 전략』, 동북아역사재단, 2009, 93쪽). 사실상 5월 31일 청군 파병이 결정됐으니 이후의 진행 과정은 요식행위에 불과했다.

6월 2일 민영준의 주도로 조선 정부의 청병 파병 요청 공문이 완성됐다. 같은 날, 조선 국왕이 청에 원병을 요청하기로 했다는 특급 정보를

청군의 조선 파병을 결정한 리훙장 북양대신(왼쪽)과 위안스카이 주차조선총리교섭통상사의.

입수한 스기무라 대리공사는 공사관 서기생(중국어 통역관) 데이에이호鄭永邦을 위안스카이에게 보내 청국 정부 측 의사를 탐지했다. 회의 도중 데이에이호는 "일본은 청국 정부가 조선을 대신해 동학도들의 난을 평정해 주길 바라고 있다"라고 운을 뗐다. 위안스카이는 "조선 조정으로부터 정식 공문은 접수되지 않았지만, 쌍방 의견이 이미 정해졌으니 공문이 접수되는 대로 출병할 준비를 하고 있다"라는 뜻을 내비쳤다(다보하시 기요시, 김종학 옮김, 『근대일선관계의 연구 (下)』, 일조각, 2016, 259쪽).

일본의 계략에 속은 위안스카이

6월 3일 새벽, 이번에는 스기무라 대리공사가 위안스카이를 방문해 세 시간 동안 회담했다. 대화 도중 스기무라는 위안스카이에게 "도적

(동학 농민군)이 오랫동안 소란을 피워 손해가 크다. 조선 정부는 반란을 진압할 능력이 없다. 시간이 흐를수록 처리가 어려워질 것이니 귀국에서 군대를 보내 진압하는 것이 어떤가" 하면서 은근히 출병을 권했다.

위안스카이는 스기무라와의 회견에서 청군이 조선에 파병해도 일본이 적극적인 대응을 하지는 않을 것이라고 제멋대로 판단하고 청군의 조선 출병을 요청하는 보고서를 리훙장에게 상신했다.

위안스카이는 보고서에서 청군이 조선에 파병돼도 일본군의 조선 파병은 쉽지 않을 것이라고 낙관했다(다보하시 기요시, 『근대일선관계의 연구 (下)』, 2016, 261쪽). 뿐만 아니라 만약 일본이 조선에 파병한다 해도 "공사관 보호 명목으로 100여 명을 보내는 데 불과할 것"이라고 자의적인 해석을 덧붙였다. 게다가 일본에 주재하는 청국 공사 왕펑짜오汪鳳藻도 "일본은 의회에서 권력 투쟁이 치열해 외부에서 발생한 일에 대처할 능력이 없다"라고 본국 정부에 보고했다.

위안스카이와 왕펑짜오의 보고를 받은 리훙장은 일본이 병력 100여 명을 조선에 보낸다면 대세에 영향을 주지 못할 것이며, 서울이 평온한 상태여서 위안스카이와 서울 주재 서양 외교관들이 일본 출병을 문제 삼아 퇴거시킬 수 있을 것으로 판단했다. 이런 내용을 토대로 리훙장은 조선에 청군 출병을 결정했다.

6월 3일, 스기무라 대리공사는 본국 외무성에 위안스카이와의 회견 내용을 상세히 보고했다. 바로 이날 고종은 위안스카이의 독촉을 받고 "동학 농민군 진압을 위해 청국이 원병을 파병해 달라"라는 정식 공문을 보냈다.

6월 4일, 위안스카이는 원병 상륙 및 주둔, 보급에 따른 실무 처리를 위해 청국 영사관 직원과 영사경찰, 무장 상인 80명과 말 100마리를 공주와 아산에 파견했다. 고종은 공조 참의 이중하를 청국 군함 영접관에 임명했다. 이날 스기무라는 조선 정부가 6월 3일 밤 정식으로 청국에 출병 요청 공문을 보낸 사실을 전하고, 원병의 규모는 1,500여 명으로 추산되며 웨이하이웨이威海衛에서 직파될 예정이니 일본군도 곧바로 출병해야 한다고 보고했다.

당시 리훙장은 황제가 위임한 외교통상 업무의 전권을 비롯해 보하이渤海 연안의 3개 성에 대한 병력 지휘권, 조선 출병권, 북양함대 통제 및 감독권, 사비로 편성한 북양 육군 관할권 등 막강한 권한을 쥐고 있었다(육군군사연구소, 『청일전쟁(1894~1895)』, 2014, 22쪽).

"청군이 조선으로 가서 동학 농민군 진압하라"

때마침 중국에서는 광서제光緖帝의 명에 의해 북양 육·해군의 대대적인 연합 훈련이 실시됐다. 리훙장이 1874년부터 10년간의 각고 끝에 완성했기 때문이다.

북양 해군은 딩루창丁汝昌 제독 휘하의 함선을 비롯해 푸젠福建·광둥廣東 함대의 정예를 선발해 연합함대를 편성했다. 육지에서는 성징盛京·즈리·산둥山東 등 3성에 주둔한 육군이 모두 훈련에 참가했다. 이 훈련은 영국의 중국함대 사령관 에드먼드 프리맨틀(Edmund R. Fremantle) 중장을 비롯해 각국 해군 장교들이 참관한 가운데 엄숙하게 거행됐다. 북양 육·해군의 대규모 훈련은 청조로서는 전무후무한 일대 사건이었다.

리훙장은 휘하 막료를 거느리고 1894년 5월 7일 톈진을 출발해 뤼순커우·웨이하이웨이·자오저우만·산하이관山海關을 검열한 후 5월 27일 톈진으로 귀환했다.

리훙장은 위안스카이로부터 보고받은 내용을 총리아문에 알리고 황제의 비준을 받은 뒤 딩루창 제독에게 군함을 조선에 보내 청국 거류민을 보호하라고 명령했다. 리훙장의 명에 따라 6월 4일 군함 지위안濟遠·양웨이揚威가 뤼순커우를 출항해 6월 5일 인천에 입항해, 먼저 도착해 있던 핑위안平遠호와 합류했다. 인천 항에는 미국 순양함 볼티모어(Baltimore), 일본 순양함 쓰쿠시筑紫와 야마토大和가 입항해 있었다. 청국 군함보다 조금 늦게 일본 포함 아카기赤城가 입항했다.

리훙장은 제독 예즈차오葉志超에게 총병 녜스청聶士成이 인솔하는 정예 7영을 이끌고 해상을 통해 조선으로 가서 동학 농민군 반란을 진압하라고 명령했다. 영의 정원은 500명이 기준이었는데, 실제로는 보병 1영은 350명, 기병 1영은 250명 정도로 구성됐다(오타니 다다시, 이재우 옮김, 『청일전쟁 | 국민의 탄생』, 오월의봄, 2018, 81쪽).

녜스청은 1894년 봄 군사 정찰 목적으로 40일간에 걸쳐 조선 북부 및 서울·인천을 돌아보고 고종을 비롯한 조선 고관들과의 면담 결과를 정리해 『동유기정東輶紀程』을 출간했다. 이것이 청조 276년 동안 중국인에 의한 거의 유일한 조선 기행이다(권혁수, 「청일전쟁 전후 조선에 관한 중국인의 체험과 기록」, 『한국학연구』 제29집, 인하대 한국학연구소, 2013, 737쪽). 그는 동학 농민군 토벌을 위해 청군을 인솔하고 조선으로 출동해 일본군과 교전한 과정을 기록해 『동정일기東征日記』라는 책으로 편찬해 낸다.

청군의 계급 체계는 제독(각 성의 총독)-총병(사단장)-부장(여단장)-참장(연대장)-유격(참모장)-도사(대대장)-천총(중대장)-파총(소대장)으로 구성돼 있었다. 일본에서는 청군 제독을 일본군 중장(군단장)으로, 총병은 소장(사단장)으로 간주했다. 이 기준에 의하면 조선에 출동한 청군은 군단장 예즈차오와 사단장 녜스청의 지휘를 받는 부대였다.

위안스카이는 6월 6일, 주한 일본 공사관에 청국 총병 녜스청이 병력 500명을 인솔해 6월 7일 탕구塘沽를 출발할 것이고, 예즈차오는 병력 1,100명을 인솔해 6월 8일 산하이관을 출발해 조선으로 향한다는 소식을 통보했다(스기무라 후카시, 「재한고심록」, 1993, 88쪽). 같은 날 리훙장은 주일 청국 공사 왕펑짜오에게 "톈진조약에 근거해 조선에 병력을 파병한 사실을 일본 외무성에 통지하라"라고 훈령했다. 왕 공사는 일본 외상 무쓰 무네미쓰에게 이번 조선 파병은 조선 정부의 요청에 의한 것이며, 청국 정부가 파병에 동의한 것은 속국을 보호하는 전례에 따른 것이란 사실과 함께 민란 진압이 평정되는 즉시 철군할 것이라고 밝혔다.

일본은 6월 7일 "일본은 지금까지 한 번도 조선을 중국의 속국이라고 여긴 적이 없다"라는 답신을 보냈다.

갈팡질팡한 국왕과 조선 정부

그런데 사태가 묘하게 꼬이기 시작했다. 6월 6일 양호초토사 홍계훈으로부터 관군이 농민군을 압도하고 있다는 소식이 전해진 것이다. 이렇게 되면 청군 파병 요청은 완전한 헛발질이 된 셈이다. 관군의 선전善戰에 고무된 조정 대신들은 국왕을 비난할 수는 없으니 비판의 화살을 민영준에게 돌렸다.

난감해진 민영준은 6월 7일 위안스카이에게 "청군 파병 중지 및 원병이 조선 해역에 도착하더라도 상륙하지 말 것"을 요청하는 공문을 서둘러 보냈다. 하지만 이미 엎질러진 물이었다.

청군 수송 선박이 조선으로 향하고 있다는 전문이 도착한 6월 7일 저녁, 서울 주재 청국 외교관들을 각국 외교관을 초청해 만찬회를 열었다. 미국 의사 알렌도 만찬에 초청을 받았다. 이 자리에서 청군의 조선 파병 소식이 공개되자 일본 외교관들은 환호했고, 청국 외교관들 얼굴에는 어두운 그림자가 무겁게 감돌았다. 경색된 분위기로 인해 만찬은 파장이 되고 말았다.

6월 8일 오후 6시, 청군 선두 부대가 해안에 접근하자 조선 조정은 상륙을 불허했다. 청군은 이를 무시하고 백석포에 상륙해 아산에 진주했다. 조선 조정이 파병 중지, 상륙 거부 등 갈팡질팡하자 위안스카이는 민영준에게 "당신 나라의 임금과 신하는 일 처리가 어찌 이토록 답답합니까?" 하고 분노했다.

6월 8일 오후 3시, 예즈차오는 후발 부대를 지휘해 산하이관에서 초상국 증기선 하이딩海定·하이안海晏호를 타고 6월 12일 백석포에 상륙해 이미 도착해 있던 녜스청의 병력과 합류했다. 6월 22일에는 총병 샤칭윈夏靑雲이 기마대 100명, 지뢰병 100명, 보병 300명 및 군마를 이끌고 출발해 25일 아산에 도착했다. 이때까지 아산에 주둔한 청군 총병력은 2,465명이었다(셰쥔메이, 「청일전쟁시 조선투입 청군의 동원과 조선 내에서의 전투상황」, 김기혁 외, 『청일전쟁의 재조명』, 한림대학교 아시아문화연구소, 1996, 134쪽). 이로써 청군의 1차 수송이 완료됐다.

청군이 아산 일대에 상륙한다는 첩보를 입수한 일본 해군성은 군함 아카기와 쓰쿠시를 아산만에 급파해 정찰을 명했다. 주한 일본 공사관도 청군 상륙 예정지에 첩자를 파견해 청군 파병 상황을 탐지했다. 그들은 본국 정부에 "상륙선으로는 조선 배를 이용했는데 큰 배에는 50여 명, 작은 배에는 13~14명을 태워 대략 17~18마일 해상에서 속속 아산 상륙장을 향해 출발했다. 상륙장의 개펄이 깊어서 조선인이 청군 병사를 업어서 상륙시켰다. (중략) 장교들은 상륙대를 뒤따라 아산현으로 출발했다고 하며, 또 하이딩·하이안호로부터 온 1,000명의 병정이 모두 상륙하면 아산 외곽으로 나가 전군前軍과 합세해 공주로 진군할 것이라고 한다"(최보영, 「청일전쟁기(1894~1896) 주한일본영사의 영사보고와 '첩보' 활용」, 『동국사학』 69집, 2020, 255쪽)라고 보고했다.

일본은 오래전부터 청과의 전쟁을 준비해 왔다. 그들은 근대 정치와 군사 등을 잘 이해하는 일류 정치가와 군사 전략가, 근대 군사 작전에 이해가 깊은 지휘관들로 대본영을 구성해 치밀한 준비 끝에 전쟁을 일으켰다.

반면에 청은 아무런 준비도, 대응책도 없이 전쟁에 뛰어들었다. 청 황제인 광서제는 허수아비나 다름없었고, 사실상의 권력은 서태후西太后가 장악하고 있었다. 리훙장은 열강에게 조정을 부탁해 전쟁을 회피하고 현상 유지를 도모한다는 '조용하면서도 신중한' 외교를 지향했다. 군기처를 장악한 쑨위원孫毓汶은 그런 리훙장을 지지했다.

그럼에도 불구하고 청국은 조선에서 청·일 양군이 충돌하면 임오군란이나 갑신정변 때처럼 자신들이 승리할 것을 믿어 의심치 않았다. 서울에 주재하는 서양 외교관들과 조선 지도부도 청군이 압도적으로 승리할 것으로 예상했다.

전쟁 준비가 돼 있지 않았던 북양 육·해군

위기가 고조된 1894년은 서태후의 환갑이었다. 자신의 회갑연을 경축하기 위해 어마어마한 건축 공사를 벌이고 있던 서태후는 전쟁을 원치 않았다. 서태후의 의중을 꿰뚫어 본 리훙장은 조선 주재 청국 외교관들에게 "우리가 먼저 공격하지 않으면 상대방도 움직이지 않을 것이다. 먼저 전쟁을 일으키는 자는 지위 고하를 막론하고 파면할 것"이라고 엄중 경고했다.

리훙장이 신중론(화평론)을 고수한 이유는 군사력의 주력인 북양 육·

해군이 전쟁 준비가 돼 있지 않았기 때문이다. 당시 청군 지상 전력의 핵심은 만주족 위주로 편성된 팔기군 25만 명으로, 이들이 23개 성의 전략적 요새나 주요 성도에 주둔해 지방 관리와 한인들을 감시했다.

한인으로 편성된 녹영군綠營軍 58만 명은 청국 정부 감시하에 각 성을 통치하던 총독 및 순무巡撫에게 분산 배치돼 치안 및 순찰, 연안 해상 작전 임무를 수행했다. 이 밖에 한족으로 편성된 향용군鄕勇軍 9만 6,000명, 향용군 중에서 서구적 훈련을 받은 병사들을 차출해 조직한 단련군團練軍(혹은 연군) 1만 2,000여 명이 각 성에서 비상시 징집돼 녹영군을 보충하도록 돼 있었다(육군군사연구소, 『청일전쟁(1894~1895)』, 2014, 22쪽).

이처럼 중국의 역대 왕조는 병력을 치안 용도로 사용했기 때문에 지방관 관할하에 두었다. 중대한 반란이 일어나거나 외부와 전쟁이 벌어질 경우 병정을 징집했다. 때문에 청조에 서양 열강처럼 각종 병기와 군수품을 완벽하게 갖춘 상비군은 존재하지 않았다. 청조가 훈련된 육·해군 상비군을 보유한 것은 태평천국의 난 이후다.

문제는 영토가 넓고 지방색이 뚜렷해 지방 주둔군은 훈련 방법이나 무기가 통일돼 있지 않았다는 점이다. 또 치안 유지에 상당한 병력이 필요했기 때문에 외국과의 전쟁에는 소수의 신식 상비군을 투입할 수밖에 없었다(다보하시 기요시, 『근대일선관계의 연구 (下)』, 2016, 508쪽).

1894년 청나라가 동원할 수 있는 병력은 현역 60만, 예비병 100만 명 정도로 추산됐다. 대부분이 지방 수비군이었고, 보유 무기도 구식인데다가 무기 종류도 지역마다 제각각이어서 소총탄이나 대포 구경이 서로 맞지 않아 실전에서는 거의 쓸모가 없었다. 게다가 운송 체계와 의료 서비스도 존재하지 않았다. 실제로 청일전쟁에 동원 가능한 부대는 리훙장 휘하의 북양군 3만여 명, 동삼성東三省 연군 1만여 명에 불과했다.

리훙장은 근대 육군 건설 과정에서 서양 무기만 수입했을 뿐 서양식 군사 제도는 도입하지 않았다. 이것은 중국 지도부 인사들이 굳건하게 지켜온 중체서용中體西用식 사고의 한계였다. 중국의 정신적 자산이나 제도는 확고해 서양으로부터 더 이상 배울 것이 없으며, 따라서 정신 자산과 제도는 중국적 전통의 토대 위에서 부국강병을 위해 서양의 기술과 방법론을 도입한다는 것이었다.

이런 방법론은 중화의식의 틀에서 벗어나지 못해 서양 문물 수용이 제한적일 수밖에 없었다. 청나라는 결국 중체中體도 지키지 못하고 서용西用을 제대로 받아들이지 못한 채 방황하다 서양 열강의 먹잇감으로 던져지게 된다.

청국에는 상비군 제도가 없어 외부와 전쟁하려면 병력 보충은 새로운 모병을 통해서 할 수밖에 없었다. 새로운 모병으로 급조된 보충대는 기존 병력에 비해 자질이 크게 떨어지는 등 많은 문제를 안고 있었다.

일본군은 전쟁 준비 완료

일본의 평시 병력은 7만 5,000명, 전시에는 25만 명을 상회했다. 청일전쟁 개전 당시 일본 육군은 총 7개 사단, 병력은 12만 3,000명이었다. 조선에 상륙한 제1야전군(제3·제5사단) 중 평양 전투에 1만 2,000명, 압록강 도하 작전에는 1만 3,000명이 투입됐다. 일본 육군은 무라타 쓰네요시村田經芳가 발명한 세계 최고 성능의 보병용 연발식 무라타 소총으로 무장해 청군과 맞섰다.

무라타는 1875년 소령 시절 유럽으로 유학해 소총 제조를 연구한 총기 전문가다. 그는 1880년 직경 6.5밀리미터 탄환을 사용하는 단발식 소총을 개발했는데, 이것을 개량해 1889년 연발식 소총을 제작했다. 무라타 연발총은 능률과 정밀도가 가장 우수한 군용 소총으로 꼽혔다. 후에 이것을 원형으로 한 38식·99식 소총으로 개량돼 1945년까지 일본군 주력 소총으로 사용됐다.

오사카 포병 공창에서는 이탈리아 기사를 고용해 1885년부터 7센티미터 청동제 야포를 생산해 포병에 공급했다. 무라타 소총과 청동제 야포 전력을 바탕으로 일본 육군은 프랑스와 독일이 채택하고 있던 백병전식 전술을 구사하게 됐다(박영준, 『제국 일본의 전쟁 (1868-1945)』, 사회평론아카데미, 2020, 111~112쪽).

일·청 양국은 장교의 자질 면에서 큰 차이가 났다. 일본은 유럽식 사관학교를 운영해 유능한 장교들을 대량 배출했다. 또 우수한 장교들이 유럽에 유학해 선진 군사학을 배웠고, 서양 군사고문을 초빙해 근대 전략·전술을 습득했다.

반면에 청은 과거제를 통한 무관 선발 시스템을 고수했다. 무과武科 시험 과목은 활쏘기와 무거운 돌 들어 올리기 등 근대 전쟁에는 쓸모없는 내용들이었다. 청일전쟁은 징병제를 통해 고도의 훈련을 받은 국민개병의 일본군과 모병제로 모집한 리훙장 군벌 군대와의 대결이었다. 그것은 치명적 무기로 무장한 근대식 군대와 중세 군대의 결투였다.

청나라는 그보다 더 근본적인 한계를 안고 있었다. 외교와 양무洋務를 소관하는 총리아문과 군무軍務를 소관하는 군기처가 분리돼 있어 외교와 군사가 유기적인 조화를 이루지 못했다. 외교 업무도 이원화돼 총리아문은 개항장 전체를 관할하면서도 결정권이 없었던 반면, 리훙장은 북양대신 및 즈리성直隸省 총독으로서 황제가 위임한 해외·외교통상 관련 전권과 보하이 연안의 3개 성, 즉 즈리·산둥·성징성에 대한 군사권, 조선 출병권, 북양함대 통제 및 감독권, 사비로 편성한 북양 육군 관할권을 행사했다. 군사 지휘 체계도 육·해군 상비 전력에 대한 지휘권이 분산되고 사병화돼 있었다(육군군사연구소, 『청일전쟁(1894~1895)』, 2014, 21~22쪽).

청일전쟁에서 일본군은 국력을 총동원해 전쟁을 수행한 반면, 청은 리훙장 휘하의 북양 육·해군만 동원됐다. 리훙장 휘하의 북양 육·해군은 청나라가 보유한 신식 상비군 중 능력이 가장 뛰어난 군대로 평가받았다. 한반도 지배권을 둘러싸고 벌어진 청일전쟁 수행을 위해 양국은 한반도로 병력을 이동해야 하는 특성상 해군이 중요했다.

리훙장은 1876년 영국 암스트롱(Amstrong) 사로부터 포함 4척을 구입해 북양함대를 창설하고, 남양해군을 위해 추가로 4척의 군함을 도입했다(임계순, 『청사淸史 | 만주족이 통치한 중국』, 신서원, 2001, 456~457쪽 참조). 리훙장은 10년이란 짧은 기간에 목제 범선을 주력으로 한 구식 정크 집단을 근대식 대함대로 개편하는 경이적인 모습을 보여주었다.

아시아 최강 북양함대의 현실

하지만 청국 함대는 내부적으로 심각한 결함을 안고 있었다(다보하시 기요시, 『근대일선관계의 연구 (下)』, 2016, 509~512쪽).

첫째, 함대가 네 명의 총독 아래 네 개의 별도 조직으로 구분돼 있었고, 이를 하나로 묶는 통합 지휘 체계가 없었다. 해군 사관이나 승조원도 네 개의 함대가 제각각 교육 기관을 설립해 별도로 배출하는 바람에 유대감이 형성되지 못했다.

둘째, 각 함대 간 파벌 다툼이 심했다. 중국 근대 해군의 발상지는 푸젠성福建省이고, 최초의 해군 사관 양성 기관인 선정학당도 푸저우福州에 위치했다. 그 결과 선정학당 출신은 대부분 푸젠성 사람을 뜻하는 민인

閩人이었고, 일부가 광둥성廣東省 사람, 즉 월인粵人이었다. 청국 해군에서는 푸젠성 인맥을 '민벌閩閥'이라 불렀는데, 북양 해군의 좌익총병 린타이쩡林泰曾과 우익총병 류부찬劉步蟾을 비롯해 대부분의 함장이 민벌 소속이었다. 함장이 푸젠 출신이면 수병, 기관병에 이르기까지 다른 성 출신들은 채용하지 않는 파벌 시스템이 작동했다.

셋째, 자국 조선소인 푸젠 선창船廠은 무시한 채 모든 함정을 영국·독일에 주문하는 바람에 푸젠 선창은 근대적 함선 건조 경험과 능력을 쌓지 못했다.

넷째, 최고 지휘관이 근대식 해군 전술에 무지했다는 점이다. 북양 해군 사령관 딩루창 제독은 리훙장의 신임을 얻어 사령관에 임명됐다. 그의 해군 경험은 목제 범선인 정크 집단을 지휘해 비적을 토벌한 것이 전부였다. 그는 근대식 대함대를 지휘할 만한 지식이나 경험이 없었다.

그 결과 북양 해군을 실제로 지휘한 인물은 북양함대 기함 딩위안定遠 함장 겸 참모장인 우익총병 류부찬이었다. 선정학당 제1회 졸업생인 류부찬은 영국 유학을 다녀온 인재였다. 딩루창 제독의 이름으로 발표된 거의 모든 명령이나 보고서, 의견서는 류부찬이 작성한 것이었다.

리훙장은 북양 해군 건설 과정에서 영국 해군 대령 윌리엄 랭(William Metcalfe Lang)과 독일인 세벨린(Sebelin)을 초빙했다. 랭 대령은 철저한 훈련과 엄격한 군기를 앞세운 영국식 해군 시스템을 도입해 북양 해군의 기초를 닦았다. 랭 대령은 류부찬 총병과 충돌해 사임했는데, 그의 사임 후 북양 해군 군기가 엉망이 됐다.

다섯째, 청국 정부의 주요 대신들이 복잡한 기계와 첨단 무기로 구성된 근대식 해군의 본질을 이해하지 못했다. 해군의 엔진, 기계와 무기류는 나날이 발전하기 때문에 내구 연한에 도달한 부품은 새 부품으로 교체하고, 끊임없는 정비와 성능 업그레이드를 통해 최상의 함정 상태를 유지 발전시키는 것이 중요하다.

청국 정부는 1891년 북양함대를 건설하는 데까지는 성공했지만, 유지 보수가 중요하다는 사실을 이해하지 못했다. 그 결과 총리해군아문은 해군 경상비 400만 냥을 대폭 삭감했다. 북양 해군 소속 함정들은 진수 연도가 일본 함정들보다 빨랐기 때문에 엔진 효율이 낮고 탑재 무기도 구식이었다. 류부찬은 여러 차례 엔진과 함포를 신형으로 교체해 줄 것을 건의했지만 재정권을 쥐고 있던 호부 상서 웡퉁허翁同龢는 2년 동안 함정용 엔진과 함포 구입을 중지시켰다(다보하시 기요시, 『근대일선관계의 연구 (下)』, 2016, 513쪽).

서태후는 자신의 환갑을 자축하기 위해 베이징 서쪽 교외에 이허위안頤和園을 대대적으로 건설했다. 여기에 소요되는 자금은 해군 경비 2,000만 냥을 전용했다. 2,000만 냥은 최신예 주력 전함 세 척을 도입할 수 있는 비용이었다.

청국의 희망이었던 북양 해군은 조정의 부패와 사령관의 무능으로 군기는 이완되고 엔진은 수리하지 못했으며 탑재 무기는 구식이었다. 심지어 탄약 구입 비용까지 다른 용도로 전용하는 바람에 주력 전함의 거포는 포탄 부족으로 제 역할을 하지 못했다. 리훙장이 불고체면하고 끝까지 화평론을 앞세워 개전을 피하려 했던 진짜 이유는 이것이었다.

일본과의 전쟁 부추긴 청류당

반면에 광서제는 골수 주자성리학 원리주의 집단인 청류당清流黨의 영수 웡퉁허의 보좌를 받고 있었다. 청류당은 리훙장의 화평 노선을 '연약 외교'로 비난하고, 제국의 위신을 지키기 위해서는 일본과 전쟁을

청나라 북양 해군 주요 함정

제독 딩루창, 좌익총병 린타이쩡(전위안함 함장), 우익총병 류부찬(딩위안함 함장)

종류	함선명	진수	배수량 (t)	속력 (kn)	주요 무장	장갑 (cm)	제조사
전함	전위안(鎭遠)	1881	7335	14.5	30.5cm포×4 15cm포×2 7.5cm포×2 36cm포×3	35.5	독일 Stetin Vulkan사
	딩위안(定遠)						
순양함	지위안(濟遠)	1883	2440	15	21cm포×2 15cm포×1 5cm포×4 35cm발사관×3	(갑판) 7.6	〃
	즈위안(致遠)	1886	2300	18	21cm포×3 15cm포×2 3.7cm포×8 36cm발사관×3	15.2	영국 Elswick Armstrong사
	징위안(靖遠)						
	징위안(經遠)	1887	2850	15.5	21cm포×2 15cm포×2 7.5cm포×2~5 36cm발사관×4	10	독일 Vulkan사
	라이위안(來遠)						
	차오융(超勇)	1881	1350	16	25cm포×2 12cm포×4 3.7cm포×4	〃	영국 Armstrong사
	양웨이(揚威)						
포함	핑위안(平遠)	1889	2100	15	26cm포×1 15cm포×2 4.7cm포×8 36cm발사관×1	(장갑) 20.3	청국 푸저우선창
	차오장(操江)	1866	950	9	8cm포×2 4.7cm포×1		
	전중(鎭中)	1881	447	10	26cm전장포×1 7.5cm포×2		영국 Armstrong사
	전볜(鎭邊)						
	전둥(鎭東)						
	전시(鎭西)						
	전난(鎭南)						
	전베이(鎭北)						

출처 : 다보하시 기요시(田保橋潔), 김종학 옮김, 『근대일선관계 연구 (하)』, 2016, 515~516쪽.

불사해야 한다고 주장했다. 웡퉁허는 재정을 담당하는 호부 상서 시절 리훙장의 북양 육·해군 확장 및 근대화를 강력히 견제했던 인물이다. 청류당은 리훙장을 공격해 그 배후에 있는 서태후에게 정치적 타격을 가하려 했다.

청·일 양국군이 조선에 출병해 위기가 발생하자 청류당은 리훙장을 비난하면서 "당장 조선에 병력을 증파하고 북양 해군을 출동시켜 일본에 대항하라"라고 선동했다. 조선에서 전운이 감돌던 1894년 7월 17일, 위롄위안余聯沅이 현상 타개를 위한 세 가지 방책을 상소했다. 그의 주장에 의하면 일본이 조선에 군대를 보내 본토가 무방비 상태인 틈을 이용해 중무장 병력으로 도쿄를 습격하는 것이 상책上策이요, 일본인들과 조선에서 대치하다 어쩔 수 없이 전쟁에 휘말리는 것은 하책下策이라고 주장했다.

청군이 아산만을 상륙지로 선정한 이유는 전라도 일대의 농민 반란을 진압하기 위해서였다. 막상 상륙해 보니 전주성은 이미 수복됐고, 동학 농민군은 해산 상태였으며, 일본군 선발대 400명이 서울에 입성했다는 충격적인 소식이 전해졌다.

때를 만난 일본 군부

일본 외교 라인은 처음에는 일본군의 조선 파병에 소극적 입장이었던 반면 일본 군부는 때를 만난 듯 적극적으로 움직였다. 육군 참모본부 차장 가와카미 소로쿠는 조선 정세에 정통해 어지간한 전문가는 그 앞에서 명함조차 내밀 수 없을 정도였다. 가와카미 차장은 참모본부 소속의 베테랑 정보 장교들을 조선에 파견해 정보를 수집하고, 이를 토대로 군사 작전을 입안했다.

1894년 5월 20일 참모본부 소속 이지치 고스케伊地知幸介 소좌가 부산에 파견돼 조선의 동향을 파악한 후 5월 30일 도쿄로 귀임했다. 이지치 소좌의 보고를 받은 참모본부는 가와카미 차장을 중심으로 "동학란을 기회로 조선에 출병해 조선 정부 개혁을 단행하고, 갑신정변 이후 부진한 일본 세력을 회복해야 한다"라면서 조선 출병론을 뜨겁게 일으키기 시작했다.

마침내 육군 참모총장 명의로 "동학당 비도 세력이 창궐하는데 조선 병사들은 이를 진압할 능력이 없으니 반드시 청에 원병을 요청할 것이며, 청국 정부는 그 요청을 받아들일 것이다. 조선에 있는 우리 신민을 보호하고 제국의 권위를 유지하기 위해 우리도 출병해야 한다"라는 조선 출병 요청서를 내각에 보냈다(다보하시 기요시, 『근대일선관계의 연구(下)』, 2016, 274쪽).

일본 천황을 비롯한 국가 지도부는 청과의 전쟁은 피할 수 없다고 생각하면서도, 거대 제국과의 전쟁에서 승리한다는 보장이 없었기 때문에 명분 없는 전쟁에 개입하지 않기를 바라는 분위기가 지배적이었다(나카츠카 아키라, 박맹수 옮김, 『1894년, 경복궁을 점령하라』, 푸른역사, 2014, 62쪽).

특히 일본은 영국과 러시아의 움직임에 신경을 곤두세웠다. 1890년대 조선에 대한 영국의 태도는 애매모호했다. 한반도에서 얻을 수 있는 영국의 통상 이익이 보잘것없었기 때문이다. 이 무렵 조선에 진출한 영국계 회사는 이화양행(Jardine Matheson & Co.), 함릉가양행(Home Ringer & Co.) 정도였는데, 이 기업의 조선에서의 활동은 미미했다.

러시아도 한반도에 대한 관심은 집요했지만, 연해주 일대 병력이 너무 적어 조선에 군사 개입 가능성은 없었다. 이러한 극비 정보는 극동 러시아 지역에서 활동한 참모 장교 후쿠시마 야스마사를 통해 참모본부에 상세하게 보고됐다. 1887년 5월 베를린 공사관 배속 무관으로 부임한 후쿠시마는 독일 공사 사이온지 긴모치西園寺公望와 함께 러시아의 시베리아횡단철도 관련 정보를 수집해 본국으로 보냈다. 후쿠시마는 두 눈으로 시베리아철도 건설 현장을 확인하기 위해 1892년 2월 공사관 무관을 사임하고 단신으로 말을 타고 시베리아 횡단 여행을 했다.

1893년 전시 편성 완료한 일본군

당시만 해도 러시아는 일본이 시베리아철도 관련 정보를 수집하리라고는 상상도 못 했다. 후쿠시마는 시베리아를 횡단하면서 가는 곳마다 러시아군 주둔지를 방문해 러시아군의 환대와 원조를 받았다. 이런 방식으로 후쿠시마는 시베리아철도 건설 현장을 확인해 정보를 수집한 후 1893년 6월 고베로 귀환해 국민적 영웅이 됐다.

야마가타 아리토모는 1893년 천황 직속 최고 자문 기관인 추밀원樞密院 의장에 취임했다. 그해 시베리아 시찰을 마치고 돌아온 후쿠시마 중좌의 보고서를 기반으로 정부에 장문의 의견서를 제출했다. 이 의견서에서 야마가타는 러시아가 시베리아철도 부설을 통해 몽골 및 청국으로 세력을 뻗치려 하고 있고, 프랑스는 광시廣西와 광둥 지방으로 진출하려 하며, 영국도 윈난雲南·쓰촨四川 방면으로 이권 확장을 시도하고 있다고 분석했다.

이러한 유럽 국가들의 군사력 건설과 세력 팽창에 청국은 대항할 국력이 없다고 평가하면서 "동양에서 향후 10년 내에 화기가 파열할 것이며, 이에 대비하는 것이 국가 백년대계의 상계上計"라고 주장했다(박영준, 『제국 일본의 전쟁 (1868-1945)』, 2020, 117쪽).

메이지 정부 지도부는 서양 열강의 만주·중국 진출을 국가 안보의 위협으로 판단하고, 일본 본토뿐만 아니라 본토의 안위에 직접적인 영향을 미치는 한반도를 일본의 영향권 아래 두기 위해 군비 증강을 최우선 과제로 설정했다.

일본 군부는 1893년 12월 30일 청국과의 전쟁에 대비한 전시 편성을 완료하고 군함 쓰쿠바筑波·오시마大島호를 조선 해역에 파견해 1894년 3월 말까지 첩보 수집 활동을 벌였다. 그들이 조사한 내용 중에는 전쟁이 발발할 경우 서울의 20만 인구를 아사餓死 혹은 항복시키기 위한 서울 부근의 식량 창고 정보를 비롯해 러시아 접경 지대인 나진 항의 현황 정보가 들어 있었다(왕현종 외, 『청일전쟁기 한·중·일 삼국의 상호 전략』, 동북아역사재단, 2009, 430쪽).

청군의 조선 출병 움직임이 감지되자 군부는 극비리에 군사 동원 준비에 착수했다. 참모본부는 6월 1일부터 조선으로의 병력과 장비 수송을 위해 '육군 대연습' 명목으로 일본우선회사 선박을 징발했다. 조선 출병을 기정사실화한 군부는 병력 수송을 위해 기선 집결을 명령했고, 6월 5일에는 히로시마 수눈 제5사단에 동원령을 내렸다.

한편에선 국수주의적 활동가인 낭인 집단을 조선에 침투시켜 동학농민군 봉기를 부추기는 공작에 돌입했다. 일본 군부의 지원으로 조선에 진출한 단체는 '의협의 혁명군'을 자처한 텐유쿄였다.

일본 의회가 빚은 정치 위기

일본은 1889년 2월, 10여 년에 걸친 연구와 심혈을 기울인 노력 끝에 '대일본제국 헌법'을 공포했다. 이로써 일본은 동아시아 국가 중 최초로 근대적 헌법에 기반한 입헌 국가로 탈바꿈했다. 헌법에 의해 의회를 조직하기 위해 1890년 총선이 실시됐고, 그해 11월 29일 일본 역사상 최초로 제1회 제국의회가 개원됐다.

수백 년을 막부 중심의 봉건 체제로 유지돼 온 일본 사회에 의회라는 생소하고 이질적인 정치 제도가 도입되면서 심각한 시행착오를 겪게 된다. 제1회 총선 결과 1870~80년대 자유민권운동의 계보를 이은 자유당·개진당 등이 중의원의 과반 의석을 차지했다. 제1의회 시기의 정부는 제1차 야마가타 아리토모 내각이었다. 정당정치를 불신했던 야마가타 총리는 이토 히로부미 등과 함께 정당이나 정파를 배경으로 하지 않는 '초연超然 내각'을 표방했다.

제1의회에서 자유민권운동 세력이 다수 의석을 차지했지만, 의회 출범 전에 천황의 명으로 이미 내각이 출범해 있어 수권 정당 기능은 하지 못했다. 야마가타 총리는 조선 문제를 둘러싸고 청국과 무력 충돌이 불가피하다고 판단했다. 그는 의회 개원식에서 행한 시정 연설을 통해 주권선·이익선 개념을 앞세워 증세를 통한 군비 증강을 주장했다. 하지만 중의원은 정부에 비판적인 자유당·개진당 계열이 과반 의석을 차지하고 있었다.

의원들은 야마가타 정부에 대항해 "경비 절감, 민력 휴양民力休養, 감세"를 주장했다. 그 결과 이들은 "국민의 편"이라는 뜻에서 민당民黨이라 불렸다. 민당은 중의원 예산 심의권을 무기로 정부 예산안을 대폭 삭감했다. 초연 내각을 주장하며 의회를 무시했던 야마가타는 의회에게 한 방 얻어맞은 꼴이 됐다. 의원들의 공세에 호된 시련을 겪은 야마가타 총리는 민당을 설득한 끝에 간신히 정부가 제출한 군사비를 원안대로 통과시켰다.

민당의 도전에 직면한 야마가타 내각은 곧바로 해산하고 1891년 제1차 마쓰카타 마사요시松方正義 내각이 성립됐다. 마쓰카타 내각은 1892년 군함 건조비, 제철소 건설비 등 막대한 군사비가 포함된 8,350만 엔의 예산안을 의회에 제출했다. 중의원 예산위원회는 정부 예산안에서 15퍼센트인 1,231만 엔을 삭감했다. 이렇게 되자 의회 해산권을 갖고 있던 정부는 천황 칙령으로 1891년 12월 25일 의회를 해산했다.

1892년 새 의회 구성을 위한 총선에서 정부는 민당 인사들을 낙선시키고 정부 정책에 협조적인 이당吏黨 인사들을 당선시키기 위해 조직적으로 선거에 개입했다. 민당 세력도 정부의 선거 개입에 맞서 '소시壯士'라 불리는 폭력 조직을 동원해 저항했다. 유혈 폭력이 난무해 경찰의 힘으로 치안 유지가 불가능하자 정부는 헌병까지 동원했다. 사망 25명, 부상 388명이 발생하는 격렬한 충돌 속에 치러진 선거 결과 163석 대 137석으로 또다시 민당이 승리했다.

초대 총리 이토 히로부미는 1892년 총선을 통해 정당의 존재 가치를 인정한 반면, 3대 총리 야마가타는 여전히 의회를 무시했다. 이 선거를 계기로 이토는 야마가타 등 보수 원로 세력과 틈이 벌어지게 된다.

이토 내각, 탄핵 상주안 가결로 위기 맞아

홍역을 치른 마쓰카타 내각은 1892년 7월 이토 히로부미를 후임 총리로 추천하고 총사퇴했다. 이토는 제2차 이토 내각(1892년 8월 8일 ~1896년 9월 18일)을 구성하는 과정에서 구로다 기요타카黑田淸隆, 야마가타 아리토모 등 전임 총리와 반대파 리더들을 내각에 끌어들였다. 이런 정치적 유연성을 통해 이토는 일본 정계 1인자 위상을 수립하게 된다.

이토 총리가 상대해야 할 중의원은 민당이 주도하는 여소야대與小野大였다. 청나라 북양 함대의 위력을 경험한 이토 내각은 거액의 군함 건조 예산을 의회에 제출했다. 의회는 두 척의 건조 예산만 승인하고, 정

메이지 시대를 이끌었던 야마가타 아리토모(왼쪽)와 이토 히로부미 총리.

부 예산안 중 11퍼센트인 900만 엔을 삭감했다. 이토 총리가 반발하자 중의원은 내각 탄핵 상주안으로 맞섰다.

의회의 내각 탄핵 상주안은 법적 효력은 없지만, 이것이 통과되면 정치적 상징성을 무시할 수 없었다. 민당이 여소야대를 앞세워 내각 탄핵 상주안을 가결하자 이토 내각은 의회를 해산하거나 내각이 총사퇴해야 하는 위기에 처했다. 난국 타개를 위해 이토는 '천황'을 앞세웠다. 이토 총리의 건의에 의해 메이지 천황은 "앞으로 6년간 천황가 예산에서 매년 30만 엔을 전함 건조비로 낼 것이니 문무관은 봉급의 10퍼센트를 5년간 헌납해 건함비로 쓰고, 의회는 정부와 타협해 천황을 잘 보필하라"라는 칙령을 발표했다. 이로 인해 간신히 위기가 수습됐다.

1894년 3월 총선에서는 이토 내각에 협조적인 자유당이 119석을 얻어 제1당을 차지했다. 하지만 입헌개진당과 입헌혁신당을 비롯한 민당 계열 의석수가 130석에 이르러 내각은 수세에 몰렸다. 5월 15일, 중의원 개회와 동시에 민당 세력은 또다시 내각 탄핵 상주안을 제출했다.

동학 농민군이 전주성을 점령한 5월 31일, 일본 중의원은 군비 확장 정책으로 인한 민생 파탄 및 영국과 체결한 불평등 조약의 개정 실패 책임을 물어 이토 내각에 대한 탄핵 상주안을 가결했다. 이토 내각은 총사퇴하거나 이제 갓 출범한 의회를 해산할 수밖에 없는 위기에 몰렸다. 상황이 난감하게 돌아가자 강경파 무쓰 외상이 해결사로 나섰다.

무쓰는 주영 일본 공사 아오키 슈조青木周藏에게 "국내 형세가 절박해 정부가 국민을 놀라게 할 정도의 사업을 하지 않으면 흉흉한 민심을 진정시킬 수 없다. 유일한 방법은 영국과의 불평등 조약 개정"이라면서 영국과의 조약 개정에 최선을 다하라는 메시지를 보냈다.

영국과 조약 개정을 추진 중인 상황에서 내각이 총사퇴하면 외교 교섭이 원점으로 돌아갈 우려가 있었다. 따라서 정부가 선택할 수 있는 카드는 의회 해산이었다. 중의원을 해산하면 또다시 총선을 실시해야 한다. 위기에서 벗어나려면 국내 정치에 쏠려 있는 시선을 다른 곳으로 돌릴 필요가 있었다.

동학 농민군 봉기는 하늘이 준 기회

뭔가 구실을 찾고 있던 와중에 조선에서 동학 농민군이 봉기했다. 이토 내각은 환호성을 내지르고 싶었을 것이다. 게다가 조선 사태는 일본 정부가 원했던 시나리오대로 전개되고 있었다. 6월 2일, 일본 외무성은 스기무라 후카시로부터 날아온 급전을 통해 조선이 청군 파병을 요청했다는 보고를 받았다. 의회와 국민의 관심을 외부로 돌릴 수 있는 '하늘이 준 기회'였다.

이토 총리는 스기무라의 급전 도착 즉시 임시 각료 회의를 소집했다. 이토 총리는 아리스가와노미야 다루히토有栖川宮熾仁 육군 참모총장과 가와카미 소로쿠 참모본부 차장을 각의에 참석시켰다. 무쓰 외상은 조선 정부가 청에 원병을 요청 중이라는 사실을 보고하고, "청국이 조선에 군대를 출병하면 우리도 그에 상응하는 군대를 조선에 파견해 일·청 양국이 조선에 대한 권력의 평형을 유지해야 한다"라고 주장했다(무쓰 무네미쓰, 『건건록』, 2013, 34쪽).

무쓰 외상의 발언에 다른 각료들 모두 동의했다. 가와카미 차장은 일·청 양국이 조선에 파병할 경우 전쟁은 피할 수 없으며, 전투가 벌어지면 단기전에서 대승을 거둔 후 강화에 돌입해야 한다고 주장했다. 이날 각료 회의에서 중의원 해산 및 영사관과 교민 보호 목적으로 조선 출병이 결정됐다. 조선 정부가 청국에 원병 파병을 공식 요청하기 하루 전에 일본군의 조선 출병을 결정한 것이다. 무쓰 외상은 그 즉시 오이소大磯에서 휴가 중이던 오토리 게이스케 주한 일본 공사에게 서울로 귀임할 준비를 하라고 명령했다.

이날 각료 회의에서는 "조선에서 일·청 양국의 세력 균형을 유지하기 위해" 소규모 병력을 보내는 단순 출병을 결정했을 뿐이지, 전쟁을 위한 본격적인 출병은 아니었다. 그러나 가쓰라 다로桂太郎, 고다마 겐타로兒玉源太郎와 함께 메이지 육군의 3대 핵심 인물三羽烏로 불린 가와카미 소로쿠는 각료들의 생각과는 크게 달랐다. 그는 이 절호의 기회를 이용해 임오군란·갑신정변 때 조선에서 청군에게 당한 패배를 설욕하기 위해 전략 단위의 일본군을 투입해 일·청 양국군의 균형을 확보하고, 충돌 교전의 빌미가 생기면 전력을 다해 청군을 꺾어야 한다고 생각했다.

강경책을 추진해 청일전쟁을 도발한 무쓰 무네미쓰 외상(왼쪽)과 가와카미 소로쿠 일본 육군 참모차장.

6월 2일 각료 회의가 끝난 후 심야에 무쓰 외상은 자신의 관저에서 가와카미 차장, 하야시 다다스林董 외무 차관이 참석한 가운데 비밀 회의를 열었다. 가와카미는 무쓰 외상에게 "일본군이 조선에 파병되면 청군과의 충돌이 불가피하므로 단 한 차례 공격으로 압승할 수 있는 병력을 보내야 한다"라고 설득했다.

그 결과 이날 밤 비밀 회의에서 "수단 방법 가리지 않고 조선에서 전쟁을 일으키고 승리하기 위한 방법"이 논의됐다. 일본군 편제에 의하면 평화시 1개 여단 정원은 2,000명이지만, 전시戰時가 되면 보병 1개 연대(6,000명)를 주축으로 기병·포병 1개 대대, 공병, 수송대, 위생대, 야전병원, 병참부 등 7,000~8,000명의 혼성여단으로 확대돼 독립적으로 전투를 수행한다.

전시 편제의 혼성여단 조선 파견

이러한 제도상의 허점을 이용해 가와카미 소로쿠는 이토 히로부미 총리에게는 조선에 파병할 병력 수를 "1개 여단(2,000명)"이라고 보고하고, 실제로는 전시 편제로 구성된 혼성여단(8,000명) 병력을 조선에 보냈다. 일본은 임오군란(1882) 때는 1개 대대(500명), 갑신정변(1884) 때는 2개 대대(1,000명)를 조선에 투입했다. 전시 편제의 혼성여단 출병은 전쟁을 하겠다는 이야기였다(와다 하루키, 이웅현 옮김, 『러일전쟁 | 기원과 개전 1』, 한길사, 2019, 198쪽).

6월 3일 밤 조선 정부는 공식으로 청국에 출병을 청원했다. 6월 4일 스기무라 대리공사로부터 조선 정부가 청에 정식 출병을 요청했다는 급보가 도착했고, 주청 임시 대리공사 고무라 주타로小村壽太郎도 청국이 병력 1,500명을 조선에 파병키로 결정한 사실을 보고했다. 무쓰 외상은 오토리 공사에게 즉각 서울로 귀임하라고 명령했다.

전쟁 작심하고 대본영 설치

이토 총리는 오토리 공사에게 "위안스카이와 협의해 가능하면 평화적으로 사태를 종결하라"라고 지시했다. 반면에 무쓰 외상은 "일본이 조선에서 우세를 점해야 한다. 이를 위해 일하다가 평화를 깨는 일이 있으면 그 책임은 전적으로 내가 질 것이니 소신껏 일하라"라고 훈령했다.

무쓰 외상의 구상은 전략 단위의 일본군을 한반도에 출병시켜 청군과 충돌하고 교전의 빌미가 생기면 전력을 다해 승리한다는 것이었다. 당초에는 오토리 공사가 육군 부대와 함께 조선으로 출발하려 했으나 육군 출병 준비에 시간이 걸려 청군보다 뒤질 우려가 있었다. 보고를 받은 이토 총리는 "상황이 급박하니 해군 육전대(해병대)로 병력을 교체

일본군 전력 현황

구분		여단	보병대
1군	제3사단(나고야)	제5여단(나고야)	제6연대(나고야) 제18연대(도요하시)
		제6여단(가나자와)	제7연대(가나자와) 제19연대(나고야)
	제5사단(히로시마)	제9여단(히로시마)	제11연대(히로시마) 제21연대(히로시마)
		제10여단(마치야마)	제22연대(마치야마) 제12연대(마루야메)
	제9혼성여단		제11연대(히로시마) 제21연대(마루야메)
2군	제1사단(도쿄)	제1여단(도쿄)	제1연대(도쿄) 제15연대(다카사키)
		제2여단(사쿠라)	제2연대(사쿠라) 제17연대(센다이)
	제2사단(센다이)	제3여단(센다이)	제4연대(센다이) 제16연대(시바타)
		제4여단(아오모리)	제5연대(아오모리) 제17연대(센다이)
	제4사단(오사카)	제7여단(오사카)	제8연대(오사카) 제8연대(오추)
		제8여단(히메지)	제10연대(히메지) 제20연대(오사카)
	제6사단(구마모토)	제11여단(구마모토)	제8연대(구마모토) 제23연대(구마모토)
		제12여단(후쿠오카)	제14연대(고쿠라) 제24연대(후쿠오카)
	제12혼성여단		제14연대(고쿠라) 제24연대(후쿠오카)
근위사단(7사단)			4개 연대(도쿄)

*제5·제6사단은 필요시 각각 2개 보병연대를 제공해 혼성여단 지원

출처 : 육군군사연구소, 『청일전쟁(1894~1895)』, 국군인쇄창, 2014, 215쪽을 토대로 저자가 새로 작성.

하라"라고 지시했다.

스기무라 후카시 주한 대리공사는 본국 정부로부터 "오토리 공사가 6월 5일 귀임 명령을 받았고 300명의 해군 육전대와 20명의 순사가 호위를 위해 수행할 것이다. 육전대의 수행 사실은 공언하지 말라"라는 훈령을 받았다. 스기무라는 조선 외교 부서인 통리아문과 청국 외교 총책 위안스카이에게 오토리 공사의 귀임 사실을 통보하면서 육전대 파견은 비밀에 부쳤다.

오토리 공사는 6월 5일 오후 4시 45분, 외무성 참사관인 모토노 이치로本野一郞, 외무성 소속 호위 순사 20명, 육전대 488명과 함께 군함 야에야마八重山에 올라 요코스카橫須賀를 출항했다. 야에야마는 일본 해군이 보유한 함정 중 속력이 가장 빠른(시속 21노트) 쾌속함이었다.

이날 일본 참모본부는 대본영大本營을 설치하고 막료장에 참모총장 다루히토 친왕, 육군참모에 참모본부 차장 가와카미 소로쿠, 해군참모에 해군 군령부장 나카무타 구라노스케中牟田倉之助를 임명했다. 나카무타는 7월 17일 예비역으로 퇴임하면서 해군 중장 가바야마 스케노리樺山資紀로 교체됐다. 여기에 육군 대신 오야마 이와오大山巖(육군 대장), 해군 대신 사이고 쓰구미치를 더해 전시 최고 군사 지휘 기관인 대본영이 조직됐다(다보하시 기요시, 『근대일선관계의 연구 (下)』, 2016, 281쪽).

대본영은 전시 또는 사변 중에 설치하는 일본 육·해군의 최고 통수 기관이다. 법적 절차에 의하면 선전 포고를 한 후에야 설치가 가능하다. 그런데 청일전쟁 선전 포고는 대본영이 설치된 지 두 달 후인 1894년 8월 1일에 발표됐다. 전시가 아닌 상황에서 전시 대본영 조례에 의거해 대본영을 개설한 것은 사실상 위법이었다. 그러나 일본 내에서 대본영 설치의 법적 하자에 대해 이의를 제기하는 사람은 아무도 없었다.

전쟁 작심한 일본 군부

대본영이 설치되면서 동원 계획이나 출병 병력 수, 수송 계획 등은 군통수에 관한 사항이기 때문에 대본영이 결정했고, 내각은 법적으로 관여할 수 없는 상태가 됐다. 일본 군부가 선전 포고 전에 서둘러 대본영을 설치한 이유는 내각이 보유하고 있던 청국과 조선에 대한 방침 결정권을 군부가 차지해 개전으로 나아가기 위한 계획이었다. 따라서 일본 군부가 6월 5일에 대본영을 설치한 것은 청국과 전쟁에 돌입한다는 확고한 의지가 내포돼 있는 행위였다.

6월 6일, 녜스청이 청군 선발대를 이끌고 조선으로 출발했다. 리훙장은 주일 청국 공사 왕펑짜오에게 톈진조약에 따라 청군의 조선 파병 사실을 일본에 통지하라고 훈령했다. 왕 공사는 당일 무쓰 외상과 회견해 청군의 조선 파병 사실을 알렸다. 그런데 왕 공사가 일본 정부에 제출한 조회 내용이 "파병 원조는 우리 조정이 속방을 보호하는 오랜 관례에 따른 것"이며 "톈진협약에 의거해 공문으로 통지한다"라고 돼 있었다.

6월 7일 무쓰 일본 외상은 주청 일본 공사 고무라 주타로를 통해 일본 정부도 조선에 출병한다는 조회를 청나라 총리아문에 보냈다. 동시

청일전쟁 개전 당시 일본 군항 및 소속 함대

구분	소속 함정
요코스카(橫須賀) 함대	후소(扶桑), 하시다테(橋立), 나니와(浪速), 다카오(高雄), 야에야마(八重山), 무사시(武藏), 아마기(天城), 아타고(愛宕)
구레(吳) 함대	이쓰쿠시마(嚴島), 지요다(千代田), 곤고(金剛), 히에이(比叡), 야마토(大和), 쓰쿠시(筑紫), 덴류(天龍), 마야(摩耶), 아카기(赤城)
사세보(佐世保) 함대	마쓰시마(松島), 요시노(吉野), 다카치호(高千穗), 아키쓰시마(秋津洲), 가쓰라기(葛城), 가이몬(海門), 이와키(磐城), 조카이(鳥海), 오시마(大島)

에 톈진 주재 영사 아라카와 미노지荒川巳次가 일본의 출병 사실을 리훙장에게 통지했다. 리훙장은 "우리의 출병 목적은 토비土匪 평정이며, 서울이나 다른 개항장에 군대를 파견하는 것이 아니다. 일본 정부가 대규모 육군을 파견해 조선 백성을 놀라게 하거나 의구심을 품게 하는 일이 없기를 바란다"라고 주의를 촉구했다.

오토리 공사가 승선한 야에야마는 6월 9일 새벽, 풍도 앞바다에서 경계 중이던 쓰쿠시호와 조우했다. 이들은 쓰쿠시호를 통해 청군 선발대가 아산만에 상륙한 사실을 확인한 후 같은 날 오후 4시 인천에 입항했다. 오토리 게이스케 공사가 조선으로 귀임할 때 「지지신보時事新報」는 자사 소속 기자를 조선에 파견했다. 이후 여러 신문사들이 총 86명의 종군 기자를 조선에 파견해 취재에 돌입했다.

6월 2일 일본 각료 회의에서 조선 파병을 결정했을 때 일본 함정들은 태평양 곳곳에서 작전 및 훈련을 하고 있었다. 해군 함정들은 "즉시 사세보佐世保 항으로 집결하라"라는 긴급 명령을 받았다. 해군 대신은 먼저 도착한 함정들로 연합함대를 편성하고 푸젠성福建省 마쭈다오馬祖島에 정박 중이던 이토 스케유키伊東祐亨 해군 중장을 연합함대 사령장관으로 임명했다. 해군 대신은 이토 스케유키에게 순양함 마쓰시마松島·지요다千代田·다카오高雄를 이끌고 부산으로 이동하라고 지시했다(다보하시 기요시, 『근대 일선관계의 연구 (下)』, 2016, 277쪽).

육전대와 함께 서울 입성한 오토리 공사

이토 사령장관이 부산 항에 입항하자 사이고 해군 대신은 무쓰 외상의 요청에 따라 이토에게 "인천으로 회항해 가능한 많은 수의 육전대를 상륙시킨 다음 오토리 공사를 호위해 서울에 진입하라"라고 지시했다.

이토 사령장관은 마쓰시마·지요다 두 함선을 거느리고 부산을 출항해 야에야마보다 조금 늦게 인천 항에 입항했다.

이때 인천에는 기함 마쓰시마를 비롯해 지요다·야에야마·쓰쿠시·아카기 등 일본 군함 여섯 척이 입항했고, 부산에는 다카오가 대기 중이었다. 일본이 보유한 군함의 거의 절반을 조선에 파견해 공포 분위기를 조성한 것이다.

이토 사령장관은 야에야마에 승선해 있는 오토리 공사와 상륙 계획을 협의했다. 오토리 공사는 6월 10일 상륙해 서울에 부임하고, 이토는 오토리 공사의 호위를 위해 휘하 함선에서 육전대를 편성해 함께 상륙하기로 했다. 훈령에는 수병 300명이라고 명기돼 있었지만 이토 사령장관은 488명과 야포 2문으로 연합해군육전대를 편성해 인천에 상륙했다. 오토리 공사는 6월 10일 새벽, 육전대의 삼엄한 호위를 받으며 서울을 향해 출발했다.

조선 정부는 6월 7일 일본 정부로부터 조선 출병 통고를 받았다. 조선 정부는 스기무라 대리공사에게 일본군 조선 출병을 엄중 항의하고, 주일 조선 공사 김사철을 통해 일본 정부에 철병을 요구했다. 6월 9일 오토리 공사가 승선한 야에야마호가 인천에 도착하자 참의교섭통상사무 민상호와 미국인 외무고문 르장드르(Charles William Le Gendre)를 인천에 급파했다. 그들은 육전대의 서울 침입을 저지하려 했으나 실패했다(박종근, 『청일전쟁과 조선』, 1989, 18쪽).

청군 파병 목적은 동학 농민군 진압이었기 때문에 상륙지를 아산으로 선정했다. 반면 일본군은 수도 서울의 코앞인 인천에 상륙했다. 이 사실을 보면 일본군 파병 목적은 애초부터 동학 농민군 진압과는 거리가 먼 군사 행동임을 알 수 있다.

전날 밤부터 내린 호우가 그치지 않아 오토리 공사와 육전대, 공사 호위 경찰관들은 행군에 많은 어려움을 겪었다. 조선 정부는 6월 10일 외아문 협판(차관) 이용식을 양화진에 보내 육전대 철수를 요구했다. 오토리 공사는 이 요구를 거들떠보지도 않고 당일 오후 6시 45분 육전대 호위하에 서울에 입성했다.

외아문 독판(장관) 조병직은 오토리 공사에게 서울이 평온한 상황인데 일본군이 진입함으로써 인심이 동요해 불안을 야기하고 있으니 철군하라고 요구했다. 오토리 공사는 "일본군은 제물포조약으로 언제든 출병이 가능하며, 파병 여부는 일본 정부가 결정할 문제이기 때문에 조

일본군 무기 체계

구분		화기		기본 휴대량	특성/제원	비고
보병	개인화기	무라타소총	13·18년식	200발 (휴대 70발, 추진 130발)	단발, 구경 11mm, 최대 사거리 2,400m	1·2·3·5·6사단
			22년식		5연발, 구경 8mm, 최대 사거리 3,112m	4사단·근위사단
	공용화기	미편제				
포병	야포	7㎝포		286발 (휴대 142발, 추진 144발)	최대 사거리 5km, 초속 428m	포열 일체형으로 분리가 제한돼 말 6두로 운반
	산포	7㎝포		288발 (휴대 144발, 추진 144발)	최대 사거리 3km, 초속 256m	산악 지역에서 활용 목적으로 포열을 분리 가능하도록 제작
기병	개인화기	무라타소총		160발 (휴대 30발, 추진 130발)	(보병과 동일)	

출처 : 육군군사연구소, 『청일전쟁(1894~1895)』, 국군인쇄창, 2014, 197쪽을 토대로 저자가 새로 작성.

선 정부가 간여할 수 없다"라고 답했다.

6월 12일, 조선 정부는 전주에서 동학 농민군이 해산한 사실을 알리고 일본군의 철수를 재차 요구했지만 일본은 미동도 하지 않았다. 이날 일본군 제11연대 1,050명이 인천에 추가 상륙했다. 일본은 병력 수를 800명으로 축소해 조선 정부에 통보했으며, 이 부대는 "육전대와 교대하기 위한 병력"이라고 얼버무렸다.

일본군 동원령 발동

일본군은 오래전에 출동 계획이 완성돼 있었기에 부대 동원은 원활하게 진행됐다. 조선 출동 부대는 수송 편의를 위해 히로시마에 사령부가 있는 육군 제5사단에서 차출키로 했다. 6월 5일 대본영 설치와 동시에 제5사단장 노즈 미치쓰라野津道貫에게 동원 명령이 떨어졌다.

제5사단 사령부가 설치된 히로시마는 근처에 구레吳 군항과 해군 구레 진수부鎭守府가 있고, 히로시마 남부에 우지나宇品 항구도 있었다. 고베에서 출발하는 산요山陽철도가 개전 직전인 1894년 6월 히로시마까지 개통됐다. 산요선·도카이선·일본철도를 이용하면 센다이(제2사단 소재지), 도쿄(근위사단과 제1사단 소재지), 나고야(제3사단 소재지), 오사카(제4사단 소재지)를 경유해 아오모리에서 히로시마까지 철도로 연결돼 효율적으로 군대를 수송할 수 있었다(오타니 다다시, 『청일전쟁』, 2018, 152~153쪽).

이로써 히로시마는 청일전쟁에서 조선·중국·타이완으로 향하는 군대의 출정 기지가 됐고 전쟁의 진전과 함께 도쿄에서 히로시마로 대본영이 이동하게 됐다.

제5사단 산하 보병 제9여단(제11·제21연대)을 중심으로 제9혼성여단이 편성됐고, 여단장에는 오시마 요시마사大島義昌 소장이 임명됐다. 그는 전임 일본 총리인 아베 신조安倍晉三의 모계 선조다. 일본 육군성은 제9혼성여단을 조선으로 수송하기 위해 6월 4일, 일본우선郵船주식회사와 운송 계약을 체결했다. 또 부산-인천 간을 왕래하며 통신을 중계하기 위해 두 척의 소형 기선을 대여했다.

일본 참모본부의 계획은 6월 10일 혼성여단 동원을 마친 후 두 차례로 나누어 수송할 예정이었다. 그런데 청국 선발대가 6월 6일 산하이관을 출발했다는 사실이 보고되자 대본영은 기선 제압을 위해 보병 1개 대대와 공병 2개 소대를 먼저 파병해 서울에 진입하기로 결정했다.

선발대는 보병 제10연대에서 차출됐다. 이 병력은 보병 소좌 이치노헤 효에一戶兵衛의 지휘 아래 6월 8일 우지나를 출항해 6월 12일 인천에 상륙했다. 이들은 6월 13일 서울에 입성해 무코야마 해군 소좌가 지휘한 육전대와 교대했다. 이렇게 해서 조선의 수도 서울과 그 관문인 인천 일대는 일본군에게 제압당했다.

이때까지만 해도 청국 지도부나 지식인층, 백성들은 청국 필승론을 굳게 믿었다. 그들은 메이지유신 이후의 일본을 '동쪽 변방의 오랑캐 무리' 정도로 얕잡아보고 맹목적 자만 심리에 젖어 있었다.

일본군이 먼저 조선 출병 결정

아산에 상륙한 청군 사령관 예즈차오는 농민군 동향을 탐지하기 위해 제1지대를 전주로 파견했다. 6월 28일 녜스청은 기마병과 보병 부대를 이끌고 태인·고부 일대로 이동했다. 현지에 도착한 녜스청은 농민군이 벼슬아치들에게 핍박을 받아 봉기했다는 사실을 알게 됐다. 그는 전라도 관찰사 김학진을 통해 전란으로 가옥이 불탄 백성 900세대에 세대당 양은 2원의 구휼금을 지급했다(권혁수, 「청일전쟁 전후 조선에 관한 중국인의 체험과 기록」, 2013, 757쪽).

임오군란 때 문란한 군기로 물의를 빚었던 실수를 되풀이하지 않기 위해 청군은 군기를 엄중히 유지했다. 청군 병사 한 명이 민간으로부터 야채를 훔쳤는데, 녜스청은 민폐 근절을 위해 그 병사의 귀를 자르는

청일 양국 파병 관련 일지

일시	내용
5월 31일	일본 의회, 이토 히로부미 내각 탄핵 상주안 가결
6월 1일	일본 참모본부, '육군 대연습' 명목으로 일본우선(郵船)회사 선박 징발
6월 2일	일본 외무성, 스기무라 후카시의 보고 통해 조선 정부의 청군 원병 요청 움직임 감지
	이토 히로부미 총리, 천황 재가 얻어 영사관과 교민 보호 목적으로 조선 출병 결정
6월 3일	조선 정부, 청에 파병 요청
6월 4일	위안스카이, 조선 정부의 청군 파병 요청서 본국에 타전
6월 5일	청국 정부, 조선에 청군 파병 사실 통보
	오토리 게이스케 주한 일본 공사, 군함 야에야마 편으로 요코스카 출항
	일본, 전시 최고 지휘 기관 대본영 설치
6월 6일	청국 총병 녜스청, 선발대 이끌고 조선 향발
	주일 청국 공사 왕펑짜오, 톈진조약 따라 청군 조선 파병 사실 일본에 통보
6월 7일	일본 정부, 주청 임시 대리공사 고무라 주타로 통해 조선 출병 사실 청국에 통보
6월 8일	제5사단 소속 이치노헤 대대 히로시마 우지나 출항
6월 9일	오토리 게이스케 주한 일본 공사, 인천 항 도착
6월 10일	오토리 게이스케 주한 일본 공사, 육전대 488명과 함께 서울 입성
6월 12일	일본군 선발대 이치노헤 대대 인천 상륙
6월 15일	일본 혼성여단 후속 부대 2,700명 인천 입항

형벌을 내렸다(셰권메이, 「청일전쟁시 조선 투입 청군의 동원과 조선 내에서의 전투상황」, 1996, 135쪽). 이로써 동학 농민군 진압 요청이라는 고종의 파병 목적은 달성됐다.

일본은 조선 정부가 청에 파병을 요청하기 하루 전인 6월 2일 조선 출병을 결정했다. 그리고 청군이 조선을 향해 출발하기 하루 전에 조선으로 병력을 출발시켰다. 이것은 일본군 파병이 청군 파병에 따른 피동적 행위가 아니라, 선제 도발 행위였음을 입증하는 증거다.

그렇다면 일본이 조선의 동학농민봉기를 이용해 청국과 전쟁을 불사하고 나선 이유는 무엇이었을까? 주미 일본 공사 다테노 고조建野鄉三가 그레셤(Walter Quintin Gresham) 미 국무 장관에게 당시 일본의 국내 상황을 다음과 같이 설명한 데서 그 단서를 찾을 수 있다.

"현재 이토 내각의 정책은 일본 국민들에게 큰 불만을 사서 중대한 정치적 변란이 발생할 위험이 있다. 따라서 국민의 주의를 국내로부터 밖으로 전환시키기 위해 청과의 개전을 진심으로 환영하고 있다."(다보하시 기요시, 『근대일선관계의 연구 (下)』, 2016, 459~460쪽).

주일 미국 공사 에드윈 던(Edwin Dun)은 조선에서 동학 농민군이 봉기하자 무쓰 외상, 하야시 다다스 외무 차관과 회견했다. 두 사람과 대화를 나눈 후 던 공사는 일본 정부가 청과 전쟁을 결정한 이유는 정부의 필요성 때문이 아니라, 호전적인 국민정신 덕분이라고 분석했다(다보하시 기요시, 『근대일선관계의 연구 (下)』, 2016, 462쪽). 즉 호전적인 국민들이 전쟁을 원하고 있었기에, 정부는 그들의 열망을 물리치지 못하고 끌려 들어갔다는 것이다. 던 공사는 조선 문제에 관한 일본 정부와 일본 국민들의 동향을 냉정하게 파악한 유일한 외교관이었다.

제3장

대일본제국 헌법이 전쟁의 원인

영국 옥스퍼드대 총장, 인도 총독, 영국 상원의장, 외상을 역임한 조지 커즌(George N. Curzon)은 아시아 문제 전문가다. 1891년부터 1892년까지 조선에 머물며 조선을 둘러싼 국제 정세를 분석했고 1892년 9월 일본을 방문해 이토 히로부미 총리와 면담한 커즌은 자신의 연구를 집대성해 1894년 『극동 문제(Problems of the Far East)』란 저서를 발표했다.

'조선 정치의 미래, 조선의 불규칙한 정치상의 위치'란 부제가 달린 이 저서에서 커즌은 조선에 대해 "여러 강국 사이에서 농락당하는 장난감 공의 정치상 미래 운명"을 우려했다. 조선은 강국의 이해에 따라 보호받든지 아첨하든지 능욕당하든지 총애를 받든지 할 운명이라는 것이다.

커즌은 조선처럼 '독립국'이면서 한편으론 '속국'이라는 불안정한 상태에 놓인 나라는 지구상에서 달리 사례를 찾기 힘들다고 보았다. 이런 사태가 조선에서 발생하는 이유는 우선 조선이 청·러·일 세 나라 사이에 놓인 지리상의 특수한 위치 때문이라고 보았다. 나아가 조선의 내치와 외교에 불개입 방침을 취했던 청 제국이, 다른 강대국들이 조선을 잠식하려 하자 기존 노선을 뒤집고 이전과는 모순되는 정책을 취했기 때문이라고 분석했다(오비나타 스미오, 「청일전쟁 전후 일본 정치에서의 동아시아 질서 구상」, 왕현종 외, 『청일전쟁기 한·중·일 삼국의 상호전략』, 동북아역사재단, 2009, 171~175쪽 참조).

동아시아 판도를 바꾼 역사적 전쟁

커즌은 '만국 연극의 주인공'은 청·러·일 세 나라이고, 조선은 그 '무대'로 강제 사용되고 있으며, 강자인 일본이 약자인 조선에 손실을 입히고 있다고 분석했다. 이어 그는 조선과 같이 양질의 항구를 많이 가진 나라가 다른 나라 손에 떨어지면 아시아·태평양에서 영국의 통상·무역이 큰 영향을 입을 것이며, 러시아에 의한 정치·경제적 방해는 무시할 수 없을 것이라고 진단했다.

그는 조선이 존속할 수 있는 방법은 청과의 주종 관계를 유지하고 양국의 결합을 강고히 하는 수밖에 없으며, 동아시아 정세를 안정시키려면 청·일이 제휴해 공통의 적인 러시아에 대응해야 한다고 결론지었다. 하지만 현실은 그의 결론과는 전혀 엉뚱하게 진행됐다. 일·청 양국이 조선을 둘러싸고 전쟁 상태에 돌입한 것이다.

미국의 역사학자 워런 킴볼(Warren F. Kimball)은 중국과 일본 두 나라는 어느 쪽이 관계를 주도할 것인가를 둘러싸고 오랫동안 경쟁해 왔다고 분석했다. 경쟁 분야는 문화, 경제, 사회, 지식인의 사상과 이데올로기 등 전방위적이었으며, 군사적 충돌은 그러한 경쟁의 한 부분에 불과했다는 것이다(가토 요코, 윤현명·이승혁 옮김, 『그럼에도 일본은 전쟁을 선택했다』, 서해문집, 2018, 88~89쪽).

1870년대 초에 시작된 서양 제국주의의 중화 제국 해체 작업이 가속 페달을 밟은 것은 동아시아의 변방에 위치해 있던 일본이 청일전쟁에서 승리해 중국을 굴복시킨 이후다. 이 전쟁에서 일본이 승리함으로써 마지막으로 남아 있던 중화 제국의 속방 조선은 중국으로부터 분리돼 일본 세력권으로 넘어갔다(이삼성, 『동아시아의 전쟁과 평화 (2)』, 한길사, 2017, 329쪽). 모테기 도시오茂木敏夫는 "중화 세계는 중국이 일청전쟁에서 패배해 최후의 조공국 조선을 상실하면서 사실상 소멸했다"라고 말했다.

청일전쟁을 통해 의미심장하게 주목해야 할 부분은 제국주의 카르텔의 균열이다(이삼성, 『동아시아의 전쟁과 평화 (2)』, 2017, 330~331쪽). 청일전쟁 이전까지만 해도 서양 제국주의 국가들은 한 나라 단독으로 중국이라는 거대 제국을 먹어치우기 힘들었다. 때문에 중국 이권을 놓고 카르텔 형태의 공동 지배 혹은 협공 형태를 취했다.

제국주의 열강은 한동안 '힘을 합쳐 공동으로 뜯어먹기' 시스템을 비교적 잘 유지해 왔다. 그런데 청일전쟁에서 승리한 일본이 타이완과 랴오둥遼東반도를 할양받으면서 제국주의 카르텔 체제에 지각 변동이 일어났다. 일본을 견제하기 위해 삼국간섭을 주도한 러시아를 중심으로 독일·프랑스가 뭉쳤고, 간섭을 거부한 영국·미국이 한편이 돼서 단층이 형성됐다. 이때부터 러시아 견제를 위한 영·미·일 제국주의 카르텔이 출범한다. 시모노세키 강화조약 직후 러·프·독 블록과 영·미·일 블록 사이의 대립은 1880년대 중반 한반도를 둘러싸고 표면화했던 영국과 러시아의 '그레이트게임(Great Game)'의 새로운 버전이었다.

일본은 지식인·언론이 전쟁 부추겨

복잡한 국제 정치·외교 정세가 얽히고설킨 끝에 돌발한 청일전쟁인 만큼 이해 당사국들의 입장에 따라 전쟁 명칭도 제각각이다. 우리 사회에서는 청일전쟁이 정착된 데 비해 중국에선 갑오년(1894)에 발생한 전쟁이라 해서 중일 갑오전쟁이라 부른다. 똑같은 전쟁을 일본에서는 일청日清전쟁, 서양에서는 제1차 중일中日전쟁이라고 한다.

조선에서 임오군란(1882)과 갑신정변(1884)이 발생했을 때 일본은 청군의 개입으로 패퇴한 바 있다. 이 과정에서 일본은 명실상부한 독립 국가로 자립하려면 군비 확장이 절실하다는 값비싼 교훈을 얻었다. 이후 일본은 군사력 강화를 위해 국력을 총동원했다. 그 결과 1893년 일본 육군은 언제라도 청국과 개전 가능한 상황이 됐지만, 해군이 문제였다.

아편전쟁에서 승리한 영국은 양쯔강揚子江 일대를 비롯해 중국 남부 지역에서 거대한 이권을 향유하고 있었다. 일본 군부는 청과 전쟁에 돌입할 경우 영국이 자신들의 이권 보호를 위해 영·청 함대 연합으로 일본에 적대할 가능성을 우려했다.

하지만 여론은 청-일 개전을 향해 맹렬하게 굴러가고 있었다. 일본 개진당의 시마다 사부로島田三郎 의원은 1893년 5월 의회 연설에서 "학문도 없고 용기도 없고 애국심도 없이 신체만 건강하고 유순한 조선은 속국이 되기에 안성맞춤인 나라"라고 막말을 했다(임종국, 『일본군의 조선침략사 I』, 일월서각, 1988, 51쪽).

일본 언론은 일본열도의 안전 보장을 위해 조선을 지배해야 한다는 의견을 조장했다. 그중에서도 가장 강한 논조로 문제를 지속적으로 제기한 언론은 「고쿠민國民신문」이었다. 이 신문은 "청-일 개전을 실현하기 위해 전쟁에 뜻이 없는 현 내각을 타도하자"라고 선동했다.

자유당 기관지 성격의 「지유自由신문」도 '대한對韓의 결심'이라는 제하의 사설(1894년 5월 2일)에서 "국민병을 기르는 것은 무엇을 위함인가? 포를 주조하고 검을 벼리고 군함을 건조하는 것은 국가의 치장물인가? 우리 먼저 일대 결심을 하지 않으면 청과 조선의 경멸을 받아 제국의 면목이 악화된다"라면서 정부는 전쟁을 위해 최후의 결단을 내리라고 선동했다. 그들은 6월 15일 "일본군의 조선 출병은 동학당 때문은 아니다. 우리는 이미 검을 뺐다"라고 선동했고, 7월 22일에는 "개전을 선언하라"라는 사설을 게재했다.

리버럴한 자유당계 신문이 이처럼 호전적인 주장을 한 이유는 청일전쟁에서 승리해 조선을 차지할 경우 시장이 확대돼 일본 경제가 한 차원 더 발전할 것이란 기대감 때문이었다.

전쟁을 열망한 일본

일본에서 가장 뜨겁게 전쟁을 열망한 집단은 몰락한 사무라이 계층이었다. 이들은 각지에서 의용병으로 발도대拔刀隊 조직을 만들었다. 지식인들도 "중국과 전쟁을 해서라도 조선 문제를 확실하게 매듭지어야 한다"라고 주장했다. '전쟁 열광'의 기운이 일본 사회를 뜨겁게 달군 셈이다.

미쓰이三井·미쓰비시三菱 등 재벌은 전쟁 경비 모금을 위해 1894년 배외주의 단체인 보국회保國會와 봉공의회奉公義會를 설립했다. 의회에서 정부와 대립했던 민당도 10월에 소집된 제7 임시의회에서 1억 5,000만 엔의 임시 군사 예산안과 군사 공채 발행을 승인했다(국사편찬위원회, 『한국사 40 : 청일전쟁과 갑오개혁』, 탐구당, 2003, 49쪽).

일본을 전쟁으로 몰고 간 또 하나의 중대 변수는 1891년 착공된 시베리아횡단철도 건설이었다. 1891년 러시아가 시베리아횡단철도를 착공하자 영국이 바빠졌다. 영국은 동아시아에서 러시아에 대한 견제 세력을 확보하기 위해 일본에 우호적인 조치를 취하기 시작했다. 그 결과 일본 국내에서 "시베리아철도가 완공되는 날, 러시아가 동아시아 지배를 노리고 노도처럼 밀려들 것이 분명하다. 러시아 세력의 확장을 막기 위해 일본은 무엇을 해야 하는가?" 하며 경각심이 고조되기 시작했다.

그에 대한 답은 한반도를 일본의 군사적 근거지로 만들어야 한다는 방법론으로 귀결됐다. 그 작업을 위해 조선에서 중국 세력을 몰아내야 하고, 수백 년 조선의 종주국을 자처한 중국을 고상한 외교적 언사로 몰아낼 수는 없으니 무력으로 저들을 퇴출시켜야 한다는 것이 일본 군부의 판단이었다.

메이지유신 이후 일본 자본주의는 급속도로 발전했다. 일본 정부는 1874년부터 민간 기업을 보호 육성하고, 기업을 통해 수출 증대를 꾀하는 식산흥업 정책을 추진했다. 1884년부터 관영 공장을 민간에 불하해 민간 기업 발달을 촉진했다. 자본주의 맹아 단계에서 일본은 정부의 특혜와 지원을 통해 의도적으로 재벌을 키웠다. 그 대표적인 회사가 미쓰이·미쓰비시다.

1870년 도사土佐번 출신 이와사키 야타로岩崎彌太郎가 쓰쿠모九十九상사라는 해운 회사를 설립했는데 1873년 미쓰비시상사로 이름을 바꾼다. 1874년 타이완 침공 과정에서 군대와 무기, 군수 물자 수송을 위해 메이지 정부는 기선 13척을 구입해 미쓰비시상사에 위탁했다. 미쓰비시상사는 일본군의 타이완 침공에 따르는 수송 업무를 통해 큰돈을 벌었다. 이후 미쓰비시상사는 상하이 항로를 개척했다.

미쓰비시상사는 1875년 미쓰비시우편기선회사로 상호를 변경했다. 이 회사는 국가 선박을 무상으로 인도받았고, 정부로부터 보조금을 받아 항로를 운항했다. 1882년에는 미쓰이를 중심으로 반관반민半官半民 형태의 교도共同운수회사가 설립됐다. 미쓰비시우편기선회사와 교도운수회사는 출혈 경쟁을 하는 바람에 양사 모두 적자가 누적됐다. 1885년 정부는 두 회사를 합병해 일본우선郵船회사를 출범시켰다(구태훈, 『일본근대사』, 히스토리메이커, 2017, 186~187쪽).

일본 해운업은 1891년 소유 선박 톤수 36만 톤을 기록했다. 1893년 일본우선은 고베-뭄바이(인도) 항로, 1896년에는 미국·유럽·호주 항로를 개설했다. 1898년 새로 설립된 도요東洋기선도 일본-미국 간 원양 항로를 개설했다. 오사카상선은 정부 보조금을 받아 타이완과 양쯔강 유역, 동아시아 여러 지역을 왕래하는 신항로를 개설했다.

해운업은 조선업 발전을 견인했다. 국영 조선소가 민간에 불하돼 상선뿐만 아니라 군함도 일본 국내에서 건조됐다. 1874년부터 1894년까지 20년간 철 생산량은 19만 6,683톤에서 518만 2,467톤으로 약 26배 늘었다. 같은 기간 수출 총액은 1,836만 4,000원에서 1억 1324만 6,000원으로 약 6배 증가했다. 청일전쟁 이전 7년간(1888~1894) 공장 수가 1,694개에서 5,985개로 늘었다. 그 가운데 증기력을 사용하는 신식 공장 수가 409개에서 1,808개로 4.4배나 증가했다.

자본주의 고도화 단계 진입한 일본

영국 자본과 기술 원조로 시작된 철도는 1872년 도쿄의 신바시-요코하마 간 27킬로미터가 처음 개통돼 오카조키陸蒸氣라 불린 기차가 운행을 개시했다. 레일 폭은 협궤였고, 기관차와 철도차량은 영국에서 수입했다. 이후 1889년 신바시-고베 간 도카이도東海道선, 1891년에는 우에노-아오모리 간 철도가 개통됐다.

철도는 평시에는 산업에 긴요한 교통수단이지만, 전시에는 군사용으로 기능한다. 1901년 육군의 긴급 과제였던 혼슈本州 종단 철도망인 고베-바칸馬關(시모노세키) 간 산요山陽철도가 완공됐다. 1892년 3,000킬로미터였던 일본 철도는 1906년 7,646킬로미터로 확장됐다. 이와 병행해 민영에 의한 지방 노선도 부설돼 전 국토를 그물처럼 연결하는 철도망이 확립됐다(유이 마사오미, 서정완·김성희·문희수·이기은·이시현 옮김, 『대일본제국의 시대』, 도서출판 소화, 2016, 9~10쪽).

1882년 시부사와 에이이치澁澤榮一를 비롯한 재계 유력 인사들이 다이이치第一국립은행의 자금 지원을 받아 오사카방적회사를 설립했다. 이 회사는 증기기관을 원동기로 하고, 중국산 면화를 원료로 사용했다. 공장은 여공들이 주야 12시간 맞교대 방식으로 24시간 풀가동해 놀라운 실적을 올렸다.

오사카방적의 성공은 민간 기업의 투자 의욕을 자극했다. 오사카를 중심으로 아이치愛知·미에三重·도쿄 등에 1만 추 규모의 방적 회사가 연이어 설립됐다. 1884년을 정점으로 일본 방적업은 유럽에 이어 미국으로 면사를 수출해 호황을 누렸다. 수출업자들은 품질 향상을 위해 자본을 투자해 기계를 개량했다(구태훈, 『일본근대사』, 2017, 188~189쪽).

1877년 서남西南전쟁의 전비 부담으로 크게 악화했던 일본의 재정은 1885년부터 정상을 회복해 1886년부터 설비투자가 급증하고 회사 신설 붐이 일었다. 마쓰카타 마사요시의 긴축 노선으로 화폐 가치가 안정되고 금융 제도가 확립된 덕분이다. 면방적업은 1883~93년 사이 20배가 늘었고, 제사업製絲業은 1890년대 일본 총수출액의 29퍼센트를 차지했다. 일본은 생사生絲 수출로 얻은 외화를 해군력 건설에 투자했다(이윤섭, 『일본 100년』, 아이필드, 2016, 73쪽).

1882년 일본은행이 설립돼 근대적 재정 체계의 기반이 수립됐고, 1885년 총리 예하에 내각이 설립돼 서양식 정부가 수립됐다. 1886년 도쿄제국대학이 설립됐다. 1887년 근대화된 공직 시험 제도가 도입됐으며, 1889년 대일본제국 헌법이 공포되고 1890년 제1회 의회가 개원되면서 헌정 질서라는 큰 틀이 완성됐다. 안정적 성장을 구가할 수 있는 정치 제도 정비가 완료된 것이다.

1882년과 1890년 법률 개정을 통해 법정 제도와 민사소송법이 제정돼 새로운 형법 제도가 마련됐다. 전문가들은 1886년부터 폭발한 기업 발흥기를 일본 산업혁명의 시작으로 본다.

일본은 청이나 조선보다 훨씬 앞서 산업혁명이 진행되면서 경제력과 산업력에 기초한 강력한 군사력을 건설할 수 있었다. 특히 일본은 "선진 유럽 제국에 뒤지지 않는 부국강병"을 국가의 제일 목표로 설정하고 국민과 정부가 고통을 감내하며 군사력 건설을 추진했다.

민중 착취형 자본주의 만연

세계 어느 나라나 초기 자본주의 시기에는 여성을 비롯해 소년 소녀들의 노동력을 착취하는 형태의 공업화 과정을 겪는다. 1890년대의 일본은 자본주의 맹아기 시절의 영국과 다를 바 없었다. 가난한 농촌 여성을 공장으로 유인하기 위해 인신매매범이나 다름없는 브로커들이 대거 동원됐다. 일본 노동자들은 취업 후 1년 동안은 급여가 없었다. 1년 미만 무급 노동자 비율이 전체의 42.8퍼센트에 달했다. 여성 노동자들은 돼지우리 같은 기숙사에서 하루 세끼 밥을 얻어먹는 대가로 하루 13~14시간, 심지어 17~18시간을 노예처럼 일했다.

정부는 노동자들의 저임을 유지하기 위해 곡물 가격을 낮게 유지해야 했다. 그 결과 지리적으로 가까운 조선으로부터 저렴한 쌀을 대량 수입하는 것이 일본 자본주의 발전의 필수 항목이 됐다. 조선 지배와 점령은 저가 식량을 안정적으로 공급하고 과잉 인구를 식민 명목으로 해외에 방출하기 위해 반드시 필요했다(후지무라 미치오, 『청일전쟁』, 1997, 50쪽).

철도 노선 확충, 교육 보급, 자본주의 발전은 일본 사회를 크게 변화시켰다. 인구와 물자가 이동하고 교류가 잦아지면서 폐쇄적이었던 촌락이 점차 개방됐다. 조카마치城下町(영주의 거점인 성을 중심으로 형성된 도시), 몬젠마치門前町(사원이나 신사 주변에 형성된 시가지) 등의 봉건 도시가 대도시로 발전했다.

하지만 자본주의의 급속한 발전은 내재적 모순의 확대로 이어졌다. 노동력 착취형 산업화는 필연적으로 사회주의 사상 확산을 불러왔다. 일본은 폭발 일보 직전에 달한 노동자 계급의 불만을 배출시키기 위한 적당한 분출구가 필요했다. 일본은 그 분출구를 대외 팽창에서 찾았다.

경제력 성장에 따른 국제적 지위 문제도 중요한 정치적 쟁점으로 부상했다. 1888년 일본은 멕시코와 수교 조약을 체결했는데, 이것이 일본과 서방 국가 사이에 체결한 최초의 평등 조약이었다. 이어 일본은 미국·독일·러시아와 새 조약을 체결했다. 이 나라들은 자국이 일본에서 누렸던 특권을 포기한다는 원칙에 합의했다. 1890년 영국도 일본에서 누리던 영사재판권 폐기 시한을 정하는 것에 동의했다. 영국은 날이 갈수록 강해지는 일본을 바라보면서 조만간 동아시아에서 자신들의 이익을 위한 동맹자가 될 수 있을 것으로 판단했다.

일본이 넘치는 힘을 해외로 투사할 준비를 하고 있던 시기에 중국은 황족이 속한 주류 만주족과 인구의 절대다수를 차지하는 한족 간의 민족 갈등과 계급 갈등이 첨예화됐다. 혼란의 와중에 러시아·미국·일본 등 제국주의 팽창 세력이 중국을 향하면서 중국은 열강 간의 분할 경쟁이란 아귀다툼의 현장으로 변했다.

청일전쟁 개전 과정에서 주목해야 할 점은 일본 군부가 어떻게 내각의 통제에서 벗어나 제멋대로 전쟁을 일으킬 수 있었는가 하는 부분이다. 결론부터 말하면, 그것은 전적으로 1889년 2월 공포된 대일본제국 헌법 덕분이다.

대일본제국 헌법은 프로이센 헌법을 참고로 해서 제정했는데, 헌법 기초자인 이토 히로부미는 "군권君權을 강고히 하고, 그것을 가장 중시할 목적으로 기초됐다"라고 설명한다(후지무라 미치오, 『청일전쟁』, 1997, 31~32쪽).

일본 헌법의 맹점

대일본제국 헌법은 천황에게 무제한의 대권을 부여했다. 군사 대권 관련 조항을 보면 제11조에서 "천황은 육·해군을 통수한다", 제12조는 "천황은 육·해군의 편제 및 상비병의 규모를 정한다"라고 규정했다. 헌법 주석서인 이토 히로부미의 『헌법의해憲法義解』에 의하면 통수권은 "지존의 대권으로서 천황의 단독 고유 권한에 속한다"라고 설명하고 있다.

이 헌법 조항에 의거해 군 통수권은 천황이 참모총장·군령부장의 보좌를 받아 행사하고, 이를 내각의 직무 밖에 둠으로써 국무 대신이 관여할 수 없도록 제도화했다. 그 결과 국방 계획과 작전 계획, 용병 등은 '통수권 행사'로서 국무로부터의 독립이 헌법상 보장돼 소위 '이중 내각'이 만들어졌다. 총리가 간섭하지 못하는 별개의 행정 기관이 내각의 내부에 존재하게 된 것이다.

이토 히로부미는 또 "외교상의 조약은 오직 천황의 권한에 속하고, 이것은 추호도 의회의 관여를 용인할 수 없다"라고 못을 박았다(후지무라 미치오, 『청일전쟁』, 1997, 33쪽). 제국헌법 제13조는 "천황은 교전을 선포하고 화전 및 조약을 체결한다"라고 규정했다. 국가적으로 가장 중요한 안건 중 하나인 선전 포고, 휴전, 강화 등은 모두 천황의 고유 권한에 속하도록 만든 것이다.

이러한 외교 대권 설정으로 인해 의회는 정부의 외교를 통제할 수 있는 수단을 상실했다. 그 결과 국민들은 아무것도 모르는 사이, 천황과 군부의 독단적 결정으로 전쟁에 휘말릴 수 있는 위험에 빠진 것이다. 이러한 헌법상의 문제 조항들로 인해 군부는 천황을 등에 업고 제멋대로 전쟁을 일으켜 일본 국민은 1894년 청일전쟁 이후 5~10년 주기로 대전쟁의 광란에 휩쓸리게 된다. 결국 일본 군부는 두 차례 원자폭탄 공격을 받아 패망했다. 이로써 한국과 일본 국민들은 일본 군국주의자들의 손아귀에서 동시에 해방을 맞게 됐다.

청나라가 아산에 군대를 상륙시킨 것은 농민 소요를 진압해 달라는 조선 정부의 요청에 의한 합법적 조치였다. 반면에 일본군의 인천 상륙은 조선 정부의 요청이 없는 상황에서의 자의적 판단에 의한 일방적 출병이었다. 때문에 외국의 간섭을 우려한 일본은 자신들의 행위를 정당화하기 위해 비상한 노력을 기울였다.

일본은 임오군란 직후인 1882년 8월 30일 조선과 체결한 제물포조약 제5조에 의해 공사관 및 영사관 경비 목적으로 약간의 병력을 주둔시킬 수 있는 국제법적 권리를 확보했다. 일본 정부는 일본군 출병의 법적 근거와 목적은 제물포조약에 의거해 "일본 공사관 및 거류민 보호를 위해서"라고 주장했다.

하지만 일본이 출병 근거를 제물포조약에 두는 것은 논리의 비약이었다. 이 조약 제5조는 "공사관 경비를 위해 병력 약간을 둘 수 있다"라고 돼 있었다. '약간'이란 표현이 많은 숫자를 의미하지 않는다는 사실은 상식적으로 알 수 있는 내용이다. 따라서 일본 정부가 제물포조약을 근거로 혼성여단 대병력을 파병하자 조선에 주재하는 서양 열강 외교관들은 의아하게 생각했다.

또 한 가지, 청나라와 일본은 1885년 체결한 톈진조약 제3조의 규정에 따라 조선 파병에 대해 상대국에 공문으로 통지할 의무가 있었다. 일본과 청은 톈진조약 덕분에 양국이 조선 문제로 더 이상 충돌할 일은 없을 것이라고 과대평가했다. 그런데 실제로 이 조약을 적용해야 하는 상황이 발생하자, 이것이 양국 군대의 충돌을 방지하는 데 아무런 효과가 없다는 사실을 알게 됐다. 그저 파병 사실을 문서를 통해 상대국에 알리기만 하면 그만이었기 때문이다.

일본군 출병을 가장 민감하게 바라본 계층은 상인들이었다. 조선 상인들은 6월 12일 이전부터 청-일 간의 전쟁은 피할 수 없을 것으로 보고 일본으로부터 상품 주문을 중단하고 자금 회수에 나섰다. 민간에선 개전 한 달 전부터 전쟁을 예견한 것이다.

난감한 상황에 빠진 일본 지도부

일본 정부는 일본군이 수도 서울을 침입하면 임오군란·갑신정변 때처럼 청군이 공격해 올 것으로 예상했다. 오토리 공사는 서울에서 치열한 전투가 벌어질 것에 대비해 비장한 각오를 하고 입성했다. 막상 서울에 도착하니 동학 농민군은 관군과 협상해 자진 해산했고, 서울 일대는 기이할 정도로 평온한 상태였다. 일본군을 공격할 것으로 예상했던 청군도 아산에 틀어박혀 미동도 하지 않았다.

조선 정부는 일본군 철병을 강력하게 요구했고, 서양 외교관들도 일본군의 서울 등장을 의아한 눈으로 바라보기 시작했다. 난감한 상황에서 본국 정부로부터 혼성여단 선발대인 이치노헤 부대가 6월 8일 일본을 출발했다는 전문이 도착했다. 오토리 공사는 서울이 이처럼 평온한 상태인데 일본이 대병력을 파병하는 것이 사리에 맞는 일인지 고민한다.

그 결과 오토리 공사는 6월 11일 무쓰 외상에게 "서울은 평온하며 폭도에 관한 특이 사항은 없다"라면서 나머지 대대의 파견을 보류해 달라고 타전했다. 6월 12일에도 "서울의 현재 형세로 볼 때 과다한 병력의 진입에 대한 정당한 이유가 없음이 우려됨"이라는 의견을 상신했다. 오토리 공사가 제9혼성여단 주력 부대 파병을 반대한 이유는 각국의 간섭이 제기돼 외교 분쟁이 일어날 가능성을 우려했기 때문이다.

오토리 공사는 6월 11일과 12일 위안스카이와 회담했다. 그 결과 일본은 이치노헤 대대 800명, 청국은 녜스청 부대를 한도로 더 이상 조선에 병력을 증원하지 않기로 합의했다. 오토리 공사가 위안스카이와 합의한 내용은 본국 정부의 공식 입장이 아니라 오토리 개인의 희망 사항이었다. 도쿄에서 개전 외교를 지휘하고 있는 무쓰 외상은 오토리와는 입장이 크게 달랐다.

회담 내용을 보고받은 리훙장은 서울의 위안스카이에게 "현 상황에서는 일본군의 조선 파병을 막는 것이 민란 진압보다 중요하다. 필요할 경우 청군을 철수시키더라도 일본군의 조선 파병을 봉쇄하라"라고 지시했다. 이 지시에 따라 위안스카이는 아산에 있는 제독 예즈차오에게 "상륙한 청국 군대는 아산·공주에 머물며 전진을 보류하라"라고 요청했다.

6월 12일 선발대인 이치노헤 대대가 대본영에서 파견한 참모장교 후쿠시마 야스마사 중좌 등과 함께 인천에 입항했다. 오토리 공사는 공사관 무관 와타나베 데쓰타로渡邊鐵太郎를 인천에 파견했다. 오토리 공사는 이치노헤 대대장에게 "귀 대대는 상륙하지 말고 당분간 수송선 내에 머물 것. 부득이한 경우 무기를 군함에 예치하고 비무장으로 인천에 상륙하기 바란다"라면서 "이 사항은 본 공사의 직권에 속하는 일이기 때문에 반드시 실행하기 바람"이라고 지시했다(박종근, 『청일전쟁과 조선』, 1989, 27~28쪽).

오토리 공사의 서한을 읽은 장교들은 "이런 바보 같은 편지를 가지고 온 와타나베는 할복하라"라며 흥분했다. 현지 공사의 지시는 대본영 참모장교들에 의해 즉각 거부됐다. 이치노헤 대대장은 오토리 공사의 서한을 찢어버리고 휘하 병력에게 서울로 출발하라는 명령을 내렸다. 일본군 선발대인 제5사단 보병 11연대 제1대대는 6월 13일 서울에 입성했다.

이날 조선 주재 러시아 임시 대리공사 파벨 데 케르베르크(Pavel de Kehrberg)와 독일 부영사가 오토리 공사와 회견해 일본군의 대거 침입에 항의했다. 입장이 난처해진 오토리 공사는 "공사관 호위 외에 다른 뜻은 없다"라고 해명했다. 오토리 공사는 두 차례나 "출병 보류" 보고를 했음에도 불구하고 자신의 의견이 관철되지 않자 6월 13일 세 번째로 "지나치게 많은 병사를 상륙시킬 경우 외교상 분란을 초래할 우려가 있음. 본 공사가 필요하다고 인정한 병사 이외에는 모두 쓰시마로 퇴각시켜 명을 기다리도록 하는 것이 바람직함. 육군 대신과 상의해 이 뜻을 오시마 여단장에게 훈령하도록 할 것을 희망함"이라는 전보를 타전했다.

오토리 공사, 청-일 동시 철병 주장

당시 일본 정부는 "어떻게 하든 꼬투리를 잡아 명분 있게 전쟁에 돌입한다"라는 입장이었다. 그런데 현지 공사가 본국 정부 의도와는 거꾸로 일을 벌이자 무쓰 외상은 6월 13일 오토리 공사를 준엄하게 질책하기 위해 다음과 같은 전문을 보냈다.

> 국운을 걸고 조선에 파병된 일본군이 아무 일도 하지 않은 채 같은 장소에 머물다가 빈손으로 귀국하면 체통이 서지 않을 뿐만 아니라 올바른 정책이 아니다. 중대한 지장이 없다면 지체하지 말고 우리 군대를 서울에 들여보내는 것이 각하가 현지에서 해야 할 가장 중요한 임무다. 청군이 계속 아산에 머물면서 진군하지 않을 경우 각하는 일본군으로 폭도를 진압하겠다는 뜻을 제안하기 바란다. 조선에 대한 앞으로의 정책은 다음과 같다. 일본 정부는 부득이하게 강경한 조치를 취할 것이다.

본국으로부터 강경한 메시지를 받았음에도 불구하고 오토리 공사는 소신을 굽히지 않았다. 다음 날 오토리 공사는 "애매한 이유로 대규모 육군 부대를 서울에 진입시키는 것은 불가능하다. 정부가 일-청 국교 단절까지 불사할 결심을 갖고 있지 않은 한 신속히 군대를 철수해 평화적 해결을 도모해야 한다"라고 무쓰 외상의 의견을 반박하는 전문을 보냈다.

6월 15일 오토리 공사는 또다시 위안스카이와 회담해 "일본군은 파병 병력의 4분의 3은 본국 철수하고, 4분의 1(250명)은 인천에 잔류한다. 청군은 5분의 4는 본국 철수하고, 5분의 1(400명)은 잔류시키되, 잔류 부대는 아산에서 인천으로 이동 후 동학란이 진정되기를 기다렸다가 전원 철수한다"라는 내용에 합의했다. 이날 오토리와 위안스카이의 합의 사항이 준수됐다면 청일전쟁은 일어나지 않았을 것이다.

오시마 요시마사 제9혼성여단장이 인솔한 부대는 악천후로 출항이 연기됐다가 6월 15일 인천에 입항했다. 부대는 6월 16일 상륙해 인천 거류지 내에 여단 사령부를 설치했다. 일본군이 본격적으로 조선에 출병하자 일본 언론사들은 조선에 종군 기자를 보내 일본군 활동을 보도하기 시작했다. 66개 신문사의 조선 파견 종군 기자 111명, 화공畫工 11명, 사진사 4명이 군의 통제 아래 활동했다(나카츠카 아키라, 『1894년, 경복궁을 점령하라』, 2014, 122쪽).

오토리 공사는 오시마 여단장의 입항에 때를 맞춰 스기무라 서기관을 인천으로 보내 오시마 여단장에게 "현재 서울 상태는 일본군 대병력이 진주하기에는 너무 평온하다"라는 친서를 전달했다. 그런데 스기무라 서기관이 인천에 상륙한 일본 병사들을 본 순간, 오토리 공사의 희망 사항인 "청·일 양군 동시 철병"은 불가능하다는 사실을 직감했다. 일본군은 당장이라도 청군을 씹어 먹지 않으면 무슨 일을 저지를지 모를 정도로 호전적 분위기가 넘쳐흘렀기 때문이다.

일본은 이미 대본영을 설치하고 메이지 정부 출범 이래 최대의 해외 출병을 단행한 이상, 빈손으로 철군할 경우 돌이킬 수 없는 정치적 혼란에 빠질 것이 분명했다. 오토리 공사를 제외한 서울 주재 일본 외교관들의 입장은 명확했다. 그들은 일본군의 무력을 배경으로 조선 정부와 위안스카이를 압박해 조선에서 일본의 영향력을 강화해야 한다고 주장했다. 이를 위해서는 대규모 병력이 서울을 점령하고 가능한 오래 서울에 주둔하는 것이 중요했다.

하지만 오토리 공사가 걸림돌이었다. 스기무라 서기관은 서울에 파견된 외무성 참사관 모토노 이치로 및 참모본부 장교들과 의기투합했다. 그들의 지지를 확보한 스기무라는 6월 17일, 하극상을 각오하고 오토리 공사에게 청·일 양군 동시 철병안 파기를 요청했다. 심상치 않은 분위기를 직감한 오토리 공사는 그 즉시 위안스카이와 합의한 동시 철병론을 폐기했다.

강경론으로 선회한 오토리 공사

오토리 공사를 강경론으로 몰아간 또 한 사람은 무쓰 외상의 고향 후배인 낭인 오카모토 류노스케岡本柳之助였다. 무쓰의 추천으로 장교로 임관한 오카모토는 1876년 강화도조약 체결 당시 현역 육군 대위 신분으로 구로다 기요타카黑田淸隆, 이노우에 가오루井上馨 전권대표단 수행원으로 조선과 인연을 맺었다.

1880년 육군 소좌로 진급해 도쿄진대 예비포병대대장으로 근무하던 중 서남전쟁의 논공행상에 불만을 품은 육군 근위부대가 반란을 일으킨 다케바시竹橋 사건에 연루됐다. 반란은 즉시 진압됐으나 사건 직후 일본군의 정신 무장과 사상적 통일을 위해 「군인칙유軍人勅諭」를 제정하고, 군대 내의 질서 유지를 위해 헌병을 창설해야 할 정도로 후유증은 심각했다.

현직에서 해임된 오카모토는 1894년 봄 김옥균우인회友人會의 일원으로 상하이에 건너가 김옥균의 유골을 수습하려다 실패하고 귀국했다. 조선에서 동학 농민군이 봉기하자 무쓰 외상은 고향 후배를 서울로 특파해 청일전쟁 도발에 필요한 막후 활동을 하게 했다. 주한 일본 공사관 무관 겸 조선 군부 고문으로 활동한 오카모토는 일-청 동시 철병론을 고집하는 오토리 공사에게 강력 항의한다. 그 결과 오토리 공사는 정부의 개전 정책보다 한술 더 뜨는 강경론자로 돌변했다.

오토리 공사의 이해하기 힘든 소신 변경은 스기무라·오카모토의 설득 결과가 아니라 외교적 술책이었을 가능성도 있다. 오토리가 위안스카이와 동시 철병을 위한 협상을 진행할 무렵 조선에 출병한 병력은 청군 2,465명, 일본군 1,050명으로 일본군이 열세였다. 청군 병력이 우세한 상황에서 청군이 인천으로 이동해 상륙하는 일본군을 공격했다면 일본군은 큰 낭패를 당했을 가능성이 높다. 오토리 공사는 혼성여단 후속 부대 상륙 때까지 시간을 벌기 위해 위안스카이를 동시 철병으로 옭아매고 청의 증원군 파견을 중지하도록 연극을 했을 가능성도 배제할 수 없다(박종근, 『청일전쟁과 조선』, 1989, 34쪽).

일본군 주력인 제9혼성여단이 인천에 상륙해 여단 사령부를 설치하자 다음 날인 6월 17일, 오토리 공사는 손바닥 뒤집듯이 동시 철병 교섭을 중단하고 강경 노선으로 돌아섰다.

일본 군부는 일본군이 서울에 입성하면 청군이 공격해 올 것으로 전망했다. 그들은 서울 전투에서 일본군이 청군을 제압하면 청국 본토에서 증원군 2만~3만 명이 남하해 올 것이니, 이때 일본군이 북상해 평양 부근에서 청군을 격파하고 강화해 조선을 일본의 보호국으로 삼는다는 작전 계획을 수립했다. 하지만 일본군의 서울 입성에도 불구하고 청군이 요지부동이자 계획에 차질이 빚어졌다.

6월 중순이 되자 인천 항은 국제 해군 쇼가 벌어지는 장소를 방불케 했다. 6월 13일 일본 군함과 수송선 아홉 척, 중국 군함 네 척, 러시아·영국·미국·프랑스 선박 각각 한 척씩이 입항했다. 6월 15일 추가로 일본 수송선 여덟 척이 도착해 완전 무장한 6,000명 병력을 상륙시켰다. 6월 18일 일본 해군성은 해군 함대 전투 규칙을 발표했다(강성학, 「용과 사무라이의 결투 중일전쟁의 군사전략적 평가」, 강성학 편저, 『용과 사무라이의 결투 중(청)일전쟁의 국제정치와 군사전략』, 리북, 2006, 50쪽).

조선 내정 개혁 문제로 청국 압박

6월 14일, 이토 총리와 무쓰 외상은 대對조선 정책의 근본을 검토한 후 청국에 "일·청 양국 공동으로 조선의 내정 개혁을 추진하자"라는 제안을 하기로 결정했다. 조선 내정 개혁 아이디어의 주인공은 스기무라 서기관이었다. 당시 정세로 볼 때 청국 정부가 일본과 공동으로 조선 내정 개혁에 나설 가능성은 없었다. 따라서 청국 정부가 이 제안을 거절할 경우 일본이 어떤 행동을 취할 것인지가 초미의 관심사였다.

무쓰 외상은 『건건록』에서 인정했듯이 조선 정부가 만족할 만한 수준의 개혁을 추진할 가능성은 없다고 보았다. 따라서 이 제안은 철병 압력을 피하고 일본군의 서울 주둔 명분을 얻기 위한 외교적 술수였다.

6월 15일, 일본 각의에서 무쓰 외상은 "우리 외교는 백척간두에서 한 걸음 내디뎠다. 청국 정부가 우리 제안을 거절하면 양국의 충돌은 피할 수 없다"라면서 청국 정부와의 대화와 관계없이 소기의 성과를 얻을 때까지 일본군은 철수할 수 없고, 청국이 일본 측 제안을 거부할 경우 일본 단독으로 조선 정부를 개혁해야 한다고 주장했다. 일본 각의는 무쓰의 제안대로 "일·청 양국 공동으로 동학 농민군 토벌 및 조선 내정 개혁 추진"을 결정했다(다보하시 기요시, 『근대일선관계의 연구 (下)』, 2016, 317쪽).

6월 17일 무쓰 외상은 주일 청국 공사관에 일본 각의가 결정한 "일·청 양국 공동으로 동학 농민군 토벌 및 조선 내정 개혁"을 요청하는 공문을 보냈다. 공문을 접수한 리훙장은 열강에 조정을 의뢰했다. 가장 먼저 손을 내민 나라는 영국과 러시아였다. 주청 영국 공사 오코너(Nicholas Roderick O'Conor), 러시아 공사 카시니(Arthur Pavlovich Cassini)가 청·일 두 나라 간의 중재를 시도했으나 양측 입장 차가 너무 커 타협의 여지를 찾기 힘들었다.

영국은 양쯔강 일대에서 이권을 확보하고 있었다. 청국의 주요 군수 공장이 양쯔강 일대에 위치했는데, 일본이 강 입구를 봉쇄하면 영국의 대중對中 무역이 지장을 받을 우려가 있었다. 청나라에서 상업적 이익을 계속 향유하기 위해서는 평화가 유지돼야 했다. 때문에 청일전쟁은 일어나지 말아야 할 '불필요한 전쟁'이었다.

영국의 목표는 청일전쟁으로 인해 중국과의 무역이 파국으로 치닫는 것을 막고, 청 제국의 붕괴를 야기할 수 있는 심각한 패배를 방지하는 것이었다(이안 니시, 「청일전쟁과 영국」, 김기혁 외, 『청일전쟁의 재조명』, 한림대학교 아시아문화연구소, 1996, 209쪽). 또 한 가지, 영국은 이 전쟁이 러시아를 자극해 중국이나 한반도로 남진하는 사태를 우려했다.

일본 정부는 동아시아에 이해가 얽혀 있는 영국·러시아의 움직임에 촉각을 곤두세웠다. 일본은 청과 전쟁에 돌입할 경우 영국이 청과 비밀협정을 맺고 청국에 도움을 주지 않을까를 두려워했다(A. M. 풀리 엮음, 신복룡·나홍주 옮김, 『하야시 다다스林董 비밀회고록 | 1900~1910년 일본 외교의 내막』, 건국대학교 출판부, 1989, 71쪽).

일본군은 청군이 남쪽과 북쪽에서 협공할 가능성에 대비해 아산과 개성 일대에 밀정을 파견했다. 또 포함 아카기를 동원해 대동강 일대를 순찰했고, 한강 수로도 장악했다. 용산 부근에 주둔한 일본군은 6월 16일 서울로 진격하고, 포병중대는 왕성 부근의 넓은 뜰에 포를 방렬하는 등 위협적 운동을 벌였다(박종근, 『청일전쟁과 조선』, 1989, 51~52쪽).

6월 21일, 텐진 주재 무관 가미오 소좌가 "청국이 5,000명을 조선에 증파한다"라고 급전을 날렸다. 무쓰 외상은 이렇게 되면 양국의 충돌을 피할 수 없다고 판단하고 천황에게 "조선에서 일본 단독으로 개혁을 추진하겠다"라고 상주했다. 민란 종식을 이유로 철병을 제안했던 청국이 대군을 증파한다니. 의아한 생각이 든 메이지 천황은 시종장을 무쓰 외상에게 보내 "리홍장이 다수의 병력을 조선에 파견한다는데, 이것은 단지 목소리를 높이고 있을 뿐 확실한 것은 아니지 않은가?"라는 점을 질문하도록 했다.

6월 22일, 제1차 절교서 보낸 일본

이 무렵 일본 육·해군은 정보장교를 청에 파견해 시시각각으로 청군 동향을 수집해 보내왔다. 해군 파견 장교의 정보는 비교적 정확한 데 비해, 참모본부가 파견한 가미오 소좌는 청의 개전 의지를 과장하는 정보가 많았다. 가와카미 참모차장은 천황에게는 모든 정보를 제공했지만, 이토 총리와 무쓰 외상에게는 개전의 필요성이 강조될 만한 정보만을 회람시키고 불리한 정보는 숨겼다. 그 결과 이토와 무쓰는 참모본부가 제공한 왜곡된 정보를 기초로 정세 판단을 할 수밖에 없었다(후지무라 미치오, 『청일전쟁』, 1997, 95~96쪽).

6월 21일, 리훙장은 일본에 '조선 내정 공동 개혁' 제안을 거절하는 답변서를 보냈다. 리훙장은 "조선 왕조가 독립국이라고 지속적으로 주장한 것은 일본이다. 1876년 일본이 조선과 체결한 조일수호조규 제1조에도 그렇게 돼 있고, 그 후에도 계속해서 동일한 주장을 반복해 왔다. 그런 주장을 일관되게 해온 일본이 왜 갑자기 조선에 내정 간섭이 될 수 있는 개혁을 강제하는가? 일본은 조선의 내정에 간섭할 권한이 없다"라고 일본 주장의 논리적 모순을 통렬하게 지적했다.

6월 22일 무쓰 외상은 리훙장의 주장을 반박하고, 일본 정부는 조선에서 군대를 철수시키지 않겠다는 '제1차 절교서'를 보냈다. 무쓰는 일본은 조선에 중대한 이해가 있으므로 수수방관하는 것은 "이웃 나라의 우의에 반하며, 우리나라 자위의 길과도 어긋나기 때문에 철병하지 않겠다"라는 입장이었다(와다 하루키, 『러일전쟁 1』, 2019, 202쪽). 한마디로 "중국은 조선에서 손을 떼라. 이제부턴 일본이 알아서 처리하겠다"라는 선언이었다.

제1차 절교서 송부와 동시에 대본영은 제5사단장 노즈 미치쓰라와 제9혼성여단장 오시마 요시마사에게 "외교상의 이유로 일시 연기했던 혼성여단의 서울 진입과 후발 부대인 제2대대 수송을 실시하라"라고 명령했다. 오시마 여단장은 인천 거류지에서 대기 중이던 병력을 서울로 진입시켰다. 그들은 성곽을 부숴 길을 만들고 남산 봉화대에 대포를 설치했다. 또 경복궁 북쪽에 솟은 북악北岳 중턱에 대포를 설치하고 병력을 배치했다. 남산 왜성대倭城臺(서울시 중구 예장동·회현동 1가) 위에도 6문의 포좌를 구축했다.

일본 정부는 또 단독으로 조선 내정 개혁을 추진한다는 방침을 오토리 공사에게 구두로 전하기 위해 외무성 문서과장 가토 마스오加藤增雄 서기관을 조선에 특파했다.

6월 26일, 용산에 주둔한 일본군 1개 대대 및 산포山砲(분해 조립이 간단해 산악 지역에서도 신속한 이동이 가능한 포)중대가 대오를 갖추고 남대문으로 들어가 서울 시가지를 행군했다. 다음 날은 기병대를 편성해 서울 시내를 돌며 공포심을 유발했다. 이러한 위력 시위는 위안스카이를 곤경에 빠뜨려 청군의 서울 입성을 유도하기 위한 도발이었다.

혼성여단 제2차 부대의 수송도 개시돼 6월 28일 저녁 인천에 상륙했다. 이로써 서울과 인천 일대에 일본군 보병 6개 대대, 기병 1개 중대, 야포병 2개 중대, 공병 1개 중대 등 5,000명 이상의 병력과 산포 12문이 배치됐다(다보하시 기요시, 『근대일선관계의 연구 (下)』, 2016, 320쪽).

일본군이 인천에 상륙한 이후부터 수도권 일대에서는 쌀값, 땔감 값이 폭등하는 등 공포감에 휩싸였다. 일본군이 서울 시가지를 행군하기 시작한 6월 23일부터는 등짐·봇짐을 메고 피난하는 백성들이 줄을 이었다. 먹고살 만한 집안이나 귀인 가족의 80~90퍼센트는 시골로 피난했고, 화상華商들도 본국으로 철수했다(박종근, 『청일전쟁과 조선』, 1989,

195쪽).

조선 국왕과 조정 대신들은 위안스카이와 리훙장의 중재에 의존하는 것 외에 다른 방도를 강구하지 못한 채 사태를 관망할 뿐이었다.

제4장

수단 방법 가리지 말고 전쟁 일으켜라

일본 군부가 본격적으로 중국과의 전쟁 준비에 뛰어든 것은 갑신정변 이후부터다. 일본 참모본부는 1879년 독일 유학을 마치고 귀국한 가쓰라 다로 중좌를 조선·청국을 관할하는 관서管西국장에 임명해 중국에 대한 침략을 준비하기 시작했다.

가쓰라는 10여 명의 장교를 중국에 파견해 군사지리와 군비 현황을 조사하기 시작했다. 1880년에는 시베리아 일대에도 참모본부 요원을 파견했다. 이러한 현지 연구를 바탕으로 해서 참모본부 편찬과는 『지나지지支那地誌』 『인방병비략隣邦兵備略』 등 군사지리서와 작전 지침을 펴냈다. 가와카미 소로쿠가 참모차장으로 취임한 1885년부터 일본은 육·해군을 정비하고 청일전쟁에 대비해 극비 정보를 입수하는 등 만반의 준비를 시작했다.

일본 육군 전략에서 러시아는 가상 적국, 중국은 인방으로 인식한 반면 조선은 대對러시아·중국 정책에 포함된 지정학적 존재에 불과했다. 야마가타의 주권선·이익선 개념은 일본의 오랜 꿈이었던 정한론征韓論을 업그레이드한 신버전이었다. 1890년 야마가타가 주권선·이익선 주

장을 하기 전까지 일본 군부는 청국 타도가 전략 목표였고, 조선은 청국을 타도하고 일본의 보호국으로 삼아야 할 대상물로 인식했다(서민교, 「1894~5년 중일전쟁기의 일본군과 조선」, 강성학 편저, 『용과 사무라이의 결투 | 중(청)일전쟁의 국제정치와 군사전략』, 리북, 2006, 153~154쪽). 일본 군부는 조선을 국가로 인정하지 않고 단지 일본 군대의 활동 장소로 생각했다는 뜻이다.

전쟁 도발에 협조한 일본 낭인들

참모본부 편찬과는 일본 역사학자들이 광개토대왕비의 존재를 알기 전부터 자체적으로 비문 탁본을 입수해 연구했다. 편찬과는 또 1882년 고대 한-일 관계사 연구서인 『임나고고任那稿考』를 발간했다.

민간의 대륙 팽창주의자들도 군부의 전쟁 준비에 적극 협조했다. 도야마 미쓰루頭山滿를 지도자로 해서 규슈·후쿠오카 지역 낭인들이 결성한 겐요샤玄洋社는 일본 정부의 대륙 정책에 적극 앞장섰다. 김옥균이 상하이에서 암살당했을 때 겐요샤 회원 마토노 한스케的野半介는 무쓰 외상과 가와카미 참모차장을 찾아가 청국에 대한 응징을 위해 전쟁을 일으켜야 한다고 역설했다. 또 청·일 양군이 조선에 파병된 후 교착 상태가 계속되자 청년 회원들을 아산만으로 보내 전쟁 도발을 획책했다(조항래, 「일본 국수주의 단체의 一硏究 | 현양사를 중심으로」, 역사학회 편, 『일본의 침략정책사 연구』, 일조각, 1984).

1891년 러시아 황제가 시베리아횡단철도 착공을 알리는 칙령을 발표했다. 재무상 비테(Sergey Yulyevich Witte)는 "일본이 도발한 청일전쟁은 우리의 시베리아횡단철도 착공의 결과였다"라고 회고했다. 유럽과 아시아 중간에 위치한 지정학적 장점을 이용해 시베리아철도를 통해 유럽의 상품과 아시아의 원료를 운송하고자 했던 재무상 비테의 러시아 산업화 정책은 모스크바를 세계 무역의 중심으로 부상시키려 했던 당초 계획과는 달리 청일전쟁의 단초가 되고 말았다(최덕규, 「청일전쟁과 고승호 사건의 국제법(1894-1903)」, 2019, 102쪽).

야마가타 아리토모도 "러시아는 유럽에서 독일·오스트리아·이탈리아 3국의 견제를 받아 그 방향을 아시아로 돌리게 됐는데, 시베리아횡단철도야말로 그 구체적 표현이었다. 이에 대비하기 위해 일본은 하루빨리 청과의 전쟁을 서둘러야 한다"라고 주장했다(최문형, 『한국을 둘러싼 제국주의 열강의 각축』, 지식산업사, 2006, 97쪽).

일본은 러시아의 침략 방향이 동아시아로 확정된 것으로 보고 러시아와의 전쟁은 피할 수 없다고 판단했다. 러일전쟁을 위해서는 대륙으로 향하는 발판인 한반도를 자신들의 보호국으로 만드는 것이 급선무였다. 이를 위해 먼저 청국과 전쟁을 해서 한반도에서 중국 세력을 퇴출시켜야 했다.

'조선 내정 개혁'은 전쟁 위한 핑계

당시 주일 영국 공사관은 "시베리아횡단철도가 완성돼 러시아가 자유롭게 태평양 연안에 접근하기 전에 일본은 청과의 문제를 해결해 둘 필요가 있었다"라고 분석했다. 이런 견해를 종합하면 시베리아횡단철도 착공이 일본으로 하여금 청·러와의 전쟁을 결심하도록 만든 결정적인 이유다. 영국이 태평천국의 난을 기화로 애로호 사건(제2차 아편전쟁)을 일으켜 중국에서 거대한 이권을 강탈했듯이, 일본은 조선에서 일어난 동학농민봉기를 청국에 대한 전쟁 도발의 구실로 이용한 것이다.

그렇다면 당시 러시아는 조선, 혹은 극동에 대해 어느 정도나 관심이 있었을까? 소련이 중앙문서고를 설립해 중요 문서들을 정리해 저널 형태로 발간한 『크라스니 아르히프』에 의하면 1888년 러시아 정부는 극동 문제에 관한 특별 회의를 열었다(후지무라 미치오, 『청일전쟁』, 1997, 63~65쪽 참조). 이 회의에서 "러시아가 조선을 획득하는 것이 바람직한가 아닌가? 획득할 경우 어떤 결과가 예상될까?"라는 설문을 정한 후 그에 대한 답을 구했다. 회의 참석자들은 다음과 같은 의견을 제기했다.

> 조선은 경제적으로 너무 가난하고, 연해주의 러시아 공업이 발달하지 않았다. 때문에 무역 시장으로서 이익을 얻을 것이 없다. 광물 자원은 풍부하지만 개발비 회수가 가능할지 의문이다. 군사적으로 중요한 군항 기지를 건설할 수 있으나, 조선은 러시아 중앙 정부로부터 상당히 떨어져 있고, 연해주 관할구의 한정된 병력으로는 방위 부담이 크다. 특히 삼면이 바다로 둘러싸여 있는 조선의 긴 해안선 방위는 불가능하다. 외교적으로 조선 지배는 청국 및 영국과의 관계를 저해할 뿐만 아니라 청-일 제휴를 촉진해 러시아의 입장을 극단적으로 악화시킬 것이다.

특별 회의는 조선 획득은 러시아에 어떤 이익도 가져오지 않을 뿐만 아니라, 매우 바람직하지 않은 결과를 초래할 것이라고 정리했다. 일본 정부, 특히 일본 군부는 러시아의 조선 정책을 너무 확대 경계한 셈이다.

청일전쟁이라는 쓰나미가 현실로 닥쳐오기 일보 직전의 급박한 정세 하에서 조선은 내정 개혁의 필요성을 전혀 인식하지 못했다. 세도정치의 끝판 왕인 민씨 척족 세력은 자신들의 기득권 보호를 위해 개혁 얘기만 나오면 거칠게 저항했다. 그들의 후원자이자 조선의 실질적인 총독인 위안스카이는 갑신정변 때처럼 개혁을 하면 일본세가 강성해질 것을 우려해 결사적으로 개혁을 반대했다. 따라서 물리적 강제력 없이 조선의 내정 개혁은 불가능한 상황이었다.

무쓰 외상은 『건건록』에서 "조선의 내정 개혁에 대해서는 특별히 무게를 두지 않았으며, 조선 같은 나라가 과연 만족스러운 개혁을 완수할 수 있을지에 대해 의심했다"라고 토로했다. 리더십이 붕괴해 청국에 의지한 채 숨만 쉬는 조선에서 진정한 내정 개혁은 불가능하다는 사실을 그는 잘 알고 있었다.

그럼에도 불구하고 내정 개혁이란 깃발을 내건 것은 열강의 간섭을 피하기 위한 위장 전술이었다. 내정 개혁은 실행 불가능하지만, 조선 정세에 익숙하지 않은 서양에 그럴듯한 인상을 줄 수 있고, 내정 개혁에 동의하지 않는 것을 개전 사유로 내세우면 그 책임을 청국에 전가할 수 있었기 때문이다.

수단 방법 가리지 않고 개전 기회 노린 일본

6월 24일 인천 거류지에 있던 일본군 제11연대 및 특과대가 서울 교외로 이동했다. 6월 26일 오토리 공사는 창덕궁에서 고종을 알현했다. 그는 본국 정부 훈령에 따라 조선 내정 개혁의 필요성을 설명하고, 조사위원을 임명해 협의해 줄 것을 요청했다. 6월 27일, 일본 외무성이 파견한 가토 외무서기관이 서울에 도착했다. 가토는 오토리 공사에게 "개전은 피할 수 없다. 어떤 수단 방법이라도 동원해 개전 구실을 만들어야 한다"라는 무쓰 외상의 비밀 훈령을 전달했다.

6월 28일, 일본으로부터 내정 개혁 압력을 받은 조선 정부는 리훙장에게 중재를 요청했다. 이날 저녁 일본군 제21연대가 인천에 상륙했다.

7월 1일, 리훙장은 "열강은 조선에서 일본의 행동을 인정하지 않으며, 청군이 조선에서 일본군을 철수시킬 것이니 조선 정부는 일본 공사의 요구를 거부하라"라는 공문을 보냈다. 조선 정부는 리훙장의 공문을 보고 안도의 한숨을 쉬었다.

일본이 혼성여단 주력 부대를 서울로 진입시켰음에도 불구하고 청군은 아산에서 움직이지 않았다. 개전 기회만을 노리고 있던 오토리 공사는 6월 28일, "양국 군대의 충돌을 일으키는 것은 쉽지 않다"라면서 다른 방법을 제안했다. 즉 일본 정부가 조선에 내정 개혁안을 보내고, 조선 정부가 이를 따르지 않을 경우 난폭한 수단을 사용해서라도 반드시 실행할 것이니 이 점 미리 알고 계시기 바란다고 본국 정부에 보고했다 (다보하시 기요시, 『근대일선관계의 연구 (下)』, 2016, 326~327쪽).

오토리 공사는 조선의 내정 개혁안 5개조를 작성한 다음 7월 3일 외아문 독판 조병직에게 제시했다. 그 내용을 보면, 첫째, 중앙 정부 및 지방 제도를 개혁하고 가문의 신분에 구애받지 말고 인재를 발탁할 것, 둘째, 재정을 정리하고 국내 자원을 개발할 것, 셋째, 법률을 정돈하고 사법 제도를 개정해 재판의 공정을 기할 것, 넷째, 국내 민란을 진정시키고 치안을 유지하는 데 필요한 군비를 갖출 것, 다섯째, 교육 제도를 확립할 것 등이었다.

내정개혁안은 조선이 근대 국가로 나아가기 위해서는 반드시 시행하지 않으면 안 되는 지당한 내용들이었다. 하지만 4,000여 명의 일본군이 무력 시위를 하는 상황에서 일본 공사가 내정 개혁안을 강요하자 고종은 당황했다. 7월 4일 고종은 오랫동안 한직에 있던 김홍집을 총리교섭통상사무로 발탁해 대책을 세우도록 했다. 하지만 천하의 김홍집이라도 이 와중에 어떤 수습책을 내놓을 수 있었겠는가.

7월 9일 티후지提虎吉라는 가명으로 톈진에서 활동하던 해군 무관 다카가와 대위가 "화베이華北 일대에 호우가 계속 내려 철도가 끊기고 전선도 불통이다. 도로는 진흙밭이 돼서 군대 이동이 곤란하며, 인심의 동요가 가라앉지 않고, 군대에서도 불평하는 자가 나타나고 있다"라는 정보를 보고했다. 같은 날 가미오 소좌는 "청국은 대병력을 평양에 집중시켜 우리와 싸우기로 결심한 것 같다"라고 보고했다. 이 보고에 고무된 무쓰 외상은 수단 방법 가리지 않고 충돌을 일으켜 전쟁에 돌입해야 한다고 판단했다.

7월 7일 밤, 고종은 통리아문 독판 조병직을 일본 공사관에 보내 독판내무부사 신정희, 협판내무부사 김종한·조인승을 내정개혁조사위원에 임명한다고 알렸다. 오토리 공사는 7월 10일 남산 기슭의 노인정에서 내정개혁조사위원들과 회동했다. 노인정은 조선 말기 세도정치가 조만영이 필동에 세운 정자로, 남산정이라고도 했다.

노인정 회의

이날 오토리 공사는 "단호한 조치를 써서 후환을 남기지 않기 위해 조선의 내정 개혁이 급히 필요하다"라면서 갑甲·을乙 두 가지 방안 중 택일해 훈령을 내려달라고 상신했다.

갑안은 병력으로 왕궁을 점령한 뒤 '최후의 담판'을 한다는 내용, 을안은 청-한 종속 관계 파기 및 일본에 청국과 동일한 특권(조선 국내에서 자국 국민을 재판할 권리와 전신선 가설권)을 요구하고, 그때까지 왕궁의 모든 출입문을 봉쇄 점령해 조선 정부를 강력하게 압박한다는 방안이었다.

이날 일본군 혼성여단 잔여 부대가 인천에 상륙했다. 이로써 조선에 파병된 일본군은 혼성여단 7,857명, 제2 군용전신선 가설대 345명, 군

악대 58명, 해군 943명, 운송선 승무원 80명으로 늘었다. 상륙 부대 중에는 조선을 병참 기지화하는 임무를 띤 부대도 있었다. 공사관이나 거류민 보호가 목적이었다면 이처럼 대규모 병력이 필요치는 않았을 것이다.

일본이 제안한 내정 개혁 방안 27개조

구분	내용
10일 이내 실행	① 정무는 의정부 소관으로 복구하고, 6조 판서의 권한을 확립해 세도 집권의 폐단을 바로잡을 것. ② 궁중(宮中, 왕실)과 부중(府中, 정부 내각)의 구별을 분명히 하고 내시들의 국정 간여를 금할 것. ③ 외교 직책을 중시해 전임 대신이 관장할 것. ④ 문벌을 타파해 유능한 인재를 등용할 것. ⑤ 매관(賣官)의 폐단을 바로잡을 것. ⑥ 관리들의 뇌물 수수를 엄금할 것. ⑦ 서울 및 각 중요 항구 간에 철도를 건설하고, 전국의 주요 도시를 연결하는 전신선을 가설해 교통·통신의 편리를 도모할 것.
6개월 이내 실행	① 관제를 개혁해 국무 집행에 긴요한 관청만 놔두고 통폐합할 것. ② 지방 제도를 개혁해 목(牧)·부(府)·군(郡)·현(縣)을 통폐합할 것. ③ 쓸모없는 관리들을 도태시킬 것. ④ 관리 봉급을 증액해 생활 안정을 도모할 것. ⑤ 지방관의 정실로 인한 폐단을 교정할 방법을 마련할 것. ⑥ 국가 세출입을 조사해 예산 제도를 만들 것. ⑦ 회계 출납을 법에 맞게 엄중히 할 것. ⑧ 통화 제도를 개정할 것. ⑨ 쓸데없는 비용을 줄이고, 세입 증가를 도모할 것. ⑩ 각 해관은 조선 정부가 직접 관리해 외국의 간섭을 허락하지 말 것.
2년 이내 실행	① 각 도의 논밭을 조사해 조세를 개정할 것. ② 세법을 개정하거나 새 조세를 만들 것. ③ 도로를 개수할 것. ④ 옛 법을 개정·폐지하고 새 법을 제정할 것. ⑤ 재판을 개혁해 공정을 기할 것. ⑥ 장교를 양성할 것. ⑦ 구식 군대를 폐지하고, 신식 군대를 설치할 것. ⑧ 서울 및 주요 도시에 경찰을 설치할 것. ⑨ 학제를 새로 제정해 각지에 소학교를 설치하고 교육을 시행할 것. ⑩ 학생 중 우수한 자들을 선발해 해외에 유학 보낼 것.

오토리 공사와 조선의 내정개혁조사위원들은 7월 10일과 11일 이틀간 노인정 회의를 통해 27개 항목의 '내정개혁방안강목綱目'을 마련했다. 이것은 이토 총리가 발의하고 무쓰 외상이 정리한 내정 개혁안을 토대로 오토리 공사가 작성한 문건이다. 오토리 공사는 27개 개혁안 중 그 중요성과 필요성을 고려해 사흘 이내에 의결하고 10일 이내, 6개월 이내, 2년 이내에 실행해야 할 사항을 정리해 조선 정부에 제출했다.

27개 내정 개혁 방안은 급조된 감이 있지만 1876년부터 거의 20년에 걸쳐 일본이 조선의 실정失政을 연구한 결과와 경험을 토대로 작성된 엄청난 개혁안이었다. 때문에 누구도 그 필요성을 부인할 수는 없었다. 미국 컬럼비아대에서 유학하고 위안스카이의 직계 관료가 돼서 조선 해관장 및 총영사로 활동한 탕사오이唐紹儀는 "오토리 공사가 제안한 조선의 정치 개혁은 대부분 적절하다"라고 인정했다.

하지만 방대한 예산이 투입돼야 하는 철도·전신선 가설을 열흘 이내에 해결하라는 제안은 상식적으로 이해가 가지 않는 부분이다. 만약 실행 기한을 붙이지 않았다면 조선 정부는 "시행하겠다"라고 답한 후 무한정 시간을 끌 우려가 있었다. 일본의 진정한 의도는 개전 구실 마련이었다. 내정 개혁을 거부하면 개혁에 성의가 없다고 몰아붙여 자신들이 단독으로 개혁에 착수한다는 구실을 마련하기 위해 기한을 못박은 것이다.

일본, 제2차 절교서 보내

7월 11일 신정희 등 내정개혁조사위원들은 오토리 공사에게서 수교받은 27개 항목의 '내정개혁방안강목' 책자를 고종에게 상주했다. 고종은 즉시 묘당 회의를 열어 이를 검토하라고 명했다. 이날 영돈녕부사 김병시는 "민란은 선량한 백성이 탐관오리들에게 수탈당하는 것을 견디지 못해 소란을 피운 것인데, 이들을 동학도로 단정하고 수천 명을 살육했습니다. 이것도 차마 할 수 없는 일인데, 청국 군대의 원조를 청한 것이 일대 실책이었습니다. 다른 나라 군대를 빌려 내 백성을 살육했으니, 어찌 이런 일이 있을 수 있겠습니까?"라며 민씨 척족 세력의 실정을 통렬하게 비판했다.

7월 12일 무쓰 외상은 고무라 주타로 주청 대리공사에게 "일본 정부는 평화적 해결을 위해 온갖 방법을 강구했지만 청국 정부가 이에 응하지 않았다. 앞으로 예상치 못한 사건이 발생하더라도 일본 정부는 그 책임을 질 수 없다"라는 조회를 청국 외교 당국에 접수시키라고 훈령했다. 이것이 이른바 '제2차 절교서'다. 무쓰 외상은 이 조회를 최후 통첩으로 간주했다.

고무라 주타로는 본국 정부로부터 받은 제2차 절교서 내용에 본인 의견을 첨부해 보다 강경한 문장으로 고쳐 청국 정부에 제출했다. 그 일부 내용은 다음과 같다(다보하시 기요시, 『근대일선관계의 연구 (下)』, 2016, 366~367쪽).

> 조선에 자주 변란이 일어나는 것은 내치의 분란에서 유래한다. 지금 저 나라의 내치를 바로잡아서 변란이 싹트기 전에 근절하려면 일·청 양국이 한마음으로 협력하는 것이 최선이다. 이런 뜻을 청국 정부에 제출했는데, 어찌 생각이나 했으랴?
>
> 청국 정부는 우리의 뜻을 따르지 않고 오직 철병만을 희망하고 있으니, 우리 정부는 실로 괴이하게 여긴다. 최근에 수도에 주재하는 영국 대신이 일·청 양국의 우호 관계를 회복시키기 위해 온 힘

> 을 다해 조정을 시도했다는 말을 들었다. 그럼에도 불구하고 청국 정부는 철병만을 주장해 우리 정부의 뜻에 따르려는 모습이 전혀 없다.
>
> 이상을 종합할 때 청국 정부는 불씨를 키우는 데만 뜻을 두고 있으니, 앞으로 예상치 못한 변란이 생기더라도 우리 정부는 책임이 없다.

'제2차 절교서'로 일-청 양국 간의 관계가 돌이킬 수 없는 상황으로 악화된 7월 12일, 고종은 청국의 최고 권력자 서태후의 회갑을 축하하기 위해 은 10만 냥을 지참한 진하사 이승순을 베이징에 파견했다.

열강의 간섭

일본이 조선 정부를 상대로 강공 드라이브를 걸자 열강도 행동을 개시했다. 주일 러시아 공사 히트로보(Mikhail Aleksandrovich Hitrovo)는 포르투갈 대사로 재임 중 갑작스럽게 일본으로 전출돼 극동 정세는 물론 일본 정치에 어두웠다. 그는 기르스(Michail Nikolaevich de Giers) 외상의 훈령에 따라 6월 25일과 30일 두 차례 무쓰 외상을 방문했다. 그는 "조선 정부는 이미 반란이 진압됐다고 각국 공사에게 통고했다. 일본이 동시 철병을 거부하면 중대한 책임을 면치 못할 것"이라고 위협했다.

무쓰 외상은 "당시를 생각하면 아직도 피부에 좁쌀 같은 소름이 끼치는 듯한 두려움이 스며들 정도로 어려운 상황이었다"(무쓰 무네미쓰, 『건건록』, 2013, 86쪽)라고 회고했다. 하지만 개전을 작심한 무쓰는 러시아의 위협을 무시했다. 일본은 다양한 정보 라인을 통해 러시아 황제 알렉산드르 3세와 외상 기르스의 최고 관심은 극동이 아니라 신흥 제국으로 부상한 독일에 대한 견제라는 사실을 파악하고 있었다.

러시아는 겉으로는 일본을 압박하는 척했지만, 속으로는 극동 문제에 깊이 개입해 외교력을 소진하는 것을 원치 않았다. 또 자신들이 일본을 강력하게 제재할 경우 영국이 수수방관하지 않을 것으로 판단했다. 일본 지도부는 자신들이 개전으로 나아가도 러시아가 군사력을 앞세워 무력 간섭을 하기는 어렵다는 사실을 정확하게 탐지했다.

영국 외교 라인도 분주하게 움직였다. 당시 영국은 청국 대외 교역량의 65퍼센트, 청국 수출입 해운의 83퍼센트 이상을 독식할 정도로 중국의 이권에 깊이 개입돼 있었다. 이러한 실익 때문에 친청親清 정책을 고수했다(최문형, 『한국을 둘러싼 제국주의 열강의 각축』, 2006, 107쪽). 영국 입장에서 볼 때 청국은 러시아의 남하를 막아주는 완충국이자, 양쯔강 유역에서 영국의 이권을 보호해 주는 고마운 존재였다.

일본은 개전에 앞서 영국을 중립으로 묶어놓기 위해 총력전을 전개했다. 이 과정에서 영국의 동아시아 정책에 미묘한 이중 기류가 흐르고 있음을 발견했다. 영국의 동양함대 사령관 프리맨틀(Freemantle) 제독을 비롯한 해군 관계자들은 상업 보호 차원에서 친청반일親清反日 입장이었다. 그런데 영국의 동아시아 외교는 경제보다는 정치에 중점을 두는 로즈버리 총리와 킴벌리(John W. Kimberly) 외상에 의해 주도되고 있었다(최문형, 『한국을 둘러싼 제국주의 열강의 각축』, 2006, 107~109쪽 참조).

그들은 청국 정부가 영국의 권익을 러시아로부터 보호해 줄 능력이 있는가에 대해 회의를 품기 시작했다. 이러한 의문 때문에 친청 정책을 추진하는 한편에서 일본을 새로운 대안으로 활용한다는 비밀 계획이 추진됐다. 즉 동아시아에서 러시아의 남진을 저지하기 위한 영·청·일 블록 구축에 나섰다. 1883년 8월 주일 영국 공사 파크스(H. Parkes)를 주청 공사로 전임시킨 것은 러시아에 대항해 청-일 협조 관계를 구축하기 위한 영국 외교 당국의 예비 조치였다.

청국 대신 일본을 선택한 영국

영국은 양쯔강 일대의 자국 이권을 보호하기 위해, 청일전쟁이 일어나지 않기를 기대했다. 전쟁 방지를 위해서는 호전성이 극에 달한 일본의 행동을 제압할 필요가 있었다. 평화 유지를 위해 거중조정(good offices), 중재(mediation), 개입(intervention) 등 세 가지 카드를 검토하던 중 7월 들어 전쟁 위기가 고조되자 러시아의 남진을 저지하는 주역을 청이 아니라 일본에 맡기는 쪽으로 외교 정책을 전환했다. 영국의 동아시아 정책이 영·청·일 블록에서 영·일 블록으로 바뀐 것이다(최문형, 『한국을 둘러싼 제국주의 열강의 각축』, 2006, 112쪽).

영국이 일본의 행동을 방관한 이유 중의 하나는 해군력이 크게 증강된 일본을 이용하려는 전략 때문이었다. 당시 영국의 동양함대는 22척의 함정으로 구성돼 있었다. 만약 새로 결성된 러시아-프랑스 동맹국 해군이 동아시아로 진출할 경우 영국의 제해권이 이들에게 침해당할 우려가 있었다. 영국은 동아시아에서 러-프 동맹 세력 해군을 견제하기 위해 신흥 해군국으로 부상한 일본을 끌어들여야 했다.

킴벌리 외상은 일본 정부가 청·일 양군 동시 철병을 거부하자 7월 7일에서 14일 사이 청·일 양군의 '한반도 공동 점령'을 제안했다(석화정, 「청일전쟁 전황과 '조선의 독립' 문제에 대한 열강의 정책」, 『군사軍史』 제102호, 국방부 군사편찬연구소, 2017년 3월). 그는 양국 군대가 조선을 공동으로 점령하되, 중간에 중립 지대를 설정할 것을 제안했다.

구체적인 방안으로는 남부 4개 도(경상·전라·충청·강원)의 대외 및 대내 문제는 일본의 단독 보호하에 두고, 북부 3개 도(평안·함경·황해)는 같은 방식으로 청국의 보호권을 인정하며, 경기도는 제삼국의 간섭을 청·일 양국이 공동으로 방지하는 조건하에 조선 국왕의 관할하에 둔다는 것이었다(이완범, 『한반도 분할의 역사』, 한국학중앙연구원 출판부, 2013, 105쪽). 킴벌리 외상이 제안한 공동 점령안은 남부와 북부의 범위를 어디까지로 할 것인지가 확실치 않아 충돌을 야기할 가능성이 있었다.

7월 15일 극동 군사 정세 파악을 위해 파견된 러시아 무관 콘스탄틴 보가크(Konstantin Bogak) 중령은 "청국인은 일본이 군사적인 면에서 어떤 존재인지, 일본의 육·해군은 어느 정도인지에 관해서 완전 무지하다"라면서 "그들은 일본과의 일대일 승부에서 패배할 것이라는 점이 내게는 불변의 진리처럼 보인다"라고 본국 정부에 보고했다(와다 하루키, 『러일전쟁 1』, 2019, 213쪽).

영국이 일본을 향해 '영·일 블록'의 입장을 선명하게 밝힌 것은 7월 16일이다. 이날 영국은 메이지 정부의 30년 숙원이었던 관세 자주권과 불평등 조약을 평등한 내용으로 바꾸는 영-일 신조약(영일항해통상조약, 일명 아오키-킴벌리 조약)을 체결했다. 영국이 불평등 조약을 개정해 준 것은 청일전쟁 개전을 앞둔 일본에게 "이번 전쟁에 대해 우리는 신경 쓰지 않을 것이니 소신껏 싸우라"라는 선물을 준 것이나 다름없었다.

일본은 청일전쟁 직전까지 서양 열강에게만 영사재판권을 부여한 불평등 조약 체제에 놓여 있었다. 영사재판권과 관련해 일본 국내에서 큰 저항을 몰고 온 사건이 1892년 발생한 지시마千島호 침몰 사건이다(지시마호 관련 내용은 이삼성, 『동아시아의 전쟁과 평화 (2)』, 2017, 344쪽).

1892년 11월 30일 영국 P&O(Peninsular and Oriental) 기선회사 소속 선박이 일본 해군 750톤급 어뢰정 지시마호와 충돌했다. 대형 기선에 들이받힌 어뢰정은 순식간에 침몰했고, 이 과정에서 어뢰정 승조원 90명 중 74명이 사망했다. 현역 군인이 떼죽음을 당한 참사에도 불구하고 일본 사법부는 이 사건을 재판할 법적 권한이 없었다.

불평등 조약 개정 위한 노력

일본 정부는 손해 배상 청구를 위해 요코하마의 주일 영국 영사관 재판소에 P&O를 제소했고, P&O 측도 일본 정부를 맞제소했다. 영국 영사관 재판소에서 열린 1심 판결은 영국 회사 패소였다. 이 판결에 불복한 P&O는 중국 상하이에 있는 영국 고등재판소에 항소했다. 고등재판소는 P&O 승소 결정을 내렸다.

이에 불복한 일본 정부는 영국 상원에 상고했다. 영국 상원은 1895년 7월 3일, 1심 판결대로 일본 정부 승소 판결을 내렸다. 일본 정부는 3년여 세월과 당시로서는 엄청난 금액인 12만 엔의 소송 비용을 들여 천신만고 끝에 승소했다. 하지만 P&O 측으로부터 받아낸 배상금은 소송 비용에도 못 미치는 9만 1,000엔에 불과했다.

지시마호 재판 과정에서 영사재판권 철폐를 요구하는 여론이 거세게 일었다. 1893년 7월 25일 무쓰 외상은 아오키 슈조 주영 일본 공사에게 "현행 영-일 조약은 우리 제국을 세계 문명국 반열 밖으로 밀어내는 것과 같은 저질 조약"이라면서 "이 조약은 독립된 입헌 제국으로서는 도저히 참을 수 없는 내용이니 만난을 배제하고라도 반드시 개정해야 할 일대 사업"이라고 훈령했다.

그런데 영사재판권은 동아시아 시각으로만 바라볼 수 없는 문제가 내재돼 있었다. 서양 열강 나라의 기업이 동아시아에서 비즈니스 활동을 하는 과정에서 상법·민법이 없어 각국 정부나 기업과 정식 계약을 맺고 안심하고 거래를 할 수가 없었다. 일본이 불평등 조약 폐지를 요구할 때마다 영국은 메이지 정부에 "하루빨리 상법·민법을 제정하라"라고 요구했다(가토 요코, 『그럼에도 일본은 전쟁을 선택했다』, 2018, 91~93쪽 참조).

메이지 정부도 문제의 심각성을 인식하고 프랑스 법학자 귀스타브 E. 부아소나드(Gustave E. Boissonade)를 초빙해 프랑스 법을 모델로 각종 법전을 만들었다. 메이지 정부는 열강과의 불평등 조약을 개정하기 위해 신속한 법 제정을 원했다. 1889년 대일본제국 헌법 공포에 이어 1890년 민법을 공포했으나 일부 법학자로부터 가족·도덕 등 일본의 전통 윤리가 파괴된다는 비판이 제기됐고, 여론도 반대 쪽이 우세해 법 시행이 계속 늦어졌다.

영국 정부가 7월 16일에 일본의 치외법권 개정 요구를 수락하는 신조약을 체결한 것은 "우리는 청일전쟁 개전에 반대하지 않으며, 끝까지 일본을 응원하겠다"라는 외교적 메시지였다. 이날 킴벌리 영국 외상은 영-일 신조약에 서명한 직후 아오키 공사에게 "본 조약의 성격은 일본에게는 청국 대병을 패주시킨 것보다 훨씬 의미가 크다"라는 축사와 함께, "조약 개정의 성공이 일본의 국제적 지위를 크게 높여주었다"라고 말했다. 이로써 일본은 개전과 관련해 유럽 열강의 무력 간섭이라는 두려움에서 해방됐다.

아오키 공사로부터 신조약에 조인했다는 보고를 받은 무쓰 외상은 목욕재계하고 궁성으로 달려가 "영-일 신조약 조인이 완료됐다"라고 엎드려 상주했다. 이때부터 영국은 청국에 관한 다양한 군사 정보를 일본에 제공했다.

7월 22일 영국은 일본에게 청일전쟁 과정에서 자국의 강남무기제작소가 있는 상하이 일대를 공격하지 않는다는 '상하이 중립화' 보장을 요구했다. 이틀 후인 7월 24일 일본 정부는 "상하이가 영국 이익의 중심지임을 인지하고 있으며, 이 지역에서 전쟁 행위를 하지 않겠다"라고 확약했다. 이로써 개전과 관련된 모든 장애물이 제거됐다.

러시아 남진의 방파제는 일본

이때부터 일본은 영국과 손잡고 러시아의 남진을 봉쇄하는 역할을 담당하게 된다. 반면에 리훙장은 청일전쟁을 계기로 러시아에 접근했다(가토 요코, 『그럼에도 일본은 전쟁을 선택했다』, 2018, 139쪽). 영국의 정책 변경에 충격을 받은 청은 러시아에 접근해 영·일 블록 견제에 나섰다. 그 결과 동아시아에서는 청국-러시아 대 영국-일본이라는 양대 진영의 대립 구도가 형성됐다.

일본에서 민법이 시행된 것은 청일전쟁이 종료된 지 3년이 지난 후인 1898년 7월, 상법은 4년 후인 1899년 6월부터였다. 1899년 일본에서 서양 열강이 보유하고 있던 치외법권이 완전 폐지됐다. 영-일 신조약 체결로부터 5년 후의 일이다. 일본의 관세 주권이 회복된 것은 1911년이었다. 이토-무쓰 외교 라인은 불평등 조약의 고리를 끊어내는 데 성공함으로써 국제사회에서 공식으로 제국주의 클럽 회원 자격을 획득했다(이삼성, 『동아시아의 전쟁과 평화 (2)』, 2017, 407쪽).

그레셤 미 국무 장관은 주한 미국 공사 존 실(John M. B. Sill)과 주미 한국 공사 이승수로부터 일·청 양군의 조선 철수와 관련한 미국의 개입 호소와, 조선 주재 미국 선교사 보호를 위해 군함 파견 요청을 받았다. 그레셤은 관련 사실을 클리블런드(Stephen Grover Cleveland) 대통령에게 보고했다. 이어 스케렛(Skerett) 사령관 휘하의 태평양함대 순양함 볼티모어(Baltimore)호를 즉각 제물포로 파견하도록 조치했다.

6월 22일과 28일 이승수 공사는 미 국무부를 방문해 그레셤 장관에게 조-미 조약의 거중조정 조항에 따라 미국의 우호적 개입을 요청했다. 이 요청을 받은 그레셤은 실 공사에게 "조선의 평화 유지를 위해 가능한 모든 노력을 다하라"라고 훈령했다. 6월 29일에는 주일 미국 공사 던(Edward Dun)에게 "일본의 파병 이유와 일본의 조선에 대한 요구 조건이 무엇인지 일본 정부에 문의하라"라고 전문을 보냈다.

그레셤 장관은 조선에 대한 관심을 표명했지만 그것은 형식적인 수준이었다. 그는 7월 7일 주미 일본 공사 다테노 고조建野鄕三와의 회담에서 "주미 조선 공사의 거중조정 요청이 있었지만, 우리는 어떤 경우에도 개입할 의사가 없다"라고 밝혔다. 이것을 일반 용어로 바꾸면 "미국은 청일전쟁에 무력 개입하지 않겠다"라고 실토한 것이다.

막후에서 이런 일이 진행 중인 사실을 알지 못한 이승수 공사는 이번에는 미국 대통령에게 '거중조정'을 호소했다. 그레셤 장관은 이 공사를 국무부로 불러 "미국은 공명하고 엄정한 중립을 지켜야 하기 때문에 우호적인 방법으로만 일본에 영향력을 행사할 수 있다"라고 설명했다. 이것은 "당신들의 거중조정 요청을 확실하게 거절한다. 미국은 조선 문제에 개입하지 않겠다"라는 의미였다.

이로써 조미수호통상조약의 '거중조정' 항목은 부도 수표가 됐다. 서구 열강을 상대로 거중조정을 요청하는 것과 비슷한 시기에 고종은 주한 미국 공사관과 접촉해 어떤 사태가 돌발적으로 일어날 경우 몸을 피신하기 위한 사전 대책을 세웠다(신복룡, 『동학사상과 갑오농민혁명』, 선인, 2006, 256쪽).

6월 18일 고종은 실 주한 미국 공사에게 "만약의 사태가 발생할 경우 미국 공사관으로 피신할 것이니 나와 왕족 및 고관들에게 피신처를 준비해 달라"라고 요청했다. 이른바 주한 미국 공사관으로의 망명, 즉 미관파천美館播遷을 시도한 것이다. 6월 29일 실 공사는 본국 정부에 "조선 국왕의 급박한 요청에 의해, 나는 필요한 경우 왕족과 고위 관료의 파천을 수용하겠다"라고 보고했다. 하지만 미 국무부는 "조선의 정치에 관여하지 말라"라면서 고종 망명 거부를 지시했다.

미관파천美館播遷 요청한 고종

본국 정부의 지시를 받은 실 공사는 "절대적으로 긴급한 경우가 아니면 국왕이나 정부 대신들의 거주지를 바꾸는 것은 옳지 않다"라면서 고종의 요구를 완곡하게 거부했다. 조정 대신들도 국왕이 서양 공사관으로 이전해 정무를 집행하는 것을 부당하다며 강력 반대했다. 고종은 조정 대신들의 만류를 뿌리치고 실 공사에게 또다시 미관파천을 간곡히 부탁했다.

난처한 입장이 된 실 공사는 제물포에 입항해 있는 스케렛 제독에게 "공사관 수비를 강화하기 위해 순양함 볼티모어호의 수병을 지원해 달라"라고 요청했다. 스케렛 제독은 이 요구를 수용해 볼티모어호의 수병을 주한 미국 공사관에 파견했고, 월미도에서 함대 기동 훈련을 실시해 고종을 안심시켰다.

미국 공사관으로의 파천을 거부당한 고종은 이번에는 주한 영국 총영사 가드너(C. T. Gardner)에게 영관파천을 요청했다. 7월 4일 가드너 총영사는 직속 상관인 가드너 주청 영국 공사에게 "오늘 아침 조선 국왕이 사람을 보내 일본이 왕궁을 포위하고 측근을 압박하는 사실에 우려하고 있다고 알려 왔다. 또 자신이 총영사관을 방문하면 비밀리에 찾겠다는 뜻을 알려 왔다. 이럴 경우 국왕을 받아들여도 되는가"라고 문의했다. 영관파천 요청에 대해 영국 정부는 "절대로 왕을 받아들여선 안 된다"라고 단호하게 지시했다.

이후 고종은 틈만 나면 주한 외국 공사관으로의 파천을 시도한다. 기록으로 확인된 것만 14년간 일곱 차례다. 이것은 일종의 습관성 파천 증후군이 아닐까 의심이 될 정도다. 국왕은 외국 공사관으로 탈출해 목숨을 부지한다 치자. 그러면 왕조와 백성들의 생명과 재산은 어쩌란 말인가.

고종의 외국 공관 피난 시도 일지

일시	장소	내용
1882. 8.	일본 공사관	하나부사 요시모토(花房義質) 주한 일본 공사에게 "조선 난병들이 또다시 난동을 부릴 경우 일본 공사관으로 피신하겠다" 요청
1894. 6.	미국 공사관	일본군이 조선에 출동해 청일전쟁 위기가 고조되자 실(J. M. B. Sill) 주한 미국 공사에게 "만약의 사태가 발생할 경우 미국 공사관으로 피신할 것이니 준비해 달라" 요청
1894. 6.	영국 공사관	미국 공사관과 파천 협상 진행하는 사이, 주한 영국 총영사 가드너(C. T. Gardner)에게 사람을 보내 영관파천 요청
1896. 2.	러시아 공사관	고종, 궁녀 가마 타고 러시아 병사들의 호위와 주한 러시아 공사 스페예르(Alexis de Speyer) 및 베베르(Karl Ivanovich Weber)의 후원으로 러시아 공사관으로 탈출
1897. 12.	미국 공사관	원구단에 천제 올리고 황제에 등극한 지 두 달 후인 12월 24일, 극비리에 미관파천 요청
1904. 2.	영국 공사관	대한제국의 전시 중립 선언 공문을 영국 공사관이 수교하자 고종은 "영국이 대한제국의 중립을 보장한 것"으로 착각하고 조던(J. N. Jordan) 주한 영국 공사에게 영국 공사관으로 피신 의사 타진
1905. 1.	미국 공사관	러일전쟁이 한창이던 1905년 1월 19일, 알렌 공사에게 미관파천 요청. 알렌 공사, "황제가 공사관 담 넘어와도 내쫓겠다" 본국 정부에 보고

일본 정부는 자신들의 출병 목적은 "조선 정부 개혁"이라고 열강에게 선전하면서, "이 목적을 방해하는 자는 누구도 용서하지 않을 것이며, 전쟁도 불사할 것"이라고 단호한 모습을 보였다. 한편에선 조선 문제에 관한 일체의 권한을 오토리 공사에게 부여해 조선 지배 정책 추진을 본격화했다.

고종, 내정 개혁 27개조 거부

내정 개혁 방안을 제시한 지 사흘이 지났음에도 불구하고 조선 정부는 입장을 정하지 못하고 허둥댔다. 7월 13일 고종은 민씨 척족 세력의 세도가 민영준을 선혜청 당상에서 해임하고 교정청이란 개혁 추진 기구를 설치해 독자적으로 내정 개혁을 실행한다고 발표했다. 일본 측 요구를 보기 좋게 거절한 것이다.

오토리 공사는 7월 15일 조선 내정개혁조사위원들과 세 번째 남산 노인정 회담을 열었다. 조선 측 위원들은 내정 개혁 방안의 근본 취지에는 동의하지만 일본군이 서울에 주둔한 상황에서 기한을 정해 실시를 재촉할 경우 민심을 불안케 할 뿐이며, 내정 간섭 우려가 있으니 먼저 일본군을 철수하고 개혁 방안에서 기한을 철회해 달라고 요구했다 (다보하시 기요시, 『근대일선관계의 연구 (下)』, 2016, 348쪽).

화가 머리끝까지 치민 오토리 공사는 7월 17일 조선의 외교 책임자 조병직에게 "귀국이 내정 개혁을 거부했으니 일본 정부는 자국의 이익을 위주로 해서 단독 개혁을 진행하겠다"라고 통보했다. 이날은 일본이 영국과 신조약 체결에 성공한 다음 날이었다. 이날 일본은 최초의 대본영 어전 회의를 열어 대청 개전을 최종 확정하고 그에 따른 군사·외교 후속 작업에 착수했다. 일본이 영국과의 조약 개정 다음 날 대청 개전을 결정한 것은 우연이 아니었다(최덕규, 「청일전쟁과 고승호 사건의 국제법(1894-1903)」, 2019, 92쪽).

이날 해군 중장 가바야마 스케노리가 현역으로 복귀해 군령부장에 취임했다. 「고쿠민신문」은 가바야마를 '주전론主戰論의 괴수'로 소개하고 "누가 가바야마 씨의 복직을 보고 현 내각의 청淸·한韓 문제에 대한 최후의 결심을 예측할 수 없다고 하겠는가"라면서 정부의 개전 결의가 굳어졌음을 보도했다(후지무라 미치오, 『청일전쟁』, 1997, 114~115쪽).

이때 오토리 공사로부터 조선 왕궁 점령 허가를 요청하는 장문의 훈령과 함께 청-한 종속 관계를 파기하고 청국에 부여한 권리와 특전의 균점을 실행하기까지 왕궁을 점령하기 위한 준비에 착수했다는 보고가 도착했다. 전쟁 돌입에 대해 마음이 놓이지 않은 메이지 천황은 "지금 우리가 모든 가능한 방법을 다 사용한 것이 맞는지 다시 한번 외상에게 물어보라"라고 명령했다.

조선에 출병한 일본군은 7월 18일부터 무력 시위에 돌입했다. 짝수일은 제11연대, 홀수일은 제21연대 병력이 번갈아 가며 완전 무장을 하고 서울 시가지를 행군했다. 경복궁 점령을 위한 예행 연습 차원에서 왕궁 주변 행군도 실시했다. 이것은 조선 사람들을 겁박하기 위해 주도면밀하게 기획된 시위였다. 7월 20일 탕사오이는 리훙장에게 "왜병이 오늘 시가에 군대를 배열해 놓고 궁 앞에서 조련을 하고 있어 조선 사람들이 놀라 허둥대고 있다"라고 보고했다.

전쟁 발발이 현실화되자 킴벌리 영국 외상은 러시아·미국·독일·프랑스 4국 합동으로 일본에 대해 마지막 조정을 시도했다. 영국이 이 시기에 중재에 나선 이유는 러시아가 이 기회를 이용해 중국으로부터 이권을 획득하지 않을까 하는 우려 때문이었다. 친일적 입장이 강했던 미국은 영국의 조정 요청을 적당히 거절했다. 독일과 프랑스는 한편에선 영국의 입장에 동조하는 척했고, 다른 쪽에서는 무쓰 외상에게 "중국을 꿈에서 깨어나게 하려면 타격을 가해야 한다"라면서 개전을 부추겼다.

일본에 기밀 정보 제공한 영국

사정이 다급해진 리훙장은 7월 19일 영국 외상의 중재 제의에 동의했으나 일본은 "청국 정부와 교섭할 필요를 느끼지 못한다"라고 거절해 영국의 조정은 실패로 끝났다. 이때 톈진에 주재하는 총영사 아라카와 미노지荒川巳次로부터 "리훙장은 17개 부대 병력을 조선에 파견하기로 결정했다"라는 보고가 들어왔다.

7월 19일, 영국 정부는 주일 영국 대리공사를 통해 일본에 "7월 20일까지 어떤 조치를 취하지 않을 경우 청국 정부는 병력 1만 2,000명을 인천에 상륙시킬 것"이란 기밀 정보를 제공했다. 영국은 자신들의 정보망을 통해 리훙장이 청군에 출동 명령을 내린 사실을 일본에 알려준 것이다.

영국 정부로부터 관련 정보를 입수한 무쓰 외상은 즉각 서울의 오토리 공사에게 "귀하는 스스로 정당하다고 생각되는 수단을 취하라"라면서, 조선 정부에 다음 4개 항에 대한 회답을 22일까지 받아내라고 요구했다.

> 첫째, 일본 정부는 서울-부산 간 군용 전신선 가설에 착수한다.
>
> 둘째, 조선 정부는 제물포조약에 따라 신속히 일본군 막사를 건설한다.
>
> 셋째, 아산에 있는 청국군은 부당한 명의로 진주했으므로 신속

히 철수시킨다.

넷째, 조청상민수륙무역장정 등 조선 독립에 저촉되는 청-조선 간 조약을 폐기한다.

무쓰 외상의 요구는 오토리 공사에 의해 조선 정부에 송부됐다. 이것은 청일전쟁 개전을 위한 일본의 실질적인 최후통첩이었다. 같은 날 대본영은 서울에 주둔하고 있는 오시마 혼성여단장에게 "청이 조선에 군대를 증파할 경우 현지 지휘관 판단하에 독단으로 처리해도 좋다"라고 공격을 허가했다.

한편에선 "청의 증원군 파견은 일본에 대한 위협 조치로 간주한다"라는 경고문을 주일 영국 대리공사를 통해 청국 정부에 보냈다. 이 경고문은 통신 사정으로 인해 7월 22일까지 청국에 전달되지 않았다. 오토리 공사가 조선 정부에 청국과의 종속 관계 파기와 조선 주둔 청국군 철군을 강요한 사실도 전신선 사정으로 인해 7월 22일까지 청국에 전달되지 않았다.

7월 19일, 대본영은 이토 스케유키 연합함대 사령장관에게 "연합함대를 이끌고 조선국 서해안을 제압하고 풍도 혹은 안면도 부근에 근거지를 마련하라"라고 명령했다. 청군이 아산에 증원 부대를 보내는 것을 저지하기 위한 조치였다. 이날 무쓰 외상의 훈령을 소지한 혼노 이치로 本野一郎 참사관과 후쿠시마 보병중좌가 서울에 도착했다. 그들은 오토리 공사에게 "일-청 충돌을 서두르는 것이 급무다. 이를 단행하기 위해 어떤 수단이라도 동원하라. 모든 책임은 내가 질 것"이라는 무쓰 외상의 훈령을 직접 전달했다.

조선에서 총독처럼 군림했던 위안스카이는 일본군이 서울을 점령하고 청국 공관을 향해 대포를 겨냥하며 위협하자 충격에 빠졌다. 외교적으로 고립된 위안스카이는 자신이 시행할 수단이 하나도 없었다. 갑신정변 이후 거의 10년간 반일 정책의 중심에 서 있던 위안스카이는 일-청 국교가 단절될 경우 일본군에게 체포될 가능성도 배제할 수 없었다. 7월 19일, 위안스카이는 노인으로 변장해 서울을 빠져나가 인천에서 북양함대 군함을 타고 톈진으로 탈출했다. 위안스카이가 떠난 후 탕사오이가 업무를 대행했다.

7월 20일 개전 명령 내린 일본

무쓰 외상의 훈령이 서울에 도착한 직후부터 형세가 급변했다. 7월 20일 대본영은 서울에 주둔 중인 혼성여단장 오시마 요시마사에게 "주력 부대를 동원해 적을 격파하라"라는 명령을 내렸다. 드디어 개전을 명령한 것이다. 오토리 공사는 오시마 요시마사와 협의해 필요한 강압 수단 실시에 돌입했다. 가장 먼저 일본은 서울-부산 간 군용 전신선 가설을 일방적으로 선언하고 육군 전신선가설대를 내륙에 파견해 전신선 증설 및 공사관 부속 병영 신축에 돌입했다.

여기서 잠시 조선의 전신 역사를 조망할 필요가 있다. 조선의 전신 역사는 1883년 덴마크 대북부전신회사가 부산-나가사키 간 해저 전신선을 가설하면서 시작됐다. 조선은 1885년 6월 6일 체결된 조청朝淸전신조약에 의해 같은 해 9월 28일 경의선(서로전신선)과 경인선이 개통되면서 외국과 정보를 주고받을 수 있게 됐다. 이 전신선은 청나라 차관으로 가설된 것으로, 운영과 관리는 차관 상환 때까지 한성전보총국이라는 청나라 기구에 의해 운영됐다.

조선 정부는 외국에 장악된 전신선 운영권을 독자적으로 행사하기 위해 나가사키-부산 간 해저 전신선과 연결해 1887년 3월 13일 서울-공주-전주-대구-부산 간 경부선(남로전신선)을 부설했다. 1889년에는 공주-청주 간을 연결하는 청주지선, 1891년에는 서울-춘천을 경유해 원산에 이르는 경원선(북로전신선)을 가설했다. 전신선의 관리 운영을 위해 조선전보총국을 창설했다. 조선전보총국은 전신 관련 규정과 법규를 제정하고 인력 양성을 도모하는 등 근대 통신 체계를 수립했다. 또 1895년까지 청으로부터 빌린 전신 차관 10만 냥 가운데 3만 6,500냥을 상환했다.

청-일 개전 시기 서로전신선과 남로전신선 양대 노선으로 이루어진 조선의 대외 전신은 영국 자본의 간접적 지배하에 놓여 있었다. 1885년 영국은 거문도를 점령한 직후, 동양함대 기지인 홍콩과 거문도를 직접 연결하는 해저 전신선을 부설했고(1885년 6월 3일), 조선 최초의 육상 전신선인 의주선 가설 자금을 지원했다. 1885년 7월 17일 체결된 조중전선조약에서 청국이 한반도에 전신선을 가설하되, 그 자금은 청국 정부가 주선토록 했다. 홍콩상하이은행滙豐銀行이 은 10만 냥을 차관 형식으로 조선 정부에 제공한 것도 이와 관련이 있었다(최덕규, 「글로벌 전신네트워크와 서로전선의 가설」, 『세계역사와 문화연구』 45, 한국세계문화사학회, 2017, 122쪽).

인천-서울-의주를 연결하는 서로전신선은 압록강을 지나 청국의 전신망과 연결됨으로써 영국의 전신왕 펜더(John Pender)가 지배하던 글로벌 전신 네트워크와 연결됐다. 청-일 개전 무렵 동아시아 전신망은 전세계 전신망의 65퍼센트를 지배했던 펜더의 전신 제국이 장악하고 있었다(최덕규, 「청일전쟁과 고승호 사건의 국제법(1894-1903)」, 2019, 94쪽).

펜더 제국은 영국 정부의 후견하에 동아시아 전신망을 독점 지배하는 구조를 이룩함으로써 중국·일본·한국의 전신이 자생력과 경쟁력을 갖춘 산업으로 발전할 수 있는 여지를 엄격히 제한했다. 일본이 전신을 활용한 근대 전쟁을 치르기 위해서는 동아시아의 통신망을 독점하고 있는 영국의 협력이 절대적이었다(최덕규, 「청일전쟁과 고승호 사건의 국제법(1894-1903)」, 2019, 95쪽).

일본 정부는 6월 18일 오토리 공사에게 철도 이권과 함께 서울-부산 간 전신선 획득 문제를 조선 정부와 교섭하라고 지시했다. 동시에 내정 개혁안에서도 "전국 주요 도시를 통과하는 견고한 전신선을 가설해 통신 왕래를 열 것"을 규정하고, 열흘 이내에 기공 결의를 하도록 요구했다.

조선의 전신선은 청국 기술자가 건설하고 관리를 맡았는데, 경의·경부 두 전신선 모두 불통되는 일이 잦았다. 경부 라인의 경우 1894년 5월 이후 툭하면 고장이 나서 거의 쓸모가 없었다. 때문에 일본 육군성은 현지 부대의 지휘를 위해 오사카상선 소유의 소형 기선 두 척을 대여해서 해군 감독 장교를 탑승시켜 통신선通信船으로 부산-인천 간 연락을 담당하도록 했다(다보하시 기요시, 『근대일선관계의 연구 (下)』, 2016, 376~377쪽).

전신선을 확보하라

청일전쟁 개전 과정에서 일본군 지휘부가 가장 신경을 쓴 것은 대본영과 전투 지역 사이를 연결하는 전신선 확보였다. 가와카미 참모차장은 "용병상 전신선이 없는 것은 맹인에게 지팡이가 없는 것보다 더 불안하다"라면서 조선의 전신선 확보에 총력을 기울였다. 7월 10일 오시마 요시마사 혼성여단장은 오토리 공사에게 "전신선 문제로 작전에 큰 지장을 받고 있으니 신선을 가설하든지, 아니면 조선 전신선을 5만 엔이든 10만 엔이든 매수해 달라"라고 독촉했다.

일본이 조선 영토에 전신선을 가설하는 행위는 명백한 불법 행위였다. 오토리 공사는 "타국의 독립권을 침해하는 전신선 가설은 문명국이 결코 해서는 안 될 일"이라면서 "아무리 군사상의 필요가 시급해도 외교상 적절치 않은 전신선 가설에 본 공사는 동의할 수 없다"라고 오시마 여단장 제의를 거절했다.

이 와중에 7월 10일 일본군 혼성여단 잔여 부대가 인천에 상륙할 때 군용 전신선 가설대가 조선에 파견됐다. 청과의 전쟁이 시작되면 서울에서 상하이를 경유해 일본으로 연결되는 전신선을 사용할 수 없게 된다. 따라서 서울-부산 간 군용 전신선을 새로 가설해 전쟁 관련 정보를 신속하게 일본으로 송·수신하기 위해 제1·제2 전신선가설대를 파견한 것이다. 이들은 참모총장 아리스가와노미야 다루히토有栖川宮熾仁 친왕의 '제1·제2 전신선가설대에게 내리는 훈령'에 따라 전신선 가설 임무 외에 "전신선을 파괴하거나 군용 전설 가설을 방해하는 자가 있으면 적당한 방법을 이용해 그것을 배제"하는 임무도 부여받았다.

본국 정부의 압력에 밀려 오토리 공사는 일본 군용 전신선을 가설하기 위해 조선 정부와 교섭을 했다. 하지만 조선 정부의 강력한 반대에 부딪치자 오토리 공사는 "기밀 제25호에 의거해 공사를 강행할 수밖에 없다"라고 본국 정부에 보고했다. '기밀 제25조'란 "개전이 임박했을 때 조선 정부에 압력을 가해 일방적으로 우리 육군 부대가 서울-부산 간 전신선을 가설하고 이를 조선 정부에 통보한다"라는 내용이었다(박종근, 『청일전쟁과 조선』, 1989, 122쪽).

오토리 공사는 조선 정부에 공문을 보내 경부 전신선은 메이지 18년(1885) 일한해저전선설치조약 속약續約에 따라 조선 정부가 가설 및 유지 의무를 진다는 점을 지적했다. 서울-부산 간에 견고한 전신선이 필요하므로 조선 정부가 신속하게 수리하거나 새 전신선을 가설해 달라고 요청했다. 말미에 "귀 정부가 신속하게 결정하지 않을 경우 우리 정부는 별도로 전신선을 가설해 통신의 편의를 도모할 것이다. 그 전신선은 우리나라 관보官報를 취급하는 데 그칠 것이니, 귀국 전신선에는 조금도 영향이 없을 것"이라고 통보했다. 조선 정부는 "일본이 전신선을 별도로 가설하겠다는 주장은 우리의 권리를 침해하는 것"이라고 항의했다.

협상이 교착 상태에 빠지자 7월 19일 일본은 병영 설치와 서울-부산 간 군용 전신선 가설을 선언했고, 조선의 국유 전신선을 일본 군용으로 이용하기로 결정했다. 이 결정에 의해 오시마 여단장은 야전전신대에 "군용 전신선 가설 및 파견 부대 1,000여 명을 수용할 수 있는 막사 신축"을 명령했다. 현지에서는 이미 7월 9일부터 일본 인부 800여 명과 공병 1개 중대, 조선인 50명이 동원돼 작업이 진행되고 있었다.

7월 22일, 일본군 의주 전신선 절단

영-일 간의 신조약 체결 과정에서 걸림돌이 된 것은 일본 육군이 전쟁에 대비해 조선에 강제로 개설한 전신선 문제였다. 당초 양국이 합의한 신조약 체결일은 7월 14일이었다. 이날 영국 정부는 일본군 공병대가 인천의 외국인 거류지를 횡단해 군용 전신선을 가설한 것에 대해 강력 항의하며 서명을 거부했다.

일본군이 조선에서 불법적으로 군용 전신선을 가설한 것은 동아시아 전신망을 독점적으로 부설 관리해 오던 영국의 전신 네트워크 지배 구조를 교란시키는 행위였다. 일본 정부가 돌연 한반도에서 군용 전신선 가설 계획을 강행하기로 방침을 변경한 것은 영국의 수락이 있었기 때문이다. 일본의 청일전쟁 도발은 동아시아 정보통신망을 독점하고 있던 영국의 승낙으로 가능한 것이었다(최덕규, 「청일전쟁과 고승호 사건의 국제법(1894-1903)」, 2019, 97쪽).

청군에 비해 압도적인 병력을 파병하고도 열강의 눈치를 보느라 한 달이 넘도록 군사 행동을 자제했던 일본은 국제 간섭의 모든 가능성이 사라지자 본격적인 행동에 돌입했다. 7월 20일, 조선 정부에 청군 퇴치를 요구하는 공문을 보낼 것을 강요했고, 조-청 간 통상장정 폐기를 요구했다.

일본 정부의 대청 개전을 위한 최초의 조치는 의주 전신선 절단이었다. 조선 최초의 육로 전신선인 의주선은 청국이 덴마크 기술자 뮐렌스테트(H. J. Mühlensteth)를 고용해 가설한 후 청국 전보국의 조선국 총판 리위썬李毓森 관할하에 있었다. 7월 22일 심야에 일본군은 의주선을 절단해 청국과 조선 사이의 의사소통 루트를 봉쇄했다. 그 결과 청은 극히 불리한 상황에서 전쟁의 회오리에 휘말렸다.

제5장

경복궁 점령 작전

일본 정부가 청일전쟁을 통해 달성하려 했던 정치적 목적은 조선에 대한 청의 종주권을 제거하고 조선을 정치적·군사적으로 지배하며, 산업화를 진행 중인 일본의 경제적 이익(시장 확보, 천연자원 공출)을 달성하는 것이었다(국방대학원, 『일본의 대외 팽창정책과 전쟁지도』, 1995년 10월, 186쪽).

이를 위한 일본군의 군사 전략 목표는 청군의 주력 부대 격멸보다는 군사적 승리 후 전쟁 종결을 위한 강화 조약 체결 시 할양 요구 대상 지역인 펑톈奉天 이남의 랴오둥반도와 산둥반도 연안 지역을 확보하는 것이었다.

일본군은 일차적으로 조선을 지상과 해상으로 위협할 수 있고, 이차적으로 중국 대륙으로 진출하며 청국 수도를 위협할 수 있는 랴오둥반도의 뤼순과 산둥반도의 웨이하이웨이를 핵심적 군사 목표로 판단했고, 타이완을 군사 작전 지역에 포함시켰다(육군군사연구소, 『청일전쟁(1894~1895)』, 2014, 209쪽).

6월 21일 일본 참모본부는 청국과의 개전에 대비한 육·해군 공동 작전 계획을 작성했다. 이 계획에 의하면 우선 제5사단을 조선에 파견하고 황해와 보하이 해역에서 제해권 장악을 추진하도록 했다. 예상대로 제해권을 장악하면 육군 주력 부대를 보하이만에 수송해 베이징과 연결된 즈리直隸 평야에서 결전을 수행하기로 했다. 만약 제해권을 장악하지 못할 경우 제한적으로 육군을 조선에 진출시켜 조선의 독립을 확보하기로 했다. 청국이 제해권을 장악할 경우에는 조선에 파견된 제5사단을 지원하고 본토 방어 태세를 강화해 청국의 공격 가능성에 대비하도록 했다(박영준, 『제국 일본의 전쟁 (1868-1945)』, 2020, 120쪽).

승리를 예측하지 못한 일본

일본은 개전 직전까지 승리를 예측하지 못했다. 승리는커녕 패전까지 염두에 둘 정도로 신중하게 움직였다. 모든 준비가 끝나자 이제 "어떻게 하면 명분 있게 개전할 수 있을까"로 시선이 집중됐다. 무쓰 외상은 조선을 속국이라고 주장하는 중국의 '조선 종속론'을 개전의 구실로 삼고자 했다.

일본은 메이지유신 이래 대對조선 외교에서 '종속' 문제를 중요한 화두로 삼았다. 일본이 조선을 지배하기 위해서는 조선의 종주국인 청과의 종속 관계를 단절시켜야 했기 때문이다. 그러나 청국은 비록 노쇠했지만 결코 호락호락한 상대가 아니었다. 일본은 독립·자주 명분을 앞세워 조선을 청으로부터 분리한 다음 보호국화하려 했다.

이 방식은 서양 열강이 중국과의 관계에서 사용한 수법을 벤치마킹한 것이다. 안남(베트남)과 청의 관계는 조선과 청의 관계와 동일한 종속 관계였다. 프랑스는 1874년 무력으로 안남과 협정을 체결했는데, 이 협정에서 프랑스는 안남의 '자주독립'을 강조했다. 일본은 이 선례를 모방한 것이다(박종근, 『청일전쟁과 조선』, 1989, 43쪽).

무쓰 외상의 설명을 들은 이토 히로부미는 조선의 자주독립을 이유로 중국과 전쟁을 일으키면 구미 각국이 납득하지 않을 것이라고 우려했다. 이 와중에 주한 일본 공사 오토리 게이스케가 "조선 정부에 터무니없이 무리한 난제를 요구하는 방안"을 제안했다. 그 개요는 다음과 같다.

일본이 전쟁 책임을 면하기 위해서는 조선 정부로부터 "청군을 격퇴해 달라"라는 공문을 받아 이를 근거로 청군을 공격하는 것이 가장 바람직하다. 일본 정부는 조선에 '청군 격퇴 의뢰 공문'을 보내라고 요구한다. 이 문제에 대해 조선 정부가 답변하기 곤란하도록 만들고, 답변 기간을 최대한 짧게 주며, 불만족스러운 회답을 하거나 답변하지 못하면 무력으로 협박해서 청군 격퇴 의뢰 공문을 받아낸다.

이런 계획 아래 오토리 공사는 1876년 조선 정부가 일본과 체결한 조일수호조규(강화도조약)에서 "조선은 독립자주의 나라"라고 조약을 체결한 내용을 문제 삼기로 했다. 즉, 청군이 '속방 보호'를 이유로 조선에 주둔한 것은 강화도조약 위반이다. 조선은 청의 속국인가, 아니면 자주독립국인가? 독립국이라면 청군을 국경 바깥으로 몰아내야 한다. 조선이 청군을 국외로 몰아낼 힘이 없으면 일본이 대신 싸워 몰아낼 것이니 조선 정부는 일본에 '청군 구축'을 의뢰하는 공문을 보내라고 요구하기로 했다(나카츠카 아키라, 『1894년, 경복궁을 점령하라』, 2014, 62~63쪽).

"한-청 종속 관계 파기하라" 조선 정부 협박

대본영이 오시마 혼성여단장에게 "적을 격파하라"라는 명을 내린 7월 20일, 주한 일본 공사관은 고종에게 "조선은 자주독립국이니 청국과의 종속 관계 파기를 7월 22일 밤 12시까지 회답하라"라는 공문을 보냈다. 오토리 공사는 "회답이 지연될 경우 본 공사는 스스로 결의하는 바가 있을 것"이라고 협박했다.

그는 또 조청상민수륙무역장정(1882), 중강中江통상장정(1882), 지린吉林무역장정(1884) 등 세 가지는 조선의 자주독립을 침해하는 악질적인 조약이므로 폐기할 것을 요구했다. 오토리 공사가 제기한 이 개전 아이디어에 대해 무쓰 외상은 회고록에서 '교활한 협박 수단'이라고 표현했다. 이토 총리는 "현 상태에서는 가장 교묘한 안"이라며 적극 동조했다.

오시마 요시마사 혼성여단장은 서울을 출발해 아산의 청군을 공격하기 위한 준비에 돌입했다. 그런데 7월 20일 오후 1시, 오토리 공사는 모토노 이치로 참사관을 오시마 여단장에게 보내 "조선 정부를 위협하기 위해 여단 병력을 진격시켜 왕궁을 포위한 뒤 대원군을 입궐시켜 정부의 수령으로 추대해 아산에 있는 청병 격퇴를 우리에게 맡기도록 만들고자 한다. 따라서 여단의 출발은 잠시 연기해 달라"라고 요청했다. 개전 명분을 만드는 일은 중요한 국가 대사라고 판단한 오시마 여단장은 출동을 연기하고 오토리 공사의 의견에 협조하기로 했다.

"한-청 종속 관계를 파기하라"라는 충격적인 공문을 접수한 고종은 탕사오이와 협의했다. 탕사오이는 중국 정치가로는 유일하게 청국·중화민국·국민정부 3대에 걸쳐 관직을 역임하게 되는 선이 굵은 정치가였는데, 연부역강한 나이에 조선에 고립돼 총체적 난국에 처하자 어찌할 바를 모르고 허둥댔다.

조선 정부는 통리아문이 기초한 내용을 탕사오이에게 보내 세 번이나 수정하는 등 숙의를 거듭한 끝에 "청군이 경내에 오래 머물고 있는 것은 우리나라가 도움을 요청해서 온 것이요, 전라도 농민군이 평정된 후 누차에 걸쳐 철병을 요청했음에도 아직 물러가지 않은 것은 귀국 군대가 아직 조선에 머물고 있는 것과 마찬가지다. 이제 다시 중국 정부에 신속한 퇴병退兵을 청했다"라는 답변서를 작성했다.

답변서는 회답 기한을 넘기지 않기 위해 7월 22일 밤 일본 공사관에 전달됐다. 일본 공사관은 조선 정부가 어떤 회답을 보내올 것인지는 관심 밖의 일이었다. 오토리 공사는 7월 22일 밤 12시, 시한 만료와 동시에 개전 조치에 착수했다.

일본 정부는 조선의 내정 개혁을 위해 쿠데타를 일으켜 민씨 척족 정부를 타도하고 대원군을 앞세워 친일 괴뢰 정권을 수립하기로 했다. 이것은 스기무라 일등서기관의 아이디어였다. 일본이 대원군을 친일 괴뢰 정권의 얼굴마담으로 내세운 이유는 대원군에 대한 백성들의 기대가 여전히 존재했기 때문이다.

대원군을 주목한 일본

대원군에 대한 백성들의 기대감은 서울 주재 외교관들도 익히 알고 있었다. 동학농민봉기가 발생하기 2년 전인 1892년 11월 10일, 주한 미국 공사 어거스틴 허드(Augustine Heard)는 미 국무 장관에게 조선의 국정 전반에 대해 분석한 보고서를 보냈다. 이 보고서에서 허드 공사는 조선 사회는 불만에 가득 차 있으며 머지않아 큰일이 터질 것이란 불안감이 감돌고 있고, 실력 있는 지도자가 출현할 경우 혁명을 바라는 사람들이 그 인물 주위에 결집할 것이라고 분석했다. 그런 역할을 담당할 인물은 강력한 의지와 정신력의 소유자인 대원군밖에 없다고 보고했다.

제2차 조-러 밀약설이 터지자 위안스카이는 고종을 폐위한 뒤 대원군의 손자 이준용을 왕위에 앉히고 대원군을 섭정으로 임명하려 했다. 이 계획이 불발돼 대원군은 고립무원 상태가 됐다. 대원군은 활로를 개척하기 위해 1887년 이후 일본인들과 가깝게 지냈고, 일본 공사관원들과도 교제했다. 특히 조선에 오래 근무한 스기무라 후카시 서기관과의 친분이 두터웠다. 1890년 2월 운현궁에서 일본 대리공사 곤도 마스키近藤眞鋤와 환담했을 때 대원군은 "나는 더 이상 완고한 보수주의자가 아니라 개화당 옹호자"라고 소개했다.

대원군은 고가와 미노루小川實라는 일본인을 통해 일본으로 망명한 김옥균·박영효를 비롯해 김가진·안경수 등 주일 한국 공사들과 비밀 연락을 주고받았다. 박영효가 "앞으로 함께 국사를 도모합시다"라고 제의하자 대원군은 고가와를 통해 박영효에게 수락의 표시로 붉은색으로 된 중국식 명함을 보냈다.

1891년 6월경 대원군은 고가와를 통해 박영효·김옥균에게 서울에서 소요를 일으킬 목적으로 일본인 지원병 200명을 모집해 인천으로 쳐들어올 것을 요구했다(유영익, 「대원군과 청일전쟁」, 김기혁 외, 『청일전쟁의 재조명』, 한림대학교 아시아문화연구소, 1996, 79~80쪽). 일본인 지원병이 인천에 도착하면 대원군은 청국에서 북양함대를 조선에 출동시켜 민씨 척족 거두들을 체포해 중국으로 압송할 것이며, 청국이 자기와 김옥균·박영효 등에게 정사를 일임할 것이라고 했다. 하지만 박영효·김옥균이 이 요구를 거부해 대원군의 쿠데타 계획은 불발됐다.

대원군은 또 1893년 초 전라도 고부의 유생 출신 동학 접주 전봉준과 농민 봉기를 공모했다. 이처럼 대원군은 1885년 청에서 귀국한 후 1894년까지 민씨 척족 정권을 타도하고 재집권하기 위해 백방으로 노력했다. 민씨 척족 세력은 위험 분자인 대원군을 암살하기 위해 1892년 그의 침실에 자객을 침투시켰으나 실패했다. 6월 18일에는 운현궁 거실에 폭약을 장치했으나 불발됐다. 1892년 11월 10일 주한 미국 공사

허드가 쓴 보고서는 대원군 암살 기도가 있었으며, 민씨 척족 정권하에서 대원군의 인기는 날로 높아가고 있다고 지적했다(유영익, 「대원군과 청일전쟁」, 1996, 82쪽).

일본은 대원군을 앞세워 친일 괴뢰 정권을 출범시켜 민씨 척족 세력을 타도하고 묘당을 개조해야 내정 개혁이 성공할 수 있다고 판단했다. 척신을 몰아낸 후 누구를 신정부 수반으로 삼을 것인가. 심사숙고 끝에 스기무라 서기관은 대원군 추대를 주장했다. 스기무라의 계획을 보고받은 무쓰 외상은 대원군을 전면에 내세우고 김가진·조희연·권형진·유길준 등 반청·친일 성향의 개화파 인사들을 규합해 친일 세력 형성에 돌입했다.

김가진은 1887년부터 1891년까지 주일 조선 공사관 참찬관, 주일 공사로 근무한 일본통이었다. 무과 급제로 벼슬길에 오른 조희연은 기기국 방판幫辦으로 홍콩·상하이를 시찰하고 귀국 길에 일본 포병 공창工廠을 견학했다. 귀국 후 청·일 양국으로부터 무기 도입 업무를 담당했다.

대원군 포섭 공작

이들은 조선 정치 계보상 소장파에 불과해 힘을 쓸 수 없으니 영수급의 상징 인물이 필요했다. 스기무라가 구상한 영수급 인물은 대원군·민영익·박영효였다. 무쓰 외상은 1894년 7월 14일 주홍콩 일본 영사관에 "홍콩에 망명 중인 민영익을 귀국시켜 그와 대원군 합작으로 민영준의 친청 정권을 대체하기 위한 의사를 타진하라"라고 지시했다. 민영익이 대원군을 두려워해 이 계획이 불발되자 무쓰는 대원군을 앞세우기로 했다. 한편에선 7월 28일 박영효 등 갑신정변 망명객들의 귀국을 주선했다.

왕비 민씨를 비롯한 척족 세력은 일본 공사관원들이 대원군 저택에 출입하는 사태를 막기 위해 감시를 대폭 강화했다. 일본군이 서울에 입성한 후에는 감시가 더욱 심해져 일본 공사관원들은 대원군과의 접촉에 어려움을 겪었다. 이렇게 되자 운현궁 하인이 외부에서 일본 공사관 통역관 겸 첩자인 고쿠분 쇼타로國分象太郎 서기생과 접촉해 밀지를 주고받았다.

쓰시마의 한글 교육 기관에서 한글을 배운 고쿠분 쇼타로는 부산 초량관草梁館 어학소를 거쳐 도쿄외국어대학에서 한국어를 전공했다. 한때 이토 히로부미의 통역비서로 활동했으며, 을사보호조약과 한일병합 조약문 초안을 작성하고 회담 통역을 담당했다. 한일합방 후엔 조선총독부 인사국장을 역임했다.

대원군은 사대 관념에 젖은 인물이어서 전쟁이 발발하면 청국이 승리할 것이라고 믿어 의심치 않았다. 이러한 수구적 사고방식을 제거하고 일본과의 관계 개선을 위해 일본 공사관이 발 벗고 나섰다. 일본 정부로부터 조선 정계 인사들을 매수하기 위한 공작 자금을 수령한 오토리 공사는 본격적으로 대원군 추대 공작에 착수했다. 무쓰 외상은 오토리 공사에게 "대원군이 금전적인 원조를 요청해 오면 일본 정부가 이미 적당한 금전을 비밀리에 제공할 수 있도록 준비하고 있음을 알릴 것. 이를 위해 인천 금고에 8만 엔을 준비하라"라고 지시했다(박종근, 『청일전쟁과 조선』, 1989, 50쪽). 조선의 주요 인사 매수 공작은 오토리 공사뿐만 아니라 후임자인 이노우에 가오루井上馨, 미우라 고로三浦梧樓 공사도 시기에 따라 적절히 이용했다.

6월 3일, 한국어를 유창하게 구사하는 일본 영사관의 경부警部 와타나베 다카지로渡邊鷹次郎가 비밀리에 운현궁을 방문해 대원군과 농민 봉기

실태, 위안스카이의 움직임, 러시아의 개입 가능성 등을 주제로 대화를 나누었다. 이때 와타나베는 조심스럽게 대원군에게 "입궐해 권력을 장악하는 데 관심이 있는지"를 타진했다(유영익, 「대원군과 청일전쟁」, 1996, 86쪽).

개전을 앞두고 극도의 긴장 상태가 되자 일본 공사관은 오카모토 류노스케에게 운현궁과 일본 공사관 사이의 연락 업무를 맡겼다. 7월 5일 오카모토는 스기무라 서기관의 소개장을 들고 대원군을 방문했다. 초면이었던 두 사람은 이날 장시간 대화를 나누었다. 오카모토는 대원군에게 일본의 후원하에 중요한 정치적 역할을 담당할 의사가 있는지를 물었다. 대원군은 일본에 대한 협력을 거부했다.

당시 서울 사대문 안에 주둔한 일본군은 이치노헤 소좌가 인솔하는 1개 대대 병력에 불과했고, 대부분은 용산에서 대기했다. 일본군은 조선 정부에 최후통첩을 강제하고, 친청파 일색의 조정을 친일파 정권으로 개조하기 위해 쿠데타를 준비했다. 7월 21일 오시마 여단장은 제21연대장 다케다 히데노부武田秀山 중좌에게 조선 왕궁 포위 및 점령을 위한 작전 계획을 수립하라고 지시했다.

경복궁 점령 작전 계획 수립

다케다 중좌는 「조선 왕궁에 대한 위협적 운동 계획」을 작성해 여단장에게 보고했다. 혼성여단은 7월 22일 오전 7시, 지휘관 회의를 소집해 작전 계획을 숙지하고 각자 임무를 부여받았다(박종근, 『청일전쟁과 조선』, 1989, 54~55쪽 참조). 작전 계획에 의하면 각 부대는 23일 오전 03시 30분 주둔지를 출발해 왕성을 위협하도록 돼 있었다.

서울 소재 제1대대는 오전 4시에 출발해 광희문·동대문·혜화문 경계를 담당한다. 보병 제11연대는 남대문에 1소대, 서대문에 2소대를 보내 점령하도록 했다. 이것은 고종이 왕궁을 탈출해 서울을 빠져나가는 것을 차단하기 위한 조치였다. 작전 계획서에는 "조선 국왕의 신체를 상하지 않도록 주의할 것"이란 내용도 기술돼 있었다.

오토리 공사는 7월 23일, 「경성 탈취를 위한 여단 명령」이라는 제목으로 된 경복궁 점령 계획을 참모본부에 보고했다. 서울에 거주하는 기타가와 요시사부로北川吉三郎 등 일본인들은 오토리 공사로부터 청일전쟁을 피할 수 없는 이유를 적은 선전문을 배포하라는 특명을 받았다. 배포처는 조선의 각 대신·대관 200여 명이었다.

메이지 천황은 전쟁의 승패에 대한 확신이 서질 않았고, 개전 외교에 대해서도 의심스러운 부분이 많았다. 그 결과 시종장을 보내 몇 차례나 무쓰 외상에게 이것저것 의심나는 부분을 질문했다. 메이지 천황이 조심스러운 입장을 보이자 일본군 수뇌부는 조선 왕궁 점령 계획 같이 중요한 작전을 천황에게 보고하지 않았다. 그 결과 조선 왕궁 점령 작전을 사전에 알고 있었던 사람은 주한 일본 공사관 간부진과 혼성여단의 일부 지휘관뿐이었다(나카츠카 아키라, 『1894년, 경복궁을 점령하라』, 2014, 152~153쪽).

경복궁 점령 작전 계획은 철저하게 비밀에 부쳐졌다. 각 부대에는 작전 목적을 숨긴 채 "각 부대는 23일 날이 밝기 전부터 서울로 행군한다"라고만 전달됐다. 행군 명령을 받은 각 부대는 22일 밤부터 야영하며 때가 오기를 기다렸다. 모든 준비가 완료되자 오토리 공사는 7월 23일 오전 0시 30분, 오시마 여단장에게 "계획대로 실행하라"라는 밀서를 보냈다.

밀서 도착과 함께 제9혼성여단은 조선 왕궁에 대한 '위협적 운동'을 시작했다. 경복궁 점령 작전은 오시마 요시마사 여단장 휘하의 일본군 2개 대대가 담당했다. 여단장은 서울-의주 간 및 서울-인천 간 전신선 절단을 명령했다. 사건이 청국에 빠르게 전해지는 것을 막기 위한 조치였다. 그리고 지휘부를 일본 공사관으로 이전했다.

경복궁 점령은 보병 제21연대장 다케다 히데노부 중좌가 지휘했다. 효창원에 주둔했던 이 부대는 심야에 서울 도성을 포위했다. 7월 23일 새벽, 서대문이 열리는 것과 동시에 제11연대가 경복궁을 포위했다. 경복궁은 조선 왕조의 국왕이 정무를 보는 법궁法宮이었다. 1592년 임진왜란 때 서울의 백성과 노비들이 방화해 불탄 이후 국왕은 창덕궁에서 정무를 보다가 1865년 중건돼 다시 법궁 지위를 회복했다.

스기무라 서기관은 이날 새벽, 사태 전반을 지휘하기 위해 왕궁 뒤편 언덕에 올라 일본군의 왕궁 돌입 상황을 살폈다. 오전 4시경 총성과 함성이 울리자 궁성 담을 넘어 도망치는 사람들이 많았다. 이 모습을 지켜본 스기무라는 혹시 국왕과 왕비도 담을 넘어 왕궁을 빠져나간 것 아닐까 걱정이 태산 같았다.

일본군 경복궁 난입

경복궁에는 동쪽에 건춘문建春門, 서쪽에 영추문迎秋門, 남쪽에 정문인 광화문光化門, 북쪽에 신무문神武門 등 4개의 문이 나 있었다. 제21연대 선두가 서쪽 영추문에 도착했는데 대문이 굳게 잠겨 있어 들어갈 수 없었다. 공병소대가 세 차례나 영추문 폭파를 시도했으나 실패했다. 도끼로 문을 부수려 했으나 문이 워낙 견고해 이것도 실패했다.

결국 장대로 만든 사다리를 이용해 담을 타고 넘었다. 통역 와타나베와 가와치河內 중위가 담을 넘어 왕궁을 수비하는 시위대 병졸들을 물리

일본군의 경복궁 난입 지도.

친 후 톱으로 빗장을 자르고 도끼로 문을 부숴 겨우 문을 열었다. 영추문에서 시간을 허비하는 사이 경복궁 시위대가 비상소집됐다. 이날 경복궁 호위는 조선의 정예병으로 꼽히는 평양병箕兵이 담당했다. 이들은 독일제 연발총으로 무장했고 사기도 왕성했다. 시위대는 필사적으로 일본군에 저항했다.

동쪽의 건춘문은 제21연대 6중대 담당이었다. 이들은 오전 4시 20분부터 건춘문을 사이에 두고 조선 시위대와 격전을 벌였다. 영추문을 부수고 난입한 일본군이 시위대를 축출하고 건춘문을 개방하자 시위대는 북쪽으로 퇴각했다.

건춘문으로 난입한 제6중대는 왕궁 북쪽의 신무문과 춘생문을 점령하라는 명령을 받았다. 그들은 병력을 2대로 나누어 시위대를 추격하면서 왕궁 내부를 지나 북쪽으로 전진했다. 제11연대 2대대는 오전 4시 시위대를 쫓아낸 후 왕궁 정문인 광화문에 연대기聯隊旗를 게양했다. 오토리 공사로부터 "선전 포고를 하지 않았는데, 이런 일이 일어나면 국제 문제를 야기할 우려가 있다"라는 주의를 듣고 연대기를 철거했다(박종근, 『청일전쟁과 조선』, 1989, 59쪽).

신무문을 나서면 대궐 후원이 나오는데 그 후원 동쪽의 협문이 춘생문이다. 춘생문으로 향하던 일본군이 관문각觀文閣 부근에 이르렀을 때 북쪽 소나무 숲에 매복해 있던 시위대와 교전이 벌어졌다. 오토리 여단장은 제5중대를 왕궁 북쪽으로 증파했다. 힘겹게 저항하던 시위대는 일본군 증원군이 도착하자 오전 7시 30분경 왕궁 성벽을 넘어 퇴각했다.

고종 포로로 잡고 조선군 무장 해제

시위대가 축출되자 야마구치 게이조山口圭藏 제2대대장은 휘하 병사들에게 국왕을 찾으라고 명령했다. 잠시 후 제5중대장이 "국왕이 옹화문 안에 있고, 조선 병사가 지키고 있다"라고 보고했다. 야마구치 대대장은 옹화문으로 달려가 고종에게 "지금 의도치 않게 양국 군병이 교전해 전하의 마음을 괴롭게 한 것은 다른 나라의 신하 된 자로서 유감스러운 일이다. 우리 병사들은 옥체를 보호하고, 결코 전하에게 위해를 미치지 않을 것을 약속드린다"라고 말했다(와다 하루키, 『러일전쟁 1』, 2019, 218쪽). 고종을 포로로 잡은 것이다.

일본군은 고종에게 전투 중지 명령을 하달하도록 협박했다. 고종은 협박에 못 이겨 경복궁 내의 조선 시위대에 전투 중지 명령을 내렸다. 조선 병사들은 국왕의 명령을 거역할 수 없어 무기를 버리고 전투 현장에서 이탈했다(육군군사연구소, 『청일전쟁(1894~1895)』, 2014, 264~265쪽).

경복궁을 호위하던 시위대 600여 명은 70여 명의 사상자를 내면서 일본군과 격전을 벌였지만 패퇴했다. 이날 조선 왕궁 점령 과정에서 일본 육군 일등병 다노우에 이와키치田上岩吉가 전사했다. 일본군은 경회루에 본부를 설치한 뒤 조선 시위대 병사들의 무장을 해제하고 무기를 압수했다. 일련의 작업이 종료된 시각은 오전 9시경이었다.

조선 국왕을 포로로 잡은 행위는 종주국 중국에게 전쟁을 강요할 수 있는 확실한 카드였다. 이제 중국은 도전을 받아들이든가, 아니면 조선에 대한 종주권을 포기해야 했다. 어느 쪽이든 일본은 원하는 것을 얻을 수 있게 됐다(강성학, 「용과 사무라이의 결투」, 2006, 51쪽).

7월 21일, 서울 일본 공사관에서 중요한 회의가 열렸다. 서기관 스기무라, 혼성여단 참모장 후쿠시마 야스마사, 외무성 참사관 모토노 이치로, 일본 영사관 경찰 오기와라 히데지로荻原秀次郎, 거류지 총대 호즈미 도라쿠로穗積寅九郎, 그리고 무쓰 외상으로부터 특수 임무를 부여받고 조선에 특파된 오카모토 류노스케 등이 회동했다. 이날 회의에서 부득이한 경우 강제로라도 대원군을 앞장세워 친일 괴뢰 정권을 수립하기로 결의했다.

이 결의에 따라 7월 23일 일본군이 경복궁을 향해 기동하던 시각, 오카모토를 비롯한 공사관 직원과 일본 낭인, 보병 제11연대의 다가미 가쿠이치田上覺一 대위가 1중대를 이끌고 운현궁으로 출동했다. 새벽 2시, 오카모토가 대원군 거실로 들어갔다. 대원군은 아들 이재면, 손자 이준용과 함께 심야에 불시에 찾아온 손님을 접견했다.

오카모토는 대원군에게 "함께 입궐해 묘당 개조 임무를 맡아달라"라고 설득했다. 대원군은 완강하게 저항했다. 오카모토는 "대원군께서 협력을 거부하면 내가 이 자리에서 할복해 일본 공사에게 사죄하는 수밖에 없다"라고 발언했지만 대원군은 요지부동이었다. 왕궁 점령은 계획대로 진행된 데 반해 대원군 추대 공작은 난관에 부딪쳤다.

대원군, 일본과 손잡다

일본 공사관 경부 오기와라 히데지로가 완력을 사용해 대원군을 강제 납치할 것을 제의했다. 오카모토가 "그런 방법으로는 될 일도 안 된다"라면서 스기무라 서기관에게 사람을 보내 지휘를 청했다. 그 즉시 경복궁 뒤편 언덕에서 일본군의 왕궁 돌입 상황을 살피고 있던 스기무라 서기관에게 "곤란한 상황 발생. 대원군이 우리 요구에 응하지 않음"이란 긴급 메시지가 전해졌다.

스기무라는 즉시 운현궁으로 달려갔다. 스기무라 서기관은 "저하께서 대임을 맡아주시길 희망한다. 지금 저하가 나서면 조선 중흥과 동양 평화를 유지할 수 있다. 만약 응하지 않으면 귀국 종묘사직의 안위가 어떻게 될지 알 수 없다. 우리 권고를 거절하면 우리는 생각을 바꾸지 않을 수 없으니 숙고하기 바란다"라고 대원군을 회유했다. 대원군은 "그대들이 뭐라 하든 나는 함부로 행동할 수 없다"라면서 제안을 거절했다.

스기무라는 "우리 요구를 거부하는 것은 자유이나, 조선에 최악의 사태가 닥칠 것"이라고 협박했다. 이 협박이 대원군의 마음을 움직였는지 대원군은 "귀국의 오늘 거사가 의거라면, 귀하는 귀국의 천황을 대신해 일이 성사된 후 조선의 땅을 한 치도 빼앗지 않겠다고 약속하겠는가?" 하고 물었다.

스기무라는 "나는 일개 서기관에 불과해 천황 폐하를 대리해서 어떤 약속도 할 수 없지만, 지금 오토리 공사의 사절 자격으로 왔다. 오토리 공사는 일본 정부의 대표자이니 나는 그를 대신해 약속을 할 수 있다"라고 답했다. 이 말을 들은 대원군은 "그렇다면 오토리 공사를 대신해서 귀하가 우리 땅을 한 치도 요구하지 않겠다는 약속을 해주길 바란다"라고 요구했다.

시종이 종이와 붓을 가져오자 스기무라는 붓을 들어 "일본 정부의 이번 거사는 진심에서 나온 것이므로 일이 성공한 후 결코 조선 땅을 한 치도 요구하지 않겠음"이라고 쓰고, 말미에 그의 관직과 이름을 서명해 대원군에게 주었다. 스기무라의 문서를 살펴본 대원군은 "좋다. 귀관의 뜻을 받아들여 나서겠다. 다만 나는 신하의 신분이니 왕명 없이 입궐할 수 없다. 국왕으로부터 칙사가 오도록 조치해 주기 바란다"라고 요구했다.

스기무라는 급히 사람을 조희연의 집으로 보내 궁중에서 대원군의 입궐을 요청하도록 조치했다. 일본이 청일전쟁을 일으킨 목적은 대원군의 순진한 생각과는 정반대였다. 그들은 한반도에서 러시아의 남진을 봉쇄하기 위한 전략적 시설을 확보하고, 일본의 자본 축적에 필요한 이권을 획득하며, 조선을 일본의 보호국으로 만드는 것이 목표였다.

조선을 보호국화한다는 아이디어는 서울 주재 일본 영사 우치다 사다쓰치內田定槌에 의해 1894년 6월 26일 처음 표출됐다. 이 제안을 무쓰 외상이 수용해 8월 17일 일본 내각 회의에서 정부의 정책 목표로 설정하게 된다.

대원군 설득에 간신히 성공했으나 이번에는 아들 고종이 문제였다. 권력의 향배에 관해서는 동물적 감각을 가진 인물이 고종이었다. 그는 대원군 입궐 허가는 권력을 그에게 넘기는 행위라는 사실을 간파하고 그의 입궐을 허락하지 않았다. 다급해진 일본군 지휘관이 어전에서 칼을 빼들고 "국태공(대원군)이 아니면 오늘의 비상사태를 수습할 수 없다. 빨리 국태공의 입궐을 허가하라"라면서 고종을 위협했다(박종근, 『청일전쟁과 조선』, 1989, 50·69쪽).

대원군에게 권력 이양한 고종

7월 23일 오전 11시, 대원군은 일본군 제11연대 1개 중대와 경찰 20명의 삼엄한 호위를 받으며 가마를 타고 경복궁으로 입궐했다. 이때 대원군의 시종 40~50명도 함께 입궐했는데, 그중에는 조선 옷으로 변장한 14~15명의 일본인이 포함돼 있었다. 그중 한 명이 다음 해 민 왕후 시해 사건 때 낭인 동원 책임을 맡은 「한성신보漢城新報」 사장 아다치 겐조安達謙藏였다. 그는 삿사 도모후사佐佐友房의 후임으로 국수주의 단체인 구마모토 국권당國權黨의 영수가 된 인물이다.

삿사 도모후사는 서남전쟁 때 사이고 다카모리 편에 섰다가 패퇴하는 바람에 거덜 난 구마모토 출신이다. 역적 신세로 전락한 구마모토 사람들의 살길은 해외 진출밖에 없다고 판단한 삿사는 조선과 중국에서 활동할 인재 양성에 나섰다. 삿사는 대외 침략 전쟁을 준비하고 있던 참모본부와 의기투합했다.

아다치 겐조는 1893년 3월 삿사 도모후사와 함께 조선을 처음 방문했다. 이때 인천에서 청일전쟁 작전 구상을 위해 조선과 중국을 시찰 중인 참모본부 차장 가와카미 소로쿠를 만나 인연을 맺게 된다. 이후 아다치는 삿사 도모후사의 도움을 받아 학습원 원장이었던 미우라 고로, 제2차 마쓰카타 내각의 내무 대신 시나가와 야지로品川彌二郞 등 거물들과 연결됐다.

1894년 6월 30일 아다치 겐조는 구마모토 국권당이 운영하는 「규슈니치니치九州日日신문」의 특파 종군 기자로 두 번째 조선에 왔다. 그는 조선에 파견되기 직전 가와카미 차장을 방문해 조선 정세를 설명 듣고 제9혼성여단 참모장 나가오카 가이시長岡外史에게 보내는 소개장을 받았다. 서울에 도착해 보니 일본군은 용산 기지에서 움직일 기미가 없었다. 그는 일본군이 행동을 개시할 때까지 서울에서 무위도식하다가 대원군 수행원으로 경복궁에 나타난 것이다.

오랜만에 고종을 알현한 대원군은 노기 띤 얼굴로 아들의 실정을 꾸짖었고, 고종은 극구 사죄했다. 국왕 고종은 자신을 책망하는 글을 발표한 후 "각국 사례에 군무軍務는 모두 친왕親王의 관할에 속한다. 앞으로 육·해군 사무에 관해서는 대원군의 재결을 분명히 여쭈어라"라고 명했다(다보하시 기요시, 『근대일선관계의 연구 (下)』, 2016, 392쪽). 대원군은 입궐해 있던 오토리 공사에게 "대군주(고종)의 명에 따라 이제부터 내가 정무를 맡을 것이니 조선 내정 개혁은 조만간 귀 공사와 자세히 협의하겠다"라고 말했다.

이로써 대원군은 친일 개화파 정부의 '사실상의 섭정'에 올랐다. 현실 참여 명분이야 어떻든 상관없이 대원군은 제국주의 일본이 동아시아에서 창출한 사상 최초의 '괴뢰 정권 수반'이라는 불명예를 안게 됐다. 후일 만주국 황제 푸이溥儀나 국민당 난징南京 정부의 왕징웨이汪精衛의 선배가 된 셈이다.

이날 대원군은 민씨 척족을 대거 해임하고 자신을 수뇌로 하는 친일 정권 출범을 선언했다. 주한 일본 공사관은 새로 구성되는 정부에 김가진·안경수·유길준 등 일본과 가까운 인사들이 등용되도록 깊이 관여했다.

청일전쟁 첫 전투는 경복궁 점령

경복궁이 일본군에게 점령되고 새 정부가 출범했지만 시위대는 왕궁 북쪽 백악白岳 정상과 남쪽에서 오후 2시까지 전투를 계속했다. 고종이 사자를 보내 병사들의 사격을 제지하자 그제야 총성이 멎었다(나카츠카 아키라, 『1894년, 경복궁을 점령하라』, 2014, 186쪽). 『고종실록』은 일본군의 경복궁 점령에 대해 다음과 같이 담담하게 기록했다(고종 31년(1894) 7월 23일).

> 일본 군사들이 대궐로 들어왔다. 이날 새벽에 일본군 2개 대대가 영추문으로 들어오자, 시위 군사들이 총을 쏘면서 막았으나 상

청일전쟁 주요 전투

구분	주요 경과	일자
조선 내부 전투	경복궁 전투	1894. 7. 23
	풍도 해전	1894. 7. 25
	성환·아산 전투	1894. 7. 29
	평양 전투	1894. 9. 15
	황해 해전	1894. 9. 15
	압록강으로의 이동 및 도하 공격 전투	1894. 10. 23~27
	동학 농민군 제2차 무장 봉기(항일 전투)	1894. 10~1895. 1
조선 외부 전투	랴오둥반도 내륙 전투	1894. 10. 23~11. 17
	뤼순 전투	1894. 10. 24~11. 21
	하이청(海城) 부근 전투	1894. 12. 13~1895. 1. 10
	산둥반도 전투	1895. 1. 20~2. 17
	후속 랴오둥반도 내륙 전투	1895. 2. 16~4. 17

출처 : 육군군사연구소, 『청일전쟁(1894~1895)』, 국군인쇄창, 2014, 255쪽.

(고종)이 중지하라고 명하였다. 일본 군사들이 마침내 궁문을 지키고 각 영에 이르러 무기를 회수하였다.

이날 오후 3시, 경복궁을 방문한 베베르 주한 러시아 공사는 일본군 허가를 받아 국왕을 알현했다. 베베르는 "국왕은 새파랗게 질려 있었는데, 아침에 발생한 사건에 강한 인상을 받았음이 분명해 보였다. 그가 입은 옷은 보통 실내복이었고 왕의 공식 복장은 아니었다. 그는 외국 여러 나라가 자기를 도와 출구 없는 상태의 조선을 구출해 달라고 애원했다"라고 기록했다(와다 하루키, 『러일전쟁 1』, 2019, 220쪽).

일본이 청일전쟁을 일으킨 대의명분은 "청국이 조선의 독립을 소홀히 하고 있어 일본은 조선의 독립을 위해 싸운 것"이었다. 이것을 명분 삼아 일으킨 전쟁의 첫 전투가 선전 포고도 없는 상황에서 조선군을 제압하고 경복궁을 점령한 다음 조선 국왕을 포로로 잡고 조선군을 무장해제한 경복궁 전투였다.

이 사실을 있는 그대로 기록하면 "조선 독립을 위해 청일전쟁을 개전했다"라는 자신들의 주장과는 크게 모순이 된다. 그 결과 청일전쟁의 공식 기록인 『메이지 27·28년 일청전사明治二十七八年日清戰史』는 경복궁 점령 전투를 다음과 같이 기술하고 있다.

일본병은 오늘 아침 4시경 남문으로 경성에 들어가 왕궁 배후의 산 위에 둔영屯營할 목적으로 왕궁의 측면을 따라 진행하고 있었다. 그때 왕궁의 수비병 및 그 근방 시가에 주둔해 있던 조선병 등이 돌연 우리 병을 향해 격렬하게 발포를 개시했으므로 우리 병은 정당방위를 위해 포를 응사하였으나 조선병은 여전히 계속 발포했으므로 마침내 왕궁에 들어가 이를 수위守衛할 수밖에 없었다.

이 기록을 액면 그대로 해석하면 일본군은 평화롭게 경복궁 밖을 행군하고 있었는데 왕궁 안에 있던 조선 병사들이 이유도 없이 일본군에게 무차별 발포해 정당방위 차원에서 응사했으며, 이 과정에서 어쩔 수 없이 왕궁에 들어가 국왕을 '보호'했다는 결론에 이른다. 일본 육군참모본부는 역사적 사실(historical fact)을 이처럼 날조한 다음 보도 자료를 언론에 배포했다.

일본 언론은 일본군이 제공한 보도 자료를 사실 확인 작업도 거치지 않고 그대로 보도했다. 경복궁 점령과 관련한 제1보는 「오사카아사히大阪朝日신문」 7월 25일자 1면 머리기사로 "조선병이 오늘 아침 돌연 북한산 허리의 성벽에서 총을 발사하다. 우리 병사가 응전해 조선병을 물리치다. 우리 병 일대一隊가 대원군의 재동 저택을 경비하다. 대원군이 왕성으로 들어가는 것을 승낙하다"라는 내용으로 보도됐다.

「도쿄니치니치東京日日신문」은 7월 25일 오전 10시 호외를 발간했다. "오늘 아침 8시 한병韓兵이 무슨 이유 때문인지 일본군 초병哨兵을 향해 발포함에 따라 우리 병사 1대가 즉시 응전해 20분 만에 그들을 물리쳤으며 살상이 있었다. 한병은 퇴각해 왕성으로 들어갔고 우리 병이 진격해 왕성을 지켰다"라는 내용이었다.

고종을 감시 통제한 일본군

7월 23일 오전 8시 10분, 오토리 공사는 무쓰 외상에게 "조선 정부가 본 공사의 전신電信에 설명된 제2의 요구에 대해 심히 불만족스런 회답을 했기에 할 수 없이 왕궁을 포위하는 단호한 조치를 취했다. 본 공사는 7월 23일 이른 아침에 이 수단을 취했으며, 조선 병사들이 일본 병사들을 향해 발포했다"라는 전문을 타전했다.

이날 일본군의 경복궁 점령 상황을 기록으로 남긴 인물은 황현이다. 『매천야록』의 저자 황현이 남긴 경복궁 전투 장면을 재구성하면 다음과 같은 정황이 나타난다.

일본군이 궁중으로 쳐들어왔을 때 경복궁 수비는 평양 병력 500여 명이 담당하고 있었다. 일본군이 일제 사격을 가했다. 좁은 문을 통해 고종이 있는 곳으로 간 오토리 공사는 고종을 위협해 조선 시위대에게 "함부로 움직이지 말라"라는 뜻을 전하도록 했다. 고종이 시위대 병사에게 "모든 행동을 멈추라"라고 지시하자 조선 병사들은 통곡하며 총을 부수고 군복을 찢으며 도망갔다.

오토리 공사는 국왕의 명령을 앞세워 조선 병사들의 무장을 해제했다. 조선 병사들은 분노해 소동을 피우고, 칼을 빼서 돌로 내리쳐 부수었다. 일부 병사들의 울부짖는 곡성이 마치 산이 무너진 듯했다. 경복궁에서 퇴각한 평양 병사들은 본거지인 평양으로 돌아가 청군과 손잡고 평양 전투에 참가하게 된다.

조선 시위대와 일본군 간에 총격전이 벌어지는 와중에 경복궁에 있던 관리들은 대부분 도주했고, 왕궁에는 포로가 된 국왕과 소수의 신하들만 남았다. 일본군은 제21연대장 다케다 히데타카 중좌의 지휘 아래 경회루에 본부를 설치하고 경복궁 출입문을 통제했다. 경복궁 점령 후 일본군은 국왕을 엄격하게 감시 통제했다. 일본에 호의적이었던 영국의 「타임스」 신문은 "일본군은 서울을 점령했고, 국왕은 그들의 포로가 된 상태"라고 보도했다.

경복궁에 난입한 일본군은 사방에서 약탈을 자행했다. 수많은 궁중의 재화, 보물, 역대 제왕의 진귀한 보물과 그릇, 종묘의 술잔과 주전자 등을 닥치는 대로 고리짝에 넣어 인천 항으로 운반해 본국으로 반출했다. 황현은 "국가가 수백 년 축적해 온 것이 하루아침에 없어졌다"라고 기록했고, 개화 정권의 외무 대신 김윤식은 "내별고에 쌓아놓았던 진귀한 물건을 모두 일본인에게 도둑맞아 완전히 비게 됐다"라고 한탄했다.

일본은 청일전쟁을 이용해 조선과 중국의 문화재를 대대적으로 약탈했다. 개전 후인 1894년 가을에 결정한 '전시戰時 청국 보물 수집 방법'에는 "청국에 인원을 출장시켜 보물을 수집, 매수케 한다"라고 적혀 있다. 그들이 노린 보물이란 "지나(중국), 조선 역대의 오래된 물건古物"이며 "일본의 국광國光을 발양할 물건"이었다. 이를 위해 평시에는 물론 일체의 기회를 이용해 그 실행을 꾀하지만, "전시 수집은 평시에는 도저히 얻을 수 없는 명품을 얻는 데 있다"라고 강조하고 있다(박종근, 『청일전쟁과 조선』, 1989, 66쪽). 조선 왕궁의 보물 수탈은 일부 몰지각한 일본 병사들의 우발적 범행이 아닌, 국가 차원의 조직적 약탈이었다.

7월 23일 새벽부터 경복궁에서 요란한 총성이 울려 잠에서 깨어난 서울 사람들은 일본군이 경복궁을 점령했다는 소식에 놀라 가구와 재산을 짊어지고 피난 가는 남녀노소가 길을 가득 메웠다. 스기무라 서기관은 "성내 주민의 6~7할은 피난해 서울 번화가에도 행인 수가 극히 적어 새벽하늘의 별처럼 불과 몇 명 헤아릴 정도였다"라고 기록했다(이노우에 가쿠고로, 한상일 역·해설, 『서울에 남겨둔 꿈』, 건국대 출판부, 1993, 203쪽).

경복궁 점령과 동시에 서울 전신국 접수

일본은 청일전쟁에서 자국군이 모범적으로 국제법을 준수한 사실을 서양에 선전하기 위해 아리가 나가오有賀長雄의 『일청전역 국제법론』을 파리에서 프랑스어판으로 출간했다. 이 책에서 저자 아리가는 조선 왕궁 점령 작전에 대해 다음과 같이 기술했다.

> 오토리 공사는 조선 정부에 대해 독립국임에 부끄럽지 않은 체면을 완수하려면 우선 아산에 주둔하는 청국 군대를 국외로 물리쳐야 한다고 요구했다. 그러나 우유부단한 조선 정부가 몇 차례나 회답 기일을 어겨 일본 공사는 병력을 이끌고 왕궁으로 들어가 결단을 촉구했다. 그런데 조선 병사가 공사의 병력을 습격해 그들을 물리치니, 그것은 7월 23일의 일이었다.

아리가는 경복궁 점령이 일본군에 의해 사전에 수립돼 일사불란하게 점령한 군사 작전이란 사실을 은폐한 채 조선 병사가 먼저 일본군을 공격했고, 일본군은 정당방위 차원에서 경복궁을 점령할 수밖에 없었다는 식으로 사실 관계를 왜곡했다. 오토리 공사는 "일련의 전쟁 행위가 있었지만 일본 정부는 조선에 대해 어떤 공격적인 의도도 없다"라는 서한을 열강 외교관들에게 발송했다. 이는 조선 독립 명분으로 일본군이 선전포고 전에 전쟁 행위를 벌이고 있음을 공식적으로 자인한 문건이다(석화정, 「청일전쟁 전황과 '조선의 독립' 문제에 대한 열강의 정책」, 2017, 167쪽).

일본군은 청일전쟁의 첫 군사 작전인 조선 왕궁 점령과 동시에 서울 전신국을 점령했다. 일본군은 진군 경로에 있는 모든 조선의 전신 설비를 점령해 자신들의 통신망에 편입시켰고, 지역마다 전신수비대를 배치했다. 이것은 개전 과정에서 일본이 전신 설비를 얼마나 중요하게 생각했는지를 보여주는 증거다. 재일 교포 사학자 김문자는 7월 23일 일본군의 경복궁 점령과 1895년 10월 8일 민 왕후 시해 사건의 숨겨진 목적 중의 하나가 중국 동북부에서 일본까지 한반도를 남북으로 관통하는 전신선과 전신국을 확보하는 것이었다고 주장했다. 이에 맞서 조선 백성들은 곳곳에서 전신선을 절단해 일본의 전쟁 수행에 저항했다.

경복궁에서 조선 시위대와 일본군 간에 총격전이 벌어지던 7월 23일 오전 11시, 일본 해군 연합함대의 선발대인 제1유격대 소속 요시노吉野·나니와浪速·아키쓰시마秋津洲호가 사세보 항을 출항해 군산으로 향했다. 뒤를 이어 마쓰시마松島·지요다·다카치호高千穗·하시타테橋立·이쓰쿠시마嚴島가 출격했다. 잠시 후 제2유격대 소속의 가쓰라기葛城·덴류天龍·다카오高雄·야마토가 뒤를 따랐다.

오시마 요시마사 혼성여단장은 서울에 주둔하고 있던 장위영壯衛營과 기타 조선군의 무기를 압수하고 무장을 해제했다. 압수된 병기는 용산의 혼성여단 사령부로 옮겨 보관했다(다보하시 기요시, 『근대일선관계의 연구 (下)』, 2016, 391쪽).

이날 일본군이 노획한 무기는 대포 30문(크루프 산포 8문 포함), 기관포 8문, 마우저(Mauser)·레밍턴(Remington)·마르티니(Martini) 소총 3,000정, 기타 잡무기와 군마 15두, 조선 동전 등이었다. 무기 가운데는 성능이 우수한 독일제 연발총도 다수 있었다. 일본군은 조선군이 보유한 방대한 양의 탄약도 몰수했다. 탈취한 무기가 너무 많아 240명의 수송 병력만으로는 턱없이 부족하자 병참감부에서 야전병원 인부 및 위생대 인원 50명을 차출해 23~24일 이틀에 걸쳐 겨우 운반을 마칠 정도였다(박종근, 『청일전쟁과 조선』, 1989, 64쪽).

7월 23일 오후 5~6시, 일본군은 보병 제21연대 제2대대에 경복궁 수비를 명령하고 막영지로 철수했다. 이날 오후 5시, 오토리 공사는 무쓰 외상에게 '왕궁을 포위했을 때의 정황 보고의 건'이라는 공식 전문을 발송해 일본군의 경복궁 점령 과정을 자세히 보고했다(나카츠카 아키라, 『1894년, 경복궁을 점령하라』, 2014, 27~28쪽).

7월 24일 무쓰 외상은 대원군을 괴뢰 내각 수반으로 옹립하는 데 성공한 오토리 공사에게 "귀하의 성공을 축하한다. 이 기회를 이용해 최단 시간 내에 조선 정부의 인사 개혁을 단행하되, 대원군에게는 가능한 한 최대의 원조를 베풀어 그의 집권을 공고히 하는 데 최선을 다함으로써 동 정권이 최소한 1년간은 유지되도록 하라. 가능하면 대원군을 설득해 유능한 일본인을 조선 정부 내에 고빙토록 하라"라는 전문을 보냈다.

'청군 구축 의뢰서' 받아내기

무쓰 외상의 친일 정권 수립 구상은 대원군을 정점으로 하는 권력 체계하에 국내에서 성장한 친일 개화파와 함께, 갑신정변 이래 일본·미국에 망명해 있던 개화파를 귀국시키고, 그 위에 일본인 고문관을 배치하는 방식이었다. 하지만 이 구상은 대원군파, 박영효파, 국내 개화파 등 각 정파 간의 미묘한 이해관계와 감정 대립을 고려하지 않아 11월 하순에 파탄을 맞는다.

경복궁 점령 임무를 완수한 제9혼성여단은 당초 계획에 따라 아산의 청군을 공격하기 위해 출동했다. 서전의 승리를 위해 병력을 풀가동해야 함에도 불구하고 이치노헤 대대는 청군 공격에서 제외됐다. 그들은 계속 서울에 머물며 조선 국왕 감시 업무를 수행해야 했기 때문이다.

경복궁 점령 과정에서 수도 서울의 치안을 담당한 조선군이 무장 해제되면서 치안 유지가 긴급 현안으로 떠올랐다. 오토리 공사는 수도 서울의 치안 유지를 일본이 담당하기 위해 본국 외무성에 빈곤층 구제를 위한 3만 원의 기부금 모금, 일본 순사 100명과 경부警部 5명 즉시 파견,

장사와 무뢰한들의 조선 방문 금지 등을 건의했다.

소위 '조선 왕궁에 대한 위협적 운동'이 종료되자 오토리 공사는 즉시 조선 정부로부터 '청군 구축 의뢰서'를 받아내는 작업에 착수했다. 여기서 '청군 구축 의뢰' 공문이 함축하고 있는 의미를 정리할 필요가 있다.

일본은 합법적인 절차를 거쳐 고종에게 "일본군은 무력을 사용해 조선 땅에서 청군을 쫓아내 달라"라고 청하는 공문을 요구했다. 고종이 이 공문을 수교할 경우 일본군은 조선에 주둔한 청군을 공격하는 데 따르는 국제법적 근거를 확보하게 된다. 어명에 의해 일본군은 불의不義한 청군을 조선에서 축출하는 '정의로운 군대義軍'로 선포됐으므로, 조선 정부는 '정의로운 군대'의 활동을 지원하기 위해 식량, 편의 시설, 보급, 교통수단 등의 제공에 협력할 의무가 발생한다.

일본은 조선을 청으로부터 독립시키기 위해 자신들이 대신 싸워준다는 의전론義戰論이 팽배해 있었고, 청은 속국인 조선을 일본으로부터 구해 주기 위해 출병한다는 의식을 가지고 있었다. 양쪽 모두 조선을 위한 출병이므로 청·일 양군은 군량은 조선에서 징발해 전쟁을 치를 심산이었다. 그 결과 청과 일본이 조선으로 출병한 이래 조선은 양국으로부터 인부·우마·군량·마초·땔감 등의 징발에 시달려야 했다(차경애, 「청일전쟁 당시 조선 전쟁터의 실상」, 『한국문화연구』 vol.14, 2008, 66쪽).

일본의 경우 조선을 거쳐 청국으로 원정 가는 군인·군속이 20만을 넘는 방대한 수였고, 그 식량은 대부분 조선에서 현지 징발했다(박종근, 『청일전쟁과 조선』, 1989, 100쪽). 청·일 양국의 물자 징발로 인해 1894~95년은 조선 민중에게 '살인적인 물가와의 전쟁의 해'였다. 1894년 7~9월 서울의 물가는 2~5배까지 올랐고 석유는 한때 품절됐다. 인천은 곡물이 부족해 현미·백미 등을 일본에서 수입해야 할 정도였다(차경애, 「청일전쟁 당시 조선 전쟁터의 실상」, 2008, 78쪽).

청일전쟁 당시 일본은 정식 병참 규정이 있었지만 이는 제도상으로 마련해 놓은 것일 뿐 실제 운용은 전혀 달랐다. 병사의 식량·인부·우마·방한복 등에 대한 준비도 없이 전쟁을 일으킨 일본군은 군수 물자는 가능하면 현지 조달한다는 방침이었다. 일본 대본영은 출전 부대장에게 "식량은 적에게 의거하고, 번거로운 물품은 줄여서 군의 진퇴에 지장받지 않도록 하라"라고 훈령했다. 각 부대는 이 훈령에 의해 정황이 허락하는 대로 현지 조달에 의존했다(차경애, 「청일전쟁 당시 조선 전쟁터의 실상」, 2008, 71쪽).

수송·식량 대책 없이 용산 출발한 일본군

병참 문제는 청군도 일본군과 거의 비슷한 상황이었다. 특히 청군은 병참 이론이나 기술·경험이 부족하고, 군대 이동 및 군사 물자의 조달·수송에 대한 조직 체계가 전혀 수립돼 있지 않았다. 필요한 물건이나 역부는 군대가 지나가는 곳의 지방민이 부담하면 된다고 믿었다. 청군은 조선에 군사를 파견하면서 군량을 준비하지 않은 채 막연히 조선 관리와 상의해서 구입해 조달한다는 생각이었다. 그 결과 서울과 인천에서는 6월부터 쌀과 땔감 값이 폭등했고, 생활고에 봉착한 인민이 폭동을 일으킬까 봐 국왕도 크게 걱정하는 사태가 발생했다.

오시마 여단장은 조선 국왕의 '청군 구축 의뢰' 공문을 앞세워 식량과 수송 문제를 손쉽게 해결할 수 있을 것으로 확신했다. 하지만 오토리 공사가 국왕 알현을 요구하자 고종은 "새벽에 일어난 미증유의 사건으로 마음이 피로해 깊은 잠에 들었다"라는 구실로 거절했다. 이런 일이 벌어질 것을 우려해 일본군이 신새벽에 무리수를 두어가며 쿠데타를 일으켜 친일적 대원군 정부를 구성한 것 아니겠는가.

오토리 공사는 대원군과 독판 조병직을 면담해 '조선에 주둔한 청군 구축 의뢰'를 요구했다. 쌍수를 들어 자기들 의견을 따라줄 것으로 기대했지만 대원군은 사흘간 생각할 시간을 달라면서 일본 측 요구를 보기 좋게 거절했다. 이렇게 되자 청군을 공격하기 위해 아산으로 출발을 대기하고 있던 일본군 혼성여단은 심각한 상황에 처했다.

다급해진 오토리 공사는 대원군에게 집요하게 압력을 가했고, 노회한 대원군은 지연 작전으로 맞섰다. 조선 정부로부터 '청군 구축 의뢰' 공문을 확보하지 못한 일본군은 아산으로의 진격을 연기하려 했다. 그런데 평양 부근에 상륙한 청군이 남하할 경우 일본군은 남북에서 협공당할 위험성이 제기됐다.

오시마 혼성여단장은 7월 25일, 위험을 무릅쓰고 아산의 청군을 공격하기 위해 하루 치 식량만 휴대하고 용산 기지를 출발했다. 오토리 공사는 오시마 여단장에게 "최대한 빠른 시간 내에 조선 정부로부터 청군 구축 의뢰서를 받아내 식량 및 군수품 수송에 지장이 없도록 하겠다"라고 약속했다.

하지만 청군 구축 의뢰서를 받아내는 과정은 순탄치 않았다. 동학 농민군을 토벌해 달라고 청군 파병을 요청한 것은 조선 정부였다. 자신들이 요청해 파병된 청군을 내쫓아 달라고 일본에 요청하는 것은 청에 대한 명백한 배신 행위였다. 조선 정부 입장에서 볼 때 이는 국가 존망이 걸린 심각하고 중대한 이슈였기에 끈질기게 저항한 것이다.

오토리 공사는 7월 25일 오전 11시, 대원군 앞에서 외무 독판 조병직과 논란 끝에 간신히 대원군으로부터 승낙한다는 답변을 얻어냈다. 일본은 조선 정부로부터 '청군 축출 의뢰'를 받았다고 주장했으나 한국과 일본에서 간행된 외교 문서 어디에서도 양국 정부가 주고받은 의견이나 구체적인 물증은 나오지 않았다.

단지 알려진 것은 오토리 공사가 조선 정부로부터 한 통의 서면 위임장을 받아냈는데, 그 내용은 "아산에 주둔한 청병을 철수시키는 건에 관해 25일, 조선 정부로부터 외무 독판의 기명 조인으로 그 조처를 대신해 달라는 의뢰가 있었습니다. 이를 확인하신 후 적절한 조치를 취하시기 바랍니다"(다보하시 기요시, 『근대일선관계의 연구 (下)』, 2016, 395쪽)라는 것이었다. 이것을 과연 "조선 땅에서 청군을 쫓아내 달라"라는 취지로 해석해도 되는 것일까?

강제로 '청군 구축 의뢰서' 받아낸 일본

이 정도 내용을 얻어내는 데도 강력한 위압이 작용했다는 사실을 일본은 숨기지 않았다. 일본의 「지지時事신보」는 "조병직은 책임이 자신에게 미칠 것을 두려워해 붓을 들기를 주저하고 구실을 붙여 줄곧 항의했다"(8월 5일)라고 보도했다. 무쓰 외상은 회고록 『건건록』에서 "조선 조정에서 아산에 있는 청국 군대를 국외로 구축하는 위탁을 강제로 취하다"라고 기록했다. '청군 구축 의뢰' 공문을 무력을 동원해 강제로 빼앗아냈다는 뜻이다. 일본 정부가 "조선의 자주를 침범한 청군 구축"을 요청하는 공문서를 강요한 것 자체가 이미 조선을 상대로 전쟁 행위에 들어간 것으로 봐야 한다(서민교, 「1894~5년 중일전쟁기의 일본군과 조선」, 2006, 150쪽).

오토리 공사는 조선 정부가 보낸 애매모호한 내용의 위임장을 "조선 정부가 일본 공사에게 청군 축출을 요청했다"라고 자의적으로 해석해

7월 26일 혼성여단장 오시마 소장에게 지급으로 전달했다.

위안스카이가 7월 19일 서울을 탈출한 후 대리 역할을 하던 탕사오이는 영국 총영사관으로 피신해 리훙장과 전신 연락을 유지하고 있었다. 리훙장은 "일본이 어떤 행동을 하든 너에게 해를 가하지는 않을 것이니, 절대 경솔하게 서울을 이탈하지 말라"라는 훈령을 보냈다. 조선 정부는 오토리 공사에게 청군 구축 의뢰서를 보낸 7월 25일, 청국 대표 탕사오이에게 조청상민수륙무역장정, 중강통상장정, 지린무역장정 등 3개 장정의 폐기를 통고했다. 조선 정부가 통상장정 폐기 조회를 보내자 탕사오이는 아무런 통고도 없이 각 개항장의 상무위원들과 함께 귀국했다. 바로 이날 아산만 앞바다에서 청일전쟁 최초의 전투인 풍도 해전이 벌어졌다.

제6장

청일전쟁 포성이 울리다

내란 진압 임무를 명받고 조선에 파병된 청군 선발대는 아산만에 상륙했고, 공사관과 거류민 보호를 명목으로 출병한 일본군은 인천에 상륙해 서울 일대에 포진했다. 위안스카이는 아산에 상륙한 청군이 일본군의 압박을 받을 경우 퇴로가 차단될 것을 우려해 부대를 해상 수송해 평양 또는 압록강 지역으로 재배치할 것을 건의했다. 리훙장은 청군이 아산에서 철수하는 모습을 보이면 종주국의 위신이 훼손될 우려가 있다고 판단해 이를 허가하지 않았다.

예즈차오는 아산과 공주 사이에 포진했다. 일본군 후속 부대가 속속 인천에 상륙하고 있다는 정보를 입수한 예즈차오는 증원군을 파견하거나, 일본군에 대항하기 위해 부대를 수원으로 이동하는 것이 유리하다고 상신했다. 녜스청은 청군을 인천으로 이동시켜 일본군 상륙을 저지할 것을 건의했으나 리훙장은 수용하지 않았다. 또 대병력을 남양만에 상륙시켜 아산의 청군과 협력해 서울로 진격하고, 대군을 의주-평양으로 남하시켜 남북 협공 작전으로 서울의 일본군을 공격하자는 의견도 물리쳤다.

리훙장은 7월 14일 무쓰 외상으로부터 제2차 절교서를 받자 대화로는 문제를 해결할 수 없다는 사실을 깨달았다. 리훙장은 아산과 공주 일대에 고립된 예즈차오 군대를 평양으로 이동시키기 위해 운송선과 호위함대 파견을 서둘렀다. 예즈차오 제독은 일본 해군 움직임으로 볼 때 아산에서 평양까지 해상 수송은 대단히 위험하며, 차라리 현지를 고수하면서 요충지를 점령해 일본군의 서울-부산 간 연락선을 차단하는 것이 유리하다면서 이 작전을 위한 증원 병력을 요청했다.

청군, 조선에 증원 병력 파병

예즈차오의 건의를 받은 리훙장은 아산 일대 병력을 5,000명으로 증원하고, 평양에 6,000명을 파병해 양면 공격을 가해 서울과 인천 일대에 상륙한 일본군 8,000명을 충분히 견제할 수 있을 것으로 판단했다. 그 결과 청군의 제2차 파병이 결정됐다.

이 무렵 청국 측의 파병 논리는 1872년 영국 상인에 의해 창간된 중국 신문 「선바오申報」에 잘 나타나 있다. 이 신문 7월 4일 자에는 다음과 같은 사설이 게재됐다.

> 중국은 고려(조선)를 아들처럼 여기고 고려는 중국 조정을 아버지처럼 여겨 평소에는 고관을 파견해 모든 것을 관리하게 했다. 동란(동학농민운동)이 발생했으나 고려 스스로 평정할 수 없게 되자 중국에게 도움을 청했는데, 이것은 병든 아들이 아버지에게 도움을 청한 것과 같다. 중국은 고려에 난이 발생했다는 소식을 듣자마자 병사를 파견했으니, 이는 아버지가 아들이 아프다는 이야기를 듣고 의사를 보내 돌보게 한 것과 같다.

중국 지식인들의 뇌리에는 조선이 '속방'으로 자리 잡고 있으며, 심지어 조선을 타이완처럼 중국 영토의 일부분으로 보았다. 때문에 중국과 조선 관계를 병든 아들과 아버지 관계로 해석하는 것은 그들 입장에선 너무나 당연한 논리였다. 뿐만 아니라 속국이었던 안남은 프랑스에, 미얀마는 영국에 빼앗겼고, 시암(태국의 옛 이름)은 영국과 프랑스에 의해 분할 점령됐으며, 류큐琉球 왕국은 일본에 병합돼 오키나와현으로 바뀌어 있었다. 사방을 둘러봐도 중국 주변에 남아 있는 중화권 국가는 오직 조선밖에 없었다. 이런 이유에서 조선은 중국이 꼭 보호해야 할 사랑스러운 누이동생 같은 대상이었다(이경하, 「청일전쟁 시기 '신보申報' 사설에 나타난 '조선'과 '일본'에 대한 시각」, 2007, 168쪽).

청은 아산과 평양에 병력 증파를 결정했으나 대규모 병력을 동시 수송할 운송 수단이 부족했다. 외국 선박을 용선하고, 부대 출동을 준비하기 위해 일주일을 허송세월했다. 일주일간의 출동 지연이 일본군에게 만반의 준비를 할 시간을 벌어주는 바람에 전장의 주도권은 일본군에게 넘어갔다.

청군 지원 병력은 이허양행怡和洋行에서 용선한 영국 상선을 이용해 7월 21일부터 23일까지 수송이 진행됐다. 부대를 원격지에 분산 배치하면 매우 불리하다는 것이 전략·전술의 기본이다. 하지만 상황이 다급하게 진행되자 청국 지도부는 부대를 두 그룹으로 나누어 한 그룹은 아산으로, 다른 그룹은 일본군과의 결전을 위해 의주를 거쳐 평양으로 이동시켰다.

일본 연합함대 한반도로 출동

7월 21일 새벽 5시, 장쯔캉江自康이 인자영仁字營 의군 1,150명과 탄약

116상자를 영국 선박 아이런愛人호에 싣고 톈진을 출발했다. 7월 22일 오후 5시에는 성군 의승전영義勝前營 200명, 노방영 200명과 말 100필을 싣고 영국 상선 페이징飛鯨호 편으로 톈진을 출발했다.

7월 23일 저녁에는 1,000여 명 병력이 영국의 인도차이나윤선공사 소속 상선 가오성高陞호 편으로 톈진을 출발했다. 가오성호는 1883년 건조된 1,335톤급 윤선이었다. 이 배에는 은화 2만 5,000냥과 포 8문, 각종 총기 400정도 실려 있었다. 병력 수송 선박을 호송하기 위해 차오장操江호가 동원됐다. 이 배에는 군비 20만 냥, 대포 18문을 실었다 (셰쥔메이, 「청일전쟁시 조선투입 청군의 동원과 조선 내에서의 전투상황」, 1996, 139~140쪽).

현지와의 연락을 위해 쾌속선 베이허北河호가 파견됐고, 일본 해군이 아산 외해를 차단하지 못하도록 하기 위해 북양 해군 소속 지위안호와 광이廣乙호 등 두 척이 파견돼 경계에 들어갔다.

한편 7월 20일부터 성군盛軍·의군毅軍·봉군奉軍·연군練軍 등 네 개의 청군 부대가 해로 또는 육로를 통해 평양으로 이동했다. 이들은 무더위와 비바람을 무릅쓰고 허기와 갈증을 참아가며 하루 100리씩 행군했다. 무더위에 지쳐 전체 병력 중 30~40퍼센트가 탈진 상태에 빠졌다.

청 조정은 평양 배후의 공백을 메우기 위해 8월 15일, 진저우金州에 주둔한 류성슈劉盛休의 명군銘軍 4,000명을 조선의 안주로 출병시켰다. 또 헤이룽강의 익탕가依克唐阿가 이끄는 연군 8개 군영을 훈춘琿春에서 조선으로 진입시켰다. 이들까지 합하면 조선에 출동한 청군 총병력은 45개 군영, 2만여 명이었다.

리훙장은 청의 주력군이나 다름없는 북양육군 총병력 3만 명 가운데 절반인 1만 5,000명을 평양에 집중시켜 8,000명 병력의 오시마 혼성여단을 제압한다는 작전 계획을 수립했다. 그러나 뒤늦은 병력 투입으로 인해 일본에게 공세 선점의 기회를 헌납하게 됐다.

7월 20일, 대본영은 주력 부대로 가장 근접한 적 부대(예즈차오 군대)에 대한 공격을 명령했다(다보하시 기요시, 『근대일선관계의 연구 (下)』, 2016, 530쪽). 이와 동시에 대본영은 해군 군령부장 가바야마 스케노리를 사세보에 파견해 사령장관 이토 스케유키에게 출동 명령을 전달했다. 가바야마는 7월 22일 사세보에 도착해 출동 명령을 전달했고, 이토 사령장관은 7월 23일 순양함과 해방함海防艦 13척, 포함 2척, 수뢰정 6척, 특무함 1척을 이끌고 사세보를 출항해 군산 앞바다로 향했다.

가바야마 군령부장이 연합함대에 출격 명령을 내린 것은 의미심장하다. 일본 참모본부는 중국 곳곳에 첩자를 파견해 군사 기밀을 정탐하고 있었다. 일본 첩자들은 청국 병력 수송선이 증원 부대를 싣고 아산 일대로 향한다는 소식과 병력 수송선의 출발 시각 등 일급 정보를 탐지했다. 관련 내용은 즉각 일본 대본영에 통보됐고, 대본영은 청국 병력 수송선을 요격하기 위해 연합함대를 출격시킨 것이다.

풍도 앞바다에서 양군 조우

연합함대가 사세보를 출항한 7월 23일, 「고쿠민신문」은 개전을 촉구하는 논설을 게재했다. 이 신문은 첫째, 군비는 일본이 청국을 훨씬 능가한다, 둘째, 재정에 여유가 있어 새로 국채를 발행하지 않아도 전비 조달이 가능하다, 셋째, 서구 열강은 방관하고 있다, 넷째, 국민은 혼연일체가 돼서 전쟁을 원하고 있다고 주장했다(후지무라 미치오, 『청일전쟁』, 1997, 122쪽). 이 신문은 일본이 개전하지 않으면 청에 굴복하는 꼴이 되고, 조선에 대해서는 위신을 잃게 되며, 세계 각국은 일본을 경멸할 것이라고 선동했다.

「지지신보」도 "우리는 진군이 순조롭게 진행돼 아산에 주둔한 청군을 격파하고, 조선 정부를 향해서도 무력을 행사해야 한다고 희망한다. 조선 정부의 무례를 중지시키려면 탄환과 화약으로 이기는 것밖에 방법이 없다"라고 주장했다.

7월 24일 저녁 흑산도 근해에 도착한 이토 사령장관은 제1유격대 사령관 쓰보이 고조坪井航三 소장에게 "요시노·나니와·아키쓰시마 등 세 척의 쾌속순양함을 이끌고 아산만 부근을 정찰하라. 적함과 조우할 경우 적 함대보다 우세하면 공격하고 열세이면 전투를 피하라"라는 명령을 내렸다.

7월 23일 북양 해군 중영부장中營副將 팡보첸方伯謙이 지휘하는 지위안호와 광이호가 아산 앞바다에 도착해 주변 해역 경계에 돌입했다. 다음날인 7월 24일 병력 수송선 아이런·페이징호가 아산에 도착해 군대와 무기를 양륙시켰다.

세 번째 수송함 가오성호는 병사 936명과 포 12문을 싣고 7월 23일 톈진을 출발해 아산으로 향했다. 이 선박에는 리훙장의 군사고문으로 활동하는 독일 육군 포병소령 출신인 하네켄(Constantin von Hannecken)과 톈진 세관 세무사 구스타브 데트링(Gustav Detring)의 사위가 승선해 있었다.

하네켄은 독일 육군 포병소령으로 전역한 귀족 출신이다. 전역 후 베를린 주재 중국 공사 리펑바오李鳳苞의 요청으로 중국에 와서 리훙장이 태평천국군과 싸우기 위해 조직한 회군淮軍 교관을 맡았다. 하네켄은 리훙장의 군사고문이 돼서 뤼순·다롄·웨이하이웨이의 요새화와 포대 구축 때 설계를 담당했다. 1894년 청·일 양군이 조선에서 격돌하는 상황이 되자 형세 파악을 위해 가오성호에 승선해 조선으로 향했다. 지위안호와 광이호는 7월 25일 새벽 아산만을 출발해 가오성호를 호위하기 위해 톈진으로 항해를 시작했다.

일본 연합함대 제1유격대는 7월 25일 새벽, 아산 외해인 풍도 앞바다에 도착했다. 그들은 사전 연락에 따라 인천에 정박 중이던 군함 야에야마·무사시武藏·오시마호와 풍도 앞바다에서 합류하기로 돼 있었다. 이 함정들이 보이지 않아 근처를 수색하던 중 오전 6시 30분경 북상하는 두 척의 함선을 발견했다. 확인 결과 청국 순양함 지위안과 포함 광이였다. 쓰보이 제1유격대 사령관은 전투 개시를 결정했다. 제1유격대 소속 함정들은 협수로에 갇히는 것을 피하기 위해 넓은 바다로 나와 전투 깃발을 게양했다.

요시노함 선제 발포로 청일전쟁 개전

7월 25일 오전 7시 25분. 지위안호가 3,000미터 거리로 근접하자 쓰보이 사령관은 요시노에 함포 발사를 명령했다. 일본 순양함에 탑재된 속사포는 기존의 구식 함포에 비해 동일 시간에 여덟 배의 포탄을 발사할 수 있는 기능을 보유하고 있었다. 지위안호 함장 팡보첸이 전투 배치를 명령하기도 전에 요시노에서 날아온 포탄이 함교를 강타했다. 그 자리에서 부함장 선서우창沈壽昌이 즉사했다.

곧바로 날아온 제2탄이 지위안호 함수 갑판의 21센티미터 포탑에 명중해 장교 여러 명이 전사했다. 쉴 새 없이 날아오는 포탄에 맞아 눈 깜짝할 사이에 함교와 후부 마스트, 해도실, 연돌(굴뚝)이 대파됐다.

당시엔 선전 포고 후 전쟁 개시라는 국제 협약이 마련되기 전이었으므로 선제 공격을 가해도 문제 될 소지는 없었다. 선전 포고 후 전투 행위에 돌입해야 한다는 사실을 명문화한 것은 1907년 헤이그에서 열린 제2차 만국평화회의에서다. 헤이그에서 '육전陸戰에 관한 협약'이 채택되면서 국제법으로 선전 포고가 명문화됐다. 하지만 프로이센에서 초빙해 온 메켈 소령으로부터 선제 기습 공격의 위력을 전수받은 일본군은 이 협약을 철저히 무시했다.

일본은 청일전쟁·러일전쟁·중일전쟁·태평양전쟁에서 선전 포고에 앞서 기습적 선제 공격으로 상대방 급소를 강타한 후 전쟁에 돌입하는 것을 관행처럼 반복했다. 덕분에 일본은 기습 선제 공격으로 전쟁을 시작하는 비겁한 국가라는 비난을 감수해야 했다.

청일전쟁은 명백하게 일본 함대의 선제 공격에 의한 개전이었다. 그럼에도 불구하고 일본의 공식 전사戰史인 『메이지 27·28년 일청전사』는 풍도 해전에 대해 "오전 7시 52분 양 함대가 3,000미터 정도의 거리에 이르자 청함 지위안이 돌연히 우리 요시노함을 향해 발포해 쓰보이 소장은 모든 함정에 전투를 명령하고 양국 함대가 치열한 함포 사격을 교환했다"라며 청국 함대의 선제 공격에 의해 전투가 벌어졌다고 서술했다.

풍도 해전 참가 전력 비교

	일본	청국
합계 톤수	1만 1,000톤	3,300톤
참가 함정	순양함 요시노·나니와·아키쓰시마 등 3척	순양함 지위안, 포함 광이, 목조 포함 차오장 등 3척
무장	15센티미터 속사포×6 12센티미터 속사포×14 크루프 26센티미터 포×2 크루프 15센티미터 포×6	크루프 27센티미터 포×2 크루프 15센티미터 포×1 크루프 12센티미터 포×3
속력	18노트 이상	15노트, 18노트

해군 군령부 전사는 "7시 52분 3,000미터 거리에 이르자 피아간에 드디어 개전하고 적탄이 기함 요시노의 수미首尾를 스쳐 해면에 떨어지고"라고 서술하고 있다. 청국이 먼저 발포했다는 공식 전사와는 달리 누가 선제 공격을 했는지 애매모호하게 설명해 놓은 것이다.

청일전쟁 개전의 확실한 기록을 남긴 인물은 제1유격대 사령관 쓰보이 고조다. 그는 풍도 해전에 대한 「연합함대 출정 제2회 보고」에서 "오전 7시 52분 적함과 서로 접근해 3,000미터에 이르렀을 때 우리가 먼저 발포를 개시했고, 적함도 응사해 1시간 20분간 상호 발포를 계속했다"라고 밝혔다.

일본군이 자신들의 선제 공격 사실을 은폐한 이유가 있다. 일본 육군참모본부가 청일전쟁 전사를 편찬하면서 "우리가 먼저 한 행동은 생략하라"라는 가이드라인을 '일-청 전사 편찬 방침'에서 제시했기 때문이다. 청일전쟁 공식 전사는 이 가이드라인을 준수해 편찬됐다.

일본 육군참모본부가 역사 왜곡을 한 이유는 기습 선제 공격이 국제법상 불법은 아니지만, 무사의 세계에선 비겁한 관행으로 지탄받을 우려가 있었기 때문이다. '칼의 나라' 일본이 선전 포고 이전의 전투 행위에 대한 면피를 위해 역사를 왜곡한 것이다. 이처럼 왜곡된 전사 기술은 청일전쟁뿐만 아니라 10년 후 러일전쟁 전사 편찬 과정에서도 동일하게 적용됐다.

지위안호 뤼순 항으로 도주

일본 함대의 기습 공격으로 지위안이 명중탄을 얻어맞아 대파되자 팡보젠 함장은 백기와 일본기를 올렸다. 일본 함정이 가까이 접근하자 지위안이 어뢰 한 발을 발사했으나 빗나갔다. 1시간 20분간의 치열한

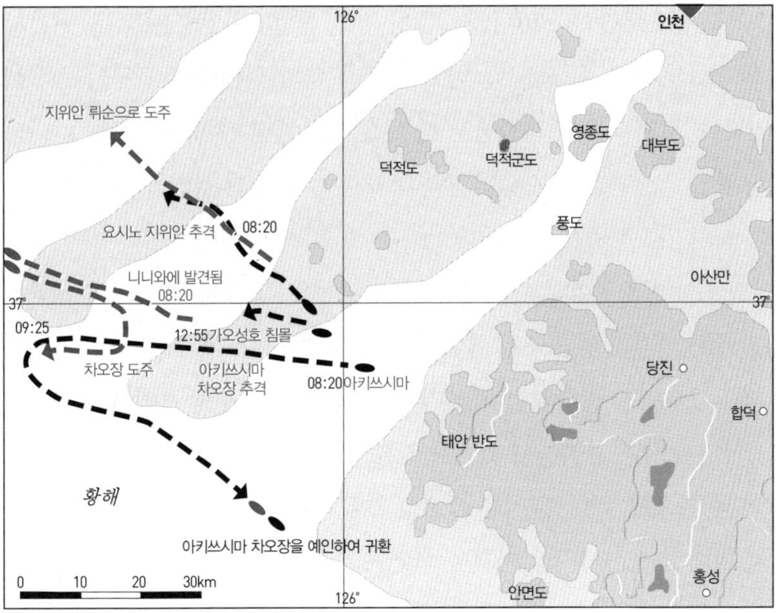

풍도 해전 요도(1894년 7월 25일)

전투에서 지위안호는 전사 13명, 중상 27명이 발생했다.

포함 광이호도 아키쓰시마의 집중 공격을 받아 전사 10명, 중상 40명이 발생했다. 광이는 선체가 크게 파손돼 기동력을 상실하자 함장 린궈샹林國祥이 해안으로 이동시켜 승조원을 육지에 상륙시킨 후 배가 적에게 노획당하는 것을 막기 위해 자폭시켰다.

만신창이가 된 지위안은 뤼순 항을 향해 필사적으로 도주하던 중 아산을 향해 오는 수송선 가오성호와 호위함인 목조 포함 차오장호를 만났다. 지위안은 차오장을 향해 "이미 개전했음. 속히 돌아가라"라고 수기手旗 신호를 보냈다. 하지만 해상에 포연이 뒤섞인 연기로 사방이 자욱해 깃발을 식별하기 어려웠다.

가오성호에는 1,000여 명의 청국 군인과 영국인 선장 갤스워시(Thomas Ryder Galsworthy)를 비롯해 여러 명의 외국인 승무원이 승선해 있었다. 오전 9시경, 러일전쟁 때 일본 연합함대 사령관이 되는 나니와호 함장 도고 헤이하치로東鄕平八郎 대좌가 영국 상선 깃발을 게양하고 항해 중인 가오성호를 발견했다.

가오성의 호위함인 차오장은 아키쓰시마가 접근하자 백기를 게양하고 전투 의사가 없음을 밝혔다. 나니와가 가오성호의 뱃머리 부근에 두 발의 공포탄을 발사해 정선 신호를 보냈다. 상황을 눈치챈 가오성호가 뱃머리를 돌려 돌아가려 했으나 일본 함대에 포위됐다.

나니와호는 보트 한 척을 가오성호에 보내 임검한 결과 이 선박이 청국 병력 수송선이라는 사실을 확인하고 영국인 선장에게 나니와를 따라오라고 명령했다. 선장은 이에 동의했으나 가오성호에 승선해 있던 청군 장교들은 "아산으로 계속 항해하든지, 아니면 중국으로 귀환하라"라고 거칠게 요구했다.

도고 함장, 가오성호 격침시켜

청군 지휘관은 "우리는 포로가 되느니 차라리 싸우다 죽겠다"라면서 병사들에게 무기와 탄약을 지급했다. 가오성호 선장과 항해사들이 "그렇다면 우리는 배를 떠나겠다"라고 선언하자 청군 지휘관은 영국인 선장과 항해사를 체포하라고 명령했다. 이런 소동이 벌어지면서 가오성호는 일본 군함과 네 시간 정도 대치했다.

나니와 함장 도고 대좌는 해군 유학생으로 선발돼 1871년부터 1878년까지 영국 포츠머스에서 항해술과 국제법을 공부한 전문가였다. 그는 전시에 정선 명령을 따르지 않고 청국 군대에 불법 점거된 가오성호를 격침하는 것이 국제법상 타당하다는 사실을 확인했다. 청국 병사들이 적대 행위를 계속하자 오후 1시경 도고 함장은 가오성호를 격침하라는 명령을 내렸다. 그 즉시 나니와는 어뢰와 함포를 발사했고, 어뢰는 가오성호 엔진실에 명중했다. 극도의 혼란 속에서 하네켄과 서양 선원들은 배 밖으로 뛰어내려 필사적으로 헤엄을 쳤다.

가오성호는 30분 만에 침몰했고, 오후 1시 46분 나니와는 구명정을 보내 영국인 선장과 일등항해사, 조타수 등 외국인 10명(영국인 7명, 독일인 3명)을 구조했다. 바다에 빠진 청군은 방치했다. 하네켄과 병사 147명은 울도까지 헤엄쳐 간신히 목숨을 구했다. 일부는 물 밖에 나온 가오성호 돛대에 매달려 있다가 다음 날 아침 프랑스 포함 라이온호에 의해 구조됐다. 생존자는 170여 명에 불과했다.

승선해 있던 청군 800여 명은 총 한 방 쏴보지도 못하고 물귀신이 됐고, 가오성호에 실려 있던 대포 12문도 배와 함께 수장됐다. 간신히 살아남은 하네켄은 청나라로 돌아가 북양함대 군함에 승선해 황해 해전에 참전하게 된다(제노네 볼피첼리, 유영분 옮김, 『구한말 러시아 외교관의 눈으로 본 청일전쟁』, 살림출판사, 2009, 133쪽).

가오성호 격침은 청일전쟁 초반 전황에 결정적인 영향을 미쳤다. 나흘 후 성환에서 지상전이 벌어졌는데, 만약 가오성호에 승선했던 병력과 대포 12문이 무사히 양륙됐다면 일본군이 승리하기 힘든 전투가 됐을 가능성이 높다. 청군은 증원 예정이었던 지상군 병력과 대포를 상실해 전력 운용에 심각한 차질이 빚어졌고, 사기도 극도로 저하됐다.

해상에서 가오성호가 일본 군함의 임검을 받는 것을 목격한 차오장호는 회항을 시도했다. 그러나 아키쓰시마의 추격을 받자 함장 왕융파王永發는 항복했다. 차오장호는 오후 2시경 포획돼 일본 항구로 압송됐다.

이 배에는 일본군이 절단한 의주선 전신선 복구를 위해 청국 정부가 파견한 덴마크의 전신 기술자 뮐렌스테트가 승선해 있었다. 그는 차오장이 나포되면서 일본군 포로가 됐다.

차오장호는 일본 해군에 편제돼 그 이름을 일본어로 발음한 소코操江라는 새로운 함명을 부여받았다. 청일전쟁에서는 조선 해안 초계 임무를 담당했고, 청일전쟁 후에는 초계 및 측량함으로 사용됐다. 1903년 홋카이도의 네무로만에서 좌초돼 퇴역했고, 고베 항 검역선으로 활동하다가 1924년 민간에 불하돼 '소코마루'라는 상선으로 사용됐다.

대파된 지위안호는 요시노의 추격을 간신히 따돌리고 모항인 뤼순항에 입항했다. 속력이 15노트에 불과한 구식 순양함 지위안호가 시속 20노트 이상을 낼 수 있는 신예 쾌속순양함 요시노의 추격을 벗어난 것은 쓰보이 사령관이 과도하게 신중한 행동을 보였기 때문이다.

"가오성호 격침은 국제법상 정당했다"

초전에 차오장호가 나포당하면서 북양함대는 심각한 후폭풍에 시달렸다. 기밀 누설을 우려한 청국은 신호 체계와 암호를 전면 교체하는 작업에 돌입했다. 하지만 고도로 복잡한 신호 체계를 하루아침에 바꾸는 것이 쉽지 않았다. 교체된 신호 체계가 제대로 자리 잡지 못한 상태에서 50일 후 황해 해전이 벌어졌다. 북양함대가 황해 해전에서 고전한 이유 중 하나는 새로운 신호 체계에 익숙하지 않았기 때문이다(김문자, 김승일 옮김, 『명성황후 시해와 일본인』, 태학사, 2011, 187~188쪽).

일본은 개전 즉시 히로시마에 남아 있던 제5사단 잔여 병력 1개 여단을 조선으로 이동한다는 계획을 세워놓고 있었다. 이 와중에 가오성호 격침 사건이 발생하자, 영국의 간섭을 우려하고 있던 일본 정부는 경악했다. 무쓰 외상은 이토 총리에게 "병력 증강을 중지하는 한이 있더라도 영국의 의혹을 피해야 한다"라고 보고했다. 제5사단 잔여 병력 파병을 유보하고 먼저 사태 수습부터 하자고 제안한 것이다.

국제법 전문가인 이토 총리는 무쓰의 제안을 거절하고 파병을 강행했다. 자국 상선이 일본 군함에게 격침당했음에도 불구하고 영국 법무관들은 "사건이 발생했을 때는 교전 상태였으며, 국제 해상법에 따라 일본은 교전권을 행사할 자격이 있다"라는 의견을 내놓았다. 영국 정부도 즉각 국제법 전문가를 동원해 일본의 행위를 옹호했다. 이것은 잠재적 동맹국에 대한 정책적 배려였다.

8월 7일 나가사키의 영국 영사관에서 열린 해사재판소는 청국에 유리한 판결을 내렸다. 하지만 상하이에서 열린 영국 해군재판소는 "일본 함대의 행위는 정당했다"라면서 일본 정부에게 아무런 요구를 하지 않도록 본국 정부에 권고했다. 결국 가오성호 격침 사건의 손해 배상은 청국 정부 몫으로 돌아갔다. 1903년 청국 정부는 백은白銀 31만 냥을 영국에 물어주었다.

청일전쟁의 서전緖戰인 풍도 해전은 양국의 해외 유학생들이 맞서 싸운 전투였다. 일본 연합함대의 제1유격대 사령관 쓰보이 고조는 미국, 요시노호 함장 가와하라 요이치河原要一는 독일, 나니와호 함장 도고 헤이하치로와 사카모토 하치로타坂元八郎太는 영국과 러시아 유학생이었다.

청의 북양함대도 함장 린뤼중林履中은 영국 옥스퍼드대 출신이고, 팡보젠은 그리니치 왕립해군학교에서 유학했다. 중국이 미국에 파견했던 유미유동留美幼童 유학생 중 중도 귀국당해 해군학교를 졸업한 인재들도 풍도 해전에 참전했다. 청일전쟁에 참전한 유미유동은 렌셀러공과대 중퇴생 우징룽吳敬榮, 일등항해사 천진쿠이陳金揆, 지위안호 부함장 선서우창, 부함장 황쭈롄黃祖蓮, MIT 중퇴생 쑹원후이宋文翽, 예일대 중퇴생 쉬전펑徐振鵬 등 7명이었다. 그들 중 세 명이 풍도 해전에서 전사했다.

해전 결과가 베이징에 알려진 것은 지위안함이 뤼순 항에 복귀한 이후인 7월 27일이었다. 풍도 해전의 결과는 일본군의 압승이었다. 청군은 포함 광이와 상선 가오성호가 격침됐고 지위안은 대파된 채 퇴각했으며 차오장호는 나포되는 피해를 입었으나, 일본 측 피해는 전무했다.

청국, 일본과의 전쟁 승리 확신

이 무렵 청은 아편전쟁의 굴욕 이후 30여 년 양무洋務운동으로 선진화를 추구해 왔기에 일본과의 전쟁에서 승리를 확신했다. 중국 언론 「선바오」는 7월 9일 자 사설에서 "오늘의 중국은 예전과 비할 바가 아니다. 각 성에는 국창局廠이 설립되고 세비와 거금을 들여 군용선을 만들어 날이 갈수록 발전하고 있다. 총과 대포는 모두 신식이라 견고한 적의 진지를 격파 명중시킬 수 있으며, 적의 침략을 막아낼 수 있도록 충분히 준비돼 있다. (중략) 전쟁을 일으킨 나라로 하여금 중국은 큰 나라이고 인구가 많다는 것을 알게 해서 가벼운 마음을 감히 품지 못하게 할 것"이라고 주장했다.

청군이 제2차로 파병되던 7월 20일 자 사설에서는 "일본인은 난쟁이처럼 왜소해, 키가 4척이 되는 사람이 지금까지 없었다. 중국인의 우람한 신체와 위풍당당한 풍채와는 다르다"라면서 전쟁이 시작돼도 중국 병사들이 일본 병사를 물리치는 것은 당연하다며 일본 측의 혹심한 피해를 염려했다.

대다수 중국인들은 자신들이 양무운동을 전개하는 동안 일본도 메이지유신을 실현했다는 사실을 간과했다. 중국이 외피만 서양을 모방한

데 그친 반면, 일본은 적극적인 태도로 자본주의 개혁을 실시한 사실을 알지 못했다. 이런 상황에서 날아든 풍도 해전 패전 소식은 충격과 경악 그 자체였다. 전쟁의 총지휘관 리훙장은 "아직 선전宣戰하지도 않았는데 일본 해군이 우리 선박을 먼저 공격한 것은 국제법 위반"이라고 보고했고, 총리아문은 일본과 국교 단절을 결의했다.

아산에 상륙한 북양 육군은 리훙장의 사병私兵 성격의 군대였다. 태평천국의 난을 진압하면서 성장한 북양 육군은 실전 경험은 풍부했으나, 그들이 치른 전투는 정규군을 상대한 본격적인 전투가 아니라 농민 반란군을 토벌한 것에 불과했다. 때문에 근대전을 치르기에는 상당한 문제를 안고 있었다.

조선에 파병된 청군의 임무는 동학 농민군 토벌이었다. 그런데 상륙해 보니 농민군은 이미 해산했고, 이때부터 한반도의 주도권을 놓고 일본과 패권을 다투는 전쟁으로 임무가 바뀌었다. 청군이 상대해야 할 적은 동학 농민군에서 일본군으로 전환됐다.

제9혼성여단장 오시마 요시마사 소장은 7월 25일, 조선 조정의 '청군 격퇴 의뢰'를 받지 못한 상황에서 주둔지 용산을 출발했다. 목표는 아산 일대에 주둔한 예즈차오 군대를 공격·섬멸하는 일이었다. 이때 웨이루구이衛汝貴가 지휘하는 청군이 평양에 입성할 예정이라는 정보가 도착했다. 오시마 여단장은 청군 부대의 남하에 대비해 임진강 나루에 보병 1개 대대로 구성된 독립 수비대를 배치했다. 서울과 인천에도 수비병을 잔류시켰다. 이로 인해 남진한 일본군은 보병 3,000명, 산포 8문에 불과했다. 혼성여단은 7월 26일 수원, 27일 평택시 진위면에서 야영했다.

7월 22일 탕사오이는 아산의 예즈차오 제독에게 "일본군을 아산으로 파견할 것이라 하니 대비하라"라는 급보를 보냈다. 예즈차오는 서울-공주 간 도로를 차단해 일본군 남하를 막기로 결정했다. 작전 목표에 적합한 지형은 성환역 일대의 고지였다. 7월 26일 녜스청은 병력 2,000명을 동원해 성환에 견고한 진지를 구축했다. 아이런·페이징호를 타고 온 증원군은 7월 24일 아산에 무사히 상륙했다. 하지만 가오성호에 탑승했던 부대가 배와 함께 수장됐다는 소식에 청군은 큰 충격을 받았다.

일본군은 병참 부대가 크게 부족해 식량과 무기·탄약 등 군수품 수송에 큰 어려움을 겪었다. 사무라이 군대는 전국시대부터 숱한 내전을 치르는 과정에서 식량은 적으로부터 획득한다는 '인량어적因糧於敵'을 원칙으로 삼았다. 하지만 청일전쟁의 무대는 일본이 아니라 바다 건너 한반도였다.

병참 부족으로 악전고투한 일본군

일본은 조선 주둔군이 병참 문제로 위기에 처했음에도 불구하고 뾰족한 대책을 내놓지 못했다. 대본영은 다루히토 참모총장 명의로 "현지에서 보급 문제를 알아서 해결하고, 본국에 수송상의 애로를 제기하는 것을 삼가라"라는 엄중한 훈령을 보냈다(나카츠카 아키라, 『1894년, 경복궁을 점령하라』, 2014, 193~194쪽).

오시마 여단장은 조선 정부로부터 인력과 우마를 합법적으로 징발할 수 있는 공문이 도착하기를 기다렸으나 끝내 도착하지 않았다. 일본 공사관은 조선 정부에 협조 요청을 해서 일본군이 통과할 때 지방관이 일본군의 요청에 따라 인마와 식량을 공급하는 등 편의를 제공하면 그 대가는 시가로 보상하겠다고 알렸다. 하지만 지방관들은 중앙 정부의 명을 따르지 않았다.

서울에서 청군이 주둔하고 있는 아산까지는 90킬로미터 거리였다. 용산을 출발한 여단은 곧바로 난관에 부딪쳤다. 일본군이 경복궁을 점령했다는 소문이 퍼지면서 반일 감정이 고조돼 식량과 인부 징발에 큰 어려움이 생긴 것이다. 심각한 상황에 처한 제9혼성여단은 병사 20명과 순사 20명을 서울 근교에 파견해 지나가는 조선 인부와 우마牛馬·마초馬草·수레·식량 등을 총칼로 위협해 강제 징발했다.

강제 징발을 통해 간신히 끌어모은 우마가 400마리였다. 일본군에 협력할 마음이 전혀 없었던 조선인 인부들은 7월 25일 밤 수원에서 심야에 우마를 몰고 도주했다. 어렵게 징발한 조선인과 우마, 식량과 탄약이 사라지자 일본군 선두 부대인 제21연대 3대대장 고시 마사쓰나古志正綱 소좌가 책임을 통감하고 자결했다.

하루 치 식량만 휴대하고 서울을 출발한 일본군은 식사도 제대로 못했다. 오시마 여단장은 오토리 공사에게 "일본군이 통과하는 지역의 지방관으로부터 양식·땔감과 운반 자재 등을 협조받지 못해 여단이 미증유의 곤란에 처해 있다"라고 급보를 날렸다. 식량 확보 및 보급에 지장이 생겨 병사들이 식사를 제대로 못 할 경우 전투력 저하로 승패에 큰 영향을 받게 된다.

7월 26일 오후 10시가 돼서야 인마 징발에 관한 '총리아문 문서'가 혼성여단 사령부에 도착했다. 수원 일대 주민들은 일본군 징발을 피하기 위해 우마를 끌고 시골로 도주했다. 각지에서 봉기한 조선 백성들은 일본군 납치 살해, 군용 전신선 절단, 보급 기지이자 인부 징발의 거점인 병참부 습격 등 반일 투쟁을 벌였다(나카츠카 아키라, 『1894년, 경복궁을 점령하라』, 2014, 197쪽).

일본 언론들은 일본군이 나타나면 조선 주민들이 "밥상 위의 파리처

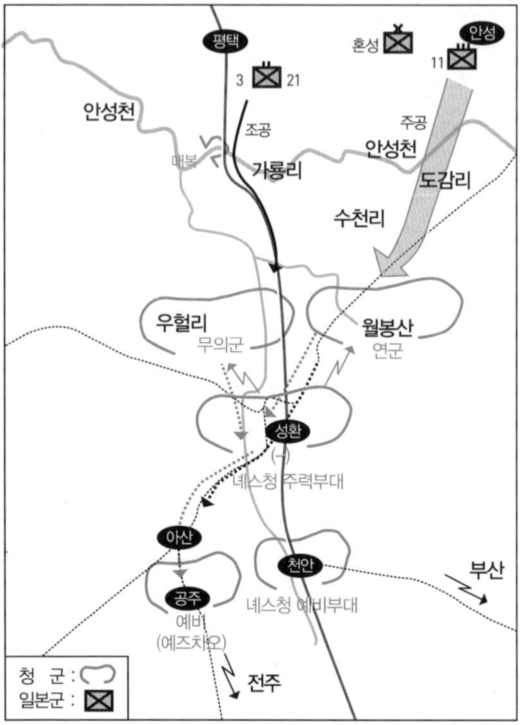

성환 전투 상황도.
출처 : 육군군사연구소, 『청일전쟁(1894~1895)』, 국군인쇄창, 2014, 277쪽.

럼 모였다가 흩어지고 흩어졌다가 모인다"라고 보도했다. 재일 사학자 박종근은 청일전쟁 개전에 앞서 경복궁을 점령하고 국왕을 포로로 잡은 이후부터 촉발된 반일 봉기를 근대 반일 의병운동의 시작이라고 주장한다.

우여곡절 끝에 7월 27일 일본군이 성환과 평택 사이의 소사들(소사평)에 출몰하자 녜스청은 예즈차오 제독에게 증원을 요청했다. 예즈차오는 새로 도착한 인자영 2영을 성환에 급파하고 28일 자신이 직접 성환으로 달려갔다. 청군 지휘부는 결전을 피하면서 성환을 방어하기로 했다. 만약의 경우를 대비해 공주에 수용 진지를 설치하고, 그 후 일본군을 피해 우회 북상해 평양의 청군과 합류하기로 했다.

이런 작전 방침에 의해 청군은 적을 눈앞에 두고 부대를 둘로 나누어 성환에는 총병 네스청 산하의 2,000명과 포 8문, 공주에는 제독 예즈차오가 지휘하는 1,500명을 배치했다.

초전에 청군 승리

예즈차오 제독은 공주로 이동해 수비 진지 구축에 들어갔고, 총병 네스청은 성환 역 동북쪽 해발 83미터의 월봉산(성환 한솔현대아파트 뒷산) 일대 고지에 주력 부대 방어 진지를 구축했다. 좌익은 성환 역에서 서북쪽으로 2킬로미터 떨어진 우헐리(현재의 성환읍 우신리) 일대에 배치하고 고지에 포병대를 배치했다.

우익은 성환 동쪽 월봉산 봉우리를 주진지로 해서 산을 따라 세 개의 진지를 건설했다. 성환 북쪽 구릉에는 요새를 쌓아 정면에서 서울-공주 간 도로를 통제했고, 성환 역로의 남쪽 구릉에도 두 개의 요새를 쌓았다. 일부 병력은 서북쪽 4킬로미터 전방 안성천에 배치했고, 초병 부대 80명을 직산에 매복시켰다. 안성천 앞은 엄폐물이 없는 농경지여서 일본군이 돌격해 오면 손쉽게 저격할 수 있는 곳이었다.

7월 28일 오전 8시 반경, 주력 부대를 이끌고 소사들에 도착한 오시마 혼성여단장은 적 진지를 정찰했다. 청군이 이미 성환에 방어 병력을 배치한 사실을 확인한 오시마 여단장은 이날 자정을 기해 병력을 좌·우익으로 나누어 총공격을 개시하기로 했다. 오시마 여단장은 소수 병력으로 우헐리를 기만 공격해 적의 주력을 묶어두고, 자신이 본대를 지휘해 성환 진지를 점령한다는 계획을 세웠다.

우익 부대는 7월 29일 새벽 2시 서울-공주 간 대로를 따라 성환 역을 정면에서 공격할 예정이었다. 이 부대가 안성천 가룡리에 이르렀을 때 매복하고 있던 청군 초병의 공격을 받았다. 한 시간여 접전에서 일본군은 제21연대 마쓰자키 나오오미松崎直臣 대위 등 수십 명이 전사하는 손실을 입었다.

청군 매복 부대는 우세한 지형과 어둠을 이용해 일본군에게 타격을 입혔으나 지원 부대가 오지 않아 대부분이 희생됐다. 오전 5시, 생존한 청군 초병들이 성환 방면으로 철수하자 일본군은 가룡리를 점령했다. 녜스청은 초기 전세를 과장해 본국에 승전보를 보냈다. 승전 소식을 접한 청 황제가 녜스청 부대에 큰 상을 내렸다.

가룡리를 점령한 일본군 우익 부대는 우헐리 진지 쪽으로 전진했다. 일본군 우익 부대는 논밭 소택지 사이로 행군하느라 행보가 느렸고, 엄호가 없었다. 성환 전면과 좌익 진지를 수비하던 청군이 제때 포격을 가했다면 일본군은 치명적인 피해를 당했을 것이다. 하지만 청군 지휘관들은 실전 경험 부족으로 기회를 살리지 못했고, 일본군은 손쉽게 안성천을 지나 성환 역으로 진출하여 협공 태세를 갖추었다.

병력 분산으로 각개격파당한 청군

녜스청 총병은 일본군 주공主攻이 서북 방면 우헐리로 향할 것으로 판단하고 청군 주력 부대를 이동시켜 우헐리 방어를 지휘했다. 일본군 우익 부대가 우헐리 진지를 공격하면서 본격적인 전투가 개시됐다. 그사이, 오시마 여단장이 지휘하는 일본군 본대는 공격을 받지 않고 도감리를 통과했다. 본대는 월봉산 동북쪽 기슭으로 이동해 방어선이 취약해진 고지 일대에 두 시간에 걸쳐 격렬한 공격을 퍼부었다.

일본군은 당시로서는 세계에서 가장 정확하고 고장이 적은 무라타 소총으로 무장했다. 반면에 청군은 미국제 엔필드, 스나이더, 독일제 마우저 소총 등 다양한 수입 병기를 사용했다. 녜스청은 빗발치는 총탄 속에서 필사적으로 저항했으나 병력을 과도하게 분산시켜 놓아 일본군에게 각개격파당하기 시작했다.

시간이 흐르면서 일본군이 승기를 잡기 시작했다. 양쪽에서 포위된 청군은 용감하게 저항했으나 오전 7시 반경 월봉산 진지를 돌파당했다. 성환 역을 점령한 일본군은 패주하는 청군에게 사격을 가했다. 우헐리 방면의 청군도 성환 방면의 패전 소식을 듣고 포 8문 등 장비와 군수품을 버리고 공주 방면으로 퇴각했다.

『일청전사』에 의하면 성환 전투에서 일본군 사상자는 장교 2명을 포함해 29명 전사, 부상 59명인 데 비해 청군은 200여 명의 사상자가 발생한 것으로 추정했다. 청군이 공주 방면으로 퇴각하자 오시마 여단장은 평양 방면의 청군에 대비하기 위해 추격을 중지했다.

성환 전투가 벌어졌을 때 일본 종군 기자들도 현장에서 취재했다. 그들은 말이 기자였을 뿐, 깡패 짓을 서슴지 않는 무뢰배 집단이었다. 「규슈니치니치신문九州日日新聞」 종군 기자로 조선에 파견된 아다치 겐조는 일본군과 함께 성환으로 이동해 전투를 취재했다. 취재를 마친 종군 기자들은 선박 편으로 인천으로 가기 위해 권총으로 무장하고 백석포로 이동했다.

이때 중국 상인들이 성환에서의 패전 소식을 모르고 식료품 등을 가득 싣고 백석포로 입항하다가 일본 종군 기자 일행과 마주쳤다. 그들은 중국 상인을 무참하게 학살한 후 짐을 모두 몰수했다. 기자들의 중국 상인 학살 사건은 인천의 일본 영사관 서기생 아마노 교타로天野恭太郎가 외무성 통상국장 하라 다카시에게 보낸 보고를 통해 세상에 알려졌다.

아마노의 보고에 의하면 일본 종군 기자들은 중국 상인들의 범선을 향해 손짓을 해서 불렀다. 배가 해안에 접안하자 기자 중 한 명이 중국인을 체포해 사살했다.

그 상황을 지켜보던 중국 상인들이 물로 뛰어들었는데, 기자들이 쇠갈고리로 중국인을 끌어당겨 22명을 사살했다. 아마노는 종군 기자들이 그들을 감독하는 일본군 장교의 허가를 받아 범행을 자행했다고 보고했다.

성환 전투 승리 이후 청일전쟁을 실시간으로 보도하는 출판물이 등장했다. 그중 두각을 나타낸 것은 박문관이 펴낸 잡지 「일청전쟁실기」다. 15일마다 발간된 이 잡지는 큰 호응 속에 증쇄가 거듭돼 매호 10만부 이상 판매고를 올렸다(윤소영, 「청일전쟁기 일본인의 전쟁관과 조선인식 | 라프카디오 헌의 에세이와 대중매체를 통하여」, 『일본사상』 제31호, 한국일본사상사학회, 2016, 176쪽).

1870년대 후반 메이지 정부는 청년들의 징병 기피와 군대의 군기 문란으로 심각한 위기를 맞았다. 260여 번으로 갈라져 있던 일본에서 통일 정부가 구성돼 각 지역 출신들이 징집되면서 지역·계층 간 갈등이 빚어진 데다, 병사들이 단체생활에 익숙지 못해 일어난 일이었다. 1882년 「군인칙유」를 통한 교육과 헌병을 통한 군기가 확립되면서 겨우 질서가 잡혔다.

풍도·성환 승리로 광란의 분위기 연출

1883년 징병 제도가 전면 개정돼 신체적 부적격자를 제외하고 병역면제 제도가 폐지됐다. 1890년에는 「교육칙어」를 반포해 국민 교육을 대대적으로 강화했다. 이때 소학교(초등학교)에서 군대식 집단 행동 양식(병식 체조)을 교육했고, 운동회를 통해 군사 제도를 확산시켰다. 학교에서 실시하는 소풍은 다름 아닌 행군이었다.

이처럼 강화된 교육 덕분에 일본 청년들은 "전쟁에 참전해 죽는 것은 명예로운 일" "천황을 위해 죽는 것이 소원"이라는 말이 유행할 정도로 분위기가 일신됐다(윤소영, 「청일전쟁기 일본인의 전쟁관과 조선인식」, 2016, 164~165쪽).

전투는 풍도 해전이 먼저 벌어졌으나 성환 전투 승전보가 먼저 알려졌고, 뒤를 이어 풍도 해전의 승전 소식이 도착하자 일본은 광란을 방불케 할 정도로 들떴다. 즉시 '성환의 역役'이라는 개선가가 만들어져 민중들에게 퍼져나갔다. 무쓰 외상은 일본 국민은 처음부터 육군의 승리는 예견했으나 해군의 승패 여부에 대해서는 회의적이었는데, 해군 승전보를 접하자 자신의 나라가 비약적으로 강해졌다는 자신감에 넘쳐 거의 광란에 가까울 정도로 기뻐했다고 기록했다(무쓰 무네미쓰, 『건건록』, 2013, 143쪽).

성환 전투에서 승리한 일본군 제9혼성여단이 서울로 복귀한 8월 5일, 용산에서 개선식이 열렸다. 일본군은 용산 문평산 동쪽 평지에 높이 4장의 녹문綠門을 만들고 오토리 공사가 쓴 편액을 걸었다. 일본군 개선식에 조선인 인부가 동원돼 전투 노획물과 대포를 운반했다. 개선하는 일본군 선두에서 조선인 인부가 청군에게서 빼앗은 징과 큰북을 치고, 청군으로부터 획득한 청룡기, '섭葉' 자 깃발, '섭聶' 자 깃발, '위魏' 자 깃발 등과 장창, 8문의 대포를 실은 우마가 입장했다(김경록, 「청일전쟁 초기 한일맹약의 강제 체결과 일본의 군사침략」, 『한일관계사연구』 제51집, 한일관계사학회, 2015, 307쪽).

8월 6일, 오토리 공사는 남산 왜성대에서 성환 전투 승리를 기념하기 위한 개선 장교 환영연을 열었다. 이날 행사에 유일한 해군으로 참석한 주한 일본 공사관 해군무관 니이로 도키스케新納時亮 소좌는 "싸움은 이제부터다. 유명한 적의 딩위안·전위안을 격침시킬 날도 얼마 남지 않았다"라고 연설해 박수갈채를 받았다.

청국은 7월 29일 주일 청국 공사 왕펑짜오에게 귀국 명령을 내렸고, 7월 30일에는 총리아문이 각국 공사들에게 개전 책임이 전적으로 일본에 있음을 알렸다. 7월 31일, 고무라 주타로 주청 일본 대리공사에게 국교 단절을 통고했으며, 8월 1일 광서제는 "왜인들은 맹약을 저버리고 흔단을 열어서 그 무례함이 극에 달했으니, 이들에게 관용을 베풀기 어렵게 됐다. 각 군을 파견해 신속히 나아가 토벌하고, 웅장한 군대를 대거 집결시켜 조선 인민을 도탄에서 구원하라"(다보하시 기요시, 『근대일선관계의 연구 (下)』, 2016, 543~545쪽)라는 개전 칙유를 내렸다.

광서제는 개전 칙유에서 청일전쟁의 목적을 "일본의 군사적 침략을 물리쳐 조선과의 조공 관계를 지키는 데 있다"라고 밝혔다. 그러니까 청이 전쟁을 선포한 목적은 조선과의 '종번 관계'를 유지하기 위해서였다(김현철, 「청일전쟁」, 문정인 외, 『동아시아의 전쟁과 평화』, 연세대 출판부, 2006, 133~134쪽).

전쟁을 못마땅하게 생각한 메이지 천황

해상과 육상에서 승리가 확인된 7월 31일, 일본 정부는 각국에 청과 전쟁 상태에 돌입한 사실을 알렸다. 이날 각의에 제출된 선전 조칙안은 전쟁을 청국 한 나라와만 할 것인지 아니면 청국 및 조선으로 할 것인지를 두고 의견이 갈렸다. 8월 1일 청이 선전 포고를 발표하자 일본도 선전 포고를 급히 서둘러야 할 상황이 됐다. 그 결과 8월 2일 일본은 각의에서 전쟁 상대국은 청국 한 나라로, 개전 날짜는 8월 1일로 하는 선전 조칙안이 결정됐다. 이 조칙안이 천황의 재가를 거쳐 공포됐다.

일본 정부는 선전 포고를 발표하면서 사실상 전시 상태이므로 열강의 거중조정을 받아들이지 않을 것이며 청군이 특정 지역, 특히 평양에 위치하는 것을 수용할 수 없다고 통보했다. 킴벌리 외상이 7월 7~14일 제의한 청·일 양군의 '한반도 공동 점령' 제안에 반대한다는 뜻을 분명히 한 것이다(석화정, 「청일전쟁 전황과 '조선의 독립' 문제에 대한 열강의 정책」, 2017, 166쪽).

선전 포고 발표 과정에서 일본 정부 내에서 개전일을 둘러싸고 논란이 벌어졌다. 개전일은 국내에서 전시법을 언제부터 적용하느냐와 관련이 있기 때문이다. 9월 10일 각의는 7월 25일을 개전일로 결정했다. 그 결과 7월 23일 발생한 조선 왕궁 점령 전투는 청일전쟁에서 사라지게 됐다. 조선 왕궁 점령 과정에서 전사한 다노우에 이와키치 일등병은 청일전쟁 전사자로 인정받지 못하게 됐다(오타니 다다시, 『청일전쟁』, 2018, 116~117쪽).

메이지 천황의 사적을 기록한 『메이지 천황기天皇紀』 1894년 8월 11일 항목에는 천황이 "이번 전쟁은 짐의 본의가 아니었다. 각신閣臣들이 전쟁을 할 수밖에 없다고 상주함에 따라 이를 허락했을 뿐인지라, 이를 신궁 및 선제 능에 알리는 것은 매우 괴롭다"라고 발언한 사실이 기록돼 있다.

천황은 8월 11일 궁중에서 거행된 개전 봉고제奉告祭도 결석해 다른 사람이 대신했다. 개전 봉고제 같이 중대한 제사를 다른 사람에게 대신하게 한 행위는 이례적인 일이었다(오타니 다다시, 『청일전쟁』, 2018, 118~119쪽). 천황은 청국과의 전쟁을 납득하지 못했고, 이 전쟁은 "짐의 전쟁이 아니라 대신들의 전쟁"이라는 사실을 공개적으로 알린 셈이다.

양국이 상대국을 향해 선전 포고문을 발표함으로써 한반도의 주도권을 놓고 일본과 중국의 세기말적 전쟁이 시작됐다. 일본 정부는 선전 조칙에서 전시 국제법을 준수하며 수행할 것을 선언했다. 후쿠자와 유키치福澤諭吉는 청일전쟁을 문명국 일본과 야만국 청이 벌이는 '문文-야野의 전쟁'이라고 주장했다.

개전 당시 육군 대신 오야마 이와오는 국제법 준수에 가장 의욕적인 육군 수뇌였다. 그는 "전쟁은 나라와 나라의 싸움이며 개인끼리의 한恨에 있지 않다"로 시작하는 적십자조약을 준수할 것을 명령한 육군 대신 훈령을 발표했고, 출정하는 병사들에게 인쇄한 훈령을 소지하도록 했다(오타니 다다시, 『청일전쟁』, 2018, 190쪽).

또 제2군이 조직됐을 때 법률고문으로 국제법 전문가 아리가 나가오가 종군하도록 했고, 해군은 다카하시 사쿠에高橋作衛가 기함인 마쓰시마에 승함해 국제법 문제를 담당했다. 아리가와 다카하시는 전쟁이 끝난 후 육·해군 자료를 가지고 프랑스와 영국으로 건너갔다. 아리가는 프랑스어로 『일청전역日清戰役 국제법론』을 출간했고, 다카하시는 케임브리지 대학 출판부에서 『일청전쟁에서의 국제법 사례』를 출간해 청일전쟁에서 일본군이 국제법을 엄중하게 준수했다고 주장했다(오타니 다다시, 『청일전쟁』, 2018, 191쪽).

청일전쟁과 관련해 불개입을 선언했던 영국 정부는 8월 2일 중립, 8월 3일에는 엄정중립을 표명했다. 영국이 표방한 중립이란 로이터가 언급한 것처럼 미국과 마찬가지로 명백히 일본에 '호의적인(benevolent)' 중립이었다. 8월 7일에는 네덜란드, 8월 10일에는 이탈리아·포르투갈·덴마크, 8월 28일에는 미국, 9월 6일에는 독일이 중립을 표방했다.

제7장

조선 보호국화 시동 걸다

일본이 조전에 청군을 연파하면서 기세를 올리고 있던 8월 21일, 러시아 황제 알렉산드르 3세는 동아시아 위기를 논의하기 위해 특별 각료 회의를 소집했다. 이날 회의에서 러시아는 청일전쟁에서 어떤 행동을 취할 것인지를 논의했다. 기르스 외상은 일본이 쓰시마해협을 통제할 경우 러시아는 동해를 자유롭게 이용할 수 없으니 조선에서 현상 유지가 필요하다는 의견을 제기했다. 재무상 비테는 만주와 조선에서 신중한 정책을 유지하며 경제적 침투를 하는 것이 유리하기 때문에 러시아가 청일전쟁에 개입해서는 안 된다는 입장이었다.

러시아는 1886년부터 시베리아횡단철도 건설을 논의했으나 자금 부족으로 손대지 못하다가 1891년 5월 황제의 칙령으로 시베리아횡단철도가 착공됐다. 철도는 15년 후 완공키로 예정돼 있었다. 이날 특별 각료 회의에서 러시아는 시베리아철도가 완공되기 전까지는 열강과의 외교적 협조를 통해 "조선에 대한 현상 유지"를 위해 노력하고, 그 후 일본과의 전쟁에 대비해 러시아 군대를 강화한다고 결정했다.

청국에서는 선전 포고 발표 직후 광서제와 웡퉁허를 중심으로 한 주전파가 조선에 출병한 청군이 신속히 남진해 일본군을 한반도에서 축출해야 한다고 주장했다. 광서제는 리훙장에게 "야간에라도 전진해 서울을 공격하라"라고 엄중하게 명령했다. 개전 초기만 해도 위풍당당하게 자신들의 승리를 믿어 의심치 않았던 중국 언론 「선바오」는 두 차례의 패전 비보에 기가 꺾였다. 8월 4일 사설에서 「선바오」는 "중국은 일본의 열 배이고 중국인의 숫자도 일본의 열 배이지만, 중국은 강해 보이지 않고 일본은 약해 보이지 않으니 어째서인가?"라며 일본이 서양을 본받아 국력이 급신장한 사실을 알렸다.

방어전에 급급했던 청군

청군의 작전 계획은 해군의 경우 주력을 황해 북부로 집결시켜 보하이만 입구를 경계하고 육군의 해상 수송을 엄호하며 조선 주둔 육군과 합동 작전을 수행키로 했다. 육군은 평양 부근에 집중한 후 조선에 파병된 일본군을 격퇴하기로 했다.

모든 전쟁은 엄격한 의미에서 공격이 아닌 방어에서 시작된다. 중국인들도 그렇게 믿었다. 그 결과 청나라는 쩡궈판曾國藩 시대의 방어 전략을 리훙장이 그대로 승계했다. 리훙장은 "먼저 방위에 힘쓰고 나서 진격을 꾀하는 것이 순리"라는 방어 전술을 강조했다. 그는 "서울로 진군하려면 3만 명은 더 증원해야 한다"라면서 일본과의 격돌을 회피했다.

전략도 보수적이어서 조선에서 전장을 주도할 수 있는 기회를 상실했다. 평양 주둔 청군도 소극적인 방어책으로 일관하는 등 어수선한 상황에서 시간만 허비했다. 일본군은 조선으로 이동 중이었기 때문에 리훙장이 광서제의 신속한 서울 공격 명령을 제때 수행했다면 전세는 다른 국면을 맞았을지도 모른다(셰쥔메이, 「청일전쟁시 조선투입 청군의 동원과 조선 내에서의 전투상황」, 1996, 146~147쪽).

동아시아 최강을 자랑하던 북양해군 운용도 방어적이고 소극적이었다. 함대 주력을 보하이 북부로 집결시켜 보하이만 입구를 경계하고 육군의 해상 수송을 엄호하며 조선 주둔 육군과 합동 작전을 수행하되, 육군은 먼저 평양 부근에 집중해 조선 주둔 일본군을 격퇴하는 전략을 수립했다.

반면에 일본은 적극적이고 공세적이었다. 일본 정부는 7월 중순, 청일전쟁과 관련한 '작전 대방침'을 결정했다. 단기전을 지향한 '작전 대방침'의 핵심 요지는 황해와 보하이의 제해권을 장악하고 가을까지 육군 주력을 보하이만 북안으로 수송해 청국 수도인 베이징 일대에서 결전을 벌인다는 계획이었다.

일본 정부가 선전 포고를 하자 대본영은 즉각 '작전 대방침'에 의거해 "청군을 조선에서 축출하고 조선 전역을 점령"하기 위해 신속하게 조선에 병력을 증파했다. 청군의 소극적 방어책 덕분에 일본군은 평양으로 병력을 집중시킬 수 있는 귀중한 시간을 벌었다.

이토 총리는 개전 직후 언제라도 서양 열강이 무력 간섭을 시작할 것으로 보고, 그 시기가 언제인가를 탐지하는 데 모든 노력을 쏟았다. 때문에 일본은 신속하게 대규모 승리를 쟁취해, 청국에 일본의 요구 사항을 제시하고 강화할 수 있는 권리를 확보하는 것이 급선무였다. 그는 이 내용을 '전쟁 의견서'로 작성해 발표했다.

청일전쟁은 군부가 일으킨 전쟁

'전쟁 의견서'의 핵심은 속전속결, 그리고 정략과 전략(즉 군사와 외교 전략)의 일치였다. 이토는 두 번째 방침을 설명하면서 "군사 작전이 전부가 아니라, 국가를 위기에 빠뜨리지 않도록 외교 관계를 신중하게 검토하는 것이 절대적으로 필요하다"라고 결론지었다.

이토 총리는 개전 과정에서 육군참모본부가 사전에 깔아놓은 레일에 따라 전쟁으로 돌진할 수밖에 없는 현상을 목격한 바 있다. 그는 전쟁 수행 과정에서 군부의 지나친 야심으로 인해 열강의 무력 간섭을 야기하지나 않을까 하는 고민과 걱정을 '전쟁 의견서'를 통해 간접 표출한 것이다. 이토 총리의 우려는 일본군이 압록강을 건너 청국 영토로 진격하면서 현실로 나타났다.

일본 대본영은 '작전 대방침'에 따라 조선에 병력을 증파해 청군과 결전을 치르기로 결정했다. 이를 위해 이미 조선에 파견된 제5사단 산하 제9혼성여단 외에 히로시마에 대기 중이던 제5사단 잔여 병력과 제

편성 당시의 일본군 제1군

부대	지휘관
제1군	야마가타 아리토모 대장 노즈 미치쓰라 중장 (1894. 12. 18)
제5사단	노즈 미치쓰라 중장 오쿠 야쓰카타 중장
–혼성 9여단	오시마 요시마사 소장
–제10여단(삭녕지대)	다쓰미 나오후미 소장
–원산지대(제3사단 일부)	사토 다다시 보병 제18연대장
제3사단	가쓰라 다로 중장
–제5여단	오시마 요시마사 소장
–제6여단	오시마 히사나오 소장

출처 : 오타니 다다시(大谷正), 이재우 옮김, 『청일전쟁–국민의 탄생』, 오월의봄, 2018, 129쪽.

3사단을 증파하기로 했다. 그리고 조선에 출병한 제3·제5사단을 묶어 제1군을 편성했다.

제1군 사령관에는 현직 추밀원(천황의 직속 자문 기구) 의장이자 '일본 육군의 교황'이라 불린 육군대장 야마가타 아리토모가 임명됐다. 야마가타는 본인의 희망에 따라 현직을 겸한 채 제1군 사령관에 임명됐다. 추밀원 의장과 출정군 사령관 겸직은 일본 근대 역사상 전무후무한 일이다. 대본영은 야마가타 1군 사령관에게 "이토 스케유키의 연합함대와 합동 작전을 벌여 조선 내의 청군을 격퇴하라"라고 명령했다.

조선에 파견된 제5사단장은 노즈 미치쓰라, 제3사단장은 가쓰라 다로桂太郎였다. 가쓰라는 사무라이 집안에서 태어나 군인으로 잔뼈가 굵은 독일 유학파 출신의 엘리트 지휘관이었다. 그는 독일에서 군사학을 공부하고 귀국해 육군을 프로이센식으로 개편하는 데 앞장선 인물이다.

가쓰라 다로는 청일전쟁 종료 후 정치에 입문해 제11·13·15대 총리를 역임했다. 11대 총리 재임 시절인 1902년 영일동맹을 체결하고 러일전쟁을 벌여 승리했다. 1905년 7월 29일에는 미국의 태프트 육군 장관과 대화했고, 13대 총리 재임 시절 한일병합조약을 성사시켰다.

대본영 어전 회의에 참석한 이토 총리

한 인물에게 권력이 집중되면 갖가지 부작용이 나타나기 마련이다. 야마가타는 육군 최고 원로이자, 추밀원 의장과 출정군 사령관직을 겸직한 결과 일본 내에서 야마가타를 제어할 수 있는 사람은 천황밖에 없는 상태가 돼버렸다. 이런 상황을 누구보다 우려한 사람은 야마가타와 죽마고우였던 이토 히로부미 총리였다.

이토는 청일전쟁의 목적 달성은 군사적 승리보다 서양 열강의 태도에 의해 결정된다는 사실을 냉철하게 파악하고 있었다. 때문에 야마가타가 무공을 세우기 위해 과욕을 부릴 경우 열강의 무력 간섭을 야기할 우려가 있다며 고심했다. 이토는 자신의 고민을 메이지 천황에게 털어놓았다. 메이지 천황은 이토의 건의를 받아들여 야마가타 1군 사령관의 출정을 허락하는 조건으로 "문무를 검토해 의논하고 주도면밀하게 과업을 수행하기 위해 이토 총리는 대본영 어전 회의에 참여하라"라고 명령했다.

대일본제국 헌법에 의하면 전쟁 선포 및 전쟁 수행은 전적으로 천황과 군부 소관 사항으로서 내각이 관여할 수 없도록 돼 있었다. 때문에 이토 총리는 매주 두 번 정기적으로 열리는 대본영 어전 회의 참석 대

대본영 군사 회의 참석자

구분	직위	성명
내각	총리	이토 히로부미(伊藤博文)
	외상	무쓰 무네미쓰(陸奧宗光)
	육군 대신	오야마 이와오(大山巖)
	해군 대신	사이고 쓰구미치(西鄕從道)
군부	참모총장	아리스가와노미야 다루히토(有栖川宮熾仁) 친왕
	참모차장 겸 병참총감	가와카미 소로쿠(川上操六)
	야전감독장관	노다 히로미치(野田豁通)
	운수통신장관	데라우치 마사타케(寺內正毅)
	야전위생장관	이시구로 다다노리(石黑忠悳)
	해군 군령부장	가바야마 스케노리(樺山資紀)

상이 아니었다. 메이지 천황은 이토 총리를 대본영 어전 회의에 참가시켜 군부 독주를 견제하고, 정략과 전략의 불일치를 해소하려 한 것이다.

대본영의 병력 증파 결정으로 평양의 청군과 전투를 수행하게 될 제5사단 잔여 병력 및 제3사단의 수송이 초미의 관심사로 등장했다. 평양은 서해 남포 항 가까운 곳에 위치하고 있어 병력을 남포 부근에 상륙시키면 간단히 해결할 수 있었다. 하지만 동아시아 최강의 북양함대가 제해권을 장악하고 있는 것이 걸림돌이었다. 일본군은 풍도 앞바다에서 청군 병력 수송선 가오성호를 격침시켜 800여 명의 청군 병사들을 수장시킨 바 있다. 서해의 제해권이 확보되지 않은 상태에서 병력을 수송하다 자칫 잘못하면 자신들도 똑같은 비극을 당할 수도 있다는 공포감이 엄습했다.

풍도 해전 이후 일본 해군은 함대 결전을 통해 북양함대를 제압하려 했으나 그 기회가 오지 않아 제해권 장악에 실패했다. 그 결과 8월 9일 '작전 대방침'이 변경돼 즈리 결전은 다음 해 봄 이후로 연기됐다. 단기 결전을 목표로 삼았던 청일전쟁은 해를 넘겨 장기전으로 바뀌게 된다 (오타니 다다시, 『청일전쟁』, 2018, 126~127쪽).

북양함대의 실수

청·일 양국이 선전 포고를 한 다음 날인 8월 2일, 대본영은 연합함대에 "황해의 제해권 확보를 위한 함대 결전을 수행하라"라고 명령했다. 명을 받은 연합함대는 북양함대와 결전을 벌이기 위해 황해 일대 수색에 나섰다. 풍도 해전에서 일본 해군 전력이 만만치 않은 수준이란 사실을 확실하게 경험한 리훙장은 북양함대에 압록강과 웨이하이웨이를 잇는 해상선 바깥으로 나가지 말라고 명령했다.

이 명령에 의해 북양함대는 모항인 뤼순과 웨이하이웨이에 틀어박혀 있다가 가끔씩 출항해 항구 밖 10~15킬로미터까지 나가 경비를 서는 척하다가 귀항했다. 이로써 북양함대는 일본군 병력 수송을 방기하는 중대한 전략적 오류를 범했다.

8월 10일, 이토 스케유키 제독은 20척의 함정을 이끌고 뤼순과 웨이하이웨이에 틀어박힌 북양함대를 밖으로 유인하기 위해 공격을 시도했다. 이 작전은 조선으로 병력을 증파하는 일본군 수송선의 움직임을 은폐하기 위한 기만 작전이었다(제노네 볼피첼리, 『구한말 러시아 외교관의 눈으로 본 청일전쟁』, 2009, 149~150쪽).

함대 결전을 통해 북양함대를 제압하고 제해권을 확보하려던 일본의 계획은 청나라 측의 의도적인 회피로 성사되지 않았다.

조선 국토의 남쪽은 일본군이 상륙하고, 북쪽은 청군이 전진해 오면서 청·일 양국 군대가 절반씩 점령하는 양상이 됐다. 청·일 양군이 통과하는 지방에서는 군대에 필요한 군수품 징발로 인한 혼란이 연출돼 조선 전토가 전장과 다름없게 됐다. 조선 정부의 통치력이 미치는 곳은 경성(서울)과 그 부근에만 한정돼 있었다(무쓰 무네미쓰, 『건건록』, 2013, 161쪽).

대본영이 제1군을 조직해 조선에 증파한 이유는 열강의 간섭이 본격화하기 전에 확고부동한 승리를 쟁취하기 위해서였다. 전쟁 외교의 사령탑인 무쓰 외상은 일본이 대군을 파견하고 엄청난 전비를 투입해 개전했음에도 불구하고 열강의 간섭으로 얻은 것 없이 전쟁을 종료하는 상황을 크게 우려했다.

무쓰 외상은 오토리 공사에게 "조약을 통해 조선에서 철도·전신선·광산 등 확실한 이권을 확보하라"라고 지시했다. 오토리 공사는 이 지시에 의거해 조선 정부에 가조약안을 내밀었다. 7월 20일 일본 각의에서 개전 결정과 함께 "경의선 철도 및 전신선, 목포 개항 등과 같은 실리를 차지하는 데 진력하라"라는 훈령을 내렸는데, 이 훈령이 가조약안의 뼈대가 됐다. 가조약안에는 다음과 같은 사항들이 적혀 있었다(후지무라 미치오, 『청일전쟁』, 1997, 139쪽).

① 내정 개혁의 속행
② 경부·경인철도를 일본 자금 및 기술에 의해 건설
③ 경부·경인 간 전신선 유지
④ 정치·법률고문 및 군사교관에 일본인 초빙
⑤ 전라도의 항구 하나를 추가 개항
⑥ 7월 23일 경복궁 점령에 대한 책임 면제

마지막에는 "조선국의 독립 보호에 관한 일체의 사항은 별도로 양국 위원이 참석하는 합동 회의에서 결정돼야 한다"라는 조항이 포함돼 있었다. 오토리 공사는 조선의 보호국화를 위한 조치를 염두에 두고 가조약안을 작성한 것이다.

일본 각의, 조선을 보호국화하기로 결정

오토리 공사가 준비한 가조약안 교섭은 대원군과 고종의 이중 플레이로 인해 계속 제자리에서 맴돌았다. 그는 지지부진한 상황을 일거에 타개하기 위해서는 일본 정부 차원의 근본적인 '조선 정책'이 필요하다고 판단했다. 오토리는 본국 정부에 "조선을 어떤 지위에 두고, 어떤 관계를 유지해야 하는지"를 질의했다.

오토리 공사의 문제 제기에 대해 무쓰 외상은 8월 17일 일본 각의에

처한방책 4통(處韓方策四通)

안	방법론	주요 내용
갑안	일본 승리 후 자치론	조선의 내정을 개혁하고 일본이 승리한 후 조선을 진정한 독립국으로서 자주에 맡겨 조선 자신에게 운명을 일임
을안	보호국화론	명의상 독립국으로 공인하지만, 일본이 직·간접으로 독립을 유지시켜 주고, 일본이 타국의 침략을 방어
병안	일-청 제휴론	일·청 양국이 조선 영토의 안전과 독립을 담보
정안	조선 중립화론	일본이 주도해 조선을 유럽의 벨기에·스위스와 같은 영세 중립국화

서 '처한방책 4통處韓方策四通'이란 조선 관련 정책을 결정해 줄 것을 요청했다.

각의는 무쓰의 제안을 검토한 결과 을안이 현실적으로 가능하다고 판단했다. 하지만 을안은 조선을 일본의 속국으로 만드는 방안이어서, 이것이 외부에 알려지면 열강의 심각한 무력 간섭을 초래할 소지가 다분했다. 또 청이나 러시아 등이 조선을 침략할 경우 일본 단독으로 조선을 보호해야 하는데, 이것이 가능한지에 대한 의문이 제기됐다.

일본 각의는 고심 끝에 "을안으로 하되, 후에 보다 구체적인 입장을 정한다"라는 모호한 결론을 내렸다. 사정이야 어떻든 일본은 이날 "조선을 일본의 보호국으로 삼는다"라는 중대한 정책을 결정했다. 일본 정부는 청일전쟁 종결 후 삼국간섭으로 대조선 정책을 수정하기 전까지 이 안을 토대로 보호국화 정책을 추진했다.

오토리 공사는 8월 17일 각의 결정에 따라 조선 정부에 제출한 가조약안 중 제8항의 '보호'를 '공고'로 바꾸는 등 두세 곳을 고쳤다. 새로 고친 문건에 '조일朝日잠정합동조관'이라는 제목을 붙여 조선 정부에 제출했다.

선전 포고도 없는 상황에서 일본군이 조선 왕궁을 점령한 사건은 국제법적으로 명백하고 노골적인 침략 행위였다. 스기무라 서기관의 기록에 의하면 경복궁 점령 후 고종과 대원군은 일본 병사들이 궁내에 주둔하는 것을 몸서리치도록 싫어했다. 조선 정부의 강력한 반발로 일본군이 경복궁을 계속 점령하기 어렵게 되자 일본 외무성은 오토리 공사에게 "조선 독립의 체면을 세워주고 동맹의 성과를 거둘 것"을 훈령했다. 형식적으로는 조선이 독립국인 것처럼 보이도록 하되, 실제로는 종속국 지위를 유지하라는 지시였다.

조선의 철도·전신 이권 확보한 일본

주한 일본 공사관은 조선 정부에 "조일잠정합동조관에 조인하면 궁내를 지키던 일본군을 철수시켜 조선군으로 대체하고, 일본 병사들은 광화문 밖에서 왕궁을 호위하겠다"라고 제안했다. 조선 정부는 그 말을 믿고 8월 20일 조일잠정합동조관에 조인했다. 그런데 조관의 내용 중 "7월 23일 왕궁 근처에서 일어난 양국 병사들의 충돌 사건에 대해 추궁하지 않는다"라는 항목이 있었다. 일본군이 경복궁을 점령한 사건에 어떤 이의도 제기하지 못하도록 원천 봉쇄한 것이다.

일본군은 조일잠정합동조관 조인과 동시에 경복궁에서 철수했다. 이것은 일종의 속임수였다. 경복궁 정면에 위치한 광화문 앞의 친군 장위영 터, 즉 왕궁 문밖 몇 미터 거리로 주둔지를 옮겼을 뿐이다. 게다가 "왕궁을 출입하는 일본인의 단속을 위해"라는 명목으로 일본 영사관 소속 순사 30명을 경복궁 내에 주둔시켜 왕궁 내의 반일 동향을 감시했다(박종근, 『청일전쟁과 조선』, 1989, 93~94쪽). 대원군을 비롯한 조선 정부의 강력한 항의에도 불구하고 일본은 1895년 4월 시모노세키조약 체결 때까지 일본 순사를 경복궁 내에 주둔시켰다.

일본은 조일잠정합동조관을 통해 경부·경인 철도 부설권, 군용 전신선 관할권 등을 조선 정부로부터 양도받았다. 특히 조선 철도는 군사 측면에서 관심이 컸다. 일본은 오래전부터 조선의 철도 이권에 집착했다. 일본 우편의 창시자이자 당시 역체총관驛遞總官 마에지마 히소카前島密는 "일본 철도의 연장선으로 조선을 남북으로 꿰뚫어 만주까지 연결하는 간선 철도를 일본의 힘으로 부설하는 것이 시급하다"라고 역설했다.

1885년 일본 참모본부의 지시에 의해 마쓰다 고조松田行藏가 4년간 조선 각지를 비밀 답사했다. 가와카미 소로쿠는 청일전쟁에 대비해 중국·조선을 시찰한 후 1892년 조선 정밀 지도 제작에 착수했다. 부산 주재 일본 영사 무로타 요시아야室田義文는 가와카미의 요청을 받고 "미국 박물관에 기증하기 위해 진귀한 작은 새를 사냥한다"라고 속이고 기사 고노 덴스이河野天瑞를 파견해 두 달 동안 부산에서부터 압록강·두만강까지 조선 영토를 비밀 측량했다. 참모본부에 제출된 이 측량도가 청일전쟁에서 가공할 위력을 발휘했다(박종근, 『청일전쟁과 조선』, 1989, 111쪽).

청일전쟁 직전에는 무쓰 외상의 지시를 받은 다케우치 쓰나竹內綱가 조선의 교통로를 시찰한 후 경부·경인 철도 이권 획득을 위한 공작을 진행했다. 일본군의 조선 출병 후 철도 이권 획득은 군사적 압력을 가한 끝에 실현됐다. 제1군 사령관 야마가타 아리토모는 전쟁 전까지만 해도 조선의 독립을 돕고 청국의 간섭을 면하게 하는 것이 일본의 임무라고 생각했다.

그런데 직접 조선을 견문한 결과 백성들이 사리에 어둡고 어리석어 산업에 힘쓰지 않고 진취의 기상이 결핍돼, 조선을 도와 온전한 독립을 이루기는 매우 어려운 일이라고 분석했다. 대안으로 그는 이토 총리에게 부산에서 서울을 거쳐 의주까지의 철도를 부설하고, 청국의 영향력을 불식시키기 위해 평양 이북에서 의주 지역에 일본인을 이주시키는 방안을 제안했다.

야마가타는 특히 부산-의주 간 철도는 일본의 패권을 동양에 떨치고, 나아가 인도까지 이르는 대도大道로 삼아야 한다고 주장했다. 그는 조선에 대한 자율적 방식의 근대화 지원 방책을 단념하고 철도 건설이나 본토인 이주 등을 통한 강압적인 식민 건설을 주장한 것이다(박영준, 「청일전쟁 이후 일본의 대외정책론(1895-1904) | 야마가타 아리토모山縣有朋의 전략론과 대항 담론들」, 『일본연구논총』 제27호, 현대일본학회, 2008. 264~265쪽).

조선의 경부 철도 건설 추진

죽마고우인 야마가타로부터 부산-의주 철도 건설 제안을 받은 이토 총리는 주한 일본 공사에게 "조선의 철도 부설은 군사상으로 중요하다. 센고쿠 미쓰구仙石貢 기사를 파견해 측량이 끝나는 대로 경성-인천 정도는 기공할 수 있도록 조선 정부로부터 약속을 받으라"라고 지시했다. 그 결과 주한 일본 공사관은 다음과 같은 방안을 조선 정부에 제안했다.

> 첫째, 일본 정부가 조선에 자금을 대여해 경인·경부 철도를 부설한다.
>
> 둘째, 부설 후 50년이 지나 건설비 전액을 상환하면 이 철도는 조선 정부 소유가 된다.
>
> 셋째, 그때까지 일본 정부는 철도의 모든 것을 관할·시설하고 손익을 부담한다.

이 제안에 조선 정부는 "상환 기간이 너무 길다"라면서 반대했다. 이노우에 공사는 조선에 차관을 제공하고, 그 담보로 경부·경인·경의 철도를 기한을 정해 일본 정부나 일본 민간 기업이 건설하는 방안을 제안했다.

대본영은 앞에서 소개한 센고쿠 미쓰구를 비롯한 철도 기사와 공사 인부 100명을 조선에 파견해 1894년 11월부터 1895년 초까지 철도 노선 예정지를 측량했다. 이들은 조선 철도의 중심 노선이 될 경부선을 비롯해 중로선中路線과 광주-이천-충주-괴산-조령-문경 경유 및 과천-죽산-청주-영동-성주-창녕을 경유하는 세 노선을 측량했다(박종근, 『청일전쟁과 조선』, 1989, 114쪽).

당시 일본 정부는 청일전쟁 전비 부담도 힘겨워 조선에서 철도 공사를 추진할 여력이 없었다. 일본의 민간 자본도 취약해 조선에서 철도 건설 사업을 실행할 만한 자본력을 갖춘 회사가 없었다. 민 왕후 시해 사건 이후 일본 세력이 한반도에서 후퇴하자 고종은 경인 철도 부설권을 미국인 모스(J. Morse)의 회사에 주었다.

경인 철도 부설권이 미국 회사에게 넘어가자 미우라 고로의 후임으로 부임한 고무라 주타로小村壽太郎 공사는 조선 정부에 "양국이 체결한 잠정 조관에 위배된다"라면서 항의했다. 조선 정부는 "귀국은 잠정 조관 체결 후 3년이 지났음에도 불구하고 건설에 착수하지 않아 효력이 소멸된 것으로 간주한다"라고 답했다.

1896년 7월에는 경의선 부설권이 프랑스인 그리유(Grille)에게 넘어갔다. 1897년 모스는 경인선 철도 공사에 착수했으나 자금난에 몰리자 일본에 사업권을 매각했다. 결국 경인선 철도는 1900년 일본 자본과 기술로 완성돼 운영을 개시했다. 경부선은 러일전쟁 직전인 1904년 1월에 착공해 전쟁이 한창이던 1905년 1월 개통됐고, 이어 경의·경원선도 착공했다.

영국이 일본에게 청일전쟁 개전의 물꼬를 터준 것은 러시아-프랑스 동맹 체제의 등장 덕분이다. 1891년 유럽에서 러시아-독일 관계가 최종 소멸되고 러-프 동맹 관계가 형성됐다. 프로이센-프랑스 전쟁(보불전쟁)에서 패한 프랑스는 독일에게 강렬한 적의가 있었고, 그 대항 논리에서 러시아와의 동맹을 추구하는 것이 자연스러웠다(와다 하루키, 『러일전쟁 1』, 2019, 181쪽).

1870년대에 프랑스인들에게 프로이센-프랑스 전쟁의 상처는 너무도 깊었고 분노는 여전히 끓고 있었다. 비스마르크가 가장 두려워했던 것은 프랑스가 독일에 복수하기 위해 독일을 가운데 두고 러시아와 동맹을 맺는 것이었다(강성학, 『시베리아 횡단열차와 사무라이』, 1999, 53쪽). 그러한 우려가 현실로 나타난 것은 독일 황제 빌헬름 2세가 '균형 외교의 달인' 비스마르크를 실각시키면서부터였다. 프랑스는 러시아의 시베리아철도 부설 공사에 자금을 제공해 러시아와 군사동맹 협약을 체결했다. 그 결과 비스마르크가 그토록 우려했던 "독일을 가운데 두고 프랑스와 러시아가 동맹"을 맺는 악몽이 실현됐다.

일본, 군용 전신선 개설 작업 돌입

러시아-프랑스 동맹 체제의 등장이 영국에 끼친 영향은 심대했다. 러시아의 동북아 진출 염원은 그들이 1891년 5월 착공한 시베리아횡단철도 건설이 상정적으로 표현해 주었다. 그것은 엄청난 무기와 병력을 신속히 극동 지역으로 이동시킬 수 있는 결정적 수단이었다. 시베리아철도가 완공되면 동아시아에서 영국의 패권이 러시아에게 도전받게 될 것이 불을 보듯 뻔했다.

게다가 1893년 러시아 해군은 이탈리아를 밀어내고 영국, 프랑스에 이어 세계 3위로 부상했다. 영국 해군은 러-프 동맹 해군보다 군함 톤수에서 월등히 앞서지 못할 뿐만 아니라, 프랑스의 항구를 자유롭게 이용할 수 있는 러시아에 지정학적으로 불리한 위치에 처하게 됐다. 이로써 영국 해군이 해군력 2·3위 국가들의 군함을 합친 규모보다 월등한 해군력을 보유할 수 있었던 '2개국 표준 원칙'이 무너지게 됐다.

러-프 동맹으로 인해 동아시아 해양 패권을 상실할 수도 있는 상황이 된 영국은 대외 정책의 근본적인 재검토 작업에 돌입했다. 그 결과 영국의 오랜 외교 전통이었던 '영광스러운 고립' 정책 폐기와 동맹 정책 추진이 결정됐다. 영국이 동아시아에서 러-프 해군 동맹에 맞서고 러시아의 시베리아횡단철도 부설에 대응할 수 있는 동맹국으로서 일본을 고려하기 시작한 것은 1885년 거문도 점령 사건 직후였다.

영국은 일본을 러시아의 침략에 저항할 수 있을 정도로 강력하고 번영된 국가로 만들기 위해 기존의 불평등 조약을 개정해 평등하고 독립적인 서구 문명의 일원으로 승격시켜 주었다. 이와 함께 일본에 군사 원조를 제공하기 시작했다. 영국 해군 장교 출신의 존 잉글스(John Ingles)가 일본 해군 자문관으로 활동한 1887~93년에 영국은 해군 장비, 훈련 교본과 규범집 등을 일본에 전수했다. 1890년대 초 일본 정부가 대규모 군함과 해군 장비를 영국 암스트롱 사에 발주한 것은 영국의 해군 협력에 대한 보답이었다. 일본 해군을 동아시아에서 러-프 동맹 해군에 맞서기 위한 수준으로 끌어올리는 데 결정적인 역할을 한 국가는 영국이었다(최덕규, 「청일전쟁과 고승호 사건의 국제법(1894-1903)」, 2019, 100~101쪽).

가와카미 소로쿠 참모차장은 조선에 파견된 노즈 미치쓰라 제5사단장에게 부산-서울 간 전신선 가설을 명하고, 이를 위해 2개 지대를 편성하라고 지시했다. 그 결과 제1지대(대장 요시미 아키라 소좌)는 부산에서 가설을 시작해 대구를 거쳐 청주에 도착했다. 제2지대(대장 바바 마사오 소좌)는 서울에서 가설을 시작해 청주에서 양쪽 지선을 접속하도록 했다(박종근, 『청일전쟁과 조선』, 1989, 118쪽). 그 즉시 야전 전신대는 경부 군용 전신선 개설 작업을 시작했다.

이어 병참로 개설을 위해 도로 수선대가 부산에 상륙했다. 부산에서 서울을 거쳐 평양에 이르는 조선 종관로縱貫路의 요지에는 군대·무기·탄약 수송, 식량·우마·인부 징발, 도로 정비, 군용 전신선 방어를 위해 일본 병참부가 설치됐다. 병참부는 부산·구포·물금·삼랑진·밀양·청도·대구·다부·해평·낙동·태봉·문경·수안보·충주·하담(9월 6일 가흥으로 이전)·장호원·이천·곤지암·조현·송파진·서울에 설치가 완료됐다(강효숙, 「동학농민전쟁과 조청일전쟁 | 일본 측 사료를 통해서 살펴 본」, 동북아역사재단·한국사연구회 엮음, 『청일전쟁·동학농민혁명과 21세기 동아시아 미래 전망』, 동학과 청일전쟁 120주년 기념 학술회의록, 2014년 11월 21일, 59쪽).

최초 계획에는 8일 만에 군용 전신선을 완성할 예정이었으나 측량 결과 산지가 많아 예정보다 기일이 많이 늦어졌다. 작업이 늦어진 또 다른 이유는 전신선 설치 작업이 개시되자 곳곳에서 주민들이 저항했기 때문이다. 7월 30일 경기도 남양, 8월 6일 경상도 청도에서 일본 전신기사가 농민들에게 폭행을 당했다. 8월 7일에는 대구에서 폭동이 일어나 전신선이 파괴되자 일본군이 출동해 진압했다.

조선 백성들, 전신선 절단

8월 9일 충청도 이인에서 농민 봉기가 일어났다. 8월 12일 대구에서 조선인 100여 명이 군용 전신선을 가설 중인 일본 인부들의 작업을 방해하자 일본군이 출동해 일부를 체포했다. 이때 경부 군용 전신선은 준공돼 개통을 앞두고 있었는데, 이날 대구-상주 구간에서 20리 정도 전선이 잘려나가는 바람에 개통이 늦어졌다.

부산과 서울에서 동시 착공한 전신선 공사는 8월 16일 오후 6시 정식 개통됐다. 이때 신설된 경부 전신선은 12월 5일 대본영 관할에 들어갔다. 일본군은 이미 가설돼 있던 조선의 서울-부산 간 전신선을 탈취해 군용으로 사용했다. 전신국은 서울·인천·평양·의주·부산·대구·전주·청주·원산 등 10개소에 설치돼 있었다. 7월 23일 경복궁 점령과 동시에 일본군은 서울의 조선전신국, 청국전신국, 조선기기국 등을 점령하고 기술자들을 체포해 일본군 전신 작업에 동원했다.

성환 전투에서 승리한 일본군은 평양으로 북상하면서 새로운 군용 전신선을 가설했다. 이미 설치돼 있던 경의·경원선 전신은 점거해 군용으로 사용했다. 이러한 불법 점거는 후에 말썽의 소지가 될 것이 분명했다. 이를 해결하기 위해 일본은 조선과 체결한 조일잠정합동조관 제3조에 "경성과 부산, 경성과 인천 사이에 일본이 설치한 군용 전신선을 조건을 정해 그대로 유지한다"라고 못을 박았다.

전신선이 완공된 후에도 조선 백성들의 저항이 계속되자 절단 행위를 밀고하면 상금을 주거나, 전신선이 지나가는 부근의 촌락에 연대 책임을 지웠다. 중로中路 병참감 후루가와 노부요시古川宣譽 대좌는 1894년 9월 30일 "전신선을 자르는 자가 있으면 마을을 깡그리 태워버리고 그 인민은 총살한다" "밤중에 몰래 순회하다 수상한 자는 구별 없이 살육

하라"라고 명령했다(박종근, 『청일전쟁과 조선』, 1989, 128쪽).

가혹한 처벌에도 불구하고 조선 백성들의 전신선 습격은 계속됐다. 시모노세키 강화조약 후에도 일본은 랴오둥반도를 점령한 일본군과의 연락 및 조선 전신선 수비를 이유로 일본군을 조선 각지에 주둔시켰다. 그에 따라 조선 주민들의 저항과 습격도 계속됐다. 조선 정부는 백성들의 저항을 무기로 일본 정부에 전신선 반환을 요구했다. 그 결과 1896년 7월 경의·경원선은 반환했으나 경부 군용 전신선은 한일합방 때까지 일본이 계속 점거했다.

일본은 1876년 강화도조약 체결 후 개항지에 특별 거류지를 설치했다. 일본은 곡창 지대의 곡물을 일본으로 반출하기 위해 1890년 곤도 마스키 대리공사가 조선 정부에 대동강 하구와 전라도에 개항장 설치를 요구했으나 거부됐다. 무쓰 외상은 1894년 7월 12일 목포와 진남포를 개항하고 이곳에 일본인 특별 거류지를 설치하도록 요구했으나 서양 열강의 반대로 뜻을 이루지 못했다. 일본은 1897년 10월 16일에야 목포와 진남포 개항 조약을 체결했다.

조선의 목에 칼 대고 조일 군사 동맹 체결

조일잠정합동조관에 조인한 지 6일 후인 8월 26일, 일본은 조선 정부에 압력을 가해 '대일본·대조선 양국 맹약'(이하 양국맹약)을 조인했다. 이것은 일종의 군사 동맹으로서, 일본이 조선을 억지로 청일전쟁에 끌어들인 것이다.

제1조는 "청나라 군사를 조선 국경 밖으로 철수시키고 조선의 독립과 자주를 공고히 하며, 조선과 일본 두 나라가 누릴 이익을 확대하는 것을 기본으로 삼는다"라고 돼 있었다. 제2조는 "일본이 청에 대한 공

격과 방어 전쟁을 담당할 것을 이미 승인했으니 조선은 군량을 마련하는 등 여러 가지 일을 반드시 돕고 편의를 제공하는 데 힘을 아끼지 말아야 한다"라는 내용이었다.

일본이 '양국맹약'을 서둘러 체결한 이유는 청·일 양국이 선전 포고를 한 다음 날인 8월 2일, 대원군이 엄중한 감시에도 불구하고 주한 러시아 공사관을 방문해 베베르 공사와 면담했기 때문이다. 이날 대원군은 베베르에게 "조선에서 청-일 간의 전쟁을 종식시키기 위해 러시아가 중재에 나서달라"라고 요청했고, 일본이 강요하고 있는 급진적인 개혁에 대해 불만을 토로했다.

충격적인 보고를 접한 무쓰 외상은 즉시 오토리 공사에게 "대원군의 언동은 극히 위험한 것이므로 앞으로 대원군뿐만 아니라 조선 고관들이 다시는 이런 일을 벌이지 못하도록 하라"라는 엄명을 내렸다. 무쓰 외상은 또 "이번 전쟁은 일본이 중국으로부터 조선의 독립을 확보하기 위해 벌이는 것이며, 조선은 일본의 동맹국으로서 중국에 대항해 전쟁에 참여해야 하고, 강화를 통해 전쟁 목적이 달성될 때까지 조선은 일본의 동맹국으로 남아 있어야 한다는 사실을 철저히 인식시킬 것"이라는 긴급 전문을 보냈다.

무쓰는 조선 대신들의 반일 동향을 봉쇄하기 위해 조선 정부로 하여금 청에 선전 포고를 하도록 오토리 공사에게 훈령했다. '청군 구축 의뢰' 문건을 얻어내는 과정에서 호된 시련을 겪은 오토리 공사는 조선을 겁박해 청에 선전 포고하는 것은 현실적으로 불가능하다고 보고했다. 보고를 받은 무쓰는 "그렇다면 선전 포고를 대신할 수 있는 수단을 강구하라"라는 훈령을 내렸다. 이 훈령에 의해 '양국맹약'이 체결된 것이다. 맹약은 8월 26일 조인됐지만, 소급해 효력이 미치도록 장치를 마련했다.

무쓰 외상은 '양국맹약' 체결과 관련해 "조선을 우리 수중에 남겨두는 것 이외에 어떤 고려도 할 수 없는 조약"이라고 평했다. 일본은 '양국맹약'을 통해 일본 고문관과 군사교관을 조선 정부 내에 배치한다는 약속을 받아냈다. 이로써 일본은 조선을 보호국화하는 데 필요한 법적 근거를 확보했다.

하지만 일본은 열강의 간섭과 조선 백성들의 반발을 우려해 당분간은 이들 조약의 즉각적인 실현을 요구하거나 급진적 개혁을 강요하지 않았다. 때문에 김홍집·유길준 등 개화파 관료들이 군국기무처라는 국정 개혁 기구를 통해 어느 정도 자율적으로 내정 개혁을 추진할 수 있었다(국사편찬위원회, 『한국사 40 : 청일전쟁과 갑오개혁』, 2003, 6쪽).

'양국맹약'에 의해 8월 24일부터 일본군이 경복궁에서 철수하고 조선의 장위영·통어영에서 각각 200명, 통리영에서 100명을 차출해 경복궁 수비를 맡았다. 일본은 조선군이 왕궁 수비를 담당하되, 일본 장교를 초빙해 조선 병사들의 훈련을 담당하도록 못을 박았다. 이 조항에 의해 이치노헤 대대가 초대 경성수비대로 선정됐다. 경성수비대는 왕궁 정문인 광화문 앞 조선 군영 막사로 주둔지를 옮겼다. 이때부터 일본군이 경복궁 앞에 '경성수비대'라는 이름으로 상주하게 됐다. 경성京城이란 지명은 일본이 한국 병합 후 사용하기 시작한 수도 서울의 명칭이다. 그런데 근대 일본에서는 시기와 상관없이 조선의 수도 서울(한성漢城, 한양漢陽)을 경성이라고 표기했다.

조선 신식 군대인 교도중대 창설

성환 전투에서 승리한 일본군은 평양에 집결한 청군을 국경 밖으로 몰아내기 위해 북진을 개시했다. 이치노헤 대대는 경성수비대 임무를 보병 제22연대 제2연대 7중대장 사에키 고레타카佐伯惟孝 대위에게 인계했다. 사에키의 감독하에 조선의 신식 군대인 교도중대가 창설됐다.

교도중대는 일본군의 시라키 세이타로白木誠太郎 중위와 미야모토 타케타로宮本竹太郎 소위가 지휘를 맡았다. 또 민간인 오카모토 류노스케와 주한 일본 공사관 무관 구스노세 유키히코楠瀬幸彦 중좌가 조선 정부 군사고문에 임명됐다(박종근, 『청일전쟁과 조선』, 1989, 97쪽).

일본군이 창설한 교도중대는 얼마 후 훈련대로 개편됐다. 경성수비대와 일본군 교관의 조련을 받은 훈련대는 1895년 10월 8일 민 왕후를 시해하는 을미사변에 동원돼 악역을 맡게 된다.

일본군은 경복궁 점령 후 조선군을 무장 해제하고 소총 3,000정을 압수했다. '양국맹약' 체결 후 훈련대가 왕궁 수비를 담당하게 되자 그들은 소총 400정을 반환했다. 그런데 훈련대에 지급한 소총은 조선군에게 압수한 무기가 아니라 일본제 무라타 소총이었다. 이때부터 일본군은 조선군에 대한 병기 실권까지 장악하게 됐다.

일본에서 청일전쟁 개전에 가장 열광한 계층은 사무라이士族 출신들이었다. 그들은 각지에서 의용병에 지원하거나 발도대拔刀隊를 편성해 전쟁을 지지하고 나섰다. 그들보다 더 열광한 자들은 "청일전쟁은 문명과 야만의 전쟁"이라고 외친 후쿠자와 유키치를 비롯한 일본의 지식층이었다.

일본의 개신교 지도자 우치무라 간조內村鑑三는 '동양의 금성金星'으로 기대됐던 조선은 아직까지 가려진 별의 하나에 불과하며, 생산은 저조한 채 무거운 세금에 허덕이며 한낮에 불법 행위가 벌어지는 나라라고 비판했다. 우치무라는 이런 나라를 구하기 위해 일어난 청일전쟁은 "의로운 전쟁이며, 그 의로움은 법적으로뿐만 아니라 윤리적으로도 옳다"라고 주장했다.

사무라이 계급과 지식인들의 열광적인 호응에 힘입어 일본 정부는 9월 8일 대본영을 도쿄에서 히로시마로 이전했다. 9월 15일부터 메이지 천황이 히로시마로 가서 전쟁을 직접 지휘했다. 대본영을 히로시마로 이전한 것은 이토 총리의 정략적 아이디어였다. 이토는 군사 작전과 외교를 일치시키기 위해 조선과 가까운 곳으로 대본영을 옮길 필요가 있다고 제안했다. 이 제안이 수용돼 제5사단 사령부가 설치된 히로시마로 대본영을 이전했다.

국민군이 아니라 '천황의 군대'가 된 일본군

히로시마는 전투 지역과 정보를 주고받는 데는 유리했으나, 외교 차원에서는 큰 불편이 따랐다. 각국 외교관들이 도쿄에 주재하고 있었기 때문이다. 이러한 불편에도 불구하고 대본영을 히로시마로 이전한 이유는 따로 있었다. 천황이 히로시마에서 직접 전쟁을 지도하는 모습을 널리 알려 국민 통합을 이끌어 내고 '국민 탄생'을 이루기 위한 고도의 프로파간다였다. 야마가타 제1군 사령관은 한술 더 떠 전황의 추이에 따라 대본영을 부산으로 옮기는 문제까지 구상했다(모리야마 시게노리, 「청일전쟁 중 일본군부의 대한정략」, 1996, 200쪽).

개전 직전까지만 해도 전쟁에 소극적이었던 메이지 천황은 풍도와 성환에서 승전보가 날아오자 적극적으로 전쟁 지도에 나섰다. 천황은 개선가 '성환의 역役'의 애창자가 됐고, 황후는 육군병원을 돌며 전쟁터에서 부상한 병사들을 위문했다.

일본 지도부는 천황이 히로시마 대본영에서 전쟁을 진두지휘하는 모습을 통해 낯설었던 천황제 이데올로기를 민중들에게 침투시켰고, 군인과 천황의 일체감을 강화시켰다. "천황은 군의 우두머리이고, 군은 천황의 예하에 있다"라는 내용의 「군인칙유」는 일본군은 '국민의 군대'가 아니라 '천황의 친군'임을 강조하는 황군皇軍의식의 모태가 됐다.

제8장

근대화를 향한 갑오개혁 시동

일본군은 7월 23일 경복궁을 점령한 후 일본 공사관이 발부한 허가장이나 출입증을 소지한 사람 외에는 궁중 출입을 통제했다. 왕궁뿐만 아니라 민씨 척족 세력을 중심으로 정계 요인의 저택도 일본 병사들이 배치돼 출입을 통제하고 감시했다. 경복궁 점령부터 조일잠정협동조관이 체결된 8월 20일까지 고종과 민 왕후, 왕세자는 왕궁 동쪽 구석방으로 밀려나 포로와 같은 대우를 받았다.

고종은 8월 31일 조선국 황실 위문사로 파견된 일본 천황 특사 사이온지 긴모치를 접견한 후부터 약간의 정치적 기능을 회복했다(유영익, 「대원군과 청일전쟁」, 1996, 93쪽). 사이온지는 일본 천황이 조선 국왕에게 보내는 옥玉과 다수의 선물을 가지고 열흘 일정으로 조선을 방문했다.

일본군의 경복궁 점령 직후 대원군은 고종으로부터 국가 기무機務에 대한 선결권과 군무軍務에 관한 재결권을 위임받아 사실상의 섭정이 됐다. 엄격히 말하면 국왕의 조언자였다. 일본 공사관 요원과 김가진·안경수·조희연 등 소장 개화파 관료들은 대원군에게 7월 27일 발족한 개화 정책 추진 기구인 군국기무처에서 결의한 의안에 대한 재가를 요청했다. 이것이 조선의 근대화를 향한 본격적인 내정 개혁, 즉 갑오개혁의 시작이다.

스기무라 서기관은 날마다 대원군을 만나 내정 개혁에 대한 구체적인 방안을 제공했다. 하지만 대원군은 지극히 소극적으로 움직였다. 급기야 대원군이 섭정에 오른 지 한 달도 안 돼 대원군과 일본 공사관 및 친일 개화파 간의 불화가 표면화됐다.

청일전쟁은 일본과 중국 간의 전쟁이었지만, 전쟁 초기의 전장戰場은 조선이었다. 일본군은 청군과의 전투를 위해 조선 영토에서 인부와 우마, 군량과 마초 등을 난폭하게 징발했다. 이런 이유 때문에 대원군은 일본의 전쟁 정책에 협조하지 않았다. 스기무라의 기록에 의하면 "대원군을 면회하고 정부 조직 및 신정新政의 시행에 관해 타협했는데, 대원군은 궤변을 농하고 소관小官(스기무라)의 제의를 피하는 데에만 애를 써 두 시간 정도 대담했지만 아무 성과도 없었다"라고 토로했다(박종근, 『청일전쟁과 조선』, 1989, 83쪽).

대원군, 민 왕후 폐위 시도

양측 관계가 급속도로 악화된 이유는 민 왕후를 폐위하려는 대원군의 계획을 일본 공사관이 반대한 점, 대원군이 일본의 전쟁에 협조하지 않은 점, 망명객 박영효가 귀국했을 때 박영효에게 베푼 일본의 파격적 우대 조치에 대원군이 분노한 점, 군국기무처가 추진한 급진적 개혁에 대한 반발 때문이었다(유영익, 「대원군과 청일전쟁」, 1996, 92쪽).

대원군은 임오군란 직후 청나라로 끌려가 유폐 생활을 하다 귀국했으나 민씨 척족 세력에 의해 활동을 통제당하고 엎드려 있어야 했다. 그랬던 대원군이 권력의 칼자루를 쥐자 가장 먼저 매관매직·가렴주구를 자행해 온 민씨 척족 고관들을 쫓아냈다. 그리고 중립 혹은 친일파로 지목된 인사들을 발탁해 제1차 김홍집 내각을 출범시켰다. 7월 24일 대원군은 김윤식·신기선·윤웅렬·지석영·이용원·권봉희·안효제·여규형 등 민씨 척족 세력들에 의해 투옥 내지 유배당한 정치범들에 대한 사면령을 내렸다. 이들 중 몇 사람은 정부 요직에 임명됐다.

가장 먼저 개혁의 칼날을 맞은 사람은 민영준이었다. 그는 동학 농민군 봉기 때 위안스카이에게 청군 파병을 요청해 청일전쟁의 도화선에 불을 당긴 인물이다. 주한 일본 영사관의 보고에 의하면 "나는 새도 떨어뜨릴 정도라는 민영준의 저택에 사역하고 있는 수십 명의 부인은 실상 시녀가 아니며, 밤마다 부자에게 몸을 팔고 하룻밤에 20 내지 50원을 받아 이를 민가閔家에 바친다고 한다"라는 내용이 있다(김경태 엮음, 『통상휘찬通商彙纂』 한국편 3, 여강출판사, 1987, 101쪽). 민영준이 포주抱主였다는 뜻이다.

민영준은 평안 감사 시절 백성들의 고혈을 쥐어짜 금으로 송아지 상을 만들어 고종 부부에게 헌상하는 등 부패한 탐관오리의 상징이었다. 군국기무처는 "탐학하는 것이 버릇이 되고 광패하기 짝이 없어 강제로 토지와 산림을 빼앗는 등 백성들에게 해독을 끼쳤다"라는 죄목으로 민영준을 전라도 흥양의 녹도로 유배 보냈다. 그는 유배지에서 탈출해 홍콩으로 도주했다가 1896년 5월 사면됐다. 1901년 4월 그는 민영휘閔泳徽로 개명하고 친일 행각에 나서 1910년 10월 일본 정부로부터 자작 작위와 은사 공채 5만 원을 받았다.

임오군란 당시 장호원 집을 민 왕후의 피신처로 제공해 출세 가도를 질주한 인물이 민응식이다. 한 시절 잘나갔던 민응식도 전라도 강진현 고금도에 정배定配(지방이나 섬으로 보내 일정 기간 그 지역 내에서 감시를 받으며 생활하는 형벌)당했다. 대원군의 인사 개혁으로 귀양 혹은 투옥된 민씨 척족 및 친민파親閔派 관료는 민영준·민응식을 비롯해 민형식·민병석·민치헌·김세기·조병식·임치재·조필영·김창석·진령군 등이다.

또 영의정 김병시, 좌의정 조병세, 우의정 정범조 등 민씨 세도 시절 핵심 관료를 비롯해 민영환, 민영소(독판내무부사), 홍순형(경기 감사), 조병직(수원 유수), 홍계훈(초토사) 등이 파직됐다. 이로써 민씨 척족과 추종자들이 말끔히 숙청됐다(유영익, 「대원군과 청일전쟁」, 1996, 94쪽).

개혁 기구인 군국기무처의 출범

군국기무처(이하 기무처)는 스기무라 서기관이 발의하고 대원군과 친일 개화 관료들이 승인해 개설된 국정 최고 권한을 가진 개혁 추진 기구였다. 기무처가 의결한 사항은 국왕 또는 섭정이 자동으로 재가하도록 돼 있었다. 다시 말하면 국왕이나 왕비, 대원군이 영향력을 행사할 수 없도록 하기 위한 초정부적 기구였다.

기무처는 1894년 12월 17일까지 존속했는데, 이 기간 중 41차례 회의를 열어 189개의 개혁 안건을 포함해 총 210건의 의안을 심의하고 통과시켰다. 기무처가 통과시킨 개혁안은 국왕의 재가를 받아 국법화됐다. 일련의 개혁을 통해 조선의 모든 제도는 메이지 일본의 제도와 부합하도록 변경·조정됐다.

기무처는 김홍집을 총재관으로 해서 17명의 의원으로 구성됐는데, 이들이 개혁 안건을 심의 결정했다. 의원은 김홍집·김윤식·어윤중 등 온건 개화파 아래 김가진·조희연·안경수·김학우·권형진·유길준 등 소장 개화파가 포진했다. 여기에 중간파를 합쳐 3파 연합 형태로 구성됐다. 대원군은 기무처에 자파 사람인 박준양·이원긍·이태용을 의원으

군국기무처 구성원

구성원	7월 27일 임명	8월 2일 추가 임명	9월 21일 교체
총재	김홍집(영의정)		
부총재	박정양(내무 독판)		
회의원	민영달, 김종한(이상 내무 협판), 김윤식(강화 유수), 조희연(장위사), 이윤용(대호군), 김가진(외무협판), 안경수(우포장), 정경원, 박준양, 이원긍, 김학우, 권형진(이상 내무 참의), 유길준, 김하영(이상 외무 참의), 이응익(공조 참의), 서상집(부호군)	어윤중(선혜청 제조), 이태용(이조 참의), 권재형(참의내무부사)	이태용, 이원긍, 김하영 해임 ⇨ 이도재(공무 협판), 신기선(동지중추원사), 우범선(장위영 영관) 임명

출처 : 국사편찬위원회, 『한국사 40 : 청일전쟁과 갑오개혁』, 탐구당, 2003, 170~171쪽 표를 토대로 저자가 새로 작성.

로 임명해 영향력을 행사했다.

기무처 의원의 절대다수는 개화파여서 오토리 공사는 "기무처는 일본파, 즉 개화주의 인사들의 집합소"라고 말할 정도였다. 기무처 출범 후 무쓰 외상은 "일본은 강박 수단으로 조선 조정을 개혁하고, 조선 정부는 우리 제국의 손안에 든 물건手中之物"이라고 평할 정도였다(박종근, 『청일전쟁과 조선』, 1989, 85쪽).

개화 인사들 권력 전면에 등장

기무처로 상징되는 개화 정권은 일본군에 의한 경복궁 점령 및 조선군 무장 해제라는 계엄 상태에서 출범한 비정상적인 정권이었다. 1884년 갑신정변 실패 이후 개화 주동 세력은 해외로 탈출했고, 국내에 남았던 급진 개화파들은 참살됐다. 온건 개화 세력도 정치 활동이 전면 금지됐고, 개화 세력에 대해서는 몇 가지 허가된 활동만 허용했다. 예를 들면 박문국을 재건하고 「한성순보」를 대신해 「한성주보漢城週報」 및 서적을 발간하며, 근대적 교육 사업과 농사시험장·직조국·광무국 등을 통한 산업 근대화 작업을 하는 것 등이었다.

보수 반동의 민씨 척족 정권은 체제 유지를 위해 온건 개화파를 동원해 한정된 범위 내에서만 선진 문화와 기술 도입을 허용했다. 그 결과 민씨 척족 정권하에서 젊은 개화 인사들이 속속 등장했다. 척족 정권은 이들의 근대적 지식을 정권 유지에 이용하기 위해 개화 인사들을 실무 관직에 배치했다.

소장 개화파들은 개혁 추진에 필요한 전문가적 소양을 갖추고 있었다. 하지만 1885년 이후 주요 관직에서 소외돼 경험을 쌓을 기회를 얻지 못했다. 그 결과 갑오경장 추진 과정에서 구체적인 개혁을 한꺼번에

새로 등장한 소장 개화파 인사

성명	역임 직책	비고
김가진	주일 공사, 안동 부사, 내무 참의	주일 조선 공사관 참찬관
조희연	장어영 영관, 창원 부사, 기기국 회판	
유길준	통리교섭통상사무아문 주사	미국 유학
김학우	연무공원(鍊武公院) 사무·교수	일본·블라디보스토크 유학
권형진	첨정(僉正)	
안경수	전환국(典圜局) 방판(幫辦)	춘생문 사건 가담, 독립협회 초대 회장
이완용	주미 공사 대리, 외무 협판	육영공원 출신
정병하	밀양 부사, 경상도 전운사	

실천하기에는 역부족이었다.

「아사히신문」 종군 기자 니시무라 도키스케는 조선의 각부 대신들은 군국기무처 회의 후 일본 공사관을 방문할 정도로 종속성이 심했다고 기록했다. 대신들은 공식 회의 참석을 꺼려 운영이 원활하지 못했다. 니시무라 기자가 기무처를 방문해 보니 건물은 퇴락해 수선 중이었고, 9월 7일 열린 기무처 회의도 몇 명만 출석해 유회됐다(조재곤, 「한 일본인 종군기자가 본 1894년 청일전쟁과 조선」, 2008, 273쪽).

1884년 갑신정변 실패 후 10여 년 민씨 척족 세력의 말기적 반동 정치가 극성을 부린 결과 전봉준을 중심으로 한 농민층의 반봉건 투쟁이 폭발했다. 민씨 척족 정권 타도는 소장 개화파나 동학 농민군의 힘이 아니라 일본군의 무력에 의해 달성됐다. 그런 의미에서 이 시기에 내적 성숙이 완성되지 않은 소장 개화파의 등장은 타율적이었고, 설익은 상태였다.

그들은 일본의 조슈·사쓰마번의 사무라이 집단 같은 군사·경제적 기반도, 우군도 없었다. 이러한 한계로 인해 온건 개화파는 자신들의 집권을 도와준 일본에 의지하는 외세 의존적 성향으로 기울게 된다.

개화 인사들의 특징

무쓰 외상이 조선의 내정 개혁에 앞장선 이유가 있다. 그는 15세 때부터 존왕양이 운동에 나섰던 사무라이답게 조선 정치 세력을 "탁상공론이나 일삼고 권력을 잡기 위해 생사를 건 암투만 벌이는 먹물들"이라고 혹평했다. 그는 "사악하고 음험한 수단을 쓰는 조선인의 나쁜 덕목이 상호간의 원한을 증대시켜 조선의 단결된 국가 개혁을 기대할 수 없다"라고 비판했다(무쓰 무네미쓰, 『건건록』, 2013, 158~159쪽).

기무처를 주도한 인물들의 사회 정치적 배경은 다음과 같다(국사편찬위원회, 『한국사 40 : 청일전쟁과 갑오개혁』, 2003, 173~175쪽).

첫째, 1880년대 초반 김옥균·박영효·서광범 등 급진 개화파와 함께 조선의 개화자강 운동에서 두각을 나타냈으나 갑신정변에 가담하지 않은 온건 개화파 계열 인사들이다. 그들은 급진 개화파들이 국외로 망명한 후 국내에서 개혁 운동을 펼 기회를 노리고 있었다.

둘째, 1885~94년까지 10년간 친청 보수적인 민씨 척족 정권 아래서 위안스카이에게 핍박을 당하거나 정부 요직에서 밀려난 친일·친미·친러 개화파, 또는 독립 노선파 인물들이 주류를 이루었다. 그들 중 일부는 일본 공사관의 신임이 두터운 '왜당倭黨'으로 알려졌고, 일부는 미국 혹은 러시아 공사관과 인연이 깊은 친미·친러파(정동파) 인사였다. 전자는 김가진·안경수·조희연·권재형 등이고, 후자는 박정양·이윤용 등이다.

셋째, 거의 전원이 1894년 이전에 조사朝士시찰단(신사유람단), 영선사, 보빙사 혹은 유학생으로 외국 생활을 해서 어느 정도 외국어 구사가 가능하고 해외 문물을 접한 경험자들이었다. 그들은 외교통상 전담 기구 및 기기국·전환국·연무공원 같은 개화자강 추진 기관에 기용돼 국왕에 대한 충성심이 있었다.

넷째, 조선 왕조의 종친 혹은 세도 가문(여흥 민씨, 안동 김씨, 풍양 조씨)에 속하지 않은 양반 가문이나 변방의 토반 출신으로서, 개인의 능력으로 입신양명한 인물들이다. 김홍집·박정양·어윤중·김윤식 이외의 소장 인사들은 전통적 사회 체제 내에서 고위 관직으로 출세하기 어려운 서얼·중인 출신이거나 과거에 급제하지 못해 조선의 신분 제도나 정치 체제에 불만이 많았다.

다섯째, 근대적 학문에 눈을 떠 전통적인 주자성리학 체계에 도전한 혁신 세력이었다.

여섯째, 개혁 운동 추진 과정에서 상의하달식의 '위로부터의 혁명'을 추구했다. 이들은 특정 이데올로기로 무장한 이념집단이 아니고, 경제적 이해관계로 뭉친 이익단체도 아니었다. 그룹으로서의 동지적 연대의식이 약한 그들은 국왕의 권위가 극도로 추락했던 갑오경장 기간 동안 이합집산하면서 파쟁을 되풀이했다. 이런 약점 때문에 일본의 분할 통치 정략에 농락당했다.

개혁파의 대부분은 서자 출신

기무처는 자주·평등의 독립외교를 지향했지만, 일본에 대해서는 저자세로 일관했다. 그들은 일본이 도발한 청일전쟁을 비호·방조했고, 일본이 요구하는 정치·군사·경제적 요구에 너무 쉽게 굴복했다.

영문판 일본 신문 「저팬 위클리 메일(Japan Weekly Mail)」은 조선 정치 세력을 적실파와 소실파의 대립으로 분석했다. 청일전쟁 전후에 활동했던 개혁파 멤버의 대부분은 서자이며, 기무처 의원 20명 중 적어도 12명이 서자 출신이라고 보도했다. 이 기사는 또 조선 개혁파의 모토는 신분 차별 철폐와 능력 본위 관리 임용이었으며, 구체제를 옹호하는 세력이 단합해 서출들의 영향력을 억제했다고 분석했다. 서출들의 권한이 컸지만 여러 적대 세력 연합의 반대를 극복하기에는 역부족이었다. 때문에 소실파들은 일본의 후원으로 자신들의 지위를 유지하고 있다고 전했다(「Japan Weekly Mail」 1894년 11월 24일; 국사편찬위원회, 『한국사 40 : 청일전쟁과 갑오개혁』, 2003, 175쪽).

고종은 1882년 9월 4일 개인의 출신 성분과 관계없이 능력에 따라 인재를 등용하겠다는 교서를 반포했지만, 이 약속은 지켜지지 않았다. 1864년부터 1894년까지 30년간 당상관에 오른 375명의 고관 중 서얼 출신은 2명, 중인 출신은 1명에 불과했다. 반면에 갑오경장 중 10여 명의 양반 서자, 그중에서 과거 시험을 거치지 않은 미등과자가 내각의 대신(장관)·협판(차관) 등 당상관에 올랐다. 이것은 뿌리 깊은 반상의 질서에 억눌려 있던 조선 사회에서 놀라운 변화였다. 개혁파 인사들 중 다수가 양반 서자였다는 사실은 군국기무처가 전통 파괴적인 개혁을 과감히 추진할 수 있었던 이유를 이해하는 데 중요한 단서가 된다(국사편찬위원회, 『한국사 40 : 청일전쟁과 갑오개혁』, 2003, 177쪽).

갑오경장이 1894년 7월 27일 기무처 설립으로 시동이 걸린 것에 대해서는 모든 학자들이 동의한다. 그런데 그 기간을 언제까지로 볼 것이냐에 대해서는 의견이 제각각이다. 왕현종은 갑오개혁이 다음과 같이 4기에 걸쳐 진행된 것으로 파악한다(왕현종, 「근대화 운동의 전개 | 갑신정변과 갑오개혁」, 한국사연구회 편, 『새로운 한국사 길잡이 (하)』, 지식산업사, 2008, 65~66쪽 참조).

갑오개혁 진행 과정

기	기간	주요 내용
1기	1894. 7. 23 ~12. 16.	군국기무처 개혁기
2기	1894. 12. 17 ~1895. 7. 4.	주한 일본 공사 이노우에 가오루의 간섭하에 진행된 김홍집·박영효 연립내각 시기
3기	1895. 7. 5 ~10. 7.	고종의 친정이 강화된 가운데 개혁 방향에 관한 논쟁이 벌어진 시기. 개혁이 사실상 중단됐던 시기
4기	1895. 10. 8 ~1896. 2. 11.	을미사변으로 고종이 국정에서 사실상 물러난 상황에서 친일 내각이 개혁을 추진한 시기

갑오개혁에 대한 비판적 시각

『근대일선관계의 연구』의 저자 다보하시 기요시田保橋潔는 갑오경장이 거의 전적으로 일본인 지도하에 실시됐다고 주장했다. 조선의 개혁파 인사들은 부수적이고 말단적인 역할만 담당했다는 것이다. 이런 주장들 때문에 갑오개혁을 바라보는 시각은 곱지 않다. 여러 견해를 종합하면 갑오경장과 관련해 다음과 같은 세 갈래 흐름이 나타난다(박종근, 『청일전쟁과 조선』, 1989, 175쪽).

첫째, 갑오개혁이 일본의 지도와 원조하에 봉건 제도를 타파하고 근대적인 개혁에 착수했지만 조선 민족의 병폐인 당쟁과 무지몽매로 좌절됐다는 시각이다. 이것은 기존의 일본인들이 제기한 견해로, 일본이 조선의 야만을 퇴치하고 문명화를 시도하려 했음을 강조하는 관점이다.

둘째, 일본이 조선을 군사적으로 점령하고 시행한 반半식민지화 과정이라는 시각이다. 갑오개혁을 전면 부정하는 해방 후 북한 사가들의 견해다.

셋째, 갑오개혁은 당시의 민족적·봉건적 위기라는 조선 내외의 정세에 대응해 각성한 개화파가 행한 개혁이며, 조선의 내재적 요구에 부응한 합법칙적 발전으로 보는 시각이다.

갑오경장에서 조선인들의 자율적 노력이 없었다는 주장은 일종의 난센스다. 이 모든 주장을 수용하더라도 갑오개혁에서 박영효를 비롯한 조선 개혁파들이 고군분투한 것은 '역사적 사실'이다. 일본 정부는 경복궁을 점령한 7월 23일부터 9월 16일 평양 전투에서 승리하기까지 "조선의 내정 개혁"을 외쳤지만, 사실은 이 문제에 대단히 소극적인 입장을 취했다. 주한 일본 공사관원이나 무쓰 외상의 심복인 오카모토는 갑오개혁에 일정 수준 이상 간여하지 않았다. 따라서 초기 갑오개혁의 추진에 일본이 개입했다고 보기는 어렵다.

조선 지도부는 자신들이 상국이라 믿고 있는 청나라가 일본군을 제압할 것으로 믿어 의심치 않았다. 그런데 평양 전투에서 일본이 압도적으로 승리하자 멘탈 붕괴 상태가 됐다. 그들이 각자도생을 위해 대원군파, 박영효파, 친일 개혁파로 갈려 사활을 건 정쟁을 벌이자 일본은 조선의 내정 개혁에 적극적으로 뛰어들었다. 일본이 조선의 내정 개혁에 발 벗고 나선 것은 평양 전투 이후였다.

갑오개혁을 바라보는 시각이 어떻든 그들이 실시한 개혁은 중국에 대한 독립 천명, 과거제 폐지, 양반-상놈의 계급 타파, 노비 해방 등 우리 역사의 전개 과정에서 중대한 의미를 갖는 내용들이었다는 점은 누구도 부인할 수 없다. 과거제 폐지는 단순히 관리 임용 방식의 개혁에서 그치는 문제가 아니었다. 신분제에 기초해 과거를 통해 관리를 임용하는 제도는 봉건적 토지 사유 제도와 함께 조선의 봉건 체제를 지탱하는 2대 핵심 지주였다. 관리 선발을 신분 본위에서 능력 본위로 전환한 것은 봉건적 신분 제도의 타파를 제도화했다는 중대한 역사적 의미가 담겨 있다.

과거제 폐지는 유교가 교학教學의 지위에서 격하되는 계기가 됐다. 과거제가 폐지되면서 인생 행로가 크게 바뀐 인물이 이승만이다. 그는 13세 때부터 나이를 속이고 과거에 응시했으나 낙방을 거듭했다. 이 무렵의 과거는 실력이 아니라 돈으로 당락이 결정됐기 때문이다. 이승만은 1895년 20세 때 배재학당과 연을 맺으면서 새로운 세상에 눈을 뜨게 됐다. 갑오경장으로 과거제가 폐지됐기에 가능했던 일이다.

갑오경장, 무엇을 위한 개혁이었나

주자성리학의 세계만 알았던 이승만은 배재학당에서 의료 선교사 애비슨(Oliver R. Avison)을 만나 상투를 잘랐고 아펜젤러, 노블(William Arthur Noble), 벙커(Dalzell A. Bunker)를 비롯한 서양 선교사들에게서 서양 학문을 배웠다. 이승만이 배재학당에 들어간 이유는 영어를 배우기 위해서였다.

이승만과 영어의 만남은 그의 인생 행로뿐만 아니라, 앞으로 태어날 대한민국에 지대한 영향을 미쳤다. 영어를 매개로 미국과 접촉하면서 그는 미국 지향의 외교 노선을 밟기 시작한다. 이승만은 선교사들을 통해 자유와 민주주의 가치에 눈을 떴고, 미국 유학의 기회가 열렸다. 그는 서구가 밟았던 근대적 산업화의 길만이 부강한 나라를 건설할 수 있다고 믿었다.

이승만은 앞으로 다가올 태평양 시대를 예감하고 미국의 힘을 이용해 러시아와 일본을 물리쳐 독립을 쟁취한다는 외교 독립 노선을 형성하게 된다. 갑오경장이 한 인간의 행로뿐만 아니라 대한민국의 운명을 바꾸는 계기가 된 것이다.

갑오경장 연구의 일가를 이룬 유영익은 제1차 갑오경장 개혁의 주제는 ①대외 관계, ②동학 비도에 대한 대책, ③정치·행정 제도, ④지방행정 제도, ⑤경제 제도, ⑥군사 제도, ⑦경찰 제도, ⑧사법 제도, ⑨사회 제도, ⑩교육 제도 등 10가지로 설명한다(국사편찬위원회, 『한국사 40 : 청일전쟁과 갑오개혁』, 2003, 178~206쪽 참조).

유영익이 제1차 갑오경장에서 의미심장한 개혁으로 꼽은 것은 중국과 종속 관계의 혁파였다. 기무처는 의안 제1호로 국내외의 모든 공문서에 개국기년 사용을 명문화했다. 그동안 청나라 연호를 사용해 왔던 종속국 지위에서 벗어나 명실상부한 독립자주를 선언한 것이다. 기무처가 이 의안을 채택한 날짜는 청·일 양국이 선전 포고를 하기 이틀 전인 7월 30일이었다. 이어서 기무처는 교과서와 공문서에 한글 사용 의안을 채택했다.

기무처는 의안 제2호로 "청국과 약조를 개정한 뒤 특명전권대신을 열국에 파송할 것"을 의결했다. 이것은 청국과의 관계를 종번宗藩 관계에서 평등 관계로 바꾼다는 선언이었다. 이 의안이 통과된 지 며칠 후인 8월 12일에는 "이제부터 각국 사절이 국왕을 알현하기 위해 입궐할 때 가마를 타고 문외에 이르는 것을 허가한다"라는 의안을 결의했다. 조선 주재 외교관 중 위안스카이만 누리던 왕궁 내에서의 '가마 타는 권리'를 각국 외교관에게도 허용한 것이다.

오토리 일본 공사와 조선의 외아문 대신 김윤식은 1894년 8월 20일 조일잠정합동조관, 8월 26일에는 '대일본·대조선 양국맹약'을 체결해 군사동맹 체제를 출범시켰다. 오토리 공사는 두 조약을 통해 조선 정부로부터 정치·군사·경제상의 이권 탈취를 시도했다. 기무처는 오토리 공사가 요구한 각종 이권을 '기무처 의결' 형식을 통해 모두 넘겨주었다.

행정 제도 개혁에 나서다

기무처가 의결한 의안의 약 3분의 1이 정치 및 행정 제도 개혁이었다. 기무처가 개혁을 실시하기 이전까지 조선 왕조의 통치 기구는 국왕을 정점으로 해서 그 아래에 최고 정무 기관인 의정부와 행정 기관인 6조가 있었다. 조선의 행정 기구는 국왕 및 왕족을 위한 궁중 부서가 비대했고, 왕실 관련 업무가 일반 행정 기구와 분리되지 않아 비효율적이었다. 게다가 국왕 직속 기관 상호 간에 명령 체계가 불분명하고 소관 사항이 중복돼 있었다. 특히 의정부 기능이 취약해 국왕이 유약 무능한 경우 중앙 관료 기구가 경쟁적으로 난립해 통치와 행정에 혼란을 야기했다.

행정은 6조가 관장했다. 6조 체제로는 근대 국가의 다양한 업무를 관

1881년 이후 신설된 정부 부서

연도	명칭	산하 기관	주요 업무
1881	통리기무아문	사대사(事大司), 교린사(交隣司), 군무사(軍務司), 변정사(邊政司), 통상사(通商司), 기계사(機械司), 선함사(船艦司), 군물사(軍物司), 기연사(譏沿司), 어학사(語學司), 전선사(典選司), 이용사(理用司)	군국 기밀과 일반 정치 총괄
1882	통리군국사무아문	이용사(理用司), 군무사(軍務司), 감공사(監工司), 전선사(典選司), 농상사(農桑司), 장내사(掌内司), 농상사(農商司)	통리내무아문을 개편한 기구
	통리교섭통상사무아문	정각사(征榷司), 장교사(掌交司), 부교사(富敎司), 우정사(郵程司)	군국 기무 및 외교통상 총괄
1883	박문국		신문·잡지 편찬 담당하는 출판 기관
	전운서		세미(稅米) 운송 업무 담당 부서
	기기국		병기 제조 부서
1885	제중원		국내 최초의 서양식 국립 병원
	내무부	전환국	조폐 기관
		상무국	상업, 무역, 특허 담당 부서
		종목국(種牧局)	농상(農桑) 관련 부서
		육영공원	근대식 공립 교육 기관
		전우총국(電郵總局)	체신 사업 관장 기구
		광무국	광산 사무 관장 기구

장하는 데 한계가 노출되자 1881년 이후 필요에 따라 정부 기구를 임기응변식으로 만들어 대응했다.

행정 개혁의 결과는?

기무처는 봉건적 가산家産국가 체제였던 통치 행정 제도를 근본적으로 뜯어고쳐 왕실 사무와 국정 사무를 분리했다. 왕실과 관련된 잡다한 궁중 부서를 궁내부로 통합했고, 일반 국정은 총리대신을 정점으로 하는 의정부가 담당하도록 정리했다. 또 의정부 산하의 6조를 8아문으로 확대하고 8아문에 행정권을 귀속시켰다.

또 홍문관·사헌부·사간원 등 언관 3사三司를 비롯해 예문관·춘추관·성균관·경연 같은 기관을 폐지하거나 개편했다. 사간원은 국왕의 동정을 살피고 시정時政이나 인사에 대한 잘못을 바로잡도록 요구하는 기관이다. 사헌부는 시정을 논하고 백관의 잘못을 규찰하며 풍속을 바로잡는 기관이다. 여기에 국왕 자문 기관인 홍문관을 더해 3사라고 불렀다. 군국기무처의 언관 3사 폐지로 인해 조선 왕조의 대간臺諫 제도는 역사의 뒤안길로 사라졌다.

국사편찬위원장을 역임한 이성무는 조선 왕조가 위기를 겪으면서도 500여 년 유지될 수 있었던 비결 중의 하나로 대간 제도를 꼽았다. 대간이 긍정적으로 기능하면 왕조는 건강하게 운영됐지만, 부정적으로 기능하면 중심축을 잃고 혼란에 빠졌다는 것이다. 조선 후기에 대간 제도가 정상 작동하지 못한 이유는 세도정치로 인해 언로言路가 유력 가문에 의해 장악됐기 때문이다. 언로가 막히자 백성들은 전봉준의 고부 봉기처럼 자신들의 뜻을 직접 전달하기 위해 저항으로 나설 수밖에 없는 구조로 변했다.

1881년 이후 무분별하게 설치됐던 근대 기구도 8아문이나 그 예하의 국으로 개편됐다. 이러한 행정 개혁을 통해 조선의 통치와 행정 조직은 1885년 이후 천황제하의 일본 궁내성-내각 중심제와 비슷하게 개편됐다.

기무처는 유명무실한 존재였던 의정부를 중앙 통치의 중추 기구로 만들고, 산하 8아문에 권력을 집중시켰다. 이들 기구의 원활한 운용을 위해 일본식 근대 관료 제도를 도입했다. 그와 동시에 국왕의 인사권 및 재정권을 박탈하거나 축소했고, 각 궁이 보유하고 있던 수세권을 탁지아문에 넘겼다. 특히 왕실 전매품이었던 홍삼·금광·진상품 등에 대한 국왕의 권한을 탁지아문으로 이관하고 왕실의 재정 운영권을 박탈해 군주권을 크게 제약했다. 또 국왕의 병력 동원을 가능케 했던 선전관청을 폐지하고 신설된 군무아문이 군사 행정을 총괄하도록 조정했다.

경제 제도 개혁의 성과

기무처 개혁 중 의미심장한 부분은 경제 제도 개혁이었다. 조선 말기 정부 재정은 삼정三政의 문란으로 극심한 어려움을 겪었다. 조선은 외국과의 무역에서 적자를 면치 못했다. 수출 상품은 쌀·콩 등 곡류와 우피牛皮가 절대적 비중을 차지했다. 곡류는 1880년대까지 총수출의 40퍼센트 수준이었으나 1890년대 후반에는 80퍼센트를 넘었다.

수입 상품은 직물, 그중에서도 면포가 압도적인 비중을 차지했다. 직물 다음으로는 음식물과 잡제품(맥주·석유·성냥) 순이었다. 1900년 이후 금속제품과 기계류 수입이 늘어났는데, 이것은 철도 부설, 정미소 등 근대적 경제 형태의 보급과 연관이 있다(이영훈, 『한국경제사 (1)』, 일조각, 2016, 594~595쪽).

주요 수입품인 직물은 1880년대까지만 해도 서유럽 제품이 주류를 이루었다. 1885년 조선에 수입된 직물의 80퍼센트 이상이 영국산이었다. 영국산 직물이 상하이-나가사키를 거쳐 일본 상인의 손에 의해 조선에 수출됐다. 1888년 상하이-인천 간 항로가 개통되면서 이번에는 중국 상인이 면제품을 조선에 수출했다.

개항기 무역액과 무역수지의 추이(1877~1905)

단위: 천 원

연도	화물 수출	화물 수입	금은 수지	화물·금은 수지
1877	57	123	10	−56
1879	505	468	54	91
1881	809	1,147	301	−37
1883	801	1,750	582	−366
1885	408	1,692	445	−839
1887	825	2,835	1,298	−713
1889	1,266	3,410	1,062	−1,082
1891	3,395	5,286	192	−1,698
1893	1,723	3,905	568	−1,614
1895	2,734	8,340	635	−4,971
1897	9,086	10,179	232	−862
1899	5,050	10,279	4,148	−1,081
1901	8,543	14,777	4,288	−1,947
1903	9,669	18,411	5,232	−3,510
1905	7,917	32,972	4,365	−20,691

출처: 김낙년, 「조선 무역의 장기동향」, 안병직 편, 『한국경제성장사』, 서울대학교 출판부, 2001, 200~205쪽.

1882년 일본은 영국의 신식 방적기를 도입해 오사카大阪방적을 설립했다. 일본의 산업혁명은 이 공장 설립을 시발로 한다. 1896년부터는 조선에 유입되는 수입 직물의 90퍼센트 이상이 일본산이었다. 1895~1905년 연평균 640만 필의 면포가 일본에서 수입됐다.

1890년대 이후 조선 무역은 일본에 쌀을 수출하고 공장제 면제품을 수입하는 이른바 '미면米綿 교환형'의 식민지적 구조로 탈바꿈했다. 1900년경이 되면 조선 면포 시장의 40퍼센트를 일본산이 장악했다.

기무처는 왕실의 재정권을 비롯한 재정 기구를 탁지아문으로 일원화하고 모든 국가 재정을 담당케 했다. 이때부터 국왕은 궁내부로부터 월급을 받는 신세로 전락했다. 비숍 여사는 당시 고종이 처했던 상황을 '유급 자동인형(salaried automation)'이라고 표현했다. 이런 조치를 통해 군국기무처 의원들은 국왕을 사실상 '군림하되 통치하지 않는' 입헌군주제하의 국왕처럼 만들어 지위와 권한을 약화시켰다. 이어 현물로 납부하던 조세를 금납화로 개혁했고, 도량형 통일을 추진했다.

일본은 조선에서 청일전쟁을 치르는 과정에서 거액의 군사비가 필요했다. 당시 조선에는 일본 화폐가 유통되지 않았고, 조선 화폐인 상평통보는 가치 변동이 심하고 무거워 원거리 수송이 불가능했다. 일본은 1894년 8월 11일, 기무처에 은본위 화폐 제도를 골자로 하는 '신식화폐발행장정'을 요구해 시행에 돌입했다.

화폐발행장정 제7조에 "신식 화폐가 다량 주조될 때까지 잠시 외국화폐를 혼용할 수 있으며, 이 경우 외국 화폐는 조선 화폐와 동질同質·동량同量·동가同價여야 한다"라고 돼 있었다. 외국 화폐는 일본 화폐였다. 이 조항에 따라 일본의 경화硬貨가 조선에 유입됐다. 결국 신식화폐장정은 일본 화폐가 조선에 광범위하게 침투하는 법적 기반이 됐다.

또 화폐장정에는 화폐의 불법 주조 행위에 대한 금지 내지 처벌 규정이 전혀 없어, 이후 많은 사주私鑄 행위가 벌어졌다. 전환국에서는 원료가 부족해 본위 화폐인 5냥 은화와 1냥 은화는 주조하지 못하고, 백동화·적동화 등 수익성이 큰 보조 화폐를 대량으로 찍어 유통시켰다. 특히 백동화의 주전 수익이 높아 전환국은 정부의 재정난 타개를 위해 백동화를 대량 주조했다. 백동화는 전환국뿐만 아니라 곳곳에서 불법 주조됐고, 심지어 일본에서 대량 밀수입돼 '백동화 인플레이션'을 야기했다.

군사·경찰·사법 제도 개혁

조선 정부는 군사 제도를 개혁하기 위해 1881년 이후 외국인 교관 초빙과 무기 도입 등 지대한 노력을 기울였다. 하지만 이 과정에서 적지 않은 시행착오를 겪어야 했다. 조선군은 일본·청국·미국 교관에 의해 훈련받았고, 군대 조직도 교관의 국적에 따라 부침을 거듭했다. 청국 교관의 조련을 받을 때는 장어영·통위영·총어영 체제였다가, 조선의 전통적인 병조·경리청·호위청으로 환원했고, 미국 교관 체제하에선 미국식으로 편제되는 등 혼란을 겪었다. 그 결과 조선 관군은 동학 농민군과의 전투에서 연패하는 등 난맥상을 연출했다.

기무처의 군사 제도 개혁은 국가 보위는 물론이요, 반일·반개화 세력의 도전을 물리치고 정권을 보호하기 위해 추진됐다. 가장 먼저 친위군을 설치했는데, 고종은 친위군 조련을 위해 서양 군사교관 초빙을 원했다. 군국기무처는 일본 교관이 유일한 대안이라며 일본인 교관의 지도하에 친위군인 훈련대를 설치했다. 훈련대는 후에 민 왕후 시해 사건에 동원돼 일본군 앞잡이 노릇을 하게 된다.

기무처는 내무아문 아래 경무청이란 경찰 기구를 설치했다. 조선의 내정 개혁 중에서도 잘 진전된 사례로 꼽히는 경무청은 도성 내 다섯 곳에 경무서를 두고 순사가 순회를 했다. 조선 순사 복장은 일본 경찰 제복을 모방했고, 일본식 훈련을 받아 경례를 비롯한 모든 시스템은 일본을 따랐다. 하지만 경무청에는 공공질서를 유지한다는 명분 아래 일반 국민의 생활 전반에 개입하고, 반정부·반개혁 운동을 탄압하는 권한까지 부여됐다. 심지어 경찰은 즉결처분권까지 보유해 무소불위의 조직으로 떠올랐다.

조선의 사법 제도는 고문과 연좌제 등 전근대적 요소가 다분했다. 기무처는 연좌법과 고문을 폐지하고 개개인이 공평한 재판을 받도록 제도화함으로써 한국 사법사상 획기적인 개혁이라는 평가를 받았다.

기무처는 7월 30일, "문벌·반상의 등급을 없애고 귀천에 관계없이 인재를 선발한다"라는 의안을 채택했다. 이것은 반-상의 계급적 차별이나 양반 제도 혁파를 선언한 것이 아니라 능력 본위로 인재를 등용한다는 뜻이었다. 갑오경장 기간 동안 양반 제도 혁파와 같은 혁명적 개혁안은 나오지 않았다.

또 공사公私 노비와 일부 천민을 해방하고 노비 매매를 금지하며 연좌율을 폐지해 천민의 재생산을 금지한 것은 조선 역사상 획기적이고 혁명적인 조치다. 하지만 노비 제도 개혁에도 한계가 있었다. 면천 대상을 노비와 역인驛人·창우倡優·피공皮工에 국한했고, 그 밖의 다른 천인은 제외됐다. 각지에서 해방된 노비들이 과격한 하극상 운동을 벌이자 노비 해방을 중단하거나 점진적 추진 입장으로 돌아섰다.

기무처의 개혁 중에서 돋보이는 부분은 교육 개혁이다. 교육을 담당하는 학무아문을 독립적으로 설치했으며, 교육 내용도 전통적인 유교가 아니라 합리성과 실용 위주의 교육 제도를 수립했다. 기무처는 각 지방에 학교 설립을 추진했다. 1894년 10월 15일 한성사범학교와 부속 소학교 개설은 이러한 선언의 구체적 이행이었다.

또 과거제 폐지로 전통적 유학 교육의 틀을 깨고 만국역사·만국지리·수학·물리·외국어·체조 과목으로 전환했다. 새 교육에 필요한 교과서를 한글로 편찬하는 사업은 학무아문 참의였던 이상재가 책임을 맡았다. 또 군졸을 대상으로 한글 교과서를 편찬해 군졸들에게 신학문 교육을 실시했다.

군국기무처와 대원군의 갈등

기무처는 근대적인 입법부로의 개조를 시도했다. 어윤중이 사회를 맡았던 10월 9일 회의에서 '만국의 통례'에 따라 기무처를 의정부(행정부) 예하 기구가 아니라 의정부를 대치하는 독립된 입법 기구, 즉 의회로 개조할 것을 의결했다. 이 안건은 10월 19일 기무처 회의에서 당분간 보류, 취소돼 한국 역사상 최초의 의회 설립 기도는 무산됐다(국사편찬위원회, 『한국사 40 : 청일전쟁과 갑오개혁』, 2003, 169쪽).

초기에 소장파 개화 관료들은 친청 민씨 척족 세력을 억누르기 위해 대원군을 지지했다. 하지만 7월 말 대원군이 고종과 왕비를 폐위하려 하자 대립각을 세우기 시작했다. 개화 관료들은 고종의 권한을 약화시키고 내각 중심으로 국사를 이끌어 가는 입헌군주제를 구상했다. 그들은 카리스마가 강한 대원군이 실권을 장악하면 입헌군주제가 불가능해질 것을 우려해 대원군과 대립각을 세우고 궁정파와 손을 잡았다. 이때부터 기무처는 개혁의 방법을 둘러싸고 사사건건 대원군과 갈등하고 충돌했다.

일본 정부는 대원군을 새로 수립된 친일 개화파 정부의 간판으로 추대하고 배후에서 그를 조종해 자신들의 뜻을 관철하려 했다. 하지만 대원군은 산전수전 다 겪은 노회한 정치인이었다. 대원군은 위정척사의 상징이자 완고한 수구주의자로 알려졌지만, 이것은 역사적 사실과는 다르다.

그는 실학과 김정희의 영향을 받아 교조적인 주자학에 비판적인 동도서기東道西器 입장의 점진적 개혁론자였다. 일본의 한국 근대사 연구자인 가지무라 히데키梶村秀樹는 대원군을 초超보수주의자로 평가하는 기존의 견해를 비판하면서 "양반 관료를 압박해 지배 기반을 중간적인 상인층으로 옮김으로써 상품경제의 전개를 한층 자극했다"라고 밝혔다.

대원군은 기무처 의원들처럼 급진적 개혁이 아닌, 점진적 개혁을 선호했다. 1894년 10월 20일 신임 이노우에 공사와의 면담에서 대원군은 "세인은 나를 완고의 장본인이라고 한다. 그러나 나는 개화가 필요하다는 것을 충분히 알고 있다. 예컨대 철도와 광산 개발은 내가 바라는 바다. 나는 이런 일에 대해 이미 계획을 세워왔다. 하지만 일을 너무 급하게 서둘다 보면 민심이 교란된다. 따라서 나는 개화를 점진적으로 추진하기를 바란다"라고 밝혔다.

이날 대원군은 이노우에 공사에게 일본이 기무처를 통해 추진하는 개혁이 너무 급진적으로 추진되는 것에 대해 다음과 같이 우려를 표명했다.

"지난 7월 23일 이래 기무처와 의정부 등에서 벌인 일들을 살펴보면, 일본이 20~30년간에 걸쳐 이룩한 사업을 곧바로 조선에 시행하려는 것 같다. 이미 100일이 지났지만 제대로 추진된 일은 아무것도 없다. 단지 의복 소매 폭을 좁혔고, 경무청을 설치한 것뿐이다. 순검의 복제를 변경한 것 따위도 좋은 일이지만, 백성의 이목을 놀라게 만들어 민심을 동요시켰다."

대원군의 이중 행보

대원군은 8월 1일, 자신을 지지하는 기무처 의원들을 규합해 규장각 직제학直提學으로 있던 25세의 자신의 손자 이준용을 기무처 의원으로 임명하려 했다. 이 시도는 고종의 반대로 실패했다. 보름 후인 8월 15일 대원군은 이준용을 중궁전 별입시, 내무아문 서리대신, 신식 군대인 통위영사 등 고위 관직에 임명해 군국기무처 밖에 권력 기반을 구축했다.

중궁전 별입시는 왕비 민씨의 동향을 감시하는 자리이고, 통위영사는 통위영 사령관으로서 수도 서울의 군권을 장악한 요직이다. 내무 대신은 전국의 지방관 임명권과 서울의 경찰권을 보유한 막강한 자리였다.

오토리 공사는 고종 일가 사람들을 면담한 후 대원군의 손자 이준용을 "이씨 종친 중 가장 유위有爲의 기상이 넘치는 인물"이라고 평했다. 「도쿄니치니치東京日日신문」 서울 특파원도 이준용을 "가장 재능 있는 조선의 젊은이 중 한 사람"이라고 꼽았다. 주일 영국 공사 사토(Ernest Satow)도 1896년 2월 도쿄에서 이준용을 면담한 후 그를 "유능한 인물"이라고 평했다.

대원군은 7월 23일 새벽 입궐 직전 오카모토에게 민영준과 진령군 및 기타 악질적인 민씨 척족 두세 명의 처단을 주장했다. 입궐 후에도 민 왕후 폐서廢庶와 민영준 처단을 주장했다. 자신이 권력을 장악하자 대원군은 왕비의 치마폭에 싸여 무능과 부패로 일관한 혼군昏君 고종을 폐위하고 이준용을 새 국왕에 추대해 쇠락해 가는 왕조에 생기를 불어넣으려 했다. 이것이 손자 이준용에게 수도권 일대의 군권과 경찰권을 장악하도록 한 이유다.

7월 말, 대원군은 심복 이원긍을 오토리 공사에게 보내 민 왕후 폐서의 취지를 담은 국왕 교지안을 제시하고 동의를 구했다. 문제의 교지안을 받아든 오토리 공사는 이것이 엄청난 폭발력을 가진 사안임을 직감했다. 스기무라 서기관, 혼노 외무성 참사관은 "민 왕후를 내쫓는 문제는 중국과 국운을 건 전쟁을 벌이고 있는 와중에 쓸데없는 분란을 야기해 작전에 지장을 초래할 위험이 있다"라면서 대원군의 제안을 강력 반대했다.

민 왕후 폐서 계획이 좌절되자 대원군과 이준용은 일본 공사관과의 제휴를 심각하게 고민하기 시작했다. 조선 땅에서 전쟁을 원치 않았던 대원군은 일본의 호전적 태도에 충격을 받았다. 그는 7월 25일까지 조선에서 청군 축출 권한을 일본군에게 부여하는 위임장 발급을 거절했다. 8월 2일에는 앞서 잠시 소개한 것처럼 베베르 공사와 면담해 일본을 긴장시켰다.

박영효, 궁정파와 손잡고 대원군과 대립각

이준용의 득세를 불안한 눈으로 바라보던 기무처는 반격에 나섰다. 사흘 후인 8월 18일 군국기무처는 내무 대신서리 이준용의 권한을 약화시키기 위해 내무 대신의 지방관 임용권을 박탈하는 의안을 통과시켰다. 9월 21일에는 대원군파 기무처 의원인 이태용과 이원긍의 의원직을 박탈했으며, 10월 21일 국왕과 왕비를 폐위하려 했던 대원군과 이준용의 음모를 조사하는 의안을 통과시켰다(유영익, 「대원군과 청일전쟁」, 1996, 102쪽).

대원군과 일본 간의 관계가 악화된 또 하나의 이유는 박영효의 등장이다. 일본 정부는 박영효를 비롯해 갑신정변 당시 행동대원이었던 유혁로·이규완·정난교 등을 1894년 8월 초 일본 경찰의 보호하에 귀국시켰다. 갑신정변 실패 후 일본으로 망명했던 박영효와 그의 부하 5명은 8월 10일 일본 경찰의 보호하에 금의환향했다.

대원군은 귀국한 박영효를 자기편으로 끌어들이기 위해 8월 23일 박영효를 공덕리에 위치한 별장 아소당我笑堂(서울시 마포구 염리동 동도중학교 자리)으로 초청했다. 박영효는 이 별장에 머물며 이준용과 비밀 협상을 벌였으나 뜻이 맞지 않아 제 갈 길을 가게 된다. 8월 31일 박영효는 대원군 별장을 떠나 도성 안으로 들어갔다. 그리고 9월 3일과 4일, 고종을 알현해 자기에게 개혁을 단행할 권한을 부여해 줄 것을 요청했다.

조선 정부 입장에서 보면 박영효는 갑신정변 쿠데타를 일으켜 왕권을 능멸하고 대신을 척살한 대역죄인 신분이다. 미국과 러시아 공사관은 박영효를 살인자로 규정하고 그를 옹호하는 일본 공사관에 거세게 항의했다. 아직은 때가 아니라고 판단한 박영효는 인천의 일본 영사관에 기거하며 때를 기다렸다.

얼마 후 고종은 박영효와 그 일당에게 내려졌던 대역죄를 사면했다. 이것은 그가 궁정파와 한편이 됐음을 의미한다. 박영효가 궁정파와 손잡자 대원군은 박영효를 '반역자'로 공격했고, 박영효를 싸고도는 일본 공사관을 비난했다. 일본 공사관은 대원군의 항의를 무시하고 박영효와 그의 수하들에게 피난처를 제공했다.

일본 공사관이 자신의 제의를 뿌리치고 궁정파와 손잡은 박영효를 비호하고 기무처를 앞세워 급진적인 개혁 드라이브를 걸자, 대원군은 앞에서는 일본에 협조하고 뒤돌아서서는 일본에 저항하는 양면적 처신을 보이기 시작했다.

일본 공사관은 조선 정부 요인들의 갈등을 타개하기 위해 8월 15일 의정부를 부활시켜 권한을 의정부로 이양하고 새 관제에 의해 총리대신 이하 각 아문 대신을 임명토록 했다. 이때부터 의정부를 통한 근대적 개혁이 추진된다. 이때 권력의 전면에 등장한 김홍집·김윤식·어윤중 등 온건 개화파 인사들은 일본이 갑신정변 실패 이후 오랜 기간 눈여겨봐 왔던 인재들이었다.

1차·2차 갑오개혁 정부의 주요 관리 비교

1차 갑오개혁기		2차 갑오개혁기	
아문명	대신/협판	부서명	대신/협판
의정부	총리대신: 김홍집 찬성: 김수현·이유승 도헌: 박용대·이중하·이태용·조인승·유길준, 김학수(10.3)	의정부	총리대신: 김홍집 내각총서: 유길준
궁내부	대신: 이재면 협판: 김종한, 조한국(7.28)	궁내부	대신: 이재면 협판: 김종한
외무아문	대신: 김윤식 협판: 김가진	외부	대신: 김윤식 협판: 이완용
내무아문	대신: 민영달, 서상우(8.25) 협판: 이준용	내부	대신: 박영효 협판: 이명선 경무사: 이윤용
탁지아문	대신: 어윤중 협판: 김희수, 한기동(11.1)	탁지부	대신: 어윤중 협판: 안경수
군무아문	대신: 이규원, 조희연(8.13, 서리) 협판: 조희연·백낙륜	군부	대신: 조희연 협판: 권재형
법무아문	대신: 윤용구, 이용원(8.27), 홍종헌(9.8) 협판: 김학우, 정인성(10.7)	법부	대신: 서광범 협판: 이재정
학무아문	대신: 박정양 협판: 정경원	학부	대신: 박정양 협판: 고영희
공무아문	대신: 서정순, 안경수(7.19) 협판: 한기동, 이도재(8.7), 조동필(10.7)	농상공부	대신: 김가진 협판: 정병하
농상아문	대신: 엄세영 협판: 정병하, 성기운(9.4)		

출처 : 왕현종, 「조선갑오개혁정권의 대일 정략과 종속의 심화」, 왕현종 외 4인, 『청일전쟁기 한·중·일 삼국의 상호전략』, 동북아역사재단, 2009, 41쪽.

대원군, 평양의 청군 사령부에 비밀 서한

기무처 출범 1개월 후인 8월 말부터 대원군과 유길준·김학우·김가진·안경수·조희연 등 기무처 내 개화파 의원들 간에 불화가 격화됐다. 대원군은 기무처가 통과시킨 개혁안에 사사건건 시비를 걸고, 의결된 개혁안을 배척했다. 개화파 의원들은 대원군의 섭정으로서의 권위를 무시하고 국왕에게 재가를 받기 시작했다.

기무처 내에서 대원군 세력이 거세되자 대원군과 이준용은 세 가지 방향에서 일본에 저항하는 반일 운동을 추진한다. 첫째는 평양에 집결한 청군과 비밀리에 연락해 일본군을 공격하려 했다. 당시 청국은 2만여 명의 군대를 평양에 집결시켜 일본군과의 결전을 준비 중이었다.

대원군은 8월 16일 이용호·김종한·임인수·정인구·김형목 등 5명을 밀사로 평양에 파견했다. 이들은 황해도 해안을 따라 북상해 8월 21일 평양에 도착, 청장清將 웨이루구이와 만났다. 밀사들은 일본군을 조선에서 내쫓기 위해 군사 원조를 요청하는 대원군의 서한은 물론, 고종 및 고종의 친형이자 궁내부 대신인 이재면과 총리대신 김홍집의 안부 편지를 전달했다. 대원군이 청군 장수에게 보낸 편지 내용은 이러했다.

> 지금 종사의 안위가 위급해져서 날마다 천사天師(청군)의 동원東援만을 기다리고 있습니다. 듣건대 대부대가 연이어 출정했다고 하니 이는 조선이 다시 소생할 때입니다. 엎드려 바라옵건대 상국上國은 많은 원병을 보내시어 우리의 종사와 전궁殿宮을 보호해 주시고, 간당과 일본에 붙어 매국하는 무리를 일소하시어 하루속히 초미지급焦眉之急(눈썹에 불이 붙었다는 뜻으로, 매우 위급함을 이르는 말)에서 벗어나게 해주시기를 피눈물로 기원합니다.

고종은 일본군이 경복궁을 점령한 직후 민상호를 통해 북양대신 리훙장에게 구원을 요청하는 밀서를 보냈고, 평양에 밀사를 보내 청군 사령관에게 "청군이 원정을 통해 종사를 보호하고 간당과 매국 무리를 일소해 달라"라고 요청했다. 국운이 왔다 갔다 하는 민감한 시기에 대원군을 비롯해 국왕 고종, 총리대신 김홍집 등이 청군 사령관에게 비밀서한을 보낸 이유는 무엇이었을까?

이 무렵 조선은 일본의 압력에 의해 청국과 체결한 조약(통상장정)을 폐기하고 청군 구축을 의뢰하는 등 청국에 적대 행위를 했다. 대원군이 보낸 밀사들이 웨이루구이를 만난 지 며칠 후 조선은 일본과 군사 동맹인 '대일본·대조선 양국맹약'을 체결했다.

대원군을 비롯한 조선 지도부는 평양 전투에서 청군이 승리할 것을 믿어 의심치 않았다. 승리한 청군이 남하해 서울을 점령할 경우 청국은 조선의 배신 행위를 엄중 문책할 것이 분명했다. 이에 대비한 안전 조치를 강구하기 위해 조선 지도부는 청군 지휘관에게 비밀 서한을 보내 자신들의 배신 행위에 대한 양해를 구한 것이다.

동학 교단 사주해 반일 의병 봉기

대원군을 비롯해 고종, 김홍집 등이 청군 사령관에게 보낸 밀서는 평양을 점령한 일본군 제1군 사령관 야마가타 아리토모 대장에게 노획돼 대본영으로 이관됐다. 고종은 '주연珠淵'이라는 호號을 사용해 청군 사령관에게 밀서를 보냈는데, 일본군은 '주연'이 누구인지 밝혀내기 위해 혈안이 됐다.

대원군이 일본을 공격하기 위해 세운 두 번째 계획은 삼남(충청·전라·경상도) 지방 유생 및 동학당의 반일 의병 궐기 사주였다. 대원군은 조선 북부에 주둔한 청군과 조선 남부에서 의병이 궐기해 일본군을 남북에서 협공해 격퇴한다는 계획을 세웠다. 대원군과 이준용은 9월 초 기무처 의원 이태용·박준양의 도움을 받아 삼남 지방의 명망 있는 양반 관료 후예 및 동학 교단 지도자들에게 초모사招募使를 파견해 항일 의병을 조직했다.

대원군이 파견한 전 승지 이건영, 동학 접주 박동진·박세강 등 밀사는 충청도의 동학 접주들과 접촉했고, 임기준·서장옥은 전봉준·김개남·송희옥 등 전라도의 동학 접주들과 만났다. 이용호는 경상도, 송시열의 후손인 전 규장각 교리 송정섭은 충청도 지역에 파견됐다. 하지만 일본군은 전봉준의 동학 농민군이 구성되기 전인 9월 15~16일 평양에서 청군을 격파해 청군을 조선 땅 밖으로 몰아내는 데 성공했다.

일본 공사관은 경무사 이윤용을 통해 대원군의 일거수일투족을 감시했다. 9월 25일 경무청은 대원군이 동학교도들에게 밀사를 보낸 사실을 주한 일본 공사관에 제보했다. 대원군이 항일 의병 조직을 추진한 사건이 밝혀지자 일본 정부는 대원군을 두둔했던 오토리 게이스케 공사를 소환하고, 10월 27일 일본 정계의 거물인 이노우에 가오루를 후임으로 부임시켰다. 이로써 일본이 추진하는 조선의 내정 개혁 제2기의 시동이 걸리게 된다.

이노우에 공사는 부임 즉시 대원군과 수하들을 축출하는 작업을 벌였고, 조선 관군을 일본군 휘하에 편입시켜 동학 농민군에 대한 본격적인 토벌을 준비했다. 대원군의 밀사와 접촉한 동학 지도자들은 9월 초부터 남접南接 세력이 호남을 중심으로 "일본군을 몰아내고 친일 개화 정권을 타도하자"라는 슬로건을 앞세워 봉기했다. 10월 초 동학 농민군이 경기도 죽산·안성 일대에 출몰하자 기무처는 고종에게 무력을 동원해 동학 농민군을 탄압해야 한다고 건의했다.

10월 19일 고종은 양호순무영을 설치하고 신정희를 도순무사에 임명했다. 관군은 일본에서 특파된 '동학당 정토군'과 연합해 동학 농민군 진압 작전을 전개했다. 남접의 봉기에 자극받은 손병희 등 북접北接도 봉기해 11월 7일경 3만여 명의 항일 의병(동학 측 자료에는 16만 7,000명)이 논산에 집결해 서울로 북상을 시도했다.

개화파 김학우 암살한 대원군

제1차 동학 봉기의 성격이 반봉건이었다면 제2차 봉기는 반제·반일로 전환됐다. 여기서 우리가 유의해 봐야 할 부분이 있다. 청일전쟁 당시 조선 백성을 상대로 악질적인 범죄 행위를 저지른 집단은 일본군뿐만이 아니다. 청군도 일본군 못지않은 피해를 입혔다. 그런데 동학 의병 봉기 과정에서 그들은 '척왜斥倭'는 외쳤어도 '척화斥華' 주장은 없었다. 그들은 오로지 '척왜양斥倭洋' '축멸왜이逐滅倭夷'를 주장해 일본에 대한 복수를 주장했을 뿐 중국에 대한 적대감은 찾아보기 힘들었다.

동학 농민군을 동원한 일본군 공격 작전이 뜻을 이루지 못하자 대원군은 친일 개화파 관료 암살 및 쿠데타를 모의했다. 대원군은 동학 농민군이 서울에 난입하면 이준용 휘하의 통위영 병사들과 협력해 친일 개화 관료를 처단하고 국왕과 왕세자까지도 제거한다는 계획을 세웠다.

대원군은 거사 자금 마련을 위해 서울의 부호 이덕유·김중효·박여도·김동욱·김기영 등에게 강제로 기부금을 뜯어냈다. 그는 왕궁 역술인 심원채의 부하인 최형식·전동석 등을 자객으로 동원했다. 하지만 대원군의 거사 계획은 기무처 의원 겸 법무아문 협판 김학우 한 사람을 암살하는 것에 그쳤다.

김학우는 1894년 10월 31일 밤, 서울 전동 자택에서 최형식과 전동석이 지휘하는 암살단에 의해 살해당했다. 그가 암살의 표적이 된 이유는 기무처 회의에서 내무 협판 이준용의 지방관 임명권을 박탈하는 의안 도입에 앞장섰고, 대원군과 이준용의 반역 모의 진상 조사를 맡았기 때문이다. 주한 미국 공사 실(John M. B. Sill)은 본국 정부에 "김학우가 국왕과 민 왕후를 살해하려는 대원군의 음모를 파헤쳤기 때문에 괘씸죄에 걸려 암살당했다"라고 보고했다. 김학우 암살 이후 친일 개화파 관료들에 대한 경호가 강화되면서 더 이상의 암살 사건은 일어나지 않았다.

김학우는 함경북도 경흥 출생으로 10세 때 블라디보스토크로 이주해 그곳에서 성장했고, 중국 지린吉林과 베이징을 왕래하며 중국어를 익혔다. 이후 1876년부터 2년간 도쿄에서 러시아어 교사로 재직하며 일본어를 배워 3개 국어에 능통했다. 그는 블라디보스토크에 파견됐던 관리 장박張博의 주선으로 서울 정계에 진출했다.

그는 고종의 명으로 일본에 건너가 전신 기술을 공부하고 귀국한 후 일본·중국으로부터 선박과 무기 구입, 전신선 가설, 전신 기술자 양성, 모스부호 도입 등 정부가 추진한 각종 개화 사업을 담당했다. 「아사히 신문」 종군 기자 니시무라 도키스케는 김학우를 "조선 개화당 중 제1류 인물"이라고 평가하면서 그의 죽음을 애도했다.

대원군이 친일 개화 관료 암살로 저항하자 일본 공사관은 대원군이 동학군과 연계된 증거를 수집해 정계에서 퇴출시키는 작업에 돌입했다. 이를 위해 대원군 수하였다가 투옥된 허엽을 매수해 "대원군과 이준용의 명령을 받고 동학군에게 밀서를 보냈다"라고 폭로해 대원군을 궁지에 몰아넣으려 했다.

하지만 그보다 더 확실한 정보가 입수돼 이 계획은 취소됐다. 일본군이 평양 전투에서 승리한 후 탈취한 전리품 중 대원군이 청군 장수에게 발송한 비밀 서한이 발견된 것이다. 후에 이 편지가 대원군 제거를 위한 결정적 증거물로 동원됐다.

제9장

평양 전투 및 황해 해전 승리한 일본

성환 전투에서 참패한 녜스청 총병은 공주로 퇴각해 예즈차오 군대와 합류했다. 예즈차오는 공주 수비를 포기하고 평양으로 이동해 평양에 진주한 청군과 합류해서 전투에 임하기로 결정했다. 8월 2일 공주를 출발한 청군은 서울 일대를 점령하고 있는 일본군을 피해 평양으로 북상하기 위해 공주에서 청주를 거쳐 진천-충주-흥당에서 남한강을 건넜다. 이후 청풍-원주-춘천-전화-이천-상원으로 행군했다.

청군이 공주를 출발한 다음 날인 8월 3일, 광서제가 초전 승전을 보고한 녜스청 부대에 상금 2만 냥을 하사하는 해프닝이 벌어졌다. 성환 전투 초기에 매복해 있던 청군 초병 부대가 어둠 속에서 전진해 오는 일본군 선두 부대를 기습해 혼란에 빠뜨렸다. 승리에 도취한 녜스청 총병은 초전에서 승리했다고 리훙장에게 보고했다.

리훙장은 현지 보고를 토대로 광서제에게 승전보를 올렸고, 광서제가 이날 녜스청 부대에 상금을 하사한 것이다. 그런데 관련 내용을 통지하기 위해 현지 부대에 메시지를 보냈으나 녜스청 부대와 본국 정부 간 연락이 두절됐다. 부대의 행방을 알 수 없게 되자 분노한 광서제는 리홍장에게 "전황에 대해 사실대로 보고하라"라는 엄명을 내렸다.

녜스청은 성환 전투에서 사상자가 200명이라고 보고했지만, 사실은 전투에 참가했던 2,000명 병력의 4분의 1인 500여 명을 잃었다. 뿐만 아니라 평양으로 이동하는 과정에서 많은 환자와 도망병이 발생했다. 녜스청은 『동정일기東征日記』에 "청군 사상자는 100여 명, 일본군 사상자는 1,000여 명에 달했다"라고 기록했다.

온갖 패악질 자행한 청군

청군은 평양까지 조용히 숨죽이고 이동한 것이 아니다. 패잔병들은 가는 곳마다 조선 백성의 재물을 빼앗고 부녀자를 능욕했으며, 농가의 개와 닭, 소와 말을 있는 대로 잡아먹고 끌어갔다. 또 조선 백성들을 강제로 징발해 짐을 지우고 가마를 메도록 했다(김정노, 「내가 난리 치러본 이야기 | 9세 때에 일청전쟁」, 『혜성彗星』 제1권, 1931년 11월, 106쪽).

그들은 8월 무더위 속에서 온갖 만행을 저지르며 1,000리 행군 끝

평양에 집결한 청군

부대명	원주둔지	지휘관	이동 상황
성군(盛軍)	톈진	웨이루구이(衛汝貴)	7월 21일 6,000명이 탕구(塘沽)에서 선박 편으로 출발, 7월 23일 안둥(安東) 상륙. 7월 28일 의주를 거쳐 8월 4일 평양 도착.
의군(毅軍)	뤼순	마위쿤(馬玉崑)	7월 22일 2,100명 기선 편으로 안둥으로 이동, 육로로 조선 진입. 7월 28일 의주를 거쳐 8월 4일 평양 도착.
봉군(奉軍)	펑톈	쭤바오구이(左寶貴)	3,500명 평양으로 이동.
연군(練軍)	펑톈, 지린	펑성아(豐升阿)	2,000명 병력 7월 27일 펑톈 출발, 8월 9일 평양 도착.

에 8월 21일 선발대가 평양에 도착했다. 그곳에는 이미 본국에서 파병돼 온 북양 육군 산하의 성군盛軍·의군毅軍·봉군奉軍·연군練軍이 포진해 있었다.(셰쥔메이, 「청일전쟁시 조선투입 청군의 동원과 조선 내에서의 전투상황」, 1996, 140쪽).

평양에 파견된 청군은 시중에서 급히 긁어모은 무뢰배가 대부분이어서 훈련돼 있지 않았고, 전술에 어두웠다. 펑톈에 파송돼 의료 선교 활동을 했던 스코틀랜드 장로교회의 듀걸드 크리스티(Dugald Christie) 선교사는 청일전쟁에 참전한 청군이 조선으로 이동하는 모습에 대해 "각지에서 긁어모은 잡다한 병대가 긴 창이나 소총 등을 지닌 채 유괴당한 자들처럼 불쌍한 무리가 돼서 터벅터벅 행군해 갔다"라고 기록했다(야마무로 신이치, 정재정 옮김, 『러일전쟁의 세기』, 도서출판 소화, 2010, 76쪽).

병사뿐만 아니라 지휘관들의 자질도 문제였다. 대부분의 청군 장교들은 1860~70년대 농민 봉기 진압 과정에서 공을 세워 고위직에 오른 사람들이라 근대적 전술·전략에 무지했다. 또 북양 육군은 내전 진압용 군대여서 근대식 전투에 필수적인 병참 조직이나 수송 수단이 없었다. 그 결과 청군은 병력을 한 지역에서 다른 지역으로 이동하려면 큰 혼란이 발생해 기동전이 거의 불가능했다.

게다가 쭤바오구이左寶貴·마위쿤馬玉崑처럼 애국심 충만하고 용맹한 장군은 드물었다. 평양에 출병한 청군 가운데 웨이루구이가 통솔하는 성군의 군기가 가장 엉망이어서 강간·약탈 등 온갖 나쁜 짓을 일삼았다(김보경, 「청일전쟁 후 국제질서 인식의 변화」, 숙명여대 박사학위 논문, 2004, 123쪽). 웨이루구이의 주업은 고리대금업이었고, 군대 지휘관은 부업이었다. 그는 군대 운영비와 병사들의 급료·식대 등을 횡령해 고리대금업 자금으로 사용했다.

평성아豐升阿 휘하의 병력도 '겁쟁이군'이라 불릴 정도로 전투력이 형편없었다. 이러한 잡탕 군대가 고도의 훈련을 받고 엄격한 군기를 유지하고 있는 일본군에게 승리한다는 것은 애당초 기대난망이었다(셰쥔메이, 「청일전쟁시 조선 투입 청군의 동원과 조선 내에서의 전투상황」, 1996, 157쪽).

일본군은 근대군, 청군은 중세군

평양에 파견된 북양육군은 마우저 소총, 크루프(Krupp) 야포로 무장하고 있어 무라타 소총과 청동포로 무장한 일본군에 비해 무장 면에서는 우세했다. 이것은 겉으로 볼 때 그렇다는 뜻이다. 평양 전투에 참가한 청군은 조선으로 급히 출병하는 과정에서 외국 상사로부터 중고 소총을 수입해 무장시킨 결과 각국 소총이 섞여 있었다. 그 결과 소총 구경과 탄약 구경이 맞지 않았고, 수송이 제때 이뤄지지 않아 전방에선 소총은 있으나 탄약이 없고 탄약이 먼저 도착했으나 소총이 도착하지 않는 등 일대 소동이 벌어졌다.

청일전쟁에 참전한 일본군 고급 장교들은 대부분 유럽 유학을 다녀와 근대식 전술전략과 군사 작전에 해박한 지식을 갖고 있었다. 프로이센 군대를 모델로 조직된 일본군은 사실상 유럽의 근대 군사력이었다. 게다가 일본군의 주력 소총인 무라타 소총은 세계 어느 나라 소총과 성능을 비교해도 뒤지지 않았다. 병사들의 기강도 엄중했고, 전투 준비도 철저히 돼 있었다.

영국 해군 모델을 채택하고 머핸(Alfred Thayer Mahan)의 교리로 무장한 일본 해군도 유럽의 근대 해군력에 버금가는 수준이었다. 함정들은 동질성을 유지했고, 속사포 사격 능력과 기동력, 전술 운용 측면에서 북양함대를 앞섰다.

예즈차오가 평양에 도착한 후에야 비로소 본국 정부와 연락선이 회복됐다. 리훙장이 예즈차오로부터 전보를 받은 것은 8월 23일, 발신지는 평양이었다. 리훙장은 8월 25일 제독 예즈차오를 평양 주둔 청군 사령관에 임명했다.

청국 정부는 조선에 청군을 증파하면서 회군의 명장 류밍촨劉銘傳, 상군의 명장 류진탕劉錦棠, 광둥 총병 류융푸劉永福를 보내자는 의견이 제기됐다. 리훙장은 군대 지휘권을 자기 휘하가 아닌 사람에게 맡기는 것을 거부했다. 성환 전투에서 패주해 허위 보고를 하고 평양까지 퇴각해 온 예즈차오를 동아시아의 운명을 가르는 중요한 전투의 지휘관에 임명한 이유는 그가 리훙장 휘하의 장수였기 때문이다.

7월 23일 일본군은 경복궁 점령 과정에서 평양병으로 구성된 조선군 시위대와 격돌했다. 평양병은 고종의 해산 명령을 받고 400여 명이 경복궁을 탈출해 평양으로 돌아갔다. 그들은 현지에 남아 있던 200여 명의 병사들과 함께 청군 진영에 가담해 "일본군이 오면 청군을 도와 모두 죽이겠다"라고 외쳤다.

8월 중순에는 강계 포수 1,500명이 청군에 합류해 성문 수비를 담당했다. 포수 동원은 병인양요와 신미양요 당시 사냥꾼을 의용군으로 편입해 전투한 사례를 따른 것이다. 이로써 동아시아의 명운을 가르는 평양 전투는 일본군 대 청군-조선군 연합 부대의 대결로 진행됐다.

일본군은 효과적인 전쟁 수행을 위해 조선에서 자신들의 군대가 자유롭게 행동하는 것을 최우선 과제로 삼았다. 이를 위해 조선에서 일본군에 적대하는 세력을 격파 탄압하고 전쟁 수행에 적합한 체제 정비에 돌입했다. 당장 시급한 것이 군대의 병참 수송을 위한 도로망 정비였다.

보급 문제 심각했던 일본군

일본군은 성환 전투를 위해 이동하는 과정에서 보급 문제로 심각한 애로를 경험했다. 평양 전투에서는 같은 실수를 겪지 않기 위해 대본영은 8월 14일, 「육군의 조선 정부에 대한 방침」이라는 기밀문서(제224호)를 보내 주의를 환기시켰다. 이 문서는 당시 일본군이 조선에서의 수송과 병참 문제에 얼마나 신경을 썼는지를 생생하게 보여준다. 그 내용 일부를 소개한다(『大山巖關係文書』 48-(10), 「陸軍の朝鮮政府に對する方針」, 모리야마 시게노리, 「청일전쟁 중 일본 군부의 대한정책」, 1996, 196쪽).

> 군대를 움직이는 데 있어 가장 중요한 것은 도로보다 급한 것이 없다. 조선은 도로·교량이 협소하고 험악해 곳곳에 차를 통할 수 없는 것은 물론이고, 다른 차륜 및 짐말도 역시 쉽게 통행하지 못하기 때문에 무기와 식량, 그 외의 군수를 운반하는 인부를 이용하지 않을 수 없다.
>
> 이 인부를 모두 우리나라에서 발송하려면 경비가 허용되지 않으므로 징발할 수 있는 한 조선 인부를 고용하지 않으면 안 된다. 그러므로 앞의 도로 및 인부 등에 관해 다음 3건을 한국 정부에 조회해 한국 정부가 연도 각 지방관에게 말해 우리 수요에 응해 공급해서 만족할 수 있도록 하는 것이 목하 긴급한 일이다.
>
> ① 경성(서울)-부산 간 및 그 외 아군이 청구하는 지방도로를 수선할 것.
>
> ② 아군의 수요에 따라 각 지방관이 알선해 인부를 공급해서 이에 상당하는 대가로 군량을 공급해 불편을 느끼지 못하게 할 것. 다만 각 지방관이 정하는 액수에 따라 임금을 지급할 것.

> ③ 우리의 금·은·동화를 가지고 한전韓錢과 같이 통용하게 할 것. 다만, 한국인의 청구에는 언제라도 한국 정부가 이를 한전으로 태환할 것을 미리 이야기할 것.

불행하게도 조선은 제1장에서 소개한 바와 같이 '도로'라고 말할 수 있는 근대식 도로가 존재하지 않았다. 그저 역참 소속의 말 한 필이 통행 가능한 정도의 소로小路만 존재하는 중세의 왕국이었다.

부산에 상륙한 일본군

청일전쟁 10년 후 조선은 러시아와 일본의 전쟁터로 변했다. 러일전쟁을 위해 1904년 인천에 상륙해 평양을 거쳐 압록강 지역으로 이동하는 일본군을 종군 취재했던 미국 작가 잭 런던은 『조선사람 엿보기』라는 저서에서 당시 한국의 도로 사정에 대해 다음과 같은 기록을 남겼다 (잭 런던, 윤미기 옮김, 『잭 런던의 조선사람 엿보기』, 한울, 2011, 37~38쪽).

> 서양인이 볼 때는 도로라고 하기에도 우스꽝스러울 정도로 웅덩이의 연속에 불과하지만, 그러나 그것은 정말 왕도王道라고 한다. 비가 조금만 와도 이 길은 진흙으로 가득 찬 강으로 변한다. 다리를 건널 때는 매우 조심해야 되는데, 믿기지 않겠지만 발목을 한두 개 부러뜨리는 게 다반사이기 때문이다.

조선의 보건위생 환경도 최악이었다. 보병소위 하마모토濱本利三郎는 자신이 쓴 『일청전쟁 종군비록秘錄』에서 "조선에서 놀란 것은 듣던 것보다 훨씬 더 불결하다는 것이다. 도로는 쓰레기와 인분으로 넘쳐나고, 불결함의 극치인 돼지는 기세가 올라 곁눈질로 사람들을 노려보면서 도로를 활보한다. 악취가 코를 찔러 구토가 나올 지경"이라고 상륙 당시의 인상을 기록했다. 평양을 점령한 후비보병연대의 한 중사는 고향에 보내는 편지에서 "조선이라는 곳은 알고 계신 것처럼 야만도 이만저만이 아닙니다"라고 썼다(하라다 게이이치, 최석완 옮김, 『청일·러일전쟁』, 어문학사, 2013, 105쪽).

오시마 요시마사 소장의 제9혼성여단을 조선에 파병한 후 히로시마에서 대기하고 있던 제5사단은 7월 30일 대본영으로부터 도한渡韓 명령을 받았다. 평양 전투를 치르기 위해서는 남포 일대에 병력을 상륙시키는 것이 가장 편리했지만, 당시엔 북양함대가 건재해 있어 서해로 병력을 수송하는 것은 위험 부담이 너무 컸다. 결국 사단 사령부와 함께 출발한 제5사단 잔여 부대는 안전을 위해 8월 6일 부산에 상륙했다.

제5사단은 8일부터 경부 중로中路를 통해 북상 행군을 개시했다. 평양까지 장거리를 이동해야 했기에 병사의 피로를 줄이기 위해 배낭(1인당 약 18킬로그램)을 부산으로 돌려보냈다. 8월 염천炎天의 무더위 속에서 각종 무기와 장비, 보급품을 지고 끌면서 먼 거리를 이동하느라 병사들은 녹초가 됐다. 일본군은 조선의 지방관과 백성들로부터 협조를 받지 못해 식사를 제때 못 하는 일이 다반사였다.

악전고투한 일본군

제5사단도 병참 수송 부대가 없어 조선에서 민간 노동력을 강제 징발했는데, 그 수가 10만 명 이상에 달했다(모리야마 시게노리, 「청일전쟁 중 일본 군부의 대한정책」, 1996, 197쪽). 군수 물자 운반을 위해 고용한 조선인 인부들에게 지불할 조선 동전이 바닥나자 인부들이 도망치는 바람에 악전고투했다.

백성들과 일부 관료들은 여러 형식으로 일본군에 저항했다. 제5사단은 서울로 진군하는 도중에 징발과 노역에 저항하는 조선 백성들과 충돌해 인명 피해가 발생하기도 했다. 경부 라인에서 봉기한 의병들은 조령鳥嶺 일대에 "일본군에 편의를 제공하는 관리는 모두 참살해야 한다" "일본인의 화물 운반에 고용되는 사람은 살해하겠다"라는 격문을 붙였다.

일본군은 조선 인부들의 체력이 강하다는 이유로 일본 인부 두 사람이 운반할 짐을 한 사람에게 맡겼다. 가혹한 노동으로 인해 도망자가 속출하자 일본군은 일본에서 군부 혹은 역부라 불린 인부를 고용해 데려왔다. 군부는 현역 군인이 아님에도 불구하고 민간인 복장에 칼을 찼으며, 전쟁터에서는 사실상 군인 역할도 수행했다. 군부 가운데 야쿠자 출신이 상당수를 차지하고 있었다. 이들의 저급한 수준 문제가 일본 신문에서도 거론됐다(차경애, 「청일전쟁 당시의 전쟁견문록을 통해서 본 전쟁지역 민중의 삶」, 『명청사연구』 제28집, 명청사학회, 2007, 120쪽).

군부들은 대부분 범법자나 무뢰한이어서 조선 사람을 폭행하는 등 난폭한 행동을 일삼고, 재물을 빼앗거나 부녀자를 강간해 물의를 빚었다. 전쟁이 끝나고 일본에서 열린 군법회의 결과 범죄 행위로 처벌된 자가 2,000명 정도인데, 이 중 군부가 70퍼센트 이상을 차지했다(도베 료이치, 이현수·권태환 옮김, 『근대 일본의 군대』, 육사화랑대연구소, 2003, 125쪽).

인부들의 도망을 막기 위해 조선 관리와 병사를 배치하고 일본군이 이들을 감시했다. 하지만 심야에 감시가 허술한 틈을 타서 인부와 조선 관리, 병사들까지 도주하는 현상이 반복됐다. 할 수 없이 조선 인부 10~20명당 일본 인부 한 명을 배당하고 이들에게 몽둥이나 채찍을 주어 감독하도록 했다.

노즈 사령관 일행은 험준한 조령을 넘어 충주에 이르렀고, 가흥부터는 배를 타고 한강을 따라 천신만고 끝에 8월 19일 서울에 도착했다. 제5사단의 이동 모습에 충격을 받은 대본영은 제3사단 1개 연대 및 제5사단 1개 연대의 상륙지를 동해안 원산으로 바꾸었다. 원산에 일본군 병력과 야포대를 실은 군함이 도착해 원산수비대가 설치되는 등 원산은 청일전쟁 진원지와 같은 착각을 일으킬 정도로 전운에 휩싸였다(양태진, 「청일전쟁은 왜 한반도에서 일어나야 했는가」, 『군사軍史』 29, 국방부 군사편찬연구소, 1994년 12월, 105쪽).

원산을 출발한 부대는 18킬로그램의 배낭과 4킬로그램의 무라타 소총을 휴대한 채, 30~35도에 달하는 무더위를 뚫고 길도 없는 험로를 행군하느라 모두 녹초가 됐다. 그들은 식량을 현지 조달로 해결하면서 험준한 산악 지대를 돌파했다. 이 과정에서 제22연대의 경우 소 300마리가 죽었고, 역부들은 일사병에 걸려 전진이 힘들었다. 일본군이 운반을 독촉하자 조선 인부들은 "이 고통을 당하느니 차라리 내 목을 쳐라"라며 저항했다. 일본군은 군기의 엄중함을 알려주기 위해 칼로 한 인부의 목을 쳤다. 다른 인부들은 두려워 벌벌 떨면서도 짐을 지려는 자가 없었다(박종근, 『청일전쟁과 조선』, 1989, 103쪽).

조선 인부들 도주

8월 26일 조선 정부를 겁박해 '양국맹약'을 체결한 일본은 조선군을 평양 전투에 동원할 것과, 인부와 식량을 징발할 것을 요구했다. 일본군은 '양국맹약'이 체결되기 전에는 조선인 민가로부터 직접 인마와 물자를 징발했는데 통행하는 말과 소, 수레와 인부를 강제 징발하는 과정에서 큰 저항에 직면했다. '양국맹약' 체결 후에는 맹약 제2조에 따라 조선 정부 책임하에 징발이 진행됐다.

8월 31일 개화 정권은 징발에 관한 '유고서諭告書'를 발표했다. 유고서에는 "일본 군대가 파견돼 온 것은 우리나라의 독립을 공고히 하기 위해서"라면서 적극적으로 일본군 징발에 협력하되, 그 대가로 조선 돈은 물론 일본 은화도 수령하라고 돼 있었다. 조선 정부는 일본군의 인마 징발을 돕기 위해 관리를 파견해 감독했으나, 중앙 정부의 명을 따르는 백성은 거의 없었다. 조선 백성들은 일본군에게 식량과 가축을 판매하고 노동력을 제공하기를 거부했다.

일본군이 북진하자 황해도·평안도 일대의 주민들 분위기가 심상치 않았다. 그들은 일본군만 싫어한 것이 아니라 일본에 고용돼 일하는 조선 인부도 일본군 앞잡이라면서 미워해 타살하는 사건이 심심치 않게 발생했다. 오토리 공사는 조선 정부를 설득해 황해도와 평안도에 "일본군에 적극 협력하라"라는 어명을 전하기 위해 칙사를 파견했다. 그런데 이 칙사마저 중간에 달아났다. 조선 정부는 일본 정부의 압력에 등 떠밀려 평양에 조선군(장교 4명, 병사 50명)을 파견했다. 그런데 일본군을 따라 평양으로 향하던 조선군 장교와 포도청 경리, 장위영 집사는 황해도 평산에서 모두 도망갔고, 조선 병사 50명 가운데 15명도 중간에 사라졌다(박종근, 『청일전쟁과 조선』, 1989, 98쪽).

황주에서는 조선 병사들이 일본군에게 총격을 가했고, 황해도와 평안도 일대에서는 조선 백성들이 일본 척후병을 습격하는 등 조직적인 반일 저항이 일어났다. 황해도 관찰사 정현석과 황해도 병마절도사 이용관 등은 청군과 제휴해 비밀리에 농민들에게 무기를 나눠주고 일본군을 공격하도록 했다. 상원 군수 이응국, 서흥 부사 홍종국도 반일 행동을 부추기다 일본군에게 체포됐다. 황해도 황주 이북에서 의주에 이르는 지역의 지방관들이 모두 도피해 협조를 받을 수 없게 되자 오토리 공사는 조선 정부에 "조속히 후임을 파견해 달라"라고 요구했다.

8월 하순 개성에 도착한 제9혼성여단의 가장 중요한 과업은 전투 준비가 아니라 군량 및 마초 확보와 운반이었다. 여단은 전력을 다해 식량 확보에 나섰지만 소득이 없었다. 식량 부족 현상은 '양국맹약' 이후 더 악화됐다. 9월 3일 식량 부족 현상에 직면한 제10여단장 다쓰미 나오부미立見尙文 소장은 황해도 신계에서 산하 각 부대에 "근처 부락에 나가 미곡·잡곡을 비롯해 조금이라도 식량이 될 만한 것들을 모두 징발해 오라"라고 명할 정도로 상황이 심각했다.

일본군은 조선에서 징발이나 노역에 대해 원칙적으로는 대가를 지불했다고 주장한다. 주한 영국 총영사 힐리어(Walter C. Hillier)가 본국 정부에 보낸 10월 25일 자 보고에 의하면 일본군은 모든 것을 후하게 값을 쳐주고 징발했다고 한다(셰쥔메이, 「청일전쟁시 조선투입 청군의 동원과 조선 내에서의 전투상황」, 1996, 158쪽).

하지만 현장에서는 무상 징발하거나, 부당하게 낮은 대가만을 지불하는 사례가 비일비재했다. 게다가 인부의 임금은 반액 내지 3분의 2를 일본 화폐로, 징발하는 물품의 대가는 은화로 지급했다. 일본 화폐와 은화는 조선 농촌에서는 유통되지 않았다. 이것을 조선 동전으로 교환하려면 멀리 떨어진 개항장의 일본 상점에서 물건을 구입하는 형태로 소비해야 했다.

청군에게는 우호적으로 대해

일본군은 조선에서의 군사 작전 과정에서 조선 화폐가 필요해지자 일본 상인을 동원해 조선 사람들이 좋아하는 일본산 광목·담배·일용품을 가져다 판매했다. 덕분에 화상들이 장악하고 있던 조선의 생필품 및 광목 상권이 일본 상인에게 넘어갔다.

조선 백성들과 화교들은 일본군에게는 배타적인 모습을 보인 반면, 청군에게는 우호적이었고 많은 원조를 제공했다. 조선에 파병된 청군이 이런 심리를 잘 활용해 조선 백성들과 대오를 이루었다면 충분히 승리할 수도 있었을 것이다. 하지만 청군 지휘관들은 조선 백성을 신뢰하지 않았고, 오히려 조선 백성들을 괴롭혀 그들을 크게 실망시켰다(셰쥔메이, 「청일전쟁시 조선투입 청군의 동원과 조선 내에서의 전투상황」, 1996, 159쪽).

성환 전투에서 패퇴한 청군 병사들은 농가에 들어가 먹을 것과 의복을 탈취해 변장하고 도주했다. 평양에서 방어 준비를 하던 청군이 조선 관민을 제멋대로 부리고 물자를 징발하자 견디다 못한 평양 사람들이 피난을 떠나는 등 조선 백성을 적으로 돌려버렸다. 『한국통사』의 저자 박은식은 평양 전투가 시작되기도 전에 청군의 패배를 예상했다. 청병이 압록강을 건너오자 조선 백성들이 다투어 밥과 된장을 가지고 와서 먹였으나 곧 도적질과 약탈을 자행해 민심을 크게 잃었기 때문이다(김태웅, 「1920·30년대 한국인 대중의 화교 인식과 국내 민족주의 계열 지식인의 내면세계」, 역사교육연구회, 『역사교육』, 제112집, 2009, 97쪽).

일본군 제5사단장 노즈 미치쓰라는 1만 7,000명의 휘하 사단이 인천에 상륙해 서울을 거쳐 평양으로 북진하는 본대와, 원산에 상륙해 서진하는 원산지대, 부산에 상륙해 행군해 온 후속대로 분산되는 바람에 원활한 지휘가 불가능했다. 청군이 사전에 이 정보를 입수해 각개격파 식 전투를 벌였다면 일본군은 큰 위기에 빠질 수도 있었다. 하지만 평양 주둔 청군은 평양성 성곽을 이용해 방어 진지를 구축하는 데 신경 쓰느

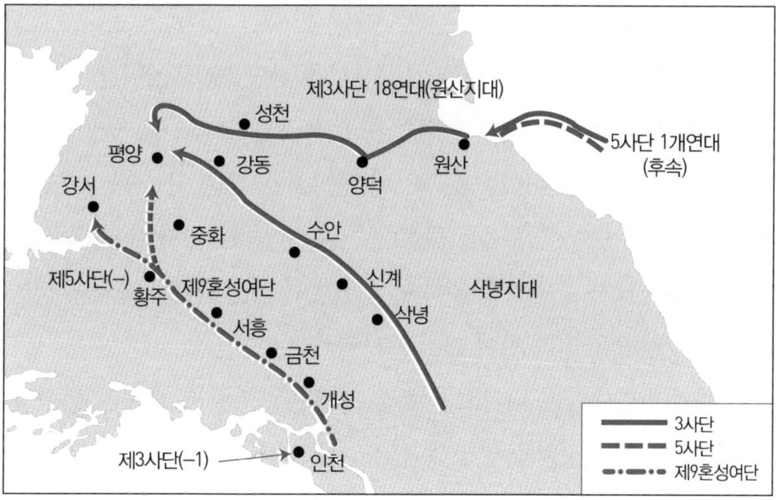

일본군의 평양 진격 방향
출처 : 육군군사연구소, 『청일전쟁(1894~1895)』, 국군인쇄창, 2014, 284쪽.

라 절호의 기회를 놓쳤다.

일본군은 부대가 분산 기동하는 불리한 여건에도 불구하고 첩자를 평양성에 침투시켜 주요 정보를 수집해 각각 다른 방향에서 접근해 오고 있는 공격 부대에 미리 알려주었다. 주력 부대는 선두에 정찰대를 운영하면서 이동해 청군과의 조우 없이 평양으로 접근했다(육군군사연구소, 『청일전쟁(1894~1895)』, 2014, 289쪽).

9월 2일 밤, 일본군 주력 부대가 접근하고 있다는 정보를 입수한 청군은 평양성 밖으로 초계 부대를 파견했다. 이때 웨이루구이 초계대와 마위쿤 초계대가 어둠 속에서 조우했다. 암호를 잘못 알아들은 양군은 상대방을 일본군으로 오인해 한 시간여 총격전을 벌여 다수의 사상자가 발생했다. 이 사건 이후 청군은 야간 초계 활동을 중단했다.

평양성 포위한 일본군

9월 6일 봉군 기마대가 황주 부근에서 일본군 제9혼성여단 제11연대와 부딪쳤다. 9월 7일에는 중화와 황주 쪽에서 소규모 교전이 벌어졌다. 일본군이 보급에 어려움을 겪으며 평양으로 접근하는 동안, 평양에 집결한 청군은 충분한 휴식을 취했다. 당시 평양성은 조선에서 극히 드물게 성곽 형태가 온전하게 유지돼 있었다. 청군은 일본군 공격에 대비해 평양성 성곽을 따라 방어 진지를 구축했다.

평양 결전이 눈앞에 다가오자 청군 사령관 예즈차오 제독은 각 부대 지휘관에게 수비 지역을 할당했다. 평양성 북문 일대는 쭤바오구이 부대, 성의 서쪽과 서남쪽 방면은 웨이루구이 부대, 성의 남쪽과 대동강 우안에는 마위쿤 부대를 배치했다. 사령관 예즈차오는 평양성 내부의 전투사령부에서 전군을 지휘했다. 평양 주둔 청군은 전군의 한 달 치 군량과 탄약을 충분히 비축했다.

9월 12일 일본군 제5사단 병력이 평양성을 포위했다. 대본영은 야마가타 제1군 사령관이 지휘하는 제3사단을 연합함대 호위하에 해로로 인천에 상륙시켰다. 야마가타는 9월 13일 서울 도착 즉시 휘하 장교들에게 "아무리 어려운 전투라도 결코 적에게 사로잡혀서는 안 된다. 깨끗한 죽음으로 일본 남아의 기상을 보이고, 명예를 보전해야 한다"라고 훈시했다. 일본군의 항복 금지 전통은 이때 야마가타 사령관의 훈시로부터 비롯됐다. 야마가타 사령관과 가쓰라 제3사단장은 9월 15일 서울을 출발해 그날 밤 벽제관에서 머물렀다.

평양 전투를 앞두고 일본군은 군대의 사기와 전의戰意, 통일적 지휘 체계, 훈련 및 편성 등에서 우세를 보였다. 하지만 일본군은 식량 부족으로 큰 애로를 겪었다. 제5사단 참모 우에하라 유사쿠上原勇作 소좌는 제

1군은 쌀은 구경도 못 했고 밤이나 팥을 조금 먹을 수 있었으며, 군인과 말이 양식이 없어 쓰러졌다고 기록했다(나카츠카 아키라·이노우에 가쓰오·박맹수, 한혜인 옮김, 『동학농민전쟁과 일본』, 도서출판 모시는사람들, 2014, 73쪽).

제5사단은 이틀 치 비상식량과 병사 개개인이 휴대한 탄약이 전부였다. 보급이 무대책인 상황에서 제3사단마저 평양에 도착할 경우 더 심각한 애로가 발생할 것을 우려한 노즈 사단장은 제5사단 단독으로 평양성을 공격하기로 결정했다. 노즈 사단장이 이처럼 독단적인 행동을 한 이유가 있었다.

청일전쟁 당시 대본영 육군부 실력자는 가와카미 소로쿠 참모차장, 고마다 겐타로 육군 차관, 데라우치 마사타케寺內正毅였다. 전장에 출정한 1군 사령관 야마가타와 노즈(제5사단장), 가쓰라(제3사단장) 등은 가와카미나 고다마보다 선임이거나 동년배였다. 현장 지휘관들은 무진戊辰전쟁과 서남전쟁을 치르며 실전 경험이 풍부했다. 전술전략에서도 책상 앞에 앉아 있는 대본영 멤버들보다 자신들이 더 뛰어나다는 자신감이 충만해 대본영의 지시에 순종하지 않았다.

9월 14일 밤, 청군 진영에서 작전 회의가 열렸다. 무슨 까닭인지 총사령관 예즈차오는 굳건한 전투 의지를 보이지 않았다. 그는 보급의 어려움과 현지 지리에 어두운 점 등을 이유로 평양 전투는 승산이 없다면서 "평양성을 내주고 압록강 이북으로 철수해 만주에서 결전을 벌이자"라고 주장했다. 이른바 적을 앞에 두고 부전不戰퇴각론을 내세운 것이다.

평양성을 내주고 만주에서 결전을 벌이자는 예즈차오의 의견은 주전파인 줘바오구이에게 통렬한 비판을 받았다. 군사적으로는 그것이 올바른 판단이었을지 몰라도, 정략적 차원에서는 종주국의 권위를 크게 손상하는 행위였기 때문이다. 이에 따라 평양 방어선이 붕괴할 경우 어떤 대응을 할 것인지 등 후속 대비책을 마련하지 못한 채 회의가 끝났다. 이 과정에서 총사령관의 위신이 크게 추락해 병사들은 그의 명령을 따르지 않는 등 내홍을 겪게 된다.

전투 초반 고전 거듭한 일본군

9월 15일 새벽, 동이 트는 것과 동시에 일본군의 공격이 개시됐다. 대동강 동안은 제9혼성여단, 평양성 서쪽은 제5사단 주력, 평양성 북쪽은 원산지대와 삭녕지대가 담당했다. 일본군은 대동강 서쪽 제방 요새에 야포 공격을 퍼부었다. 전투 초반에 일본군은 성벽을 이용해 강력하게 저항하는 청군에게 막혀 고전을 면치 못했다.

제9혼성여단은 대동강 남안 선교리 일대의 청군을 공격했다. 일본군이 대동강 하구 교두보와 강 북안을 공격하자 청군 수비대가 포격을 가했고, 교두보를 지키고 있던 청군은 일본군과 백병전으로 맞섰다. 오전 7시, 청군이 증원 부대를 파견해 제9혼성여단에 반격을 가했다. 이 과정에서 일본군 140명이 전사하고, 부상자 290명이 발생하는 심각한 피해를 당하고 후퇴했다. 교두보를 둘러싼 전투에서 여단장 오시마 요시마사도 부상을 당했다.

모란대와 현무문 일대에서도 격렬한 전투가 벌어졌다. 모란대는 평양성을 내려다볼 수 있는 주요 감제瞰制 고지여서 이곳을 차지하면 전투에서 유리한 위치에 서게 된다. 일본군은 산포를 동원해 모란대 바깥의 청군 진지에 맹공을 가했다. 오전 8시, 모란대 외측 포대가 부서지자 일본군은 동·서·북 3면에서 공격했다.

일본군이 보병·포병 합동 공격으로 모란대를 점령하자 이곳을 지키던 청군은 현무문으로 퇴각했다. 이때 현무문에서 용맹하게 싸우던 쭤바오구이는 모란대가 함락되는 모습을 보고 일본군에게 공격을 가했다. 이 와중에 일본군의 집중 사격을 받은 쭤바오구이는 그 자리에서 절명했다. 눈부신 활약을 펼치던 쭤바오구이가 전사하자 청군 병사들이 동요했다. 이 기회를 틈타 하라다 주키치原田重吉라는 일본 병사가 맨손으로 성벽을 기어 올라가 청군을 격퇴하고 현무문을 열었고, 일본군은 현무문을 돌파했다. 이 공로로 하라다는 금치金鵄 훈장을 받고 영웅이 됐다.

청군, 느닷없이 백기 게양

평양 전투에서 일본군이 사용한 대포는 이탈리아에서 기술을 도입한 7센티미터 청동포(구경 75㎜)였다. 제3·제5사단 포병연대는 조선의 산악 지형을 감안해 포신이 길고 무거운 야포 대신 위력은 약하지만 분해해 운반하기 쉬운 산포 편제를 택했다. 청군은 독일 크루프 사가 제조한 강철제 야포를 사용했다. 병사 중 일부는 독일제 신형 연발총을 가지고 전투에 임했다. 청군의 우수한 무기가 효과적으로 사용되면서 일본군은 곤경에 처했다(오타니 다다시, 『청일전쟁』, 2018, 141~142쪽).

청군은 완강한 저항으로 평양성 서남 지역, 대동강 북쪽 지역에서 일본군의 진격을 저지했다. 성 북쪽 모란대의 청군 진지와 현무문이 함락됐으나 일본군 활동은 저지됐다. 공격 전면을 담당한 혼성여단은 탄약이 고갈돼 백병전을 준비해야 했다. 전투가 계속되면 일본군의 패퇴는 시간문제였다. 팽팽한 접전 상황을 이용해 청군이 조직적인 반격을 가했다면 승리는 청군에게 돌아갔을 것이다.

이때 기적 같은 일이 일어났다. 쭤바오구이가 전사하고 현무문이 함락되자 총사령관 예즈차오는 겁을 잔뜩 집어먹었다. 그는 대동강 남안을 방어하던 마위쿤과 서남 일대의 웨이루구이에게 철군하라고 명령했다. 전황이 청군에 불리하게 전개되고 있지 않았음에도 불구하고 전투를 포기한 것이다. 오후 4시, 예즈차오는 예하 장군들의 반대를 물리치고 성루에 백기를 게양한 후 일본군에게 서한을 보내 정전을 요구했다.

전투가 가열되는 도중에 느닷없이 백기가 게양되자 일본군은 이것을 청군의 기만전술로 생각하고 경계를 강화했다. 이때 천둥 번개가 치고 폭우가 쏟아지기 시작했다. 일본군 제10여단장 다쓰미 나오후미 소장은 청군이 폭우를 틈타 성을 버리고 도주할 것으로 예상했다.

그는 원산지대와 삭녕지대 병력을 의주대로 양측에 매복시켰고, 제5사단 본대도 병력을 매복시켰다. 어둠이 깔리자 일본군의 예상은 적중했다. 청군은 폭우를 뚫고 칠성문·정해문을 빠져나가 의주대로를 따라 북쪽으로 퇴각하기 시작했다. 청군이 앞다퉈 성을 탈출하던 중 매복해 있던 일본군의 공격을 받았다. 성의 서쪽 기자릉 아래가 청군 시체로 뒤덮였고, 근처의 냇물은 피로 물들었다.

일본 신문 보도에 의하면 청군 사령관 예즈차오는 전투가 끝나기도 전에 군사를 거느리고 북쪽으로 도주했고, 다른 지휘관들도 한복으로 갈아입고 성을 탈출했다. 펑성아는 쭤바오구이의 전사 소식을 듣자 부하를 버리고 도망쳤고, 웨이루구이는 군비 중 은화 8만 냥을 자기 집으로 보내다가 군심軍心이 흉흉해지자 달아났다. 웨이루구이는 본국으로 돌아가 참형을 당했는데, 그의 죄명은 '군량 가로채기와 병사를 풀어 약탈한 행위'였다.

흥미로운 사실 하나는 평양성 내에서 청군과 함께 조선인 모집병 3,000여 명이 일본군과 싸웠다는 사실이다. 일본군에 붙잡힌 포로 가운데는 조선 병사도 있었다. 예즈차오가 퇴각하자 청군과 함께 싸웠던 조선 병사들은 패주하는 청군을 향해 총을 발사했다고 한다. 미국의 「뉴욕 타임스」는 청나라 군대 안에서 한족 병사들과 만주족 병사들 간에 치열한 유혈 전투를 벌였다고 보도했다. 평양 전투에서 청군은 일본군 머리 한 개를 획득하면 상으로 금 20냥을 준다고 내걸었고, 이에 일본군 시체는 온전한 것이 없었으며, 빗물과 피가 섞여 온 땅과 강이 붉게 물들었다.

그에 대한 보복으로 일본군은 9월 15일 저녁 7시부터 다음 날 동틀 무렵까지 닥치는 대로 청병을 죽였다(차경애, 「청일전쟁 당시 조선 전쟁터의 실상」, 2008, 85쪽). 일본군은 9월 16일 오전 평양성에 입성했다. 임진왜란 시절인 1593년 2월 왜군이 평양성에서 조·명 연합군에게 패한 이래 300년 만에 복수를 한 셈이다.

다량의 군수 물자 빼앗긴 청군

일본군을 따라 평양성에 들어간 「뉴욕 헤럴드」 종군 기자는 "청병이 약탈을 자행한 거리의 가옥은 문도 창문도 모두 부서지고 가재도구·식기 등이 여기저기 널려 있고, 어제저녁 전투에서 쓰러진 청인과 한인의 엎어진 시체와 소·말·돼지·개의 시체 수천 수백이 흐르는 피 속에 쌓여 있다. 악취가 코를 찔러 수 리까지 이르고, 눈앞에 펼쳐진 모습이 처연해 머리털이 다 일어선다"라고 보도했다(博文館 編, 『日淸戰爭實記』 8, 東京: 博文館, 1894, 28쪽).

평양 전투에서 청군은 2,000명이 사망하고 500명이 포로가 됐으며 대포 35문, 소총 950정, 마차 156대, 군마 250필, 식량 4,500석을 잃었다. 일본군은 탄환 및 금·은, 기타 군용 물자 등을 통계를 낼 수 없을 정도로 엄청난 양을 노획했다(셰쥔메이, 「청일전쟁시 조선투입 청군의 동원과 조선 내에서의 전투상황」, 1996, 153~154쪽). 일본군 전사자는 180명, 부상자 및 실종자는 698명이었다. 일본군이 평양성에서 노획한 식량은 제5사단이 약 1개월 동안 먹을 수 있는 양이었다.

일본군은 평양성을 점령한 후 금·은괴 수십 상자와 한전韓錢 6만 7,000관을 노략질했다(양태진, 「청일전쟁은 왜 한반도에서 일어나야 했는가」, 1994, 116~117쪽). 다량의 지금을 약탈해 간 일본은 이듬해인 1895년부터 금 수출량이 격증했다. 1894년 95만 달러 상당의 금이 1895년에는 136만여 달러 상당액으로 늘어 호경기를 초래했다. 일본은 청일전쟁 종료 2년 후인 1897년 8월 1일 금본위제를 시행했다. 이것은 평양성에서 약탈해 간 금과, 전후 청에서 배상받은 금을 밑받침으로 한 것이다.

평양 전투가 벌어진 날, 러시아 군사무관 보가크 중령은 일본군에 대해 자신이 분석한 의견을 황제 알렉산드르 3세에게 보고했다. 이 보고서에서 보가크는 "우리는 일본이라는 극도로 위험한 이웃과 함께하고 있다. 우리는 이 나라에 대해 앞으로도 몇 번이고 중시해야 할 것이며, 이 나라는 우리나라에 많은 불편을 끼치고 곤란한 상황을 초래할 것"이라고 경고했다. 그는 또 러시아는 청국과 영국에 대항해 극동에서의 지위를 강화해야 한다고 생각해 왔는데, 앞으로는 일본이 극동의 향후 운명에 거대한 영향을 끼칠 것이라고 분석했다(와다 하루키, 『러일전쟁 1』, 2019, 234쪽).

평양 이북 지역 초토화 작전 펼친 청군

청군은 퇴각하면서 식량을 무차별 약탈하고 가옥을 불태웠다. 정주에서 선천으로 가는 길은 청군 패잔병이 난폭하게 약탈해 인가의 절반은 초토화됐고, 간장·된장에 분뇨를 투입해 먹을 수 없도록 만들었다. 적군의 손에 들어가면 유용하게 쓰일 만한 모든 물자를 파괴해 적군을 괴롭히는 청야淸野 전술을 구사한 것이다.

「뉴욕 타임스」는 "청군 탈주병이 도적 행위를 일삼아 조선의 촌락들은 약탈당하거나 불에 타버렸고, 논밭은 파괴됐으며 저장됐던 농작물은 소각됐다. 도적 떼에 항거한 조선의 농민들은 잔혹히 살해됐다. 창으로 마구 찔러 사망한 시체들이 많이 발견됐다. 조선의 농부들은 극도로 빈곤해 함께 나눌 식량도 거의 없었으며, 따라서 청군의 징발 요구에 대항하거나 굶어 죽는 것 외에는 다른 방법이 없었다"라고 보도했다.

청군만 조선 백성을 약탈한 것이 아니다. 승리한 일본군도 전시 국제공법이 허용한 대로 "까마귀 떼 다니듯" 빈집을 돌아다니며 약탈을 일삼았다.

청일전쟁은 일본군이 새로 조직한 국민군을 대규모로 해외에 내보내 전쟁을 수행한 역사상 최초의 전쟁이었다. 일본은 서양 전문가들의 예상을 뒤엎고 풍도 해전, 성환 전투에 이어 평양에서도 승리했다. 하지만 전투 상황을 복기하면 일본군은 병력 운용과 작전·전술·보급 측면에서 심각한 결함이 노출됐다. 솔직하게 평가하면 평양 전투는 일본군이 잘 싸워서가 아니라, 비겁하고 무능한 청군 사령관을 만나 악전고투 끝에 승리를 줍다시피 한 전투였다.

일본은 평양 전투 승리를 계기로 조선 정부의 내정에 노골적인 간섭을 펼치기 시작했다. 무쓰 외상은 오토리 주한 일본 공사에게 "평양 전투 승리 후 조선 정부에 대한 적당한 간섭이 필요하며, 제3국에 대한 조선의 외교·내치상의 중대한 사건은 일본 공사의 동의를 받은 후 시행하게 하라"라고 훈령했다. 이것은 조선 보호국화 정책을 본격화했음을 보여주는 증거다.

일본군은 성환 전투에서 청군으로부터 노획한 조선 동전과 일본 독지가가 보내온 의연금 등으로 총 3만 원의 빈민 구조 자금을 마련했다. 주한 일본 영사관은 이 중 절반을 조선 화폐로, 나머지는 미곡으로 빈민들에게 제공했다. 그런데 미곡을 받은 빈민들은 생계 수단으로 활용하기는커녕 곧바로 팔아치워 술 마시는 데 소비했다. 이 모습을 목격한 「아사히신문」 종군 기자 니시무라 도키스케는 "일본의 후의가 허공으로 날아갔다"라고 허탈해했다(조재곤, 「한 일본인 종군기자가 본 1894년 청일전쟁과 조선」, 2008, 264쪽).

일본군 승리 믿지 않은 조선 백성들

당시 조선인들은 일본군에게 대단한 경계심과 적개심을 가지고 있었다. 군대가 통과하는 길 옆의 촌민들은 모두 도망했고, 조금 높은 언덕에 20~30명 정도가 모여 일본군에게 돌을 던졌으며, 남대문 밖에 있는 일부 조선인들은 일본군 보초병에게 돌을 던지기도 했다.

「아사히신문」 종군 특파원 니시무라 기자의 기록에 의하면 대다수 조선인들은 일본의 승리를 믿지 않았다. 일본군이 평양을 점령한 다음 날인 9월 17일, 무쓰 외상은 평양 전투 승리 사실을 조선인과 외국인들에게 적극 홍보하라고 지시했다. 주한 일본 공사관원이 평양 전투 대승 소식을 알리는 벽보를 한글로 서울의 종로 등 번화가에 써 붙였는데, 조선 사람들은 "과연 그럴까?"라는 단순한 반응이었다.

반면에 청군의 승리를 고대했던 조선 조정은 일본군 대승 소식에 낙담 절망했다. 10월 13일, 조선 정부는 일본군 승리를 축하하기 위해 의화군 이강을 대표로 한 보빙사절단을 일본에 파견했다. 의화군 일행은 10월 20일 대본영이 설치된 히로시마에 도착했고, 10월 22일 메이지 천황을 알현했다.

의화군을 수행한 유길준(의정부 도헌)은 히로시마에서 이토 히로부미 수상, 무쓰 외상과 별도 회담을 가졌다. 개화파 정부는 유길준을 통해 이토 수상에게 조선의 개혁 추진을 위해 일본 고문관 파견과 국채 모집을 요청했다. 이토 총리는 "주한 공사에게 전권을 위임했다"라는 원론적인 답변으로 일관했다. 회담이 끝난 후 유길준은 두 사람 앞에서 "조선국 독립 만세"를 외쳤고, 두 사람은 박수로 환영했다.

일본군이 평양을 점령한 다음 날인 1894년 9월 17일, 압록강 입구 해상에서 세계 해전사상 대규모 증기 철갑선 함대가 최초로 격돌한 황해 해전이 벌어졌다. 일본에서는 황해 해전(혹은 압록강 해전), 중국에서는 다둥거우大東溝 해전이라 부른다. 황해 해전은 철제 증기선 장갑함대 간의 본격적인 근대 해전이어서 전 세계 군사 전문가들의 비상한 관심을 집중시켰다. 이 때문에 서해 일대에는 청의 북양함대와 일본 연합함대 간의 해전을 관전하기 위해 보낸 군함이 수시로 출몰했다.

일본 연합함대는 육군의 평양 작전을 지원하라는 명을 받고 9월 16일 압록강 하구 일대 해역을 순찰했다. 이때 조선에 파병하는 명군銘軍 증원 부대 4,000명을 압록강 북안의 다둥거우에 상륙시키고 뤼순 항으로 귀환 중이던 청의 북양함대를 발견했다.

압록강 입구에서 양국 군함 조우

일본이 북양함대를 우연히 발견한 것은 아니다. 일본군의 청일전쟁 공식 전사인 『일청전사日清戰史』에 의하면 주한 일본 공사관 배속 무관 니이로 도키스케 해군 소좌가 대동강에서 체포한 중국 선원으로부터 "북양함대가 다둥거우 부근에 병력을 상륙시키고 있다"라는 정보를 입수

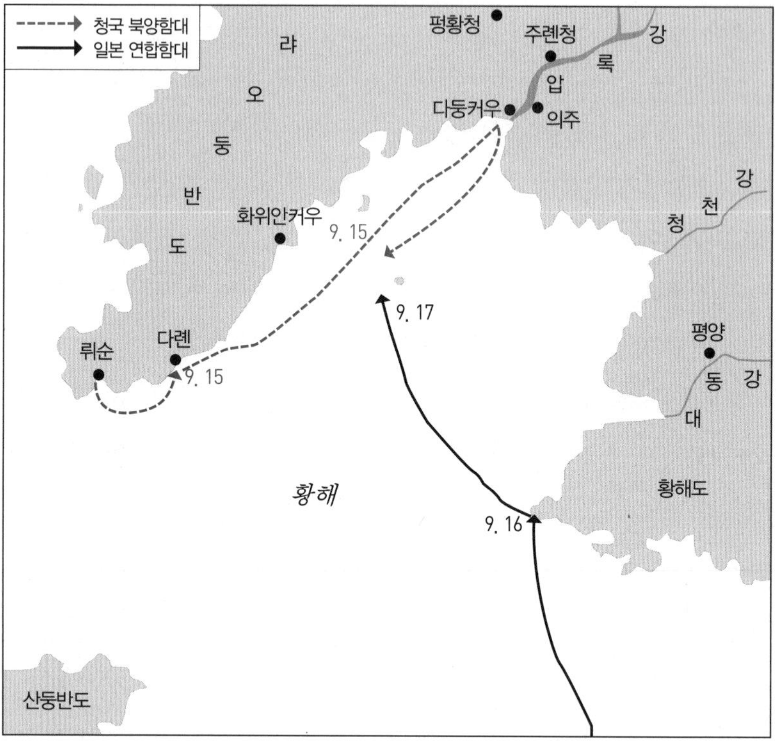

황해 해전이 벌어진 곳

했다. 니이로는 관련 정보를 연합함대에 알렸다.

니이로 소좌는 적 함대의 소재를 정확하게 제보했을 뿐만 아니라, 가바야마 스케노리 해군 군령부장을 수행해 사이쿄마루西京丸를 타고 황해 해전에 참전했다. 배수량 2,900톤의 사이쿄마루는 영국 글래스고 조선소에서 건조된 상선으로, 1888년 8월부터 고베-상하이 항로에 취항했다. 1894년 3월 23일 김옥균이 이 배를 타고 고베에서 상하이로 갔고, 상하이의 일본 여관인 둥허양행에서 자객 홍종우에게 암살당했다. 청일전쟁 개전 직후 일본 해군은 이 배를 징발해 포함으로 개조한 후 전쟁에 투입했다.

황해 해전 참가 전력은 중국이 북양함대의 기함 딩위안定遠을 비롯한 14척, 일본은 기함 마쓰시마와 순양함 요시노 등 총 10척이었다. 일본 군함 중 가장 큰 함선은 하시다테橋立·이쓰쿠시마嚴島·마쓰시마松島 등 삼경함三景艦과 요시노吉野로 배수량이 각각 4,277톤이었다.

청의 북양함대는 '아시아 최강의 전함'으로 평가받은 12인치(30.5센티미터) 거포를 탑재한 7,400톤의 장갑 전함 딩위안·전위안이 주력함이었다. 두 전함은 뱃전에 30센티미터 강철 장갑을 두르고 있어 어지간한 포탄은 튕겨 나갈 정도였다. 좌우 현측에 설치된 주포 4문이 전방을 향해 있고, 뱃머리 아랫부분에 뾰족한 충각을 달아 적 함정을 들이받아 격침시킬 수 있게 설계돼 있었다.

충각 돌격 전법이 큰 성과를 거둔 것은 1866년 7월 22일 벌어진 리사(Lissa) 해전이었다. 피사노가 이끄는 34척의 이탈리아 함대와 테게트호프 사령관이 이끄는 27척의 오스트리아 함대가 아드리아해 리사섬 부근에서 격돌했다. 전문가들은 압도적인 전력을 보유한 이탈리아의 승리를 예상했다. 하지만 개전 즉시 오스트리아 군함 에르츠헤르초크 페르디난트 막스호가 이탈리아의 기함 레 디탈리아(Re d'Italia)호를 충각으로 들이받아 격침시켰다. 이 전법은 함정 속도가 빨라진 근대 해전에서는 적응하기 어려운 약점으로 지적됐다.

거함거포와 속사포의 대결

연합함대는 함포 위력 면에서는 북양함대에 크게 뒤졌으나 속사포 능력 면에서는 청국 군함이 한 발을 쏠 때 여덟 발을 발사할 수 있어 북양함대를 월등히 앞섰다. 게다가 전투력을 결정하는 요소 중 하나인 군함의 속력은 연합함대가 우세했다. 정리하자면 속력에서 일본은 청국보다 30퍼센트 우세하고, 화력에서는 6 대 1로 앞서 있었다. 연합함대는 함대를 둘로 나누어 현란한 기동력으로 대응했다.

제3자의 시각에서 황해 해전 기록을 남긴 인물이 영국인 제임스 앨런(James Allen)이다. 그는 영국 랭커셔에서 면직물 제조업자의 아들로 태어나 8만 파운드(현재 가치로 약 110억 원)의 막대한 유산을 물려받았다. 엄청난 돈을 도박장에서 탕진한 앨런은 선원이 돼서 전 세계를 유랑했다.

1894년 청일전쟁이 발발하자 미국 국적의 컬럼비아(Columbia)호 항해사로 각종 무기와 탄약 등 밀수품을 싣고 톈진에 입항했다(제임스 앨런, 김대륜 옮김, 『영국 선원 앨런의 청일전쟁 비망록』, 살림출판사, 2011, 131~144쪽 참조). 톈진에서 컬럼비아호는 조선으로 증파되는 청군 수송 업무를 제안받는다.

황해 해전 참가 전력 비교

	일본 연합함대	청국 북양함대
척수	10척	14척
배수량 총계	40,000톤	36,000톤
평균 속력	16노트(25노트급 1척, 10~18노트급 8척)	14노트(18노트급 2척, 14~16노트급 8척, 10노트급 10척)
실제 마력	73,000마력	46,000마력
중포	11문	21문
소구경 속사포	67문	6문
해전의 피해	마쓰시마(松島)·히에이(比叡)·아카기(赤城)·사이쿄마루(西京丸) 등 4척 대파	차오용(超勇)·즈위안(致遠)·징위안(經遠) 격침, 양웨이(揚威)·광자(廣甲) 좌초 침몰

북양함대는 횡렬진, 연합함대는 단종진

컬럼비아호는 거액의 운임을 받고 수송 계약을 체결한 뒤 병력이 대기하고 있는 다롄으로 향했다. 다롄 항에서 청군 병사를 태운 컬럼비아호는 다른 여러 척과 선단을 이루어 북양함대 호위를 받으며 9월 16일 압록강 어구에 도착했다. 병사들 상륙과 군수 물자 하역 작업은 9월 17일 오전 7시경 종료됐다. 오전 9시 컬럼비아호는 북양함대의 호위를 받아 뤼순 항으로 향했다.

9월 17일 오전 10시 30분, 연합함대는 다둥거우 앞 해상에서 수송선단을 호위하던 북양함대를 발견했다. 양측은 즉각 전투 준비에 돌입했다. 북양함대는 육지를 등지고 싸워야 했기에 함대 기동에 제약을 받았다. 정오 무렵 컬럼비아호의 항해사 제임스 앨런은 앞쪽에서 수평선을 따라 자욱한 연기와 함께 둔탁한 포성이 들려 놀랐다. 선단을 호위하던 북양함대가 연합함대 군함의 공격을 받은 것이다.

덩치는 크지만 속도가 느린 북양함대는 정면에서 포와 어뢰를 발사하기 위해 10척의 전함이 학이 날개를 편 형태의 횡렬진으로 포진했다. 기함 딩위안이 중앙에 위치하고, 좌우 양쪽에 4척으로 날개를 삼았다. 두 척은 꼬리 부분에 배치했고, 그 뒤로 어뢰정이 포진했다. 군함은 정면에서 보면 폭이 좁아 횡렬진은 적의 사격에 의한 피해를 줄일 수 있는 이점이 있다. 반면에 함수 쪽의 포만 사용할 수 있어 화력의 집중도가 빈약해지는 것이 흠이다.

이에 맞서 일본 함대는 일렬종대로 늘어선 단종진형으로 돌진해 왔다. 요시노를 선두로 함정들이 멀게는 600미터, 가깝게는 300미터 거리를 두고 고속으로 이동하면서 속사포를 퍼붓는 전술이었다. 단종진은 적의 주포 앞에 자신의 옆구리를 노출시키는 위험이 있지만, 탑재된 모든 포를 총동원해 화력이 극대화되는 장점이 있다. 일본 연합함대가 채택한 단종진 전술은 영국 해군 장교 존 잉글스에게 배운 것이다.

잉글스는 매월 1,063엔의 엄청난 월급으로 초빙돼 1889년부터 1892년까지 일본 해군대학에서 증기선 함대 전술을 가르쳤다. 그가 가르친 전술은 "앞의 리더를 따라 고속으로 전함 운동을 전개하는 것"이었다(하라다 게이이치, 『청일·러일전쟁』, 2013, 113쪽).

연합함대 함정들은 단종진형으로 북양함대에 접근해 북양함대의 우측 측면을 공격하라는 명령을 받았다. 12시 50분, 북양함대의 딩위안이 발포하자, 이에 맞서 연합함대의 선두함 요시노의 함포가 불을 뿜었다.

전투 초반부터 일본 군함의 경쾌한 속력이 위력을 발휘하기 시작했다. 일렬종대로 접근하며 포화를 날린 일본 함정들은 북양함대의 뒤를 돌아 청국 군함에 달려들었다. 일본 전함들은 마치 아웃복싱 하듯 적 주위를 돌며 속사포 공격을 퍼붓고 달아났다.

제임스 앨런이 탄 컬럼비아호는 랴오둥반도의 바위투성이 해안의 움푹 들어간 만에 닻을 내리고 성조기를 게양했다. 앨런을 비롯해 모험심 강한 사관들은 전투를 구경하기 위해 보트 한 척을 내려 전투 장소로 접근했다. 교전 지역에서 2.5킬로미터쯤 떨어진 곳까지 접근하자 거대한 포성이 귓전을 때렸다.

북양함대 순양함 차오융超勇과 양웨이가 초반에 집중포화를 얻어맞아 화재가 발생했다. 북양함대 전함들은 계속 밀려나 육지에 가까워지고 있었다. 제임스 앨런이 쌍안경을 통해 보니 차오융호는 배의 윗부분이 산산조각났고, 갑판에는 팔다리가 잘린 수병들 시체가 흩어져 있었다. 양웨이호 갑판 위 구조물도 파괴돼 불타면서 해안으로 떠밀려 왔다.

북양함대의 장렬한 저항

일본 함정들은 북양함대의 우측 날개를 파괴했고, 기함의 앞 돛대를 날려버려 함대 간 깃발 신호를 할 수 없도록 만들었다. 일본의 속사포가 명중할 때마다 청국 함선에서는 화재가 발생해 전투에 큰 지장을 주었다. 북양함대의 몇몇 전함들은 용감하게 싸웠지만 일부는 무력했다. 일본군 선두에 섰던 요시노도 피격돼 화재가 발생했다.

한 시간 정도 전투가 계속되는 와중에 1,300톤급 차오융이 침몰했고, 양웨이는 대파돼 퇴각하던 중 해안에 좌초했다. 일본 군함 세 척도 큰 피해를 당했다. 북양함대 사령관 딩루창은 지휘 도중 함교에서 포탄 파편에 맞아 부상을 당했다.

라이위안來遠은 일본 군함에 근접해 백병전을 시도했다. 즈위안致遠도 집중포화를 얻어맞아 대파되자 함장 덩스창鄧世昌은 명중탄을 맞아 화재가 발생한 요시노를 자신의 함정으로 들이받기 위해 돌격했다. 하지만 돌격 중에 즈위안은 일본 어뢰정이 발사한 어뢰에 맞아 대폭발하면서 함장 덩스창과 250명의 승조원이 수장됐다. 제임스 앨런은 즈위안호가 침몰할 때 일본 전함들에서 터져 나오던 승리의 환호성을 들었다.

북양함대는 충각 돌격 전법을 실시했으나 속력이 빠른 일본 군함들은 들이받히기 전에 경쾌한 속력을 이용해 빠져나가는 바람에 성공한 사례는 없었다. 황해 해전은 이러한 충각 전술이 시대의 흐름과는 맞지 않는 구시대의 유물이란 사실을 실증했다.

이번에는 징위안經遠이 요시노를 향해 달려들었지만 요시노의 속사포가 징위안을 벌집으로 만들어 징위안호도 격침됐다. 즈위안·징위안이 침몰하는 모습을 본 지위안과 광자廣甲호는 후퇴하다가 광자가 암초에 부딪쳤다. 기동이 어렵게 된 광자호는 자폭시켰다. 나머지 북양함대 함정들은 결사적으로 항전했다. 황해 해전의 격렬함은 해전 역사상 보기 드물 정도였다.

필로 맥기핀이 체험한 황해 해전

1895년 7월 영국에서 발간되는 「그림그린」이란 월간지는 북양함대의 전위안함 지휘관으로 황해 해전에 참전한 미국인 필로 맥기핀(Philo McGiffin) 관련 기사를 게재했다. 맥기핀은 미국 펜실베이니아 출신으로 1882년 미 해군사관학교를 졸업하고 1885년 태평양전대 장교로 복무한 후 중위로 퇴역했다. 그는 톈진수사학당 강사 겸 북양함대 장교로 활동하던 중 전위안함에 승선해 황해 해전에 참전했다.

맥기핀의 증언에 의하면 전위안함이 전투 도중 피격당하자 함장 린타이쩡은 갑판에 배를 깔고 엎드려 나무아미타불을 외치며 살려달라고 울부짖었다. 포탄이 우박 쏟아지듯 날아오자 전위안함의 장교와 병사들은 함포를 보호하는 장갑 철판 뒤에 숨어 덜덜 떨면서 갈팡질팡했다. 맥기핀은 청군 함포탄이 일본 함정에 명중해도 폭발력이 약해 큰 피해를 주지 못했으며, 함정의 기동성이 떨어져 전투에 큰 지장을 받았다고 증언했다. 일본은 조함 실력이 뛰어나 전투 중 어떤 함정이 위기에 처하면 두세 척이 달려들어 구원했다고 한다.

맥기핀은 황해 해전에서 다섯 군데에 부상을 당하면서도 용감하게 싸웠다. 청국 황제 광서제는 맥기핀의 용맹을 기리기 위해 해군유격장군이라는 칭호와 함께 훈장을 수여했다고 이 기사는 전했다.

전투 후반부에는 딩위안·전위안 두 거함이 서로 응원하며 일본 함대와 맞섰다. 일본 함정들은 딩위안·전위안 두 함정을 포위하고 집중 포격을 가했다. 딩위안은 159발, 전위안은 220발의 명중탄을 맞았지만,

일본 함정의 속사포는 두 거함의 함상 구조물만을 파괴했을 뿐 치명적인 타격을 입히지 못했다. 수많은 명중탄을 얻어맞으면서도 딩위안·전위안은 각각 120발과 77발을 발사하며 분전했다.

적함에 결정타를 날려줄 것으로 기대를 모았던 일본 해군의 삼경함은 주포 조작 훈련 부족으로 1시간에 한 발을 발사하는 데 그쳤다. 사령장관 이토 스케유키가 타고 있던 기함 마쓰시마는 포탑 주변에 포탄을 쌓아두었는데, 딩위안이 발사한 12인치 포탄에 피격돼 마쓰시마 함내 총원의 31퍼센트에 해당하는 113명의 사상자가 발생했다. 이 수치는 청일전쟁 해전에서 발생한 일본 측 희생자의 절반에 해당했다. 함정 기능이 마비되자 이토 사령장관은 하시다테로 옮겨가서 해전을 지휘했다.

딩위안·전위안은 주포탄이 몇 발 없어 마쓰시마를 제외하고는 일본 함정에 치명적인 손상을 입히지 못했다. 일본 함정들도 전투 중 피격돼 여러 차례 화재가 발생했다. 불꽃이 맹렬해 화재가 쉽게 진압되지 않으면 진 밖으로 빠져나와 화재를 진압한 후 다시 진중에 들어가 싸웠다. 또 크게 파손돼 기동력을 상실한 함정들은 전투 현장에서 이탈해 적에게 포획되지 않았다.

반면에 북양함대는 이런 작전을 리드미컬하게 실행하지 못해 군함 네 척을 잃었다. 7월 25일 풍도 해전에서 지위안호 함장 팡보젠은 일본 군함에 피격당한 후 결사적으로 도주해 뤼순 항으로 돌아갔다. 그동안 수리를 마친 지위안은 황해 해전에도 참가했다. 팡보젠 함장은 지위안호가 피격당해 화재가 발생하자 진 밖으로 물러나와 화재를 진압했다. 하지만 청국 정부는 전투가 끝난 후 적을 앞에 둔 상황에서 두 차례나 진형에서 이탈했다는 죄목으로 팡보젠을 참수형에 처했다(제노네 볼피첼리, 『구한말 러시아 외교관의 눈으로 본 청일전쟁』, 2009, 128쪽).

일본 측 피해도 만만치 않았다. 마쓰시마와 요시노는 전투력을 상실했고, 히에이와 아카기도 대파됐다. 시간이 흐르면서 북양함대 함정들이 기력을 되찾아 일본 군함 주위를 돌며 공격했다. 오후 5시경 연합함대 사령장관 이토는 철수를 명령했다. 일본 군함들이 전투 지역에서 이탈해 물러나자 일본 군함을 추격하던 북양함대는 잔여 세력을 이끌고 뤼순 방면으로 철수했다.

악전고투 끝에 일본이 승리한 황해 해전

전투 결과 북양함대는 차오융·양웨이·즈위안·징위안·광자 등 다섯 척이 침몰하고 세 척이 대파됐으며, 전사 850명, 부상 500명 등 1,300여 명의 사상자가 발생했다. 생존한 함정들은 모항인 뤼순에서 대대적인 수리에 들어가는 바람에 제해권이 일본 해군에 넘어갔다. 일본 연합함대는 마쓰시마·히에이·아카기·사이쿄마루 등 네 척이 대파됐으나 격침된 배는 없었다. 일본 측 사상자는 600여 명이었다. 「뉴욕 타임스」는 황해 해전을 '중국판 워털루' 혹은 '일본의 대해전 승리'라는 헤드라인으로 보도했다.

황해 해전의 승패를 결정한 첫째 요인은 청국 지도부가 함대를 제해권 확보에 사용하지 않고 육군 수송선 호송 임무를 맡기는 등 수세적으로 운용했기 때문이다. 그 결과 함대의 작전 구역이 좁아졌고, 딩루창 제독은 충분한 수색 활동을 수행할 수 없었다.

둘째, 청국은 근대식 함대 건설에는 성공했으나 전력을 유지·발전시키는 데 필요한 성능 개량 사업을 거의 하지 못했다. 그 결과 거포 위주의 북양함대 함정들은 일본의 최신예 속사포에 압도당했다. 게다가 정비 불량으로 규정 속력을 내지 못했고, 탄약 비축량도 부족해 충분한 사격을 하지 못했다.

청국이 황해 해전에서 패배한 근본적 원인은 총체적 부패였다. 해군 예산의 절반인 3,000만 냥이 서태후 별장인 이허위안 건립과 환갑잔치에 전용됐고, 포탄 관리 부서는 화약을 빼돌렸다. 그 결과 일본을 공포에 떨게 했던 북양함대의 주력함 전위안·딩위안은 주포탄 몇 발을 갖고 전투에 임했고, 다른 함정들도 화약이 규정보다 적어 폭발력이 약했다.

평양 전투 승리에 이어 황해 해전에서 일본 해군이 대승했다는 소식이 전해지자 일본 언론들은 일제히 호외를 발행해 국민을 열광시켰다. 메이지 천황은 "충용 의열의 싸움에 적의 기세를 꺾어버리고 우리의 일장기를 황해의 파도 위에 드높이 빛내리"라는 군가 「황해의 대첩」을 작사해 승전을 찬양했다(후지무라 미치오, 『청일전쟁』, 1997, 157쪽).

그 전까지 일본 국민은 전쟁의 승패가 어떻게 될까 애를 태웠는데, 이제는 욱일승천하는 일본군이 언제 베이징 성문에 진입할까 하는 문제만 생각하게 될 정도로 변화됐다. 무쓰 무네미쓰 외상은 회고록 『건건록』에서 당시 일본 사회의 분위기를 "마음이 들떠 의욕과 탐욕이 앞서게 되고, 광란과 교만함이 팽배해져서 어디서나 고성방가를 지르는 등 충만감에 도취된 모양이었고, 욕망은 더더욱 증가해 전국의 민중이 모두 들뜬 상태"였다고 기록했다(무쓰 무네미쓰, 『건건록』, 2013, 179쪽).

일찍이 스펜서는 애국의 근본은 야만족 풍속의 유산이라고 했다. 평양과 황해에서의 승전보에 도취돼 나라 밖 형세는 돌아보지 않고 앞으로 나아가려고만 할 뿐 멈춰 서는 것을 모르는 국민들의 모습을 보면서 무쓰 외상은 일본 국민의 애국심이 국가 대계를 그르치게 할 수도 있다고 우려했다. 그는 냉철한 외교적 시각으로 삼국간섭의 징후를 포착한 것이다.

청국의 리훙장은 황해 해전에서 패한 지 이틀 후 전쟁 목표를 '자국 영토 수호'로 하향 조정했다(강문호, 「李鴻章, 伊藤博文과 19세기말 동아시아 국제질서의 변화」, 『동학연구』 제26집, 2009, 100쪽). 이때부터 청국은 전략을 수정해 방어에만 치중한다는 자세로 전환했고, 외국 열강의 간섭을 유도하는 외교 수단 동원에 총력을 기울였다.

제10장

전장, 중국으로 확대되다

청일전쟁 초기 일본의 목표는 조선 지배에 국한돼 있었다. 때문에 전쟁도 제한전 의미가 강했다. 일본은 평양 전투와 황해 해전 승리로 청국 세력을 한반도에서 몰아내고 손쉽게 전쟁 목표를 달성했다. 일본이 전쟁을 종결하려 했다면 이때가 적기였다. 그러나 전쟁 수행 과정에서 상상했던 것보다 청국군의 모습이 무기력하다는 사실을 알게 됐다. 게다가 승리에 도취해 더 많은 전리품을 바라는 군부와 국민들의 열기를 막을 방법도 없었다.

그 결과 일본 정부는 9월 21일 전쟁 목표를 대폭 수정해 중국 본토 침공 작전을 결정했다. 새로 수립된 계획에 의해 일본군은 베이징 장악을 목표로 하되, 우선 북양함대 기지가 위치한 뤼순과 웨이하이웨이 공략에 집중했다. 이를 위해 일본군은 3개 방향으로 진격을 계획했다. 제1군의 일부는 압록강을 도하해 랴오둥반도로 진격하고, 나머지 병력은 청 황실의 고향인 선양을 향해 진격하기로 했다. 또 뤼순을 장악하기 위해 제2군을 조직하고 해상으로 수송해 보하이만에 상륙시키기로 결정했다.

뤼순을 장악하면 제1군은 베이징으로 향하는 길을 열기 위해 만주에서 지상 작전을 계속하고, 제2군은 웨이하이웨이의 북양함대 기지를 공격하기로 했다. 이 작전이 성공하면 일본군은 북양함대를 제거해 베이징의 운명을 좌우할 수 있게 된다. 9월 21일 대본영은 뤼순 공략을 위해 제2군을 편성하고, 육군 대신 오야마 이와오 대장을 사령관에 임명했다.

평양 전투와 황해 해전에서 일본군이 연승했다는 소식은 서양 각국에 큰 충격을 주었다. 러시아의 「에코노미스트」지는 9월 22일, "현재의 질서로 평화를 유지하고 상업 발전을 도모하기 위해 신속히 전투를 중지하고 평화 조약을 맺는 것이 바람직하다"라고 보도했다. 러시아의 유력 신문인 「글라지다운」은 9월 27일, "일본이 평화 조약을 맺을 때 가장 중요한 것은 조선반도를 일본이 영유하지 못하도록 하는 것"이라고 주장했다.

리훙장은 전선이 중국으로 확대되는 것을 막기 위해 10월 초 청국의 대한對韓 종주권 철회와 배상금 지불을 조건으로 일본과의 강화를 고려했다. 이때 청국이 제기한 대한 종주권 철회는 '조선의 독립'이 아니라 종주권은 철회하되 열강의 보장으로 조선이 일본에 독점되는 것을 막으려는 시도였다(석화정, 「청일전쟁 전황과 '조선의 독립' 문제에 대한 열강의 정책」, 2017, 73쪽).

뤼순·다롄 할양을 강화 조건으로 검토

영국·프랑스·독일도 바쁘게 움직였다. 영국은 10월 5일, 독일·프랑스·러시아·이탈리아·미국 등 5개국 연합으로 강화를 권고해 청일전쟁을 끝내자고 제의했다. 영국이 제시한 조건은 열국이 조선의 독립을 보증하고, 청은 일본에 전비를 배상한다는 내용이었다. 10월 8일 주일 영국 공사 트렌치(P. Le Pore Trench)는 일본 정부에 이 조건을 수용해 강화할 의향이 있는지를 물었다.

일본은 청국으로부터 압도적 승리를 확보하기 전까지 강화는 없다는 입장이었다. 하지만 열강의 움직임이 심상치 않게 전개되자 무쓰 외상은 미리 강화 조건을 준비할 필요가 있다고 판단했다. 그 결과 강화 방안을 작성해 이토 총리에게 제출했는데, 첫째는 조선의 독립을 확인하고 조선 내정에 간섭하지 않겠다는 약속의 담보인 뤼순·다롄 할양, 둘째는 전쟁 배상금 지급 등 두 가지였다.

지금까지 서양 열강은 청국 정부와 조약을 맺어 개항하고 이권을 탈취하고 조계지를 얻었을 뿐, 중국 영토를 강제로 빼앗는 방식은 사용한 적이 없었다. 그런 점에서 볼 때 일본이 준비한 "뤼순·다롄 할양"이란 강화 조건은 실로 충격적인 내용이었다. 무쓰 외상은 "이번 기회에 우리가 원하는 것을 얻어야 한다"라면서 강화 방안 채택을 요망했다. 그는 또 일본 군부에 "열강의 간섭으로 곤란한 상황이 발생하기 전에 가능한 많은 지역을 점령해야 한다"라면서 제2군의 출발을 독려했다. 그 결과 10월 15일 제2군이 우지나 항을 출항해 대륙 원정에 올랐다.

영국 공사가 회답을 독촉하자 이토 총리는 "제국 정부는 전쟁을 종결하는 조건에 대해 발표를 유보한다"라고 답했다. 이 모습을 본 열강은 일본의 강화 조건이 조선의 영토 보전과 전비 배상에 머물지 않을 것이란 점을 눈치챘다.

하지만 열강 공동의 종전 압력은 실패했다. 영국이 강경 수단을 동원하지 않았고, 러시아는 황제 알렉산드르 3세가 1894년 11월 1일 신장병으로 사망한 데다 기르스 외상마저 1895년 1월 사망해 일본 견제에 나서기 어려운 상황이 됐다. 러시아는 80여 년 동안 한 황제 치세에 한 명의 외상 체제가 계속됐다. 니콜라이 1세의 외상은 네셀로데(Karl Vasilyevich Nesselrode), 알렉산드르 2세의 외상은 고르차코프(Aleksandr Mikhaylovich Gorchakov), 알렉산드르 3세의 외상은 기르스였다. 이후 6년 동안 세 사람의 외상이 등장한다. 그 첫 번째 인물이 알렉세이 로바노프로스톱스키(Aleksey Borisovich Lobanov-Rostovsky) 공작이었다(와다 하루키, 『러일전쟁 1』, 2019, 246쪽).

지정학적 관점에서 보면 만주와 한반도를 중심으로 이루어진 대륙국가와 해양국가 간의 대립은 당연한 현상이었다. 로바노프의 외상 취임 후 시행한 첫 번째 외교적 조치는 삼국간섭의 근간이 됐다(강정일, 「지정학으로 본 러시아제국의 對한반도정책 (1884-1904)」, 고려대 박사학위 논문, 2013, 195쪽).

청군 추적해 압록강으로 진격

9월 25일 평양에 입성한 야마가타 제1군 사령관은 "제1군 산하의 모든 부대는 10월 3일부터 의주를 향해 행군하라"라는 '제1군 행군 일정표'를 발표했다. 이날 제3사단이 평양을 출발했고, 10월 5일 야마가타 사령관은 제5사단 선두 부대와 함께 평양을 출발해 순안에 도착했다. 그런데 정주로 보낸 식량 운반선이 수심이 얕아 접안하지 못하고 회항하는 바람에 심각한 애로가 발생했다.

야마가타 사령관은 전군의 전진을 중지시키고 전투 부대를 양식 운반에 투입했다. 조선의 육로는 끔찍할 정도로 엉망이어서 3만 명을 먹여야 할 대량의 식량을 육지로 운반하는 것이 불가능했다. 일본군의 청일전쟁 기록에는 "우리 군대가 (식량 문제로) 곤란을 겪은 것은 실로 미증유의 일로서 전사戰史에서도 그 예가 드물 정도"라고 한탄했다(박종근, 『청일전쟁과 조선』, 1989, 104쪽).

야마가타는 "적당한 수로를 찾아 해상 수송을 하지 않으면 전군이 싸우기도 전에 굶어 죽을 판"이라고 비명에 가까운 요청을 했다. 이토 스케유키 해군 사령장관은 두 척의 함선을 동원해 대동강 이북 연안을 정찰했다. 그 결과 압록강 입구와 철산 사이의 곽곶포에 식량 수송선이 접안해 간신히 식량을 양륙시키는 데 성공했다. 이로써 야마가타 휘하의 3만 명 병력은 굶주림으로부터 해방됐다. 10월 14일 야마가타 사령관은 전군에 압록강으로의 전진을 명령했다. 식량 보급이 열흘간 일본군의 발목을 잡은 셈이다. 일본군 제1군은 10월 17부터 22일 사이 압록강에 도달했다.

그사이, 패퇴한 청군은 일본군의 추격을 뿌리치기 위해 소규모 병력으로 쉽게 방어할 수 있는 안주 요새를 포기하고 압록강 너머로 도주함으로써 반격의 기회를 잃었다. 청군은 압록강을 건넌 후 강 북단의 주롄청九連城에 사령부를 설치했고, 일본군은 압록강 남쪽의 의주에 사령부를 마련했다.

청국 정부는 평양 전투의 패전 책임을 물어 예즈차오를 해임하고 후임에 쑹칭宋慶 제독을 임명했다. 74세의 백전노장 쑹칭은 30년 전 태평천국의 반란을 진압할 때 용맹을 날린 명장이었다. 하지만 그는 근대전에 대한 체계적인 지식을 공부할 기회가 없었던 것이 치명적 한계였다. 또 헤이룽장黑龍江 장군 익탕가依克唐阿에게도 주롄청으로 가도록 지시했다. 그 결과 쑹칭과 익탕가가 압록강 방위 책임자가 돼서 2만 3,000명의 압록강 방어군을 지휘했다.

허망하게 무너진 청군의 압록강 저항선

조-중 국경을 이루고 있는 압록강은 수심이 깊고 강폭이 넓어 공격자에게는 만만치 않은 장애물이었다. 쑹칭 제독은 안둥安東(현재의 단둥)까지 16킬로미터 제방을 요새화하고 100여 개의 진지를 설치했다. 또 도보로 압록강을 건널 수 있는 15킬로미터 상류의 수이커우진水口鎭 대안에는 익탕가가 지휘하는 병력을 배치했다. 쑹칭은 또 주롄청 정면의 후산虎山에 진지를 구축하고 방어를 강화했다. 이 후산 진지 공방전이 압록강 도하 작전의 초점이 됐다(오타니 다다시, 『청일전쟁』, 2018, 177쪽).

야마가타 사령관은 조공 부대가 전선 정면을 기만 공격하는 사이 주공 부대가 측면을 공격해 적을 무너뜨리는 전략을 수립했다. 10월 24일, 야마가타 사령관은 공병대를 동원해 수이커우진 및 후산 일대에 부교 가설을 명령했다. 공병대는 야음을 틈타 가슴까지 차오르는 물속에서 배를 연결해 10월 25일 새벽 부교를 완성했다.

일본군 제3사단이 부교를 이용해 어떤 저항도 받지 않고 압록강을 건넌 후 후산의 청국 진지를 기습 공격했다. 10월 27일 제3·제5사단이 주롄청을 공격했다. 전의를 상실한 청군은 공들여 설치한 보루를 팽개치고 안둥으로 도주했다. 안둥에서도 비슷한 일이 벌어졌다. 일본군 제5사단이 11월 3일 펑황청鳳凰城을 공격하자 청군은 성에 불을 지른 후 퇴각하는 바람에 아무 저항 없이 펑황청을 접수했다.

쑹칭 제독은 펑텐을 보호하기 위해 랴오양遼陽 방면으로 후퇴를 거듭했다. 펑황청에서 랴오양까지는 지형이 험준해 청군이 이곳을 작심하고 지켰다면 일본군은 고전을 면치 못했을 것이다. 하지만 청군은 청 황실의 상징 도시인 펑텐 방어에 집중하느라 천혜의 요새를 포기했다.

일본군은 너무나 손쉽게 압록강 도하 작전에 성공했고, 펑황청 점령

후 제3사단은 서측에서, 제5사단은 북측과 동측에서 작전을 수행했다. 일본군 제3사단은 다둥거우와 다구산大孤山까지 진격했고, 제5사단은 11월 9일 평황청에서 펑톈으로 이어지는 두 갈래 통로에 도달했다. 제1군은 다구산·슈옌岫巖·롄산관連山關에 전초 기지를 구축하고 제2군과의 협동 작전을 위한 대비를 했다.

제1군이 압록강에 부교를 설치해 청국 영토에 침입한 10월 25일, 오야마 이와오가 이끄는 제2군은 연합함대의 호위를 받아 랴오둥반도 남쪽의 화위안커우花園口에 상륙해 무혈점령했다. 일본군은 말을 타고 쳐들어오는 유목민이 아니라, 배를 타고 자신들이 원하는 지역에 상륙해 침략하는 근대식 군대였다. 쑹칭 제독을 비롯한 청군 지휘부의 머릿속에는 해양 거부 전략(sea denial strategy)이란 개념이 존재하지 않았다. 때문에 청군은 일본군의 랴오둥반도 상륙을 차단하기 위한 아무런 조치도 취하지 않았다.

일본군 제2군, 랴오둥반도 상륙

제2군이 뤼순을 공략하기 위해서는 화위안커우에서 245킬로미터 떨어진 진저우를 점령해야 했다. 11월 6일 제2군 예하의 제1사단 소속 노기 마레스케乃木希典 장군이 진저우를 공격했다. 진저우 성은 6미터 이상 높이의 성곽으로 이루어졌기 때문에 방어에 유리했으나 청군은 대부분의 병사가 신병이었다. 일본군이 포대를 향해 돌격하자 뤼순·다롄大連 전선을 총지휘하던 궁자오위龔照嶼가 도주해 손쉽게 점령했다.

다롄 방어를 담당한 청군은 자오화이예趙懷業 휘하의 3,000여 병력이었다. 11월 7일 노기 부대가 다롄 항에 나타나자 그들은 120문의 대포와 다량의 탄약을 버리고 뤼순으로 도주했다. 노기 부대는 총 한 방 쏘

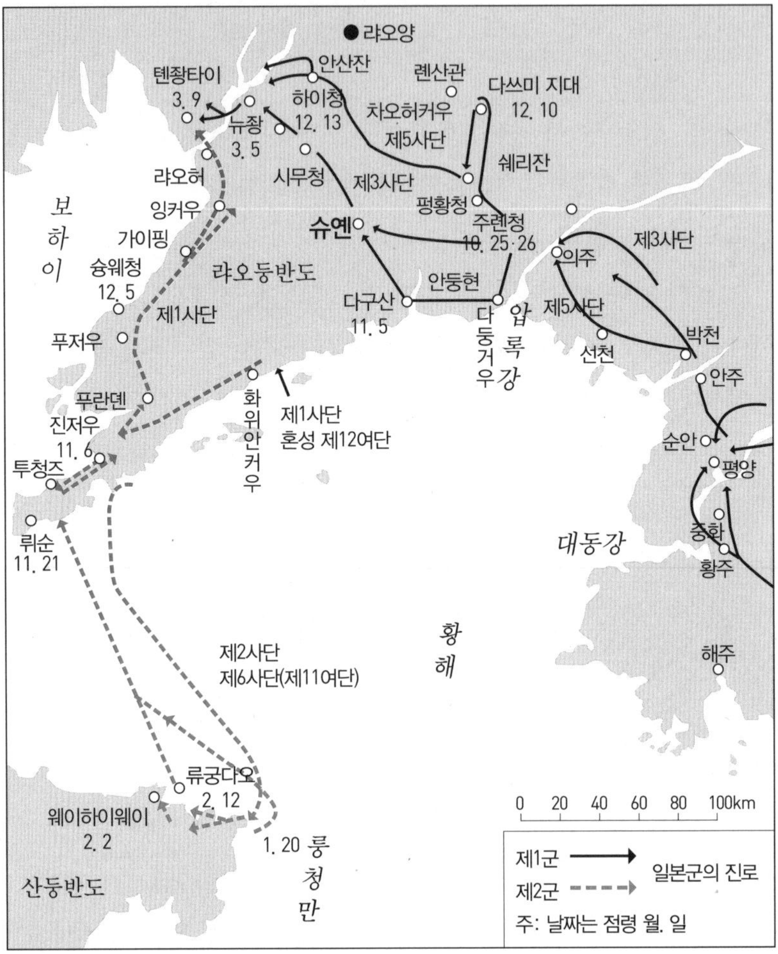

일본군의 랴오둥반도·산둥반도 침공도.

지 않고 다롄을 점령해 뤼순을 고립시켰다. 다롄은 뤼순과 웨이하이웨이에 버금갈 정도로 중요한 전략적 요충지였다. 다롄 함락은 청군에게 막대한 심리적 및 물적 손실을 입혔고, 일본에게는 대단한 성과였다(육군군사연구소, 『청일전쟁(1894~1895)』, 2014, 358쪽).

편성 당시의 일본군 제2군

부대	지휘관	비고
제2군	오야마 이와오(大山巖) 대장	
제1사단	야마지 모토하루(山地元治) 중장	
–제1여단	노기 마레스케(乃木希典) 소장	
–제2여단	니시 간지로(西寬二郞) 소장	
제2사단	사쿠마 사마타(佐久間左馬太) 중장	
–제3여단	야마구치 모토오미(山口素臣) 소장	
–제4여단	후시미노미야 사다나루(伏見宮貞愛) 소장	친왕
제6사단	구로키 다메모토(黑木爲楨) 중장	
–제11여단	오데라 야스즈미(大寺安純) 소장	1895.1.30. 웨이하이웨이 전투에서 전사
–혼성제12여단	하세가와 요시미치(長谷川好道) 소장	

일본군이 '아시아의 콘스탄티노플(이스탄불)'이라 부른 뤼순은 삼면이 바다로 둘러싸인 전략적으로 중요한 항구 도시다. 청국은 1885년 근대식 해군 창설에 착수해 북양 해군은 남으로는 웨이하이웨이, 북으로는 뤼순에 주둔하면서 보하이만 입구를 방어했다(김종건, 「1895년 山東에서의 청일전쟁과 항일운동」, 『대구사학』, 제76집, 대구사학회, 2004, 178쪽).

영어 지명은 포트아서였는데, 영국 해군 중위 윌리엄 C. 아서(William C. Arthur)가 1860년 제2차 아편전쟁 때 자신의 부서진 선박을 수리하기 위해 이곳에 정박한 적이 있다. 구미 열강은 아서 중위의 이름을 따서 포트아서로 명명했다.

뤼순은 동양 제일의 난공불락 요새

북양함대의 모항인 뤼순 항은 황진산黃金山 포대, 만터우산饅頭山 포대로 철통같이 경비되고, 그 뒤에는 얼룽산二龍山·쑹수산松樹山·이쯔산椅子山 등 진지가 겹겹이 둘러쳐져 있었다. 중앙의 바이위산白玉山 진지는 크루프와 노르덴펠트(Nordenfelt) 사가 제작한 대·소구경 포 100여 문과 1만 2,000명의 수비병이 지키고 있었다(시바 료타로, 이송희 옮김, 『언덕 위의 구름 (2)』, 도서출판 명문각, 1992, 116쪽).

뤼순의 군사적 가치를 가장 먼저 발견한 사람은 리훙장이었다. 그는 1881년 해군 기지 건설에 착수해 1890년 완성했다. 그리고 독일 장교 폰 하네켄을 초빙해 요새화 작업을 맡겼다. 하네켄은 최신 기술로 포대를 축조하고 항구 주변에 대·소형 화포와 기관포가 배치된 10개의 포대를 설치해 요새화했다. 그 결과 뤼순은 리훙장 권력의 핵심인 북양 육·해군의 근거지이자, 북양함대의 도크와 공창이 위치한 만주 최대의 군사 거점이 됐다.

프랑스의 크루베 제독은 뤼순 요새를 시찰한 후 "뤼순을 점령하려면 50여 척의 함대와 10만의 육군을 투입해도 6개월 정도 걸리는 동양 제일가는 난공불락의 요새"라고 평했다. 이 지역 조사를 담당했던 일본군 장교는 "뤼순은 1개 중대로 1개 사단에 대항할 수 있을 정도의 뛰어난 요새"라고 평했다.

뤼순은 첩첩이 겹친 골짜기와 수많은 봉우리로 이루어진 험준한 지형이며 견고한 포대가 곳곳에 설치돼 있었다. 게다가 군량과 각종 무기, 병참 물자가 3년을 지탱할 수 있을 정도로 넉넉하게 비축돼 있었다. 때문에 일본군이 4면을 포위하고 청군의 보급로를 차단해 굶어 죽게 만들면 모를까, 그렇지 않으면 좀처럼 점령하기가 쉽지 않을 것이란 전망이 우세했다.

단 하루 공격으로 뤼순 점령

뤼순 방어를 담당한 청군 지휘관은 임오군란 당시 조선에 출병했던 황스린黃仕林과 다롄에서 도망쳐 온 자오화이예, 그리고 웨이루청衛汝成이었다. 후방 지원을 받지 못하게 된 청군은 견고한 요새를 배경으로 진을 쳤다. 11월 18일 일본군이 뤼순 요새에 접근하자 청군이 일본군 수색기병을 공격해 전투가 벌어졌다. 일본군은 사망자 11명, 부상자 35명을 내고 후퇴했다. 다음 날 일본군 전사자는 목과 손발 등이 절단된 끔찍한 상태로 전장에 유기됐다. 이 모습을 목격한 일본군이 이성을 상실해 뤼순을 점령한 후 대학살을 일으키는 단초가 됐다.

11월 21일 일본군 제1사단이 진저우-뤼순 간 도로의 서측 지역을, 제12혼성여단은 동측 지역을 각각 공격해 전투가 벌어졌다. 오전 11시경 일본군이 발사한 포탄이 청군 쑹수산 포대의 탄약고에 명중해 폭파됐다. 정오 무렵 일본군이 가파른 산악 고지대를 향해 돌격해 오자 청군은 민간인 복장으로 갈아입고 뿔뿔이 도망쳤고, 지휘관과 장교들은 선박을 이용해 뤼순을 탈출했다.

뤼순 방어 지휘관 황스린이 탄 소형 선박은 탈출 도중 전복돼 상선에 구조됐다. 뤼순 항에 틀어박혀 있던 북양함대 군함들은 급거 탈출해 제2의 모항인 웨이하이웨이로 피신했다. 이때 웨이하이웨이 항만 내로 진입하던 전위안함이 암초와 충돌해 선저가 파손됐다. 웨이하이웨이에는 덩치가 큰 전함을 수리할 수 있는 도크 시설이 없었다. 그 결과 전위안함은 응급 처치를 한 후 해안에 정박시켜 놓고 포대로 활용할 수밖에 없었다.

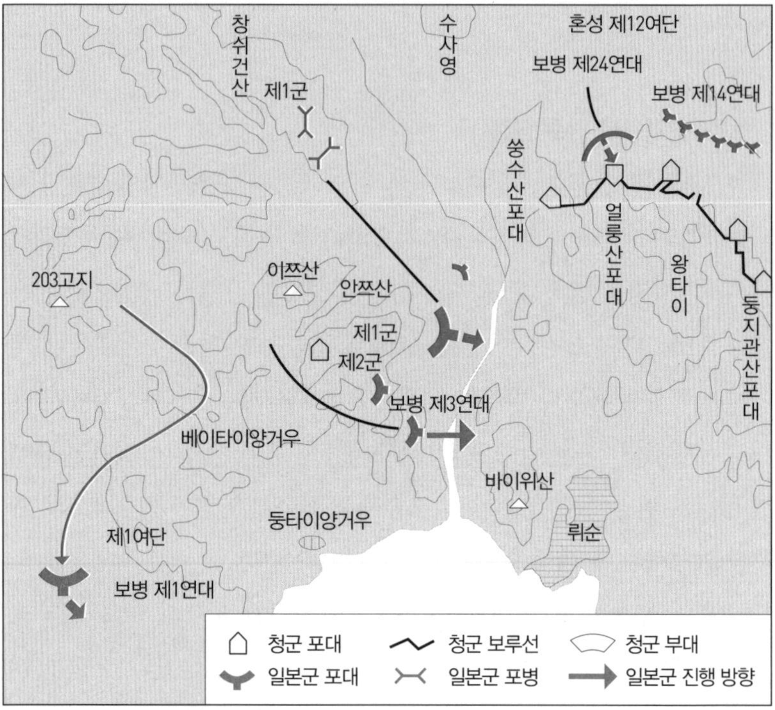

일본군 제2군의 뤼순 요새 공략도.

일본군은 11월 21일 단 하루 공격으로 난공불락의 요새 뤼순을 손쉽게 점령했다. 일본군 사상자는 180명에 불과했으나 청군은 5,000여 명의 사상자가 발생했다. 1880년대부터 청국이 거액의 예산을 들여 구축한 도크와 요새, 포대와 선창이 멀쩡한 상태로 일본군에게 넘어갔다. 뤼순 항에 쌓여 있던 막대한 양의 석탄도 일본군에게 노획돼 연합함대 연료로 활용됐다.

너무나 손쉽게 뤼순을 점령한 일본군은 망상에 사로잡혀 뤼순 방어망을 우습게 여기기 시작했다. 그 결과 10년 후 벌어진 러일전쟁에서 일본군은 러시아가 최신 축성술로 견고하게 구축한 콘크리트 보루와 철조망, 기관총으로 요새화한 뤼순 203고지에서 수만 명 병력이 떼죽음을 당하는 혹독한 대가를 치르게 된다.

일본의 영향력 있는 「고쿠민신문」 발행인 도쿠토미 소호德富蘇峰는 "뤼순에서의 대승은 대일본 팽창사의 첫 페이지에 특기할 만한 대사실"이라며 환호했다. 도쿠토미는 뤼순에 일본 함대를 배치하면 "보하이는 입을 봉한 자루와 같고, 베이징은 자루 속에 든 물건과 같다. 한겨울을 이렇게 보내면 베이징의 150만 인민은 싸워 보지도 못하고 굶어 죽을 것"이라고 주장했다.

그는 뤼순 점령은 중국의 목을 매달아 놓은 것과 같다고 인식했다. 뤼순은 청국의 명운뿐만 아니라 조선의 운명도 뤼순 점령자 손에 들어감을 뜻한다면서 "동양 평화를 담보하기 위해 일본은 영구히 뤼순을 점령해야 한다"라고 역설했다. 도쿠토미 소호가 뤼순의 영구 점령을 주장한 이유는 일본이 이곳을 점령하지 못할 경우 러시아가 점거할 것이 분명하다고 판단했기 때문이다.

도쿠토미는 청일전쟁이 제국주의 국가들에 의한 중국 분할 경쟁의 시작이 될 것이란 사실을 냉철한 시각으로 꿰뚫어 보았다. 때문에 그는 "어떤 일이 있어도 뤼순을 일본의 판도에 포함시켜야 하며, 뤼순을 우리의 사세보로 만들어야 한다. 그래야 청이 우리에게 복수하지 못할 것"이라고 결론 내렸다(후지무라 미치오, 『청일전쟁』, 1997, 167~168쪽 참조).

뤼순 대학살

일본은 북양 해군의 두 거점 중 '베이징과 톈진의 관문'이라 불리는 뤼순을 점령함으로써 청일전쟁에서 결정적인 승기를 잡았다. 청국은 왕조의 발상지이자 근거지인 만주에서 가장 중요한 군사 거점을 상실했다. 더욱 뼈아픈 것은 북양함대의 유일한 함정 수리 시설인 도크와 공창을 잃는 바람에, 이후 중국 내에서 제대로 된 함정 수리가 불가능하게 됐다는 사실이다.

단 하루 전투로 손쉽게 뤼순을 점령한 일본군은 11월 21일부터 24일까지 3박 4일간 민간인 학살·약탈·강간 등 만행을 저질렀다. 제2군과 함께 종군한 서양 언론인과 관전 무관들은 11월 21일 시가전과 이후 벌어진 소탕전에서 일본군이 패잔병이나 민간인을 무차별 살해하는 장면을 목격했다.

일본군의 대학살은 뉴욕에서 발행되는 「뉴욕 월드」지가 11월 28일, "뤼순을 점령한 일본군이 다음 날부터 나흘간 비전투원과 부녀자, 유아 등 6만여 명의 중국 민간인을 살해했고, 살육을 면한 사람은 36명에 불과하다"라고 보도해 세상에 알려졌다. 6만 명 살해 보도는 과장된 것이고, 중국 측에서는 2만 명 정도가 살해된 것으로 추정한다. 『청일전쟁』의 저자 오타니 다다시大谷正는 1만~2만 살해는 터무니없는 숫자이며 정당한 전투에 의한 사망자, 포로 살해, 민간인 살해(부녀자·아이·노인 포함)까지 포함해 4,500명을 약간 넘는 선으로 추산했다(오타니 다다시, 『청일전쟁』, 2018, 202~203쪽).

일본군이 뤼순에서 학살극을 자행할 때 뤼순에 고립돼 그들의 만행을 목격한 사람이 황해 해전 체험기를 쓴 영국인 항해사 제임스 앨런이다. 그는 황해 해전을 관전한 후 뤼순 항에 입항했다. 잠깐 상륙해 시가지를 둘러보는 사이, 자신이 탔던 컬럼비아호가 톈진으로 긴급 출항하는 바람에 뤼순에 고립됐다. 그는 중국 배를 얻어 타고 톈진으로 탈출하던 중 일본군 순양함에 나포돼 포로가 됐다. 한 달여 억류 생활을 하다 탈출한 앨런은 뤼순으로 돌아갔는데, 그곳에서 일본군의 포위 공격과 학살극을 목격하고 『영국 선원 앨런의 청일전쟁 비망록』이란 체험기를 썼다.

앨런의 비망록에 의하면 뤼순 시가지 곳곳에는 청국 황제 명의로 된 "모든 일본 개들은 죽여버려라. 그 머리나 손도 잘라버려라"라는 벽보가 나붙었다. 황제의 지시에 의해 청군은 전투 중 포로로 잡은 일본군 병사들을 발가벗긴 후 팔다리와 목을 자르고 배를 갈랐으며, 눈을 후벼파는 등 끔찍하게 살해했다. 잔인하게 난도질당해 머리와 오른손, 때로는 양손이 잘린 시신을 나무에 매달아 놓았다(제임스 앨런, 『영국 선원 앨런의 청일전쟁 비망록』, 2011, 175쪽).

청군에 의해 일본군 포로의 배를 갈라 창자 꺼내기, 얼굴 도려내기, 간 꺼내기, 손톱 뽑기, 혀 깨부수기, 성기 깨부수기, 수갑이 채워진 손목에다 뼈가 드러날 때까지 끓는 물 붓기 등등 야만적이고 잔인한 행위들이 공공연하게 자행됐다(이삼성, 『동아시아의 전쟁과 평화 (2)』, 2017, 378~379쪽).

뤼순 학살 두 달 전에 치러진 평양 전투에서 일본군은 자신들이 만국공법을 준수하는 문명국이라는 사실을 세계에 알리기 위해 평양에서 잡은 청군 포로 600명을 도쿄로 보냈다. 이들 중 부상자나 병에 걸린 111명은 극진한 의료 서비스를 받았다. 적군 포로에게는 물론이고 자기 병사들에게도 의료 서비스를 제공하지 못하고 있던 일본이 중국에 대한 강력한 선전전을 전개한 것이다(이삼성, 『동아시아의 전쟁과 평화 (2)』, 2017, 380쪽).

문명의 가면 벗고 야만 드러낸 괴물

이것은 일종의 외교적 쇼였다. 청일전쟁 당시 일본에는 포로 수용소가 존재하지 않았다. 평양 전투에서 붙잡아 도쿄로 보낸 600명을 제외한 나머지 포로는 모두 사살했다. 역사학자 S. C. M. 페인은 포로를 만들지 않는 것이 일본군의 일반적인 전투 관행이었다고 주장한다.

일본군은 청군의 만행에 대한 보복 차원에서 청군을 비롯해 민간인들까지 학살했다. 제임스 앨런은 "총성, 고함, 비명, 그리고 신음이 사방에 울려 퍼졌다. 거리의 풍경은 무시무시했다. 땅은 피로 흠뻑 젖었고, 곳곳에 끔찍하게 잘린 시체들이 즐비했다. 몇몇 좁은 골목들은 시체로 가득 차 막혀 있었다"라고 기록했다(제임스 앨런, 『영국 선원 앨런의 청일전쟁 비망록』, 2011, 191쪽).

몇몇 일본군 병사들은 자기가 살해한 중국인의 머리를 자른 후 총검에 꽂고 다녔다. 환전소 마당에는 그곳에 숨었다가 처형당한 시체가 널브러져 있었다. 모든 시체들의 목이 잘렸고, 카운터 위의 나무 칸막이에 길게 늘어선 창槍 끝에 피투성이가 된 머리들이 꽂혀 있었다.

「뉴욕 월드」의 제임스 크릴먼(James Creelman) 특파원은 "일본은 지금 문명의 가면을 벗고 야만의 본모습을 드러낸 괴물"이라고 비난하는 기사를 게재했다. 무쓰 일본 외상은 "뤼순의 일본군 관련 보도는 지나치게 과장돼 있으며, 피해자의 대부분은 청국 병사들이 시민으로 가장한 것"이라고 변명했다.

제임스 앨런은 일본군이 뤼순 시민을 학살한 이유는 청군이 일본 포로를 잔인하게 살해한 것에 대한 보복으로 해석했다. 이 주장을 뒷받침하는 것이 제1사단 제15연대 제3대대 소속으로 뤼순 전투에 참가했던 구보타 나카조窪田仲藏 상등병의 증언이다. 그는 11월 19일 청군에게 목과 손발이 잘리고 배가 갈라진 일본군 시체를 보고 "우리는 이를 보고 정말 참기 어려워, 앞으로 적을 보면 모두 죽이겠다고 말하며 전진했다"라고 했다.

병사들의 적개심에 불을 붙인 것은 제1사단장 야마지 모토하루山地元治 중장이다. 그는 "앞으로는 토민土民(민간인)이라 할지라도 아군을 방해하는 자는 남김없이 죽여라"라고 명령했다.

학살 사건에 대한 책임 소재를 따지면 뤼순 점령 부대인 오야마 이와오 제2군 사령관을 비롯해 야마지 모토하루 제1사단장에게 그 책임이 돌아가야 했다. 그런데 오야마는 사쓰마 군벌 총수로서 조슈 군벌을 대표하는 야마가타 아리토모와 함께 메이지 육군의 쌍벽을 이룬 인물이다.

그는 1870년 프랑스에 유학하고 제네바에서 3년간 군사학을 공부했으며, 사촌인 사이고 다카모리西鄕隆盛가 반란을 일으키자 정부군 지휘관으로 사이고 군을 패퇴시켰다. 1885년 육군 대신에 임명돼 육군 군제를 프랑스식에서 독일식으로 바꾸었고, 병기 국산화를 추진한 인물이다. 일본 육군의 상징인 난세의 영웅을 감히 누가 처벌한단 말인가.

사안이 심각했지만 이토 총리는 뤼순 학살 책임을 적당히 얼버무려 역사의 무덤에 묻어버리는 선택을 했다. 이로 인해 일본군은 전쟁 과정에서 잔학 행위에 대한 죄악감을 느끼지 못했다. 그 결과 전쟁을 치를 때마다 인륜에 어긋나는 학살 행위를 반복했다. 순간의 위기 모면을 위한 임시방편이 일본군에 씻을 수 없는 오점을 남기는 길을 활짝 연 셈이다.

불평등한 미-일 조약 개정을 심의하던 미국 상원에서는 일본군의 뤼순 학살 보도 이후 일본에 재판 관할권을 부여하는 것은 시기상조라는 의견이 제기됐다. 12월 15일 주일 미국 공사 에드윈 던은 무쓰 외상을 방문, "일본 정부가 강력한 대책을 세우지 않으면 지금까지 쌓아 올린 일본의 명예가 와르르 무너질 것"이라고 경고했다.

외국 언론 무마 공작 돌입

뤼순 사건이 국제적으로 알려져 일본이 궁지에 몰리자 후쿠자와 유키치는 1894년 12월 14일자 「지지신보」에 "뤼순의 살육, 근거 없는 유언流言"이라는 칼럼을 게재했다. 후쿠자와는 이 칼럼에서 일본군은 아산이나 평양의 중국군 포로들을 인도적으로 대우한 "틀림없는 문명의 군대"이며, "원래 중국인이란 입으로 신의를 말하면서도 실제는 불신·불의를 수치로 여기지 않아 도저히 보통의 인간으로 볼 수 없다"라고 주장했다. 일본군이 이들을 죽인 것은 정당방위라고 강변했다.

궁지에 몰린 일본 정부는 분위기 반전을 위해 「뉴욕 트리뷴」과 「뉴욕 월드」의 일본 특파원으로 무쓰 외상과 친분이 두터운 언론인 에드워드 하우스(Edward Howard House)를 움직였다. 하우스는 「뉴욕 월드」의 일본 특파원으로서, 크릴먼 기자가 뤼순 현장에서 보내오는 기사를 뉴욕으로 송고하는 책임자였다. 그는 크릴먼이 뤼순에서 보내온 기사 중 일본에 불리한 기사는 누락시키거나 발송을 지연시키고 학살 내용을 순화하는 방법으로 일본 정부를 도왔다. 덕분에 더 크게 확대될 수 있었던 뤼순 학살 사건은 더 이상 확대되지 않았다.

일본 정부는 청일전쟁 중 서양 유력 매체에 대한 선전 공작을 정열적으로 전개했다. 외국 기자와 특파원을 상대로 한 공작은 내각 서기관장 이토 미요지伊東巳代治가 담당했다. 일본은 국제적인 언론 공작 경험이 부족해 주로 외국인을 채용해 그들 도움을 받아 진행했다. 일본 외무성에 고용돼 친일적 기사가 서양 언론에 보도되도록 도운 외국인은 지볼트(Alexander Siebold)와 스티븐스(D. W. Stevens)가 대표적이었다.

영국을 담당한 지볼트는 막부 말기 일본에 와서 많은 의학자를 양성한 필립 프란츠 폰 지볼트의 장남이다. 그는 주영·주독 겸임공사 아오키 슈조青木周藏와 한 팀이 돼서 주요 통신사에 대한 공작을 진행했다. 지볼트와 아오키 공사는 영국 로이터통신, 센트럴뉴스(Central News)와 자금 지원 계약을 체결하고 일본에 유리하거나 우호적인 기사가 보도되도록 적극 활동했다.

미국은 스티븐스와 미야오카 쓰네지로宮岡恒次郎 임시 대리공사가 담당했다. 미야오카는 스티븐스를 통해 민주당과 가까운 「워싱턴 포스트」에 접근해, 일본에 비판적이었던 논조를 일본 지지로 돌아서게 만들었다. 청일전쟁에 특파원을 직접 파견한 「타임스」「뉴욕 월드」「뉴욕 헤럴드」에 대한 공작도 진행됐다.

스티븐스는 후에 일본 정부 주선으로 대한제국 외교고문으로 임명됐다. 그는 1908년 3월 휴가차 미국으로 향하는 태평양상의 여객선에서 가진 미국 언론 「샌프란시스코 크로니클」과의 인터뷰에서 "일본은 한국을 문명과 진보의 길로 인도하기 위해 노력하고 있고, 한국 국민을 대하는 일본의 태도는 미국이 필리핀을 다스리는 방법과 비슷하다"라고 주장했다.

일본의 한국 지배를 정당화하는 발언이 실린 기사를 보고 미국 내 한국 교민들이 격분했다. 스티븐스는 항의차 방문한 교민 대표에게 "한국은 독립할 자격이 없기 때문에 일본이 빼앗지 않으면 벌써 러시아가 점령했을 것"이라고 발언했다(제임스 브래들리, 송정애 옮김, 『임페리얼 크루즈』, 도서출판 프리뷰, 2010, 344쪽).

1908년 3월 23일 오전 9시 30분경, 스티븐스가 샌프란시스코 선착장에 도착했다. 전명운이 스티븐스에게 권총을 발사했으나 불발되자 스티븐스와 격투를 벌였다. 뒤에 있던 장인환이 권총을 발사해 두 발은 스티븐스의 가슴과 허리에, 한 발은 전명운의 어깨에 맞았다. 병원으로 실려 간 스티븐스는 이틀 후 사망했고, 전명운은 병원에 후송돼 치료를 받은 후 구속됐다.

만주에 식민지 건설의 꿈

불미스러운 학살 사건에도 불구하고 뤼순 전투 승리 소식이 알려지자 게이오의숙 학생 2,000여 명이 승전을 축하하기 위해 시가행진을 벌였다. 12월 10일 도쿄 우에노上野공원에서 뤼순 전승 축하 대회가 열렸다. 집집마다 참전 부대 깃발과 국기를 게양하고, 시내 중심가를 온통 붉은색으로 장식하는 등 축제 분위기에 휩싸였다.

미야코신문사는 커다란 용의 머리를 차에 싣고 사원들은 일본 병사 복장을 하고 퍼레이드를 했다. 용은 중국의 황제를 상징하고, 잘린 목은 그가 패배해 운명이 다했음을 의미했다. 이날 축하 행사의 하이라이트는 청국 군함인 딩위안·즈위안함을 본뜬 배를 만들어 우에노공원의 천연 연못인 시노바즈노이케不忍池에 띄워놓고 불태우는 행사였다(윤소영, 「청일전쟁기 일본인의 전쟁관과 조선인식」, 2016, 185~186쪽).

일본은 선전 포고 후 불과 6개월 만에 최초 구상했던 제1기 작전 목표, 즉 제5사단을 조선에 진출시켜 청군을 견제하고 청국 해군을 소탕해 서해와 보하이 일대의 제해권을 획득한다는 목표를 달성했다. 너무 쉽게 청군을 격파하자 일본인들은 만주에 식민지를 건설하는 꿈을 꾸기 시작했다. 1895년 1월 17일 어전 회의에서 이 문제를 심도 깊게 논의해 강화 조약에 랴오둥반도 할양을 포함시키기로 결정했다(조명철, 「청일전쟁기, 열강과 일본의 중국침탈」, 『일본연구』 13, 고려대 일본학연구센터,

2010, 483쪽).

중국령으로 진격한 일본군은 현란한 기동 전술로 청군을 혼란에 빠뜨렸다. 일본군은 전투 때마다 소규모 전초병을 투입해 청군을 유인했다. 전초병들은 포위망을 쳐놓은 곳으로 청군을 유인한 다음 격파했다. 「도쿄신문」 보도에 의하면 개전부터 1894년 12월 31일까지 일본군은 각종 전투 과정에서 청군으로부터 5,731만 엔 상당의 엄청난 무기와 물자, 물품을 노획했다. 이것은 당시 일본 정부 1년 세입의 80퍼센트나 되는 어마어마한 금액이었다. 청군에게서 빼앗은 식량과 연료 등은 일본군의 고질적인 취약점이었던 병참 문제 해결에 큰 도움을 주었다.

같은 기간 17차례 전투에서 전사한 청군은 6,660명, 일본군은 413명이었다. 중상자는 청군 9,600명, 일본군은 1,112명, 포로로 붙잡힌 청군은 1,164명이었다. 청나라는 수십 년간 막대한 자금을 투입해 양무운동을 추진했고, 그 결과물로 북양 육·해군을 조직했으나 허무한 패주를 거듭했다.

일본군이 만주와 랴오둥반도 공략전에서 승리한 것은 정보 수집력 덕분이다. 일본군은 30여 년 전부터 청국 주재 일본 공사관 직원과 무관, 낭인을 동원해 전쟁에 대비한 철저한 준비와 연구를 거듭했다. 이처럼 체계적인 준비 덕분에 일본군은 청국 지도부도 모르는 비밀 사안까지 모두 알고 있었다.

또 일본은 중국인을 매수하거나 납치한 다음 첩자로 만들어 청군 진영에 투입시켰으며, 중국어에 능한 일본인을 중국인으로 위장시켜 군사 요지로 파견했다. 그 결과 혹시 일본 첩자가 아닌가 의심하고 오인해 살해한 중국인이 1,000여 명이나 됐다. 일본은 전쟁이 발발하기 몇 년 전부터 참모본부 소속 장교를 선발해 여행객을 가장해 중국에 침투시켰다. 이들은 상세한 정보와 첩보를 수집해 지도를 작성하고, 현지 도로 사정 및 작전에 필요한 모든 사항을 속속들이 파악했다. 전쟁이 발발하자 현지 상황에 정통한 장교들이 부대 지휘관을 맡아 청군을 몰아붙인 것이다.

고전을 면치 못한 일본군

일본군이 연전연승하자 청국 정부는 "일본은 우리가 하는 일을 사소한 것에서부터 큰일까지 다 알고 있으니, 이것은 청나라에 주재했던 일본 공사가 정보를 수집해 본국에 보고했기 때문"이라면서 주청 일본 공사관에 근무하는 중국인 고용인들을 잡아 가두고 간첩 혐의에 대해 심문했다.

일본군 지휘관들은 중국 영토에서 작전을 할 때 어느 지역에 들어가려면 그 지방 지도를 펼쳐 보고, 다른 지역을 향하려면 또 다른 지도를 꺼내 보며 전투에 임했다. 일본군은 지도뿐만 아니라 군중의 움직임을 방어할 방법까지도 상세히 알고 있었다. 반면에 청군 지휘관들은 자기 나라임에도 불구하고 지도가 없어 헤맸다. 청군 지휘관들은 캄캄한 밤에 길을 가는 것과 같이 헤매다가 일본군의 공격을 받고 지리멸렬하게 패주했다.

이런 사정 때문에 청군은 허무하게 연전연패해 수도 베이징이 위협당하는 상황이 되었지만, 천조상국天朝上國의 관념이 뿌리 깊이 박힌 청국인들은 일본을 하찮은 존재로 멸시했다. 청일전쟁 당시 인기가 높았던 신문 「선바오」는 일본은 물자가 부족하고 조선 침략 후 병력이 부족하며, 재정이 붕괴 직전이어서 장기전으로 가면 일본은 반드시 망할 것이라는 내용을 계속 보도했다.

하지만 일본은 청일전쟁 전에 이미 제1차 산업혁명을 통해 방직공업을 중심으로 하는 자본주의 공업화의 기틀을 갖추었다. 중국의 식자층은 일본의 공장 수가 5,985개, 직공은 42만 명, 증기기관이 1,808대에 달했다는 사실을 전혀 몰랐다.

전투가 만주와 중국 본토로 확전되면서 일본군은 병참 조직과 방역, 위생 설비 결함으로 고전을 면치 못했다. 랴오둥반도와 만주 일대로 길게 늘어진 수송로로 인해 식량 공급이 원활치 못해 굶어 죽는 병사들도 생겨났다. 출정 군인의 40퍼센트가 청군이 아닌 질병과 싸우다 후송됐고, 매서운 만주의 추위로 인해 열 명 중 두세 명이 동상에 걸려 악전고투했다.

일본군이 압록강 국경을 넘어 청국 영토로 침공하자 군수 물자 운반을 위해 최소 수천에서 최대 수만 명으로 추정되는 조선인이 역부로 중국 지역으로 끌려갔다(차경애, 「청일전쟁 당시 조선 전쟁터의 실상」, 2008, 98쪽). 동상자의 경우 일본인은 입원시켰지만 조선 역부는 한 번 부려먹고 그냥 버렸다(박종근, 『청일전쟁과 조선』, 1989, 103~104쪽).

일본군은 점령지에 다양한 명칭의 민정청을 설치하고 필요한 인부나 우마, 물품은 대가를 지불하고 징발한다는 원칙을 수립했다. 하지만 현장에서는 이런 원칙이 지켜지지 않았다. 일본군은 대전투를 앞두고 군사령관들이 병사들에게 '자유 징발', 즉 약탈을 허락했다(차경애, 「청일전쟁 당시의 전쟁견문록을 통해서 본 전쟁지역 민중의 삶」, 2007, 111쪽).

뤼순 함락으로 랴오둥반도를 일본군이 장악하자 청국 정부는 패전 책임을 물어 리훙장의 북양해군 통수권을 박탈했다. 하지만 군사·외교 면에서 리훙장을 대체할 인물이 없자 11월 23일 리훙장의 관직은 박탈하되 그 임무는 계속 수행토록 하는 혁직유임革職留任 조치를 내렸다.

1895년 1월 24일 윈구이(윈난성과 구이저우성) 총독 왕원사오王文韶가 북양대신 직무를 대행했다. 후에 그는 즈리 총독도 겸임하면서 리훙장은 북양대신 직을 잃고 북양 육·해군 군사력을 포기하게 된다.

대본영은 초기에 단기 결전을 치르기 위한 '작전 대방침'을 수립했으나 곧 장기전으로 전환했다. 8월 말에는 '동계 작전 방침'으로 변경하고 1895년 봄에는 육군 주력을 톈진과 산하이관 방면으로 수송해 즈리直隸 평야(현재의 베이징, 톈진, 허베이성, 허난성, 산둥성 일대)에서 결전을 치르기로 결정했다.

대본영에 반기 든 야마가타 아리토모

1894년 10월 말 압록강 도하 작전에 성공해 다롄·뤄순을 점령하자 대본영은 동계 기간이라도 즈리 결전을 치르자는 의견이 제기됐다. 일본군이 즈리 일대를 공격할 경우 베이징이 큰 위협에 처할 것이고, 민중들의 저항으로 무정부 상태가 돼서 청 제국이 붕괴할 가능성이 농후했다. 전황이 이렇게 진행되면 서양 열강의 간섭을 피할 수 없게 된다. 일본 내각은 서양 열강의 움직임을 예의주시하면서 신중한 행보를 모색했다.

무쓰 외상은 당시 일본 국민 대다수는 욱일승천하는 일본군이 언제 베이징 성문에 진입할까 하는 문제만을 생각했다고 지적했다. 일선에 나가 있는 전투 지휘관들은 외교관들과 현실 인식의 방법이 크게 달랐다. 그들은 과거에 청국이 일본에 행했던 모욕적 대우에 대한 복수를 위해 청국인들에게 최대한의 타격을 주는 것이 자신들의 책무라고 생각했다.

야마가타 아리토모 제1군 사령관은 11월 3일, 대본영에 "엄동 시기가 와서 작전을 펼치기 어려워지기 전에 적극적인 공격을 해야 한다"라면서 '정청征淸 3책策' 중 하나를 결정해 줄 것을 요청했다. 그가 요청한 '정청 3책'의 제1안은 화위안커우를 출발해 산하이관 근처에 상륙하고 베이징 공격을 위한 근거지를 점령하는 것, 제2안은 뤼순반도까지 진군해 제2군과 합류하는 것, 제3안은 즉각 북진해 펑톈을 공격하는 것이었다.

11월 9일, 대본영은 세 가지 모두 애로가 많다면서 "현지에서 현 상태로 월동하라"라는 명을 내렸다. 야마가타 사령관은 대본영의 결정에 승복하지 않았다. 그는 제2군이 손쉽게 뤼순을 점령하자 제1군도 그에 못지않은 승리를 쟁취해야 한다면서 대본영의 명령을 어기고 하이청海城을 점령한 후 산하이관을 공격하기 위해 휘하 부대의 병력 이동을 준비시켰다. 오야마 제2군 사령관도 이토 스케유키 연합함대 사령장관과 협의해 웨이하이웨이 공략 작전을 제기하는 등 대본영 의견에 순종하지 않았다.

현지 사령관들의 항명은 이토 총리가 개전 초부터 우려했던 군부의 예견된 돌출 행동이었다. 이토 총리는 현지 군 지휘부에 "일본군이 베이징으로 진입할 경우 일본은 청국이 아니라 서양 열강과 강화 조약을 협상하게 될 것"이라고 경고했다. 하지만 그들은 이토 총리의 경고를 무시했다. 무소불위의 권력자로 부상한 야마가타의 야망에 제동을 걸 수 있는 인물은 천황뿐이었다.

이토 총리는 메이지 천황에게 야마가타 제1군 사령관의 소환을 요청했다. 이토 총리의 요청을 접수한 메이지 천황은 11월 29일, 야마가타 사령관에게 "짐은 경을 못 본 지 오래됐는데 경이 병에 걸렸다는 소식을 듣고 참담한 심정 가눌 길이 없다. 짐은 적군의 작전 상황을 직접 경으로부터 듣고자 하니 속히 귀국하라"라는 칙어를 내렸다.

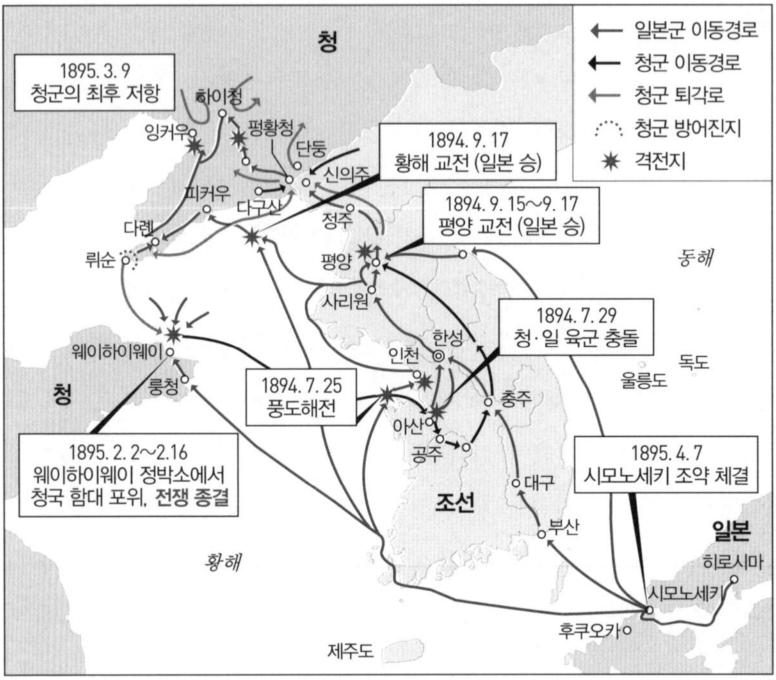

청일전쟁 작전도.

그의 소환 명분은 공식적으로는 '질병에 의한 귀국'으로 발표됐으나, 사실은 항명 및 명령 위반으로 파면된 것이다. 전투 지휘관이 적진에서 작전 도중 본국으로 소환당하면 할복으로 무사의 명예를 지키는 것이 도리다. 하지만 천황의 소환을 받고 할복하면 천황에 대한 항거가 된다. 제1군 사령관 야마가타는 조용히 귀국했다. 12월 18일 본국 소환 즉시 야마가타는 제1군 사령관직에서 해임돼 명목상의 보직인 감군監軍(군 감독관)에 임명됐다. 그의 후임으로 제5사단장 노즈 미치쓰라 중장이 제1군 사령관에 임명됐다.

야마가타 사령관 해임

전쟁이 한창인 와중에 가장 중요한 전선 사령관이 본국으로 소환되고 해임된 것은 국제적으로 전례가 없는 사건이었다. 군 사령관들의 반발이 심해지자 이토 총리는 자신이 정무적 차원에서 본격적으로 군사 작전에 개입할 필요가 있다고 판단했다. 12월 4일, 이토 총리는 대본영에 「웨이하이웨이를 타격하고 타이완을 공략해야 할 방략」이라는 장문의 의견서를 제출했다.

헌법상 군무에 관여할 수 없도록 규정돼 있는 총리가 군사 작전에 의견을 제시한 이유가 있다. 이미 해임된 야마가타 아리토모 제1군 사령관이 제안한 하이청 작전이 베이징 일대를 위협하는 즈리 결전으로 확대되는 것을 막기 위한 고육지책이었다. 이토는 열강의 간섭을 야기할 즈리 결전을 취소하고 랴오둥반도에서 동계 숙영을 하며, 일부 병력을 동원해 웨이하이웨이와 타이완을 점령하자고 제안했다. 웨이하이웨이에 틀어박힌 북양함대를 격멸하고 타이완을 점령하면 강화 협상을 유리하게 할 수 있을 뿐만 아니라, 타이완 할양의 근거가 될 수 있다고 대본영을 설득했다.

일본의 타이완 영유 아이디어는 재정 전문가로서 대장 대신과 제4·6대 총리를 역임한 마쓰카타 마사요시가 제기한 것이다. 마쓰카타는 즈리 결전을 준비 중인 대본영에 "베이징 점령은 명성을 날리기에는 적절할지 모르나, 실익 면에서는 타이완 점령이 훨씬 중요하다"라고 주장했다. 그는 일본이 타이완을 점령하면 인도차이나반도·말레이반도를 비롯해 남양군도까지 영향력을 행사할 수 있고, 일본 자본주의의 판매·원료 시장을 확보할 수 있다고 군부를 설득했다.

이 무렵 타이완 영유를 위해 적극 움직인 인물은 독일 황제 빌헬름

2세였다. 로바노프 러시아 외상은 아노아 프랑스 외상과 함께 일본이 펑후열도에 요새를 구축하지 못하도록 저지해야 한다고 주장했다. 필리핀을 영유하고 있던 에스파냐도 일본의 타이완 영유에 제동을 걸거나, 여차하면 자기들이 영유하는 문제를 신중하게 검토했다. 마쓰카타는 여러 나라가 타이완을 노리는 바람에 힘의 공백 상태가 생긴 기회를 활용해 일본이 점령하지 않으면 영원히 기회가 없다고 주장했다.

하이청에서 포위된 일본군 제3사단

이토 총리가 정략적 견지에서 대본영의 작전을 지도하고, 전술전략적 입장만 고집하는 군부를 억눌러 장기 소모전을 피한 것은 구국의 결단이었다. 이로써 이토 총리에 의한 전쟁 지도가 일원화됐고, 군사 작전은 정략을 유리하게 이끄는 길잡이로 기능하게 됐다(후지무라 미치오, 『청일전쟁』, 1997, 186쪽). 대본영은 이토 총리의 제안을 수용해 12월 9일, 웨이하이웨이 작전을 결정하고 즈리 결전은 연기시켰다.

야마가타 사령관의 본국 소환에도 불구하고 제1군 사령부는 가쓰라 다로 제3사단장에게 하이청 공략을 명령했다. 일본군이 이곳을 점령하면 펑톈을 위협할 수 있고 베이징으로 연결된 도로를 이용할 수 있게 된다. 12월 13일, 제3사단과 노기의 혼성여단이 별다른 저항을 받지 않고 하이청을 점령하면서 심각한 문제가 발생하기 시작했다.

하이청은 쑹칭 군대의 거점인 랴오양·뉴좡牛莊·다스차오大石橋·가이핑蓋平으로 둘러싸여 있었고, 제1군의 보급 거점인 다구산에서 멀리 떨어진 곳이었다. 하이청에 진출한 일본군 제3사단은 세 방면에서 청군의 압박을 받아 고립됐다. 게다가 제3사단은 산포로 무장하고 있어 시야가 탁 트인 평야 지역 작전 과정에서 적지 않은 애로 사항이 발생했다.

청군은 하이청을 탈환하기 위해 네 차례에 걸쳐 집요하게 일본군을 공격했다. 일본군은 적진에 고립돼 보급과 방한복을 지급도 받지 못한 상황에서 엄동기를 맞았다. 일본군은 포위망에서 빠져나오기 위한 네 차례의 격전 과정에서 400여 명의 사상자가 발생했고, 병력의 30퍼센트가 동상에 걸리는 막심한 피해를 당했다. 그 결과 야마가타와 가쓰라의 행동은 '독단'의 영역을 넘어 '폭주'라는 평가를 받게 됐다(오타니 다다시, 『청일전쟁』, 2018, 215·220~221쪽).

일본군 주력 사단이 적의 포위망에 갇혀 전멸 위기에 처한 것은 중대한 작전 실패였다. 포위망에 갇힌 제3사단과 노기의 혼성여단을 구출하기 위해 제1사단이 투입됐다. 제1사단은 2월 14일 타이핑산太平山에서 견제 작전을 실시해 제3사단이 간신히 포위망에서 빠져나오는 데 성공했다.

제11장

동학 농민군, 일본군과 격돌

일본군이 청군을 한반도에서 몰아내는 데 성공하자 일본 정부는 조선의 내정 개혁으로 관심을 돌렸다. 일본은 청일전쟁 개전 명분으로 '조선의 내정 개혁'을 전 세계에 표명한 바 있다. 때문에 조선의 내정 개혁이 의미심장한 성공을 거둬야 일본 정부가 거짓된 명분을 앞세워 전쟁을 일으켰다는 비난을 면할 수 있었다.

일본은 7월 20일 조일잠정합동조관, 8월 26일 '양국맹약' 체결을 근거로 조선 정부에 내정 개혁을 조속히 추진하도록 독려했다. 조선 정부는 내정 개혁의 필요성에는 어느 정도 공감했지만, 일본의 강요에 의한 타율적 개혁이라는 점에서, 그리고 조선 지도층의 유전 인자에 깊이 박혀 있는 주자성리학적 우월감 차원에서 일본 정부를 '왜놈'으로 비하하며 내정 개혁 요구에 저항했다.

경복궁 점령 직후 대원군 주도하에 소장파 개화 세력으로 재편된 조선 지도부는 며칠 지나지 않아 대원군파와 소장 개혁파가 분열했다. 주한 일본 공사관은 무쓰 외상에게 "조선의 새 정부는 몇 가지 외면상의 개혁을 이룩했으나, 개혁을 추진하지 않고 대원군과 그 손자가 한편이 되고 친일파가 다른 한편이 돼서 당파 싸움과 시시한 음모만 일삼고 있다. 조선 관리들이 그와 같은 상황을 계속할 경우 정부의 분열을 초래할 것이며, 우리(일본)의 목적 달성에 방해가 될 것"(『주한일본공사관기록』 4권, 293쪽, 1894년 9월 18일, 무쓰 대신에게 보내는 전보)이라고 보고했다.

조선의 개혁이 벽에 부딪치자 후쿠자와 유키치가 조선을 비난하는 필봉을 휘둘렀다. 그는 "청일전쟁은 문명과 야만의 전쟁이며, 조선은 야만국으로서 문명이 무엇인지를 모르는 국민"이라고 공격했다. 후쿠자와는 연약하고 염치없는 조선 국민을 지도해 문명 개혁을 실행하려면 협박 수단을 동원해야 하며, 국무의 실권을 일본이 쥐고 조선인은 집행만 맡도록 하고 이에 반대하는 사람은 추방해야 한다고 주장했다.

오토리 게이스케 공사 해임

비난의 화살은 주한 일본 공사 오토리 게이스케에게 집중됐다. 그는 개전 과정에서 청·일 동시 철병, 군용 전신선 가설, 청군 구축 의뢰 문제 등을 둘러싸고 강경파 외교관 및 군부와 번번이 대립했다. 일본 정부는 오토리 공사에 대해 "61세의 고령으로서 경험은 풍부하나 활기가 없고 매사에 지나치게 신중한 인물"이라고 평가했다. 강경파 외교관과 군부에서는 오토리 공사를 '인순因循(낡은 인습을 따르는 사람)' '노모老耄(늙어서 정신이 가물가물한 사람)'라는 용어까지 동원해 비판했다.

오토리 공사는 도쿠가와 막부 관료 출신이어서 메이지 정부 지도자들과도 의견이 잘 맞지 않았다. 자신들의 전쟁 목표는 조선의 보호국화인데, 오토리 공사가 일본의 의도에 제동을 걸 가능성이 있는 서울 주재 서양 외교관을 상대하기에는 국제적 위상이나 경험이 부족하다고 판단했다.

평양 전투와 황해 해전에서 승리한 일본 정부는 조선에 대한 적극적인 간섭 정책을 실시하기로 결정했다. 이를 현장에서 실행하기 위해서는 유약하고 노쇠한 오토리 공사의 경질이 불가피했다. 그의 경질은 조선에 대한 불간섭주의에서 벗어나 강압·간섭 정책으로 돌아선다는 선언이나 다름없었다. 1894년 9월 19일 주한 일본 공사관은 조선 외교 부서에 「갑오경장의 실적에 관한 반성 촉구」라는 문서를 보내 간섭 강화를 통보했다.

후임자 인선은 외교 총책인 무쓰 외상을 제치고 이토 총리가 직접 나섰다. 이토가 적임자로 추천한 인물은 자신과 동향이자 죽마고우인 이노우에 가오루였다. 이노우에는 청년 시절 이토 총리와 함께 미타테구미御楯組라는 테러 단체에 가입해 영국 공사관을 습격 방화했던 인물이다. 이노우에는 '조슈 파이브(조슈 5인방)'라 불린 일본 최초의 영국 유학생이며, 이토와 함께 메이지유신의 선봉에 섰던 정치적 동지였다.

이노우에는 제1차 이토 내각에서 외무 대신을 역임했고, 현직 내무 대신으로 재직 중이었다. 이토 총리가 현직 내무 대신을 주한 일본 공사로 낙점한 이유는 "내외 사정에 통달하고 작은 일에 급급해하지 않는 과감한 인물"이었기 때문이다. 이러한 거물 정치인을 외교 부서의 국장급이 임명되는 주한 공사에 임명한 것은 파격 중의 파격이었다.

이처럼 파격적인 결정은 외교 사령탑인 무쓰 입장에서 볼 때는 일종의 월권에 해당하는 것이었다. 이토 총리는 이노우에의 화려한 관직 경력을 고려해 그를 주한 특명전권변리대신으로 서울에 파견하려 했다. 이 계획에 무쓰 외상이 반기를 들었다. 이노우에를 급수가 높은 변리대신으로 조선에 파견할 경우 서구 열강은 일본이 조선을 병합하려는 의도로 해석할 가능성이 있다는 이유였다.

'조선 보호국화' 위해 거물을 파견

무쓰 외상의 강경한 반대로 인해 이노우에는 대신직에서 물러나 국장급에 해당하는 공사로 강등돼 조선에 파견됐다. 하지만 이노우에는 조선 정부와 체결할 각종 조약의 협상 및 체결권, 주한 일본군 수비대 지휘권, 조선 정부에 고용될 일본인 고문관 선발권, 조선 정부에 공여할 차관 주선권 등 광범위한 권한을 위임받았다.

무쓰 외상의 평에 의하면 이노우에는 "닭 잡는 데 소 잡는 칼을 사용하는 스타일"의 인물이었다. 이처럼 거친 인물이 말기적 붕괴 국면에 돌입한 조선 정부의 내정 개혁을 무리 없이 추진할 수 있을지에 대해서는 누구도 장담하기 어려웠다. 여러 가지 우려에도 불구하고 이토 총리가 그를 발탁한 이유는 조선과 일본 간에 결정적인 사건이 벌어졌을 때마다 늘 현장 지휘를 맡아 조선 문제에 관한 한 자타가 공인하는 제1인자였기 때문이다. 일본 정부가 이 정도 비중 높은 인물을 현지에 파견해야 할 정도로 조선 문제는 절박한 상황에 처해 있었다는 뜻이다.

이토 총리가 일본 정계의 거물을 국장급으로 강등시켜 조선 공사로 파견한 진짜 이유는 '조선 보호국화'를 확고부동하게 달성하기 위해서였다. 또 한 가지 숨겨진 이유는 조슈·사쓰마 번벌藩閥 세력의 경쟁이다. 풍도 해전, 평양 전투, 황해 해전 대승이라는 청일전쟁 초기 전역은 모두 사쓰마 출신 군 지휘관들의 무공 덕분이었다.

이런 상황이 전개되자 라이벌 관계인 조슈·사쓰마 파벌의 세력 균형상 외교는 조슈 출신이 장악해야 한다는 열망이 제기됐다. 그 결과 조슈 출신인 이노우에 가오루, 그의 후임으로 조슈 출신인 미우라 고로가 선택된 것은 번벌 인사가 초래한 결과물이었다.

이노우에가 인천에 도착한 날은 1894년 10월 25일이었다. 이날은 청일전쟁에서 기선 제압에 성공한 일본군이 압록강 도하 작전을 개시한 날이었고, 조선 남부와 중부 지역에서 동학 농민군이 일본군에 저항하기 위해 봉기한 민감한 시기였다. 이노우에의 주한 공사 부임 사실을 통보받은 힐리어 주한 영국 총영사는 "이노우에는 전임 오토리 공사보다 훨씬 가혹하고 단호한 대對조선 정책을 펴게 될 것으로 예측된다"라고 본국 정보에 보고했다.

전주화약으로 해산했던 동학 농민군은 일본군이 조선의 법궁法宮인 경복궁을 무력 점령한 사실이 알려지자 긴밀하게 움직였다. 전봉준은 8월 초에 일본군의 경복궁 무력 점령 소식을 들었다. 이때부터 전라·충청도 일대에서 전봉준·김개남·손화중·손병희 등의 지도하에 동학 교인들이 척왜양창의斥倭洋倡義와 축멸왜이逐滅倭夷를 외치며 반일 운동에 나섰다.

일본군에 맞서기 위해 조선 의병 봉기

1894년 9월, 충청도 천안에서 일본인 6명이 동학당에게 살해됐다. 동학 농민군은 일본인을 살해한 후 자신들의 행위를 숨기지 않고 방을 붙여 공개했다(최보영, 「청일전쟁기(1894~1896) 주한일본영사의 영사보고와 '첩보' 활용」, 2020, 248~249쪽). 일본 언론을 비롯해 일본군 사료, 일본 공문서 등에는 조선에서 봉기한 동학 농민군을 반도, 폭민暴民, 난민, 비도匪徒, 동도東徒, 적도賊徒, 반민叛民, 난도亂徒 등으로 표기했다.

동학 농민군의 기세에 눌린 조선 정부는 일본인 6명 살해 사건에 대해 차일피일 시간을 끌었다. 오토리 공사는 조선 정부에 일본군 후비보병 병력을 동원해 일본인 살상 사건을 처리하자고 제안했다(『주한일본공사관기록』 1권, 「충청도 천안군에서 일본인이 동학당에게 살해된 건」, 1894. 09. 26) 또 유사시에 대비해 총기 100정을 구해 일본인 장정들을 무장시켰다. 일본 영사관은 거류민 장정과 영사관 순사들을 광희문 밖, 현재의 신당동 부근에 집결시켜 사격 연습을 실시했다.

영남에서는 조선 농민과 일본군이 충돌하는 사건이 발생했다. 일본군은 상주 낙동과 함창 태봉에 병참 기지를 설치하고 군용 전신선을 가설하기 위해 이동 수단과 물자를 징발했다. 1894년 8월 1일 대구 병참부 근처 마을 주민 수십 명이 군용 전신선 가설 목적으로 일본군이 징발한 소 100여 마리를 몰래 끌고 갔다. 이 사실이 발각돼 주민들이 일본군에게 체포됐다. 해당 지역의 조선 관리가 야채 등 부식을 가지고 대구병참부를 방문해 사죄한 후 체포된 농민을 인도받았다.

이 사건 이후 조선 농민들은 일본의 군용 전신선을 절단했고, 일본군이 이를 막는 과정에서 곳곳에서 충돌했다. 9월 2일 부산 병참감은 대구 병참부 사령관에게 "이후 또다시 군용 전신선을 절단하는 사례가 발생하면 책임 있는 마을은 불태우고, 전신선을 절단한 인민을 격살할 정도의 위세를 보이라"라는 명령을 내렸다.

동학 농민군과 가치관이나 세계관이 근본적으로 달랐던 유생 중심의 의병도 봉기했다. 9월 25일을 전후해 경북 안동 부근에서 봉기한 유생 서상철은 자신의 거병 목적을 다음과 같이 밝혔다(나카츠카 아키라, 『1894년, 경복궁을 점령하라』, 2014, 199~200쪽).

> 히데요시 이래로 조선의 원수인 일본군이 왕궁을 점령해 국왕을 협박하고 쿠데타를 일으켰다. 뿐만 아니라 수도를 제압하고 지방까지 침입했으니 조선은 중대한 사태에 직면했다. 여기에 대처해 조선은 거족적으로 봉기하지 않으면 안 됨에도 불구하고, 궁정에 있는 신하는 자각하지 못하고 일본의 부름에 응해 입각하는 등

우려할 만한 상태다. 또 왕궁이 점령된 지 한 달이나 지났는데도 궁정의 신하와 전국의 관리들 중 누구 한 사람 의義를 위해 봉기하는 일이 없기에 분노를 느껴 봉기할 것을 결의했다.

재일 교포 역사학자 박종근은 서상철의 9월 25일 봉기를 구한말 반일 의병 운동의 시발로 평가했다. 그동안 학계에서는 민 왕후 시해 사건 이후인 1895년에 의병 운동이 개시됐고 단발령을 계기로 본격화했다는 것이 일반적인 견해였는데, 박종근은 의병 봉기 개시 시기를 1년 정도 앞당긴 것이다(박종근, 『청일전쟁과 조선』, 1989, 201쪽).

대원군과 전봉준 공모설

당시 서울과 부산을 연결하는 경부로京釜路상에서 안동은 교통의 요지였다. 1894년부터 1896년까지 안동 지방은 의병 운동의 중심지가 됐다. 안동·상주가 경부로의 요충이어서 일본군 병참 기지와 군용 전신선 가설에 따른 징발로 인한 피해가 극심했기 때문이다. 안동 지역은 퇴계 이황의 도산서원이 위치하고 있어 유교 전통이 강했고, 태백산맥·소백산맥 같은 험준한 지형을 끼고 있어 게릴라전에 유리했다.

봉기한 의병의 주요 공격 목표는 일본 병참부, 군용 전신선, 조선 곳곳에 침투한 일본 상인, 일본에 종속돼 있던 조선의 지방 관청이었다(박종근, 『청일전쟁과 조선』, 1989, 210). 경상도 일대에서 8월 말부터 9월 30일까지 전신주 파괴와 군용 전신선 절단 행위가 15건 이상 발생했다.

청일전쟁의 불씨를 제공한 것은 호남 지방에서 발생한 동학농민봉기였다. 그런데 동학 농민군 봉기 과정에서 논란이 된 사실 중의 하나가 대원군의 역할이다. 즉 대원군이 최초의 농민 봉기를 주동한 전봉준을 비롯해 전라도 고부의 유생들과 공모해 농민 봉기를 촉발시켰는지의 여부다.

이돈화의 『천도교 창건사』(1933)에 의하면 전봉준은 1891년부터 1893년까지 대원군 저택인 운현궁의 문객門客으로 머물렀다. 대원군은 전봉준이 자기 집에서 3년여 식객 생활을 하면서도 벼슬을 탐하지 않는 모습을 보고 호감을 갖게 됐다. 1893년 어느 날 전봉준은 실의에 빠진 대원군을 달래 정치 개혁의 계책을 서로 밀약했다고 한다(이돈화, 『천도교 창건사』, 천도교중앙종리원, 1933, 57~58쪽).

여러 학자들의 연구 결과와 천도교 기록을 종합하면 대원군은 전봉준의 애국 충정에 감명 받아 민씨 척족 정부에 반기를 들도록 권유했던 것 같다. 전봉준은 대원군과 밀약 후 낙향해 전주부 봉상면 구미리에 거처를 정했다. 그는 대원군의 밀사 나성산을 통해 대원군과 교신하면서 김개남·송희옥과 봉기를 준비했다. 고부에서 농민들이 조병갑을 몰아내기 위해 봉기했을 때 전봉준은 민씨 척족 세력을 축출하고 대원군을 권좌에 복귀시킬 것을 요구했다.

배항섭의 논문 「전봉준과 대원군의 '밀약설' 고찰」(『역사비평』 1997년 겨울호)에 의하면 1893년 2월 광화문에서 동학교도의 복합상소 운동이 일어났을 때 중앙 정계와 서울 주재 각국 외교관들 사이에 동학교도의 배후에 대원군이 있다는 소문이 나돌았다. 배항섭은 또 전봉준이 젊은 시절 사회 개혁의 뜻을 품고 지방을 순회할 때 서울에서 대원군을 만난 사실도 밝혀냈다.

전봉준-대원군 공모의 증거들

이상백도 전봉준이 대원군과 밀통했다고 주장했으나, 그가 대원군의 교사를 받아 거병했는지의 여부에 대해서는 확실하게 밝히지 않았다(이상백, 「동학란과 대원군」, 『역사학보』 17·18, 역사학회, 1962). 『동학과 동학란』의 저자 김상기도 대원군과 전봉준의 밀약설에 대해 "전봉준이 전주 구미리에 살던 때 대원군의 밀사 나성산이 전봉준을 찾아와 얼마 동안 머물면서 전봉준·김개남·송희옥과 같이 머리를 맞대고 모의하던 것을 목격했다"라고 해서 대원군과의 내응 밀약이 갑오 이전에 맺어졌다고 주장했다.

대원군은 1882년 임오군란 때 청군에게 체포돼 중국으로 끌려가 4년여 유폐 생활을 했다. 고종과 민 왕후가 러시아와 제1·2차 밀약을 추진하자 일본과 청국은 조선 국왕 부처를 견제하기 위해 양국 합의하에 1885년 대원군을 귀국시켰다. 귀국한 대원군은 운현궁에 칩거하며 재기의 칼날을 갈았다. 학자들은 이 무렵 대원군이 전봉준과 의기투합했을 것으로 추측한다.

전봉준과 대원군의 공모 가능성은 다음과 같은 간접적 증거들로도 뒷받침된다.

첫째, 정교鄭喬의 『대한계년사大韓季年史』의 주장이다. 1883년 3월(음력) 동학 대표자들이 광화문 앞에서 교조 신원을 탄원하기 위해 연좌시위를 벌였을 때 대원군은 은밀히 동학당 수만 명을 서울로 모여들게 해서 불궤를 도모해 그의 사랑하는 손자 이준용을 임금으로 추대하려 했으나 실패했다는 것이다.

둘째, 1894년 2월 21일 주일 러시아 공사 히트로보가 주한 러시아 공사 베베르에게 전한 정보에 의하면 대원군이 다가오는 여름에 '중대한 폭동'을 일으키려고 일본과 중국에서 4,000정의 소총과 무기를 구입하고 있다는 소문이 나돌았다고 한다. 1894년 4월에 본격적인 농민 무장

봉기가 일어난 사실로 미루어 1894년 초에 대원군이 폭동을 준비했다는 이 정보는 신빙성이 높다고 말할 수 있다.

셋째, 대원군은 1894년 6월 3일 일본 영사관 순사 와타나베 다카지로渡邊鷹次郎와의 면담에서 전라도 민란을 당연시하고 그 지도자들의 도량과 그들의 예상되는 움직임에 관해 호의적으로 논평했다.

넷째, 서울에 있던 프랑스 가톨릭 주교 뮈텔(Gustav Charles M. Mutel) 신부는 그의 일기에서, 1895년 4월 20일 홍계훈과의 면담을 통해 제1차 동학 봉기 당시 전봉준과 대원군이 공모했음을 확신하게 됐다고 기록했다.

다섯째, 1894년 6월 5일 전주성을 점령한 전봉준이 관군 사령관 홍계훈에게 보낸 '소지문訴志文'에 "태공(대원군)을 받들어 나라를 감독토록 함은 그 이치가 심히 마땅하거늘 왜 이를 불궤라고 합니까?"라는 대목이 있다. 대원군을 권좌에 복귀시키는 것이 제1차 동학농민봉기의 목적이었다는 사실은 이 밖에도 여러 자료를 통해 증명되고 있다.

동학 봉기를 깊이 연구한 유영익은 여러 정황을 종합할 때 전봉준과 대원군은 제1차 동학농민봉기에 앞서 모의를 했을 가능성이 있으며, 봉기를 통해 전봉준이 대원군을 권좌에 복귀시키는 것을 목표로 삼았음은 의심의 여지 없이 확실하다고 주장했다(유영익, 『동학농민봉기와 갑오경장』, 일조각, 1998, 15쪽).

전봉준이 고부에서 민란을 일으킨 직접적인 이유는 자기 아버지가 조병갑에게 소청했다가 맞아 죽은 원한과 조병갑의 수탈로 고생하는 농민들에 대한 연민의 정 때문이었다. 농민들이 봉기해 큰 세력을 형성하자 이를 주의 깊게 바라본 대원군이 사람을 보내 전봉준과 접촉했다는 것이 신복룡의 주장이다(신복룡, 『전봉준평전』, 지식산업사, 2006, 179쪽).

전봉준은 대원군과의 공모 부인

대원군에게는 동학교도인 박동진·정인덕 두 심복이 있었다. 대원군은 이들을 통해 전봉준에게 접근했다. 대원군은 1894년 8월 중순, 호남 지리에 밝은 이병휘를 앞세워 심복인 박동진·정인덕을 호남에 보냈다. 그들은 먼저 농민군 지도자 김개남과 접촉했는데, 김개남은 대원군의 심복 두 사람을 전봉준에게 보냈다.

여러 정황에도 불구하고 전봉준은 대원군과의 공모설을 부인했다. 그는 1894년 12월 우금치 전투에서 일본군에게 패한 후 전라도 순창 피노리에서 체포돼 문초를 받았다. 법부 대신 서광범은 전봉준에게 "송희옥의 기서에 의하면 너의 재차 기포는 국태공 대원군과의 밀약에 의한 것이라는데 그것이 사실이냐?"라고 물었다. 그러자 전봉준은 "어찌 척양척왜斥洋斥倭가 대원군 한 사람의 주장일까 보냐? 그것은 만백성이 원하는 바다. 내 창의문에 쓰여 있는 몇 구절로 그런 억측을 일삼는 것은 참으로 가소로운 일이다. 우리의 의거는 대원군과 하등의 관련이 없다"라고 답했다.

서울 운현궁에서 대원군을 만난 사실에 대해서도 "유언비어일 뿐이다. 나는 대원군을 만난 적이 없다"라고 부인했다.

대원군은 충청·경상·전라도 지역에서 의병을 일으켜 청군과 손잡고 일본군을 협공하기 위해 지방의 명망 있는 양반 관료의 후예 및 동학교단 지도자에게 밀사를 보냈다. 양상현·왕현종·정진영이 공동 연구한 「농민전쟁기 국내 지배세력의 동향」에 의하면 대원군은 1894년 8월 선무사를 파견해 전봉준·김개남 등 농민군 지휘부와 접촉해 봉기를 논의했다.

대원군이 선무사로 보낸 이건영은 전봉준에게 "왜구가 왕궁을 범하고 종사에 화가 미쳐 명맥이 조석에 달려 있으니 너희들이 (서울로) 오지 않으면 화환이 당도할 것"이라는 밀서를 제시했다. 이건영은 김개남과도 접촉해 "병력을 일으켜 서울로 올라오라. 이것이 바로 국태공의 뜻"이라면서 의병 궐기를 호소했다.

일본에서도 기쿠치 겐조菊池謙讓, 시데하라 다이라幣原坦, 시노부 세이자부로信夫清三郎 등 여러 연구자들이 대원군이 농민군을 선동했다는 주장을 제기했다(박종근, 『청일전쟁과 조선』, 1989, 146쪽). 일본 공사관 측은 대원군과 동학 농민군과의 관계에 대한 확실한 증거를 얻기 위해 많은 노력을 기울였지만 성과를 거두지 못했다. 다보하시 기요시도 동학 사건과 관련해 대원군의 정치적 암약을 증명할 만한 충분한 증빙을 획득할 수 없었다고 토로했다.

동학 농민군은 일본을 추종하는 개화파 신정부를 불신했고 왕궁을 점령한 일본에 대한 응징을 원했다. 일본 경찰 정보 보고에 의하면 8월 20일 전라도 각 읍에서 동학교도 수만 명이 남원으로 몰려들기 시작했다. 이들은 무기를 들고 여기저기 배회하며 재산을 약탈해 여행자가 끊겼다고 한다. 8월 25일 김개남 주도하에 농민군 5만여 명이 남원에 모여 대회를 열었고, 9월 1일에는 김인배가 이끄는 순천 영호대도소의 농민군 부대가 섬진강을 건너 경상도 하동을 공격했다.

충청도에서는 공주 근처에서 봉기한 동학 농민군이 충청 감영의 관군과 대치했고, 8월 하순에는 충주 지역에서 농민군이 봉기했다. 8월 하순에는 경상도 60여 개 지역에서 농민들이 봉기했다. 문경에서는 농민군 600여 명이 일본 병참부 공병대와 맞서 싸웠다. 9월 2일부터 진주 지역 농민들이 순천 영호대도소 농민군과 힘을 합쳐 충경忠慶대도소를 설치하고 9월 10일 농민군 대회를 열었다. 강원도에서는 9월 4일

영월·평창·정선 등지의 농민군 수천 명이 강릉부를 점령했다(왕현종, 「1894년 농민전쟁 지도자의 재판 투쟁과 정세인식」, 『청일전쟁 | 동학농민혁명과 21세기 동아시아 미래 전망』, 동학과 청일전쟁 120주년 기념학술회의 자료집(2014년 11월 21일), 149~150쪽).

동학 남·북접 모두 봉기

전봉준은 9월 초부터 제2차 농민전쟁 준비에 나섰다. 농민군이 곧바로 봉기하지 않은 이유는 가을 추수 때문이었다. 또 대원군이 집정에 올라 있다는 것도 중요한 이유였다. 전봉준은 9월 14일 800여 명의 부하를 인솔해 삼례역에서 전주성에 진입했다. 그들은 군기고에서 화포와 탄환, 환도 등 무기를 탈취해 삼례로 돌아갔다. 전봉준은 삼례에 대도소를 차리고 군산과 근처 읍에 통문을 돌려 봉기를 위한 무기와 군자금을 모았다.

동학 남접 세력은 10월 12일 전라도를 중심으로 의병 봉기를 일으켰다. 동학 농민군의 봉기를 '기포起包'라고 한다. 동학 지도부인 북접은 1894년 봄에 남접이 봉기했을 때는 전혀 협조하지 않았고, 오히려 전봉준의 농민군에 대한 토벌 명령을 내렸다. 하지만 이번에는 북접도 침묵하고 있을 수는 없었다. 지난봄의 동학농민봉기가 조선의 부패한 탐관오리를 징벌하기 위한 목적이었다면, 이번 봉기는 일본군과 맞서 싸우기 위한 항일 운동이었기 때문이다.

남접의 봉기에 자극받은 손병희 등 북접 지도부도 전봉준과 협력해 기포할 것을 결의했다. 그 결과 11월 7일경 남·북접을 망라한 동학 항일 의병이 논산에 집결해 서울 진공을 준비했다. 이때 봉기한 항일 의병은 임진왜란 이후 최대 규모였다.

일본군이 압록강을 건너 중국 땅으로 침공해 들어간 것은 10월 하순이다. 이 무렵부터 동학 농민군은 일본군에 저항하기 위해 조직적으로 봉기했다. 가장 먼저 전투가 벌어진 곳은 부산에서 서울로 향하는 일본군 병참선 일대였다. 일본 대본영은 개전 직후부터 병참로 확보 및 군용 전신선 보호를 위해 병참사령부를 경부로에 21개, 인천~대동강 구간의 경의로에 36개 설치하고 각 사령부마다 1~2개 소대를 주둔시켰다(육군군사연구소, 『청일전쟁(1894~1895)』, 2014, 30~31쪽).

동학 농민군이 항일 봉기해 경부·경의로 일대의 병참선을 공격한 것

청일전쟁기(1894~5년) 조선 주둔군의 존재 형태

주둔지 및 명칭	배치 부대
부산수비대	– 1894년 6월부터 보병 제21연대 제8중대 배치 – 후에 낙동전선경비대로 불림 – 1894년 10월 6일 후비보병 제10연대 제4중대로 교대 – 1896년 2월까지 존속
인천병참수비대	– 1894년 6월부터 보병 제21연대 제11중대, 기병 7기 배치 – 8월 중순 보병 제22연대 제5중대와 교대 – 1894년 10월 6일 후비보병 제6연대 제6중대와 교대 – 청일전쟁 후 해체
용산병참수비대	– 1894년 6월부터 보병 제21연대 제3중대, 기병 5기 배치 – 8월 중순 보병 제12연대 제12중대와 교대 – 10월 4일부터 후비보병 제6연대 제6중대가 담당 – 청일전쟁 후 해체
경성수비대	– 1894년 6월부터 보병 제11연대 제1대대 및 기병 5기 배치 – 1894년 8월부터 보병 제22연대 제2대대와 교대 – 1894년 10월 6일부터 제22연대 제7중대만 남겨두었고, 11월 초 후비보병 제18대대로 교대
임진강 독립지대	– 보병 소좌 야마구치 게이조(山口圭藏)가 지휘하는 보병 제21연대 제2대대 및 제3중대 기병 1소대, 기병 제5중대, 공병 1소대 배치
원산수비대	– 1894년 9월 25일부터 새로이 후비보병 제6연대 제2중대 배치

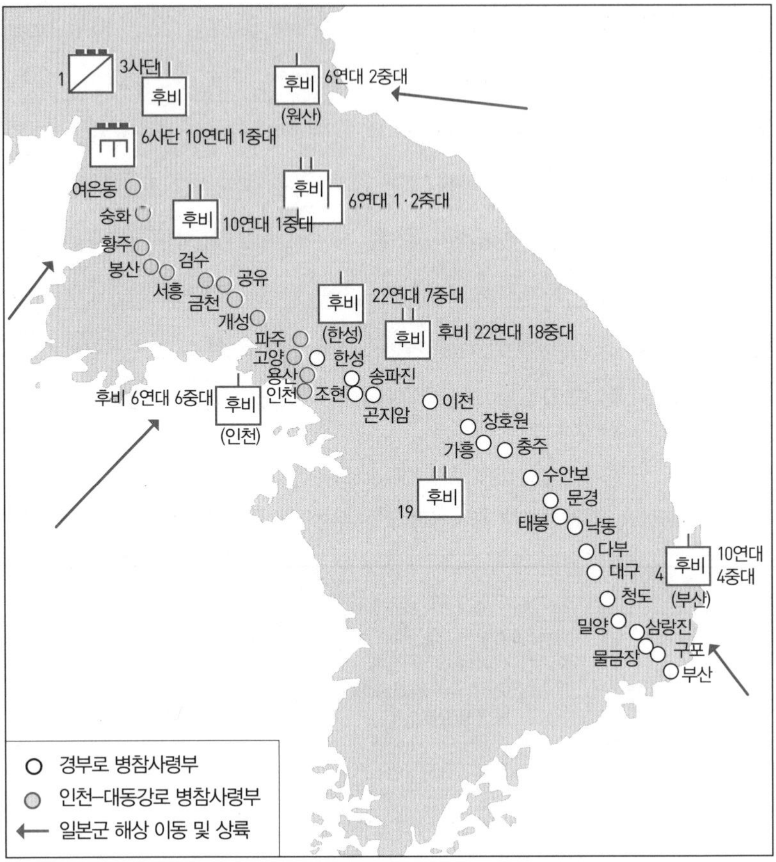

제2차 동학 봉기 당시 일본군 병참사령부 위치.

은 산발적이어서 단기간에 큰 타격을 줄 수는 없었다. 하지만 광범위한 지역에서 '밥상 위의 파리'처럼 통신선을 절단한 후 자취를 감추는 게릴라전을 벌여 병참로를 수비하는 일본군을 지치게 만들었다. 이런 행위는 남만주 공략 작전을 진행 중인 일본군의 후방을 교란하는 중대한 군사적 위협 행위가 됐다.

툭하면 군용 전신선이 절단돼 통신이 끊기고 병참 물자 이동에 지장을 받는 등 상황이 심각하게 돌아가자 일본은 조선의 개화파 정부와 연합 전선을 형성해 적극 대응했다. 청일전쟁 개전 즉시 일본군은 일본 거류민 보호와 병참선 보호, 군용 전신선 수비를 위해 조선수비대를 부활시켰다. 수비대는 부산과 인천·용산·임진강·원산에 배치됐다.

청일전쟁이 끝나 출병군이 철수한 후 부산·용산·임진강 수비대를 해체했고 경성(서울)·원산·인천만 존속시켰다. 이들 부대는 1896년 5월 조선주차군으로 전환될 때까지 조선에 주둔하면서 동학군 토벌과 민왕후 시해 사건에 개입하게 된다.

동학 농민군 토벌 위한 병력 파병 요청

인천에 설치된 일본군 병참감부는 히로시마 대본영에 네 차례에 걸쳐 "농민군의 방해로 병참 업무에 큰 지장을 받고 있으니 농민군 섬멸을 전담할 2개 중대(1개 중대는 약 220명)를 파견해 달라"라고 요청했다. 오토리 공사도 전라도·충청도 농민군이 연합해 서울로 북상한다는 보고를 접하고 10월 17일 대본영에 농민군 토벌을 위한 병력 증파를 요청했다.

참모본부 차장 겸 병참총감 가와카미 소로쿠는 시코쿠四國현 출신으로 구성된 후비보병 제19대대 산하의 3개 중대를 조선에 파견키로 결정했다. 일본군은 만 20세의 남성을 징병해 현역(3년, 해군은 4년)→예비역(4년, 해군은 3년)→후비역(국방예비군, 5년) 순서로 병역에 임하도록 제도화했다. 현역 및 예비역 복무를 마친 사람들로 편성되는 후비역은 27~32세로, 대부분이 결혼해 가정을 이룬 병사들로 구성됐다. 이 밖에도 17세부터 40세 사이의 모든 남자는 국민군에 편입됐다(제노네 볼피첼리, 『구한말 러시아 외교관의 눈으로 본 청일전쟁』, 2009, 104~105쪽).

1870년 프로이센-프랑스 전쟁에서 프로이센군은 몰트케(Helmuth von Moltke) 장군의 지휘하에 놀라운 기동력으로 프랑스군을 격파했다. 프로이센은 신체 건강한 남자를 군사적 목적으로 징병해 국민군을 건설했고, 이를 바탕으로 전쟁에서 승리했다. 이 전쟁 이후 세계 각국은 프로이센 군제를 받아들여 국민군을 건설했다. 일본도 프로이센 군제를 모방해 남자는 만 20세가 되면 군 복무를 의무화했다.

일본이 동학 농민군 토벌을 위해 후비보병 19대대 특파를 결정한 이유가 있다. 동학 농민군 활동은 조선의 보호국화 정책 추진 및 청일전쟁 수행에 있어 중대한 장애물이었다. 농민군 활동이 전투 지역인 조선 북부로 확대돼 청군과 연결되면 위험해지기 때문에 사전에 뿌리를 뽑아야 했다. 둘째는 신속하게 농민군을 진압해 열강의 간섭을 제거해야 했다.

황해 해전에서 일본군이 승리하기 전까지는 북양함대의 존재로 인해 일본군 이동 및 보급 루트는 부산이나 원산에 병력과 물자를 양륙한 다음 내륙 수송을 해야 했다. 황해 해전으로 제해권을 장악한 일본은 수송 및 보급 루트를 인천과 서해 용암포로 변경했다.

10월 25일 이후 전선이 만주 일대와 랴오둥반도로 확장되면서 일본은 거의 모든 전투 부대를 중국에 투입했다. 그 결과 병참 기지인 조선의 안정을 위해 후비보병을 파병할 만한 여력이 없어 조선은 동학 농민군 세상이 됐다.

일본 대본영, 동학 농민군 몰살 명령

일본군이 압록강을 도하해 만주로 침공한 10월 25일, 북접 산하의 동학 농민군이 충주·가흥·수안보 일대에서 봉기했다. 이날 오전 충청도 농민군 2만 명이 남한강 상류의 가흥 병참사령부를 습격했다. 충주 병참부 부근에도 농민군 2만 명이 집결했다. 동학 의병의 반일 봉기는 일본의 침략에 대한 각계계층의 광범위한 반일 투쟁이었고, 일본의 동아시아 침략에 대한 선구적 저항 운동이었다.

안동 일대에서 유생 서상철의 의병이 봉기한 이후 경부로 일대에서는 소요 사태가 확산돼 지방관들로부터 구원 요청이 잇따랐다. 이천 일대에서 동학 의병 1만여 명이 일본 병참부를 습격했고, 10월 24일에는 의병 4,000여 명이 단양을 공격했다. 10월 27일에는 동학 의병 2,000여 명이 수안보 병참지부를 포위해 방화하고 사격을 가했다. 병참부 건물이 불타고 전신선도 절단돼 경부 군용 전선이 불통됐다.

괴산 지방에서는 11월 3일경부터 인천 수비대에서 파견된 하라다原田 소위가 2개 분대 병력으로 2만여 명의 의병과 격전을 치렀다. 일본군은 의병에게 포위됐다가 간신히 포위망을 뚫고 충주로 퇴각하는 과정에서 하라다 소위가 부상당했고, 전사자도 발생했다.

히로시마 대본영은 10월 26일 오후, 충청도의 동학 농민군이 일제히 봉기한 사실을 알게 됐다. 가와카미 차장은 10월 27일 밤 9시 20분, 인천 병참감부에 "동학당에 대한 처치는 엄격하고 격렬함을 요한다. 향후 모조리 살육할 것"이라고 지시했다. 동학 농민군을 몰살하라는 명령을 내린 것이다(나카츠카·이노우에·박맹수, 『동학농민전쟁과 일본』, 2014, 76~78쪽).

10월 27일 저녁 6시, 신임 이노우에 주한 일본 공사는 이토 히로부미 총리에게 동학 농민군이 수안보·가흥·충주 일대에서 봉기한 사실을 알리고, "일본에서 5개 중대를 조선으로 파견해 동학당을 토벌해 달라"라고 지급 전보를 발송했다. 인천 병참감부도 밤 12시, 충청도와 경기도의 동학 농민군이 충청도 진천에 집결한 사실, 이들이 경기도 죽산을 거쳐 서울의 코앞인 용인으로 북상할 우려가 있다는 사실을 보고했다. 아울러 "현재 병력으로는 동학 농민군을 섬멸하기에 충분하지 않으므로 2개 중대를 파견해 달라"라고 요청했다.

영국군 서울에 못 오도록 막기 위해…

이노우에가 언급한 5개 중대는 이미 파견이 결정됐다가 보류된 후비보병 제19대대 산하 3개 중대 외에 2개 중대를 더 보내달라는 긴급 요청이었다. 이노우에 공사가 동학 농민군 토벌부대 파견을 긴급 요청한 이유는 영국군의 서울 진주 가능성을 봉쇄하기 위한 조치였다.

청일전쟁 진행 과정에서 영국은 인천 항에 영국 군함을 상시 기항시켜 놓고 일본군의 움직임을 예의주시하고 있었다. 본토에서 토벌 병력이 오지 않으면 서울 일대를 지키고 있는 일본 수비병은 물론, 경찰(순사)까지 소집해 내려보내야 할 상황이었다. 이노우에 공사는 일본군이 의병 토벌을 위해 서울을 비울 경우 주한 영국 총영사가 영국 해병대나 홍콩에 주둔 중인 영국 수비대를 서울로 불러들이는 구실을 주게 될 것을 우려했다.

영국은 청일전쟁 개전 과정에서 영-일 신조약(신영일항해통상조약)을 체결해 일본의 손을 들어준 바 있다. 하지만 일본군이 청군을 일방적으로 몰아붙여 청국이 붕괴하거나, 양쯔강 일대에서 확보한 자신들의 이권에 지장을 주는 상황이 발생하지 않도록 일본 측에 직·간접으로 경고하고 있었다.

청일전쟁의 전선이 만주 일대로 확대되면서 한반도는 청국 영토를 침공하는 일본군의 후방 기지가 됐다. 이처럼 민감한 지역에 영국군이 들어올 경우 일본의 당면 목표인 '조선의 보호국화'에 치명적인 사태를 초래할 수도 있었다. 노회한 정치가인 이노우에 공사는 국제 관계를 꿰뚫어 보고 무쓰 외상을 건너뛰어 이토 총리에게 직접 "5개 중대 긴급 파견"을 요청했다.

이노우에 공사는 "이 전보는 사정이 긴박해 총리대신 앞으로 타전했으니 도쿄의 외상에게는 총리가 연락하기 바란다"라고 부탁했다. 현지에 파견된 공사가 직속 상관인 외상을 건너뛰어 총리와 직접 외교 현안을 처리하는 것은 중대한 월권 행위다. 하지만 이노우에는 무쓰 외상과는 비교가 되지 않을 정도의 막강한 지분을 가진 메이지 정부의 원훈元勳이었다. 게다가 이토 총리와 동향이자 영국 유학을 함께 했던 죽마고우 아닌가.

이노우에 공사의 급전을 받은 이토 총리는 다음 날인 10월 28일 대본영 긴급 회의에서 동학 농민군 토벌 부대 파병을 요청했다. 이날 오후 6시 이토 총리는 이노우에 공사에게 "3개 중대는 30일 선박 편으로 서울에 파견하고, 또 다른 3개 중대는 선박이 준비되는 대로 파견하겠다"라는 내용의 암호 전보를 발송했다(나카츠카·이노우에·박맹수, 『동학농민전쟁과 일본』, 2014, 83~84쪽). 사태의 심각성을 인식한 이토 총리는 이노우에 공사의 5개 중대 파견 요청에 "6개 중대 파병"으로 화답한 것이다.

같은 날 낙동병참사령부는 인천 병참감부에 "충청도 농민군이 각 병참부를 공격하려는 의도가 확실하기 때문에 본거지인 보은 부근의 동학 농민군에 대해 살육 수단을 실행하고자 한다"라고 보고했다. 인천 병참감부는 "엄혹하게 조치하라"라고 답했다. 이때부터 의병에 대한 즉결 처형이 곳곳에서 자행됐다.

청일전쟁은 일본과 청국 간의 전쟁이었을 뿐 조선은 교전 당사국이 아니었다. 따라서 일본군의 조선 농민 즉결 처형은 조선의 주권을 심각하게 침해하는 불법 행위였다. 일본은 청일전쟁을 치르는 동안 자국이 국제법을 준수하는 문명국임을 선전하기 위해 무진 노력을 했다. 하지만 동학 농민군 토벌과 뤼순 주민 학살 등 국제법을 무시하는 행동을 무시로 저질렀다.

'조선 보호국화'의 적은 동학

며칠 후 무쓰 외상은 영국의 간섭을 우려하고 있던 이노우에 공사에게 "영국이 청일전쟁에 간섭하지는 않을 것이니 너무 염려할 필요 없다"라는 서한을 보냈다. 영국은 유럽 대륙에서 균형 외교를 추구해 왔는데 러시아가 영국에 맞서기 위해 프랑스와 동맹을 맺고 대항했다. 이런 상황이 되면 영국은 러시아-프랑스 동맹에 대항하기 위해 독일과 동맹을 맺는 것이 일반적인 수순이다. 그런데 급속한 산업 발전을 이룬 독일 제국의 빌헬름 2세는 모험주의적 군주여서 영국은 독일과 동맹을 맺는 것에 큰 부담을 느꼈다. 그 결과 영국은 러시아 견제를 위한 동맹 파트너로 독일 대신 일본을 검토하기 시작했다.

무쓰 외상은 러시아가 극동 지역에서 전쟁을 치를 만한 준비가 돼 있지 않아 청일전쟁에 무력 개입을 할 수 없는 형편이란 사실을 파악했다. 때문에 동학 농민군의 봉기가 러시아에 별다른 영향을 주지는 않을 것으로 보았다. 하지만 농민군이 북상해 러시아 국경 지역에까지 영향력을 행사할 경우 러시아는 이를 구실로 한정된 개입을 할 가능성은 배제할 수 없었다.

일본 정부가 '조선의 보호국화를 통한 독점적 지배'라는 전쟁 목적을 달성하기 위해서는 러시아가 조선에 간섭할 만한 요인을 사전 봉쇄하는 것이 최선이다. 동학 농민군이 북부 지역으로 진출하는 것은 러시아에게 간섭의 원인 제공을 할 수도 있는 사안이었다. 따라서 수단 방법 가리지 않고 동학 농민군의 북진을 봉쇄하는 것이 중요했다(나카츠카·이노우에·박맹수, 『동학농민전쟁과 일본』, 2014, 89~91쪽 참조).

제12장

동학 농민군의 최후

1894년 10월 31일, 무쓰 외상은 이노우에 공사에게 동학 농민군의 조기 진압 및 섬멸을 지령했다. 특히 농민군이 동북쪽으로 퍼지는 것을 막기 위해 전라도 방면으로 몰아 포위 섬멸하는 작전을 펼쳐야 한다는 점을 강조했다. 가와카미 소로쿠 참모차장도 무쓰 외상의 작전 아이디어에 적극 동조했다.

조선의 개화파 정부는 동학 농민군에 대한 일본군의 무력 진압에 적극 협력했다. 개화파 정부도 의병 운동을 시급히 평정해야 할 중대한 이유가 있었다. 이 무렵 평안도·황해도 지역은 청일전쟁으로 농토를 유린당해 세곡이 걷히질 않았다. 전라·충청·경상 등 삼남 지방의 절반은 농민군이 장악하고 있어 세곡이 그들 수중에 장악됐다. 산악 지역이 대부분인 강원도는 세수가 얼마 되지 않았고, 함경도 세수는 변경 수비에 충당하고 있었다.

조선 정부는 서울·경기 일원을 제외하고는 조세 징수가 불가능해 극도의 재정 궁핍 상황에 처했다. 만약 농민군 활동 지역이 서울·경기로 확대될 경우 조선 정부의 재정은 파산 상태가 돼 제풀에 주저앉을 상황이 됐다.

9월 10일 동학 농민군이 경기도 안성·죽산 등지에서 활동을 개시하자 조선 정부는 죽산 부사 이두황을 장위영 영관, 안성 군수 성하영을 경리청 영관으로 임명해 농민군 토벌을 명했다. 조선에서 국란이 발생하면 순무영을 설치하고 순무사를 임명해 군권을 행사했다. 1811년 평안도에서 홍경래의 난이 발생했을 때 반란 진압을 위해 양서兩西순무영을 설치했고 병인양요(1866) 때는 기보연해畿輔沿海순무영을 설치한 것이 그 예다.

9월 22일 개화파 정부는 최고 지휘부인 양호도순무영兩湖都巡撫營을 설치하고 호위청 부장 신정희를 도순무사로 삼았으며, 중군에 허진, 좌선봉장에 이규태, 우선봉장에 이두황을 임명했다(신영우, 「양호도순무영과 『갑오군정실기』」, 『청일전쟁·동학농민혁명과 21세기 동아시아 미래전망』, 동학과 청일전쟁 120주년 기념학술회의 자료집(2014년 11월 21일), 183쪽).

조선 정부는 가용 군사력을 모두 동원해 동학 농민군 진압을 위한 체제를 갖추었다. 병력은 통위영, 경리청, 순무영, 교도중대, 강화 심영沁營 소속의 3,000여 명과 지방군을 동원했다. 여기에 지방의 유학자·지주 등으로 구성된 창의군도 참여했다. 하지만 정부의 재정 궁핍으로 인해 도순무영의 실제 전투 역량은 형편없었다. 동학 농민군의 규모와 비교하면 병력 수가 너무 적었고, 신식 무기를 일본군이 탈취해 가는 바람에 무장이 변변치 못했다.

개화파 정부가 동학 토벌 찬성한 까닭은

김홍집·김윤식·어윤중 등 갑오개혁 정권의 핵심 수뇌부는 11월 8일 이노우에 가오루 공사를 방문해 동학 농민군 토벌을 위한 한일 공동 작전을 논의했다. 김홍집은 이노우에 공사에게 "우리 병력이 미약해 이들을 토벌할 수 없다. 동학당을 진압하는 데 귀하의 도움을 바란다"라고 요청했다(유영익, 「대원군과 청일전쟁」, 1996, 65쪽).

김홍집의 일본군 지원 요청은 자의가 아니었다. 고종이 청군에게 보낸 비밀 서한이 평양을 점령한 일본군에게 노획되는 바람에, 이 사건을 무마하기 위해 울며 겨자 먹기로 타협한 것이다. 이노우에 공사는 김홍집의 요청을 즉각 수락했다. 일본은 이미 모든 준비를 갖춰놓고 조선 정부의 공식 요청이 오기만을 기다리고 있었던 것이다.

조선 정부로부터 공식으로 토벌 요청이 오자 일본군은 동학 농민군 토벌을 위한 전담 부대를 편성했다. 주력은 10월 30일 일본을 출발해 11월 6일 인천에 도착한 후비보병 제19대대 소속 3개 중대였다. 이 부대는 야마구치山口현의 사무라이 출신인 미나미 고시로南小四郎 소좌가 대대장을 맡고 있었다. 이노우에 공사 및 이토 총리와 동향의 인물이 대대장을 맡고 있는 부대가 동학 농민군 토벌 임무를 맡게 된 것이다.

이노우에 공사는 동학 농민군이 러시아 연해주 지역으로 넘어가 국제 문제화하거나 장기화하는 것을 수단 방법 가리지 않고 봉쇄하려 했다. 그 결과 일본군은 동학 농민군이 육로를 이용해 러시아령으로 탈출하거나, 남해의 도서로 탈출하기 전에 충청도 및 전라도권 내에서 그들을 포위·전멸시킨다는 작전을 수립했다.

일본군은 용산에 병참부를 두고 일본에서 파견된 후비보병 19대대 800명을 주축으로 토벌군을 편성했다. 이것으로도 안심이 되지 않자 후비보병 제6연대에서 선발된 중대도 동원했다. 일본군은 조선의 정예로 구성된 1개 중대를 교도중대로 편성해 지휘했다. 교도중대는 일본군이 경복궁을 점령한 후 장위영·경리영·통위영에서 20~35세의 병사

동학 농민군 진압에 투입된 일본군

부대명	소속 및 특징
후비보병 독립 제19대대	미나미 소좌 지휘하에 3개 중대
후비보병 제18대대 제1중대	서울에서 출동, 충주 방면 지원군으로 활동
후비보병 제6연대 제6중대	인천에서 출동, 홍주 방면의 지원군으로 활동
후비보병 제10연대 제4중대	부산에서 출동, 전라도 남부 지방 지원군으로 활동
후비보병 제6연대 제4중대	평양에서 출동, 황해도 방면에서 활동
후비보병 제6연대 제7중대(일부)	용산에서 출동
후비보병 제6연대 제8중대(일부)	황주에서 출동

중 자질이 뛰어난 1개 중대 병력을 선발해 일본식으로 훈련해 창설한 부대다.

11월 9일 1,900여 명의 일본군과 3,000여 명의 조선 관군으로 구성된 '조-일 공동 정토군'이 조직됐다. 조선 관군의 지휘권은 일본 공사의 요구에 의해 미나미 고시로 소좌가 행사했다. 이날 이노우에 공사는 인천 병참부의 이토 히로요시伊藤裕義 병참감에게 "조선 관군 각 부대는 일본 지휘관의 명령에 복종하고 일본 군법을 준수하며, 병력의 진퇴도 일본 지휘관의 명령에 따르게 하라"라고 지시했다.

조선 관군, 일본군에 예속

'동학 농민군 진압을 위해 대본영이 파견대장에게 내리는 훈령'에는 "이번 동학당을 진압하기 위해 파견된 조선군 각 부대의 진퇴와 조달을 모두 우리 사관의 명령에 따라 하게 되며, 우리 군법을 지키게 해서 만

일 군법을 위배하는 자가 있으면 군율에 따라 처리한다"라고 명시돼 있었다(신용하, 「갑오농민전쟁의 제2차 농민전쟁」, 『한국문화』, No.14, 1993, 408쪽).

조선 관군이 일본군에게 예속돼 자신들에게 대항할 위험이 없다고 판단한 일본군은 그제야 조선 관군에게 탄환 30만 발을 지급했다. 후비보병 제19대대는 11월 12일, 용산 주둔지를 출발하기 직전 다음과 같은 명령을 받았다.

> 첫째, 동학군의 근거지를 찾아서 소멸할 것.
>
> 둘째, 동학군을 격파하고 그 화근을 잘라내서 재기를 막을 것.
>
> 셋째, 조선 경군京軍은 일본군의 지휘를 받을 것.
>
> 넷째, 1중대는 동로東路, 2중대는 서로西路, 3중대는 중로中路로 행진할 것.
>
> 다섯째, 동학군을 동북쪽에서 서남쪽으로 내몰아 러시아 국경을 넘지 못하게 할 것.

일본군은 논산 일대에 집결한 동학 농민군을 포위해 서울로의 진격을 저지하고 충청도와 전라도로 몰아 전멸시킨다는 작전 계획을 수립했다.

일본군은 동로東路인 대구가도(가흥-충주-문경-낙동-대구), 중로中路인 청주가도(용인-죽산-청주-성주), 서로西路인 공주가도(수원-천안-공주-전주) 등 세 방향으로 남하했다. 대대본부는 중로를 따라 남하했다. 작전 기간은 29일로, 12월 9일 모든 작전을 종료하고 전 대대가 경상도 낙동병참사령부에 집결하라는 명령을 받았다.

일본군 부대가 용산을 출발할 무렵 조선 정부는 각 도의 지방 관리들

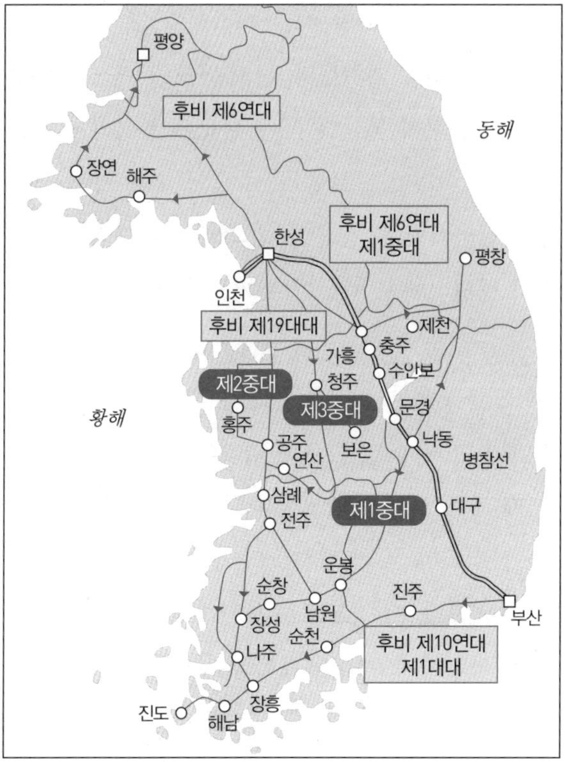

제2차 동학 농민군 진압을 위한 일본군 배치도
출처 : 오타니 다다시(大谷正), 이재우 옮김, 『청일전쟁-국민의 탄생』, 오월의봄, 2018, 170쪽.

에게 "농민군 진압을 위해 행군하는 일본군에 적극 협력하라"라는 포고문을 발표했다. 출동하는 일본군을 지원하기 위해 각 중대에 진무사 2명, 내무 관리 2명을 부속시켰다. 진무사는 농민군 귀순 임무, 내무 관리는 일본군의 식량과 군수품 운반, 병력과 말의 숙식을 주선하는 임무를 부여받았다.

식량·탄약도 없이 동학군 토벌에 나선 조선군

조선 관군은 일본군의 지휘를 받아 농민군 진압에 나섰다. 남하하는 일본군 중로중대에 조선 교도중대 200명, 서로중대에는 공주에서 통위영·장위영·경리청 병사 1,400명을 배치했다. 하지만 조선 관군은 동학 농민군 토벌에 별다른 기여를 하지 못했다. 조선 관군은 무기와 탄약은 물론 의복이나 보급 등이 형편없었고 규율과 사기, 장교의 지휘 통솔 능력에서 신뢰하기 힘든 잡군이었다. 강화 심영 지휘관 황헌주는 인천 병참부의 이토 히로요시 병참감에게 자신의 부대 형편에 대해 다음과 같이 설명했다.

"11월 중순의 날씨에도 불구하고 우리 부대는 여름옷을 빌어 입고, 탄약은 거의 전무한 형편이다. 동학당은 그 수가 20만에 이르고, 이번 여름 관병이 출정했을 때 총을 모두 동학도들에게 빼앗겼다. 동학도는 모두 총을 휴대하고 있을 것이다. 우리 병사들이 강화를 출발할 때 쌀 500섬과 돈 500관문을 보내왔다. 이 정도로는 도저히 진군이 불가능해 군부 대신에게 문의하자 '식량이 부족하면 동학당이 각지 관청의 쌀을 약탈해 가지고 있으니 이를 되찾아 급양하라'라는 지령을 받고 몹시 곤란했다."

식량 부족 상태의 거지 군대나 다름없는 조선 관군을 동학 농민군 토벌에 투입한 결과 전라·충청 지역 도처에서 만행이 벌어졌다. 관군은 백성들의 금전을 빼앗고 재물을 약탈했으며, 탈영자가 속출했다. 오히려 동학을 위험시해 온 삼남의 지방관이나 유생들이 지휘한 민병들이 동학 농민군의 동향을 제보하거나 숨어 있는 동학 농민군 지도자를 생포하는 데 앞장섰다.

이노우에 공사는 군용 전신선 절단, 일본군 살해, 병참부 습격 등 반일 게릴라 활동을 벌이다 체포된 의병 지도자들의 심문 과정에 일본 영사의 입회를 요구했다. 조선 조정은 이노우에 공사의 요구를 수용했다.

11월 16일 노무라 야스시野村靖 내무 대신이 청국과 조선 점령지에 일본 경찰관을 파견했다. 이때 동학 농민군을 공격하는 부대에 일본 순사 13명을 배속해 서류 조사와 수령 체포를 도왔다(국사편찬위원회, 『한국사 40 : 청일전쟁과 갑오개혁』, 2003, 136쪽).

전봉준이 지휘하는 남접 농민군은 후비보병 제19대대가 용산을 출발하기 전날인 11월 11일 전라도 삼례를 출발해 충청도로 북상한 뒤 들판이 넓게 펼쳐진 논산에 본진을 설치했다. 북접 농민군도 동학의 본거지인 보은에 집결해 병력을 둘로 분리했다. 절반은 충청도 서북부 방어를 위해 잔류시키고, 나머지는 논산으로 이동시켜 전봉준의 남접 병력과 합세해 일본군과 싸우기로 했다.

논산에서 남·북접 농민군 합류

11월 13일 남접과 북접 동학 농민군이 논산에서 합류했는데, 그 수는 16만 7,000여 명에 이르렀다고 한다. 이 수치는 과장된 것으로 보인다. 학자들은 약 4만~6만 명 정도가 모인 것으로 추산했다. 동학 농민군은 숫자는 많았지만 훈련돼 있지 않았고, 무장도 보잘것없는 오합지졸에 불과했다. 농민군은 경복궁을 점령하고 조선의 주권을 빼앗은 일본군을 이 땅에서 몰아내기 위해 충청도의 중심 도시 공주를 점령하고 북상을 계획했다.

동학 농민군이 추구했던 목표는 그들의 포고문에 잘 나타나 있다. 제1차 농민 봉기의 시작을 알리는 무장茂長 포고문에서 "백성은 국가의 근본으로, 근본이 위축되면 국가가 멸망하게 되는데 (중략) 이러한 위급함을 좌시할 수 없어 팔도가 마음을 합치고 억조가 순의해 지금 의義의 깃발을 치켜들고 보국안민으로 죽음을 맹서"하고 봉기했음을 밝혔다.

동학 농민의 봉기 목적은 보국안민輔國安民이었다. 제1차 봉기 때는 이 가운데 '안민'을 우선 과제로 삼았기에 반봉건 개혁을 위한 계급 중심의 연합군 성격이 강했다. 농민군의 주된 타도 대상은 농민을 괴롭히는 양반과 부호, 방백과 수령이었다. 따라서 민생을 도탄에 빠뜨린 민씨 성권 축출이라는 대의명분에서 농민군과 개화파 간의 연합 가능성이 열려 있었다.

반면에 일본이 청일전쟁을 빙자해 조선을 보호국화하려는 상황에서 일어난 제2차 봉기는 '보국'을 우선 과제로 삼았다. 때문에 척왜斥倭를 위한 반일 연합으로 그 성격이 변했다(배항섭, 「중일전쟁이 동학농민전쟁에 미친 영향」, 강성학 편저, 『용과 사무라이의 결투 | 중(청)일전쟁의 국제정치와 군사전략』, 리북, 2006, 412쪽). 이때는 개화파 세력이 일본과 한배를 타고 있었으므로 타도의 대상이었고, 백성의 고혈을 빨아먹는 양반 및 보수 유생층은 일본 및 친일 개화 세력을 타도하기 위한 연합의 대상으로 바뀌게 된다.

다시 봉기한 동학 농민군의 위세가 대단해 지방 통치 기구가 거의 마비됐다. 11월 21일 진주 토포사討捕使는 "농민군 활동이 마치 밥에 파리가 몰려드는 것과 같다"라고 보고했다. 의병 세력이 강한 지역의 지방관들은 치안 유지를 위해 일본군의 주둔을 엎드려 원할 정도가 됐다.

일본군 서로부대인 제2중대는 논산평야 북부에 위치한 금강변의 요지인 공주성에 들어가 농민군의 북상을 기다렸다. 제3중대와 함께 청주가도를 따라 남하하던 미나미 고시로 대대장은 제2중대로부터 지원 요청을 받고 급히 공주 쪽으로 방향을 틀었다. 그 결과 제3중대는 문의-옥천-금산-진산-연산을 거쳐 공주로 행군했다. 이 과정에서 험준한 차령산맥 산악 지대를 돌파하느라 군마를 절반이나 잃으며 많은 시간을 허비했다.

충청도 농민군 세성산에서 대패

일본군은 평화롭게 들꽃이나 꺾어가며 남하한 것이 아니다. 그들이 쓸고 지나간 충북 옥천은 온 마을이 동학 농민군이었던 곳이다. 옥천은 일본군 제3중대의 공격을 받아 "60리에 걸쳐 민가에는 사람이 없고, 수백 호가 불에 타 없어졌으며, 많은 사체가 노상에 버려져 개와 새들의 먹이가 되고 있다"라고 할 정도였다(나카츠카·이노우에·박맹수, 『동학농민전쟁과 일본』, 2014, 124쪽).

일본군은 10월 중순 진천에 농민 수만 명이 집결했다는 정보를 입수했다. 10월 26일 수안보 병참대가 습격을 받자 조-일 공동 정토군은 전투 태세를 갖추고 공주 방어를 강화했다. 일본군 후비보병 제19대대 2중대 병력과 관군 3,000명은 우금치를 최전선으로 삼아 공주성 일대에 진을 치고 동학 농민군이 나타나기를 기다렸다.

이 와중에 천안·전의·목천 일대에서 기포한 북접 농민군이 관아를 습격해 무기를 탈취했다. 지역 의병 지도자 김복용을 중심으로 한 3,000여 명의 농민군은 목천·청주·공주의 중간에 위치한 세성산 일대에 진을 쳤다. 목천 남쪽에 위치한 세성산은 해발 200미터 남짓한 야산이지만, 천안에서 공주에 이르는 도로를 감제하는 중요 지형이자 천연 요새였다.

충청도 의병들은 세성산을 근거지로 삼아 남하해 오는 조-일 연합 정토군을 격퇴한 후 공주에서 북상해 오는 농민군과 합세해 서울로 진격한다는 계획을 세웠다. 공주를 점령한 일본군과 조선 관군 입장에서 볼 때 세성산의 동학 농민군은 목덜미에 칼을 겨눈 것과 같은 위협 요소였다. 조-일 연합 정토군은 논산과 세성산 사이에 끼어 있는 것과 같은 위협 요인을 제거하기 위해 세성산을 먼저 공격하기로 했다.

동학 농민군이 세성산에서 승리하면 서울이 중대한 위협을 받게 되고, 관군이 동학군을 격파하면 기선을 제압할 수 있게 된다. 이로써 세성산 전투는 동학 농민군의 최대 격전으로 기록된 공주 전투의 전초전이 됐다.

세성산은 북쪽의 산세가 험준하고 동·서쪽과 남쪽은 완만해 방어자에게 유리하고 공격자에게는 불리한 지형이었다. 동학 농민군은 서쪽 산기슭에 전력을 투입했을 뿐 동·남·북쪽은 험준한 산세만 믿고 방어를 소홀히 했다. 이것이 큰 패착이었다.

조선 정부는 죽산 부사 이두황을 양호도순무영兩湖都巡撫營 우선봉에 임명했다. 11월 18일 일본군과 조선 관군은 2개 소대를 세성산 북쪽 기슭에 매복시키고, 1개 소대를 동북편 산 위에 대기시킨 후 1개 소대 병력으로 동남 기슭에서 동학 농민군을 공격했다. 동학 농민군은 한동안 저항했으나 화력의 열세로 두 시간 만에 서쪽으로 퇴각했다. 퇴각 도중 북편 산기슭에 매복해 있던 일본군의 집중 공격을 받아 전사자 370명, 부상자 400명 등 큰 희생을 내고 참패했다. 동학군 대장 김복용과 김영우 등은 생포돼 총살당했다(신용하, 「갑오농민전쟁의 제2차 농민전쟁」, 1993, 413~414쪽).

전봉준·손병희 부대, 공주로 북상

세성산 전투에서 패한 지 나흘 후에는 홍주성을 공격한 농민군이 이승우가 지휘하는 조선 관군에게 대패했다. 세성산·홍주성 전투에서 북접의 정예로 알려진 동학 농민군이 힘 한번 제대로 써보지 못하고 일본

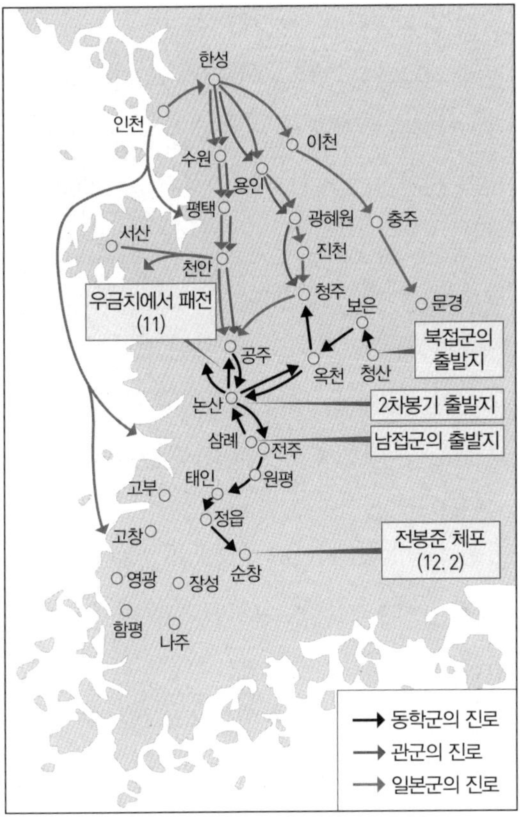

동학농민군 2차 봉기

군과 조선 관군 연합군에게 연패함으로써 논산 일대에 집결한 농민군 사기가 크게 저하했다. 조선 관군과 일본군은 전력 손실 없이 공주 일대의 농민군 진압에 집중할 수 있게 됐다.

논산에 집결한 남·북접 연합 농민군은 북상해 이틀 후인 11월 20일 공주 일대로 진출했다. 4만여 명의 농민군은 제1·2대는 전봉준이, 제3대는 손병희가 지휘했다. 농민군 제1대는 이인을 거쳐 공주로, 제2대는 판치를 넘어 효포와 능치를 거쳐 공주로, 제3대는 대교를 거쳐 공주

북쪽으로 이동해 조선 관군과 일본군을 공격하기로 했다.

세성산에서 동학 농민군을 격파하고 공주로 이동한 일본군 및 조선 관군 연합군은 방어 진지를 견고하게 형성했다. 병력은 모리오 대위가 지휘하는 서로 파견 2중대와 신정희가 지휘하는 조선 관군 3,000명이 동원됐다.

공주성 전투는 11월 20~22일 사이에 벌어진 이인·효포·능치 전투와, 12월 4일부터 4일간 계속된 우금치 전투 등 두 차례 접전이 벌어졌다. 공주 방어선이 뚫리면 동학 농민군은 경기 남부의 농민 의병과 합류해 서울을 공격할 수 있게 된다. 때문에 공주성 전투는 공격자와 수비자 양측의 사활이 걸린 싸움이었다.

11월 20일, 북상해 온 동학 농민군이 이인에서 조-일 합동 정토군과 충돌했다. 이로써 동학농민봉기 이후 최대의 격전인 공주 전투가 시작됐다. 농민군은 조-일 연합군이 공격해 오자 취병산으로 후퇴해 공방전을 벌였다. 이때 농민군이 조선 관군을 거세게 밀어붙여 관군은 100여 명의 전사자를 내고 공주 쪽으로 퇴각했다.

다음 날은 효포에서 전투가 벌어졌다. 이곳을 지키던 관군이 전날 밤 금강을 건너 대교리 일대의 농민군을 공격하러 나간 사이, 전봉준의 주력군이 효포를 급습해 공방전이 벌어졌다. 11월 22일 농민군이 웅치를 공격했으나 조-일 연합군의 강력한 방어에 막혀 일진일퇴의 공방전을 벌이다 경천으로 후퇴했다.

우금치 전투

농민군은 저돌적인 공격으로 일본군과 조선 관군 연합군을 괴롭혔다. 하지만 무기의 질과 병사들의 훈련의 차이는 도저히 극복할 방법이 없었다. 동학 농민군의 제1차 공격이 역부족임을 실감한 전봉준은 김개남 부대에 지원을 요청했다. 하지만 김개남 부대는 참여하지 않았다. 그러는 사이 일본군 후비보병 제19대대 모든 병력이 공주로 집결했고, 이규태가 지휘하는 조선 경군까지 증원돼 조-일 연합 정토군은 사기가 충천했다.

12월 4일, 동학 농민군이 공주성에 대한 2차 공격에 나섰다. 농민군은 부대를 두 그룹으로 분리해 이인과 판치의 관군을 공주 쪽으로 몰아붙였다. 이날부터 4일간 치열한 공방전이 계속됐다. 판치의 관군은 효포와 웅치로 후퇴했고, 이인에서는 관군이 의병 부대에 포위됐다가 간신히 퇴로를 뚫고 우금치로 도주했다.

12월 5일, 동학 농민군 봉기 중 가장 처절한 싸움으로 기록된 우금치 전투의 날이 밝았다. 농민군은 동·서·남 3면에서 공주 감영을 포위했다. 일본군과 조선 관군 연합군은 우금치를 중심으로 포진했다. 모리오 대위가 지휘하는 일본군은 맞은편 견준봉과 고개 아래에 주 방어선을 설치하고 농민군과 맞섰다.

전봉준 주력 부대가 우금치를 공격하자 조-일 연합군이 대응하면서 본격적인 전투가 개시됐다. 동학 농민군은 화승총과 죽창으로 무장하고 수많은 깃발을 앞세워 피리와 북을 울리며 진격했다. 농민군이 보유한 화승총은 사격할 때마다 심지에 불을 붙여야 했고, 유효 사거리도 100보(60~70미터)에 불과했다.

조-일 연합군은 파상적인 공격을 감행하는 전봉준 부대를 맞아 산마루에서 일제 사격을 가했다. 청일전쟁 당시 일본군 정규군은 무라타 소총을 장비한 반면, 후비부대 병사들은 최대 사거리 1,800미터(유효 사거리 900미터)의 스나이더 소총을 사용했다. 영국에서 개발된 스나이더 소총은 엔필드 소총을 개량해 만든 구경 14.66밀리미터, 길이 125센티미터, 무게 3.8킬로그램의 후장식 단발 소총이다. 스나이더 소총의 특장점은 총신 내부에 나선형 강선이 새겨져 있어 다른 소총과는 비교가 안 될 정도로 긴 사정거리, 뛰어난 명중률, 살상력을 보유하고 있었다.

근대군과 중세군의 격돌

스나이더 소총은 화승총에 비해 위력이 250배 정도로 평가됐다. 스나이더 소총으로 무장한 일본군 병사 1명이 농민군 250명을 대적할 정도로 전력 차가 현격했다는 뜻이다. 이러한 전력 차는 11월 9일 김윤식이 충청 감사 박제순에게 보낸 편지에 잘 나타나 있다. 김윤식은 동학 농민군에 대해 "그들 중 몇 명이 서양식 총기를 훔쳐 소지하고 있다고 하나 그들은 이 총을 익숙하게 사용할 줄 모른다. 그들이 사용법을 안다 해도 그들에게는 탄약이 없다. 고로 일본인 한 명이 비도匪徒 수천 명을

우금치 전투에서 동학 농민군 토벌에 사용된 개틀링 기관포.

대적하며, 경병京兵(관군) 열 명이 수백 명을 대적할 수 있다"라고 설명하고 있다.

잘 훈련된 일본군이 먼 거리에서 동학 농민군을 저격하는 바람에 의병은 궤멸적 타격을 입었다. 특히 관군 본대에 배치된 크루프 야포, 개틀링 기관포가 위력을 발휘했다. 개틀링 기관포는 1분에 3,000발을 발사할 수 있어 동학 농민군의 밀집 대형을 순식간에 무너뜨렸다.

40~50차례 반복 공격 과정에서 동학 농민군은 끔찍한 피해를 당했다. 그것은 전투가 아니라, 훈련된 근대식 군대가 훈련받지 못한 중세식 군대를 학살한 행위였다. 우금치 학살 상황을 유추할 수 있는 기록이 있다. 후비 제19대대 제2중대에 배속됐던 우와지마宇和島 출신의 일등군조(하사관)가 고향의 형에게 보낸 편지는 우금치에서 벌어진 일본군과 동학 농민군의 전투 상황을 다음과 같이 묘사했다(나카츠카·이노우에·박맹수, 『동학농민전쟁과 일본』, 2014, 120~121쪽).

> 적(농민군)이 근접하기를 기다렸다. 적은 앞을 다투어 진격해 왔다. 400미터 앞에 이르렀을 때 우리 부대는 비로소 저격했는데, 백발백중해 정말로 유쾌함을 느꼈다. 적은 오합지졸이었고 공포에 질려 있어 전진해 오는 자가 하나도 없었다(이날 3,100여 발을 소비했다).

수세에 몰린 농민군은 12월 7일 노성으로 후퇴했고, 이곳에서 관군과 일본군의 공격을 받자 12월 10일 전면 후퇴하기 시작했다. 12월 9일, 천신만고 끝에 차령산맥을 빠져나온 일본군 제19대대 3중대가 우금치 남쪽의 연산에 도착했다. 12월 10일, 일본군은 우금치 전투에서 패배해 노성·논산·연산으로 흩어진 농민군과 전투를 벌였다.

12월 24일 동학 농민군 해산

손병희 휘하의 우익장으로 동학군을 지휘한 이용구는 논산 싸움에서 패전해 왼쪽 허벅지에 총상을 입었다. 충주로 퇴각한 이용구는 휘하 병력 1,000여 명을 해산하고 도피했다. 이때 연산에서 벌어진 전투에서 제3중대 소속 도쿠시마현 출신의 상등병 스기노 도라키치杉野虎吉가 턱에 탄환을 맞아 전사했다(나카츠카·이노우에·박맹수, 『동학농민전쟁과 일본』, 2014, 102쪽). 이것이 동학 농민군 토벌 작전에서 발생한 유일한 일본군 전사자다.

일본군은 12월 10일 충청도 연산에서 전사한 스기노 상등병의 사망 일시와 전사 장소를 7월 29일 청군과 벌인 성환 전투에서 사망한 것으로 날짜를 조작해 야스쿠니 신사에 안치했다. 왜 그랬을까?

일본군은 동학 농민군 토벌과 관련된 모든 사안을 공식 기록에서 누락시키고 철저히 비밀에 부쳤다. 일본군은 동학 농민군과의 전투에서 전사자가 1명에 불과할 정도로 압승을 거두었다. 하지만 단 한 명의 전사자라도 공식 기록으로 남길 경우 동학 농민군과 일본군 간의 전투를 인정하는 결과가 된다. 일본군은 이런 이유 때문에 충청도 연산에서 전사한 스기노의 전사 장소와 날짜를 성환 전투로 바꿔치기한 것이다(나카츠카·이노우에·박맹수, 『동학농민전쟁과 일본』, 2014, 167~170쪽 참조).

논산·연산에서 패전한 동학 농민군은 공주·노성·황화대·전주·원평·태인 방향으로 달아났다. 12월 11일 농민군은 은진에서 대패했고, 21일 금구에서 또다시 패했다. 전봉준 부대는 태인으로 후퇴했고, 12월 23일에도 격전을 벌였으나 더 이상 전투라고 부르기 민망한 패주와 대학살의 반복이었다. 결국 12월 24일 전봉준은 정읍에서 후일의 재기를 약속하며 동학 농민군을 해산했다.

일본 지바千葉대학의 조경달 교수는 우금치 전투에서 일본군 후비보병이 사용한 탄약은 1만 9,173발이었고, 조선군 교도중대는 2만 5,273발을 사용했다고 한다. 조 교수는 동학 농민군의 제2차 봉기 과정에서 전체 희생자는 3만 명이 넘고, 부상 후 사망자까지 더하면 5만여 명으로 추산했다.

일본군이 주도한 토벌전으로 인해 동학 농민군이 얼마나 손실을 입었는지를 입증할 수 있는 신뢰할 만한 자료는 존재하지 않는다. 천도교 측은 제2차 봉기 과정에서 20만 명의 동학군이 피해를 당했다고 주장하는데, 이 수치는 과장된 것으로 보인다. 황현은 1894년 벌어진 동학 농민군의 최후 단계 전투에서 총 3만 6,000명의 동학군이 사망했다고 주장했다(유영익, 『동학농민봉기와 갑오경장』, 1998, 67쪽).

전사자 1 대 36,000, 전투가 아니라 제노사이드

반면에 미나미 대대장이 「연산 전투 상보」에서 보고한 제19대대의 인명 피해는 전투 중 전사 1명(스기노 도라키치 상등병), 작전이 종료된 후 질병으로 인한 사망자 39명이었다(나카츠카·이노우에·박맹수, 『동학농민전쟁과 일본』, 2014, 97~98쪽). 이 결과로 유추할 경우 우금치 전투의 전사자는 1 대 36,000이 된다. 이것은 양측의 대등한 전투나 교전이라기보다 일본군에 의한 '제노사이드(Genocide)'로 보는 견해가 있을 정도로 일방적인 농민군 학살이었다(최보영, 「청일전쟁기(1894~1896) 주한일본영사의 영사보고와 '첩보' 활용」, 2020, 257~258쪽).

일본군 수비대가 동학 농민군에 압도적인 승리를 거둘 수 있었던 이유는 일본군의 수준 높은 무장 덕분으로 해석됐다. 하지만 일본군의 승리는 무기의 수준뿐만 아니라 전투 이전 수행한 정찰과 같은 정보 활동에서 의병의 일거수일투족을 먼저 파악했기 때문에 가능했다. 농민군의 움직임에 대한 구체적인 정보가 일본군에 사전 입수된 덕에 일본군은 지리적 이해도가 낮았음에도 불구하고 선제 공격을 감행했다. 그 결과 가장 적은 피해를 당하고 농민군에게는 큰 피해를 줄 수 있었다(김상기, 『한말 전기 의병』, 독립기념관 한국독립운동사연구소, 2009, 286~295쪽).

남·북접 연합 동학 농민군 생존자들은 우금치 전투에서 패한 후 전라도 남부 지역으로 흩어져 토벌을 피해 숨었다. 연산 전투 다음 날인 12월 11일, 인천 병참사령부는 후비 제19대대 3개 중대 전 병력을 전라도에 투입했다. 전라도 북부의 전주에서 무주, 거창까지 동서로 크고 넓게 포위망을 구축해 동학 농민군을 전라도 서·남해안으로 내몰아 토벌하기 위해서였다.

당초 계획에 의하면 후비 제19대대 산하 3개 중대의 작전 종료일은 12월 9일이었다. 하지만 일본군은 작전 종료일까지 충청도에 발이 묶여 있었다. 이노우에 가오루 공사와 인천 병참감은 하루빨리 농민군을 섬멸하라고 다그쳤다.

농민군 포위 섬멸 작전을 서둘러 끝내기 위해 부산에 주둔 중이던 후비 제10연대 산하 제1대대가 전라도 남부로 진군해 농민군 포위에 합류했다. 이노우에 공사는 농민군이 남해안의 섬 지역으로 도주하는 것을 막고, 여차하면 육전대를 상륙시켜 농민군을 공격하기 위해 군함 쓰쿠바와 풍도 해전에서 포획해 일본 해군으로 편입된 소코호(청국의 차오장호)를 서·남해안에 출동시켜 조선 좌수영군과 합동 작전을 벌였다.

순창에서 체포된 전봉준

우금치에서 패퇴한 동학 농민군 세력이 크게 약화되자 농민군과 계급적 대립 관계였던 지방 양반과 유생을 중심으로 조직된 창의군倡義軍·민보군民堡軍·유회군儒會軍을 비롯해 스스로를 의병이라 칭하는 무리, 보부상 등 수많은 반反농민군이 도처에서 동학 농민군을 공격 살해했다.

전봉준은 원평·태인 등지에서 반격을 시도했으나 대세를 돌리기에는 역부족이었다. 12월 24일 정읍 입암산성으로 숨어 들어간 전봉준은 일본군이 그곳까지 추격해 온다는 소식을 듣고 부하 세 명과 함께 순창군 쌍치면 피노리 산속으로 잠입했다. 당시 전봉준의 목에는 현상금 1,000냥과 1급 지역 군수 자리가 걸려 있었다.

12월 27일 밤, 전봉준은 순창 피노리에서 옛 부하인 김경천의 배신으로 밀고를 당해 유생 한신현이 이끄는 지방 민병에게 생포됐다. 체포 당시 전봉준은 다리에 총상을 입은 상태였다. 전봉준과 함께 손화중·최경선·송두한·김덕명도 체포됐다. 전봉준 생포에 주도적 역할을 한 한신현에게는 금천 군수 직위가 제수됐고, 피노리 마을 사람들은 돈 1,000냥을 받았다. 밀고자 김경천은 세상의 눈총과 보복이 무서워 마을을 떠나 숨어 살았고, 피노리 지명은 다른 이름으로 바뀌었다(김삼웅, 『녹두 전봉준 평전』, 시대의창, 2009, 479쪽).

같은 날 동학 농민군 지도자 김개남이 태인에서 관군에게 체포됐다. 김개남의 신병은 전라 감사 이도재에게 인계됐다. 이도재는 김개남이 도주하지 못하도록 그의 손톱과 발톱에 죽침을 박았다가 재판을 거치지 않고 즉결 처형했다. 그의 수급은 1895년 1월 22일 서울 거리에 효시됐다.

전봉준·김개남이 체포된 1894년 12월 27일, 조선 정부는 민란 진압과 민심 수습을 위해 설치했던 순무영을 철폐하고 동학 농민군 토벌 작전을 공식 종료했다. 도순무사 신정희는 순무영이 해체되기 4일 전 강

태인에서 관군에게 체포돼 즉결 처형된 김개남.

화 유수에 임명돼 전투 지역을 떠났고, 좌선봉장 이규태는 전라도에서 소환됐다. 하지만 전황이 완전 종식된 것은 아니었다. 그 시각에 농민군 주력은 궤멸됐으나 전국 각지에서 농민군과 토벌대의 전투는 계속되고 있었다.

전라도 농민군 학살

이런 상황 전개는 상식선에서는 도무지 이해가 안 된다. 사실은 도순무사 신정희가 일본 공사관에 파견 나와 있던 참모본부 소속의 고위 정보장교 구스노세 유키히코楠瀨幸彦 중좌 등과 협조하지 않자 일본 공사가 조선 정부에 압력을 넣어 순무영을 강제로 해산한 것이다. 전모를 파악해 보면 다음과 같은 그림이 나타난다.

일본 입장에서 볼 때 순무사 신정희는 개전 직전의 남산 노인정 회담 때부터 껄끄러운 대상이었다. 게다가 중군에 임명된 허진은 대원군파 인물이었다. 관군을 지휘한 좌선봉장 이규태는 우금치 전투에서 서로군 중대장 모리오森尾 대위와 의견 충돌을 일으켜 험악한 사태가 연출됐다. 후비보병 제19대대장 미나미 소좌는 일본 공사에게 이규태의 소환을 요구했다. 일본군은 순무사 신정희, 좌선봉장 이규태가 만만치 않은 상대임이 밝혀지자 전투가 종료되지도 않은 상황에서 도순무영 폐지 공작을 진행한 것이다(신영우, 「양호도순무영과 『갑오군정실기』」, 2014, 184~185·187쪽).

동학농민봉기는 조선 정부가 종료를 선언했다고 해서 끝난 것이 아니었다. 전봉준이 체포된 이후 전라도 곳곳으로 잠적한 의병들은 일본군을 만나면 잠복해 소재를 감추고, 일본군이 떠나면 다시 활동하는 게릴라전으로 응수했다. 농민군이 곳곳에서 준동하자 이노우에 공사와 인천 병참감부는 미나미 대대장에게 "다소 살벌한 정책을 취하라"라고 훈령했다. 미나미 대대장은 가능한 한 다수의 농민군을 살해해 발본색원한다는 방침을 세우고 휘하 부대에 "동학당은 체포 즉시 처형하라"라는 명령을 내렸다.

이때부터 전라도 일대에서 일본군은 모두 불태우고, 모두 죽이고, 모두 빼앗는 소탕 작전을 전개했다. 전라도 나주에 임시 재판소가 설치돼 각지에서 붙잡혀 온 농민군에 대한 심문과 처형이 이루어졌다. 생포된 농민군 대부분은 재판 절차 없이 즉결 처형됐다. 1895년 1월 4일 제19대대가 나주에 작전본부를 설치하자 영암·강진·장흥·보성·능주 등 나주평야 남부로 퇴각했던 농민군이 일제히 봉기했다.

미나미 대대장은 1895년 1월 6일부터 휘하 부대와 조선 관군인 통위병에 "장흥·해남·우수영·진도 일대의 도적 떼를 섬멸하라"라는 명을 내렸다. 이 명에 따라 제1중대의 마쓰키 대위가 조선 관군을 이끌고 진도에서 사흘 동안 농민군을 토벌했다.

1995년 7월 홋카이도北海道대학의 인류학연구실에서 후비보병 제19대대 제1중대의 진도 토벌 과정에서 살해당한 것으로 추정되는 동학 농민군 두개골 여섯 구가 발견됐다. 신문지에 싸여 종이 박스에 넣어진 채 방치돼 있던 두개골에는 붓글씨로 "한국 동학당 수괴의 수급首級이라고 전해진다. 사토 마사지로佐藤正次郎로부터"라고 쓰여 있었다.

동학 농민군 토벌대 개선식

이 유골은 홋카이도대학의 전신인 삿포로농학교 출신 농업기사 사토 마사지로가 한국 통감부 권업모범장 목포출장소에 근무할 때 수습해 온 것이다. 사토는 1906년 9월 20일 진도 면화 채종밭에서 열린 한국 소작인 장려금 지급식에 참석했다. 식이 끝난 후 그곳에서 1킬로미터 떨어진 근처 산기슭에서 일본군이 버리고 간 동학 농민군 지도자 유골을 수습해 온 것이다. 사토는 이 유골 보관함에 다음과 같은 메모를 남겨놓았다(나카츠카·이노우에·박맹수, 『동학농민전쟁과 일본』, 2014, 12쪽).

> 메이지 27년(1894) 한국 동학당 봉기가 일어났다. 전라남도 진도는 그들이 가장 창궐한 곳이어서 그들을 평정하고 돌아올 때 주모자 수백 명을 죽이고 사체를 길옆에 쭉 늘어놓았다. 수괴의 머리를 옥문에 매달았는데, 위의 해골은 그중의 하나다. 이 섬 전체를 시찰하면서 수집한 것이다.

1895년 1월 8일부터 10일까지 진행된 장흥 전투는 후비 제19대대 제1중대 2소대의 1·2분대가 참여했다. 이때 토벌에 참가했던 일본 병사가 남긴 「진중일지」에는 "우리 부대가 서남 방면으로 추격해서 타살한 농민군이 48명, 부상한 생포자는 10명이다. 해가 져서 양 부대가 함께 개선했다. 숙사에 돌아와 생포자는 고문한 다음 불태워 죽였다"라고 기록돼 있다(나카츠카·이노우에·박맹수, 『동학농민전쟁과 일본』, 2014, 118쪽).

1월 31일 해남에서 벌어진 섬멸전 기록도 있는데, "오늘(1월 31일) 동학당 7명을 잡아 와 그들을 성 밖의 밭 가운데 일렬로 세우고 총에 검을 장착해 모리타森田近通 일등군조의 호령에 따라 일제히 동작해서 그들을 찔러 죽였다. 그 광경을 구경하도록 동원한 조선 사람 및 통위영 병사들이 몹시 경악했다"(나카츠카·이노우에·박맹수, 『동학농민전쟁과 일본』, 2014, 118쪽)라고 당시 정황을 기록했다.

일본군은 서남 지역 각지에 분산 주둔해 동학 농민군을 체포 처형했다. 미나미 대대장은 처형자 수에 대해 "해남 부근 250명, 강진 부근 320명, 장흥 부근 300명, 나주 부근 230명, 그밖에 함평현·무안현·영암현·광주부·능주부·담양현·순창부·운봉현·장성현·영광군·무장현 등에서도 30~50명 정도 남아 있는 적들을 처형했다"라고 보고했다. 그 결과 "동학 농민군은 다시 일어날 염려가 없는 것 같다"라고 기록하고 있다(나카츠카·이노우에·박맹수, 『동학농민전쟁과 일본』, 2014, 112쪽).

최후까지 저항했던 동학 농민군이 진압되자 미나미 대대장은 이노우에 공사에게 "훈령대로 적의 무리를 전라도 서남부에 바짝 몰아붙였다"라고 보고했다. 나주에 작전본부를 두고 토벌전을 수행했던 후비보병 제19대대는 용산으로 복귀했다. 2월 28일, 동학당 토벌대 전군은 이날 오후 4시 용산에 도착했다.

이날 오후 서울 용산진에서는 동학당 정토 작전을 수행하고 귀환한 조-일 양군 개선식이 열렸다. 이날 정오 눈이 내렸는데, 조선 정부는 군무 대신 조희연을 칙사로, 일본 측에서는 이노우에 공사를 대신해 스기무라 일등서기관이 참석했다. 점검을 마친 후 군무 협판 권재형이 고종의 칙어를 대신 낭독했다. "이웃한 나라의 두터운 정에 의해 이 한랭한 날씨에도 남도 준험의 산곡을 두루 돌아다니고, 여러 가지 고난을 경험하고 우리나라를 위해 동학 비도를 초토剿討해 치안을 보전하고 지방 생민을 도탄의 고통에서 구해 짐은 심히 높은 우의를 가상하게 생각하고 공로에 감사한다"라는 내용이었다('동학당 정토군의 개선', 「도쿄아사히朝日신문」 1895년 2월 28일). 참석자 전원은 '대일본제국 동학당 정토군' 지휘관 미나미 소좌의 선창으로 "조선국 대군주 폐하 만세" "대일본 황제 폐하 만세"를 외쳤다.

정보 수집 덕분에 농민군에 압승

제2차 동학농민봉기 실패 원인을 분석한 학자들은 신식 무기로 무장한 일본 정규군의 계속된 증파, 낙후한 농민군 무기 및 농민군의 전투수행 기술 부족, 통일된 지휘 체계 미비 등을 꼽았다. 농민군은 수십만이 봉기했어도 통일된 지휘 체계가 존재하지 않았다. 때문에 실제 전투에 참여한 단위 부대의 규모는 수천, 수백 명에 불과했다(강문호, 「동학농민전쟁, 청일전쟁과 청 중앙의 강경론 | 文廷式의 『文廷式集』을 중심으로」, 『동학연구』 통권 제27호, 한국동학학회, 2009, 70~76쪽).

무엇보다 심각했던 점은 농민군 지도자들의 군사 전략 및 전술 분야 식견, 지도 능력의 부족이었다. 농민군은 기습적 유격전을 벌여 일본군의 병참 보급 라인을 끊고 지치도록 만드는 것이 필요했다. 하지만 농민군 지도부는 공주를 점령하기 위해, 근대식 무기로 잘 무장된 일본군 진지를 향해 정면 돌격전을 감행했다. 이것이 동학 농민군의 막대한 희생을 초래하고 실패한 이유다(육군군사연구소, 『청일전쟁(1894~1895)』, 2014, 348쪽). 제1차 봉기 당시 전봉준이 농민군을 이끌고 전주성을 점령함으로써 스스로 관군에게 포위를 자초했던 전술 전략적 실패를 제2차 봉기에서도 또다시 재연한 셈이다.

또 한 가지 의미심장하게 봐야 할 부분은 제2차 동학 농민군이 봉기하자 보수적 양반 유생들이 민보군民堡軍 등 각종 이름으로 반혁명군을 조직해 공격한 점이다. 양반 유생들의 민보군은 전투력이 강한 것은 아니었으나 각 지방에서 동학 농민군이 고립됐을 때 이들을 공격해 타격을 가했다. 제2차 봉기는 이런 이유들이 복합돼 실패로 귀결됐다.

하지만 제2차 봉기는 조선 정부 내 개화파 인사들을 자극해 갑오개혁이라는 대규모 개혁을 단행하도록 자극제 역할을 했다. 말하자면 조선의 근대화를 향한 밀알 역할을 한 셈이다.

청일전쟁 연구가인 하라다 게이이치原田敬一는 청일전쟁에서 전사자는 일본인 약 2만 명, 청국인 약 3만 명, 조선인(동학농민봉기 전사자) 3만 명 이상이라고 밝혔다. 후지무라 미치오는 청일전쟁에서 일본군 전사자를 1만 3,488명으로 집계했다. 아이러니하게도 청일전쟁에서 최다 전사자를 낸 것은 교전 당사국인 일본이나 청국이 아니라 조선이었다.

이노우에 공사는 동학농민봉기가 진압되자 "조선의 곡창 지대인 경상·전라·충청 3도는 동학 때문에 유린되고, 황해·평안의 두 지역도 청일전쟁과 동학 때문에 거의 황폐화됐다. 이대로 방치될 경우 관리들은 민심에서 이탈되고, 군대는 난폭에 빠져 지리멸렬하고 말 것"이라고 본국에 보고했다.

이노우에 공사는 민심 수습을 위해서는 전봉준이 필요하다고 판단했다. 체포 즉시 현지에서 즉결 처형된 김개남과는 달리 전봉준을 비롯해 함께 체포된 손화중·최경선·성두한·김덕명은 일본군에게 인도돼 서울로 호송됐다. 전봉준이 체포되자 덴유쿄는 전봉준을 "조선 일대의 영웅" "근대의 걸물"이라고 칭송하며 구명 활동을 벌이고 탈출 계획을 구상했다.

서울로 압송된 전봉준은 1895년 2월 9일부터 18일까지 일본 영사관 유치장에 감금돼 이노우에 공사와 주한 일본 공사관 산하 경성영사관의 우치다 사다쓰치內田定槌 일등영사의 심문을 받았다. 이노우에 공사는 그에게 전향을 설득했으나 전봉준은 거절했다. 전봉준은 전투 중 다리에 총상을 입어 붕대로 다리를 싸맸고, 안색이 창백해 숨이 끊어질 것처럼 위독한 상황이었다. 우치다 영사는 의사를 불러 총상을 치료해 주었다.

시 한 수 남기고 처형

2월 27일 전봉준은 함께 체포된 동료들과 함께 조선 정부의 법무아문으로 인도됐다. 이날 공사관 앞뜰에서 전봉준의 모습을 목격한 「아사히신문」 특파원 아오야마 요시에青山好惠는 "나는 단번에 그의 진실된 얼굴에서 동학도 수령으로서의 당당함을 보았다"라고 보도했다. 이때 조선에 와서 활동했던 일본인 사진사 무라카미 덴신村上天眞이 우치다 영사의 허가를 받아 전봉준을 면회하고 이송 직전의 모습을 촬영했다.

전봉준을 비롯한 5명의 동학군 지휘관들은 1895년 3월 5일부터 4월 4일까지 조선 법무아문의 재판을 받았다. 법무 대신 서광범을 비롯한 재판관들은 4월 23일 『대전회통大典會通』 형전 중 '군복 차림을 하고 말을 타고서 관아에 대항해 변란을 만든 자는 때를 기다리지 않고 즉시 처형하는 죄'에 따라 교수형을 선고했다. 다음 날 새벽 2시, 전봉준은 무악재 아래에서 다음과 같은 시 한 수를 남기고 처형됐다.

> 때를 만나서는 천지도 모두 힘을 합하더니
> 운이 가니 영웅도 스스로 어찌하지 못하는구나
> 백성 사랑하는 올바른 의리, 나 실수 없었노라
> 나라를 위하는 붉은 마음 누가 알아주리
> (時來天地皆同力 運去英雄不自謀
> 愛民正義我無失 爲國丹心誰有知)

이로써 동학농민운동은 막을 내렸고, 각지에 흩어졌던 동학 농민군은 반일 의병 투쟁의 불씨가 됐다. 동학은 전투적인 남접이 소멸하면서 이후에는 보다 종교적인 손병희 등 북접에 의해 주도됐다.

이노우에 공사가 총지휘한 동학 농민군 토벌전은 일본이 청일전쟁 중 조선에서 벌인 '선전 포고 없는 전쟁'이었다. 이 전쟁에서 일본군은 애국적인 동학 농민군 수만 명을 살상함으로써 조선 민중들의 깊은 원한을 사는 계기가 됐다.

제6권 연표

1887년	3월 13일	조선 정부, 서울-부산 간 남로전신선 가설
1889	2월	대일본제국 헌법 공포
1890	11월 29일	일본 역사상 최초로 제1회 제국의회 개원
1891	12월 25일	일본 중의원, 정부 예산안 중 15퍼센트(1,231만 엔) 삭감, 천황 칙령으로 의회 해산
1892	8월 8일	제2차 이토 내각 출범
	11월 30일	영국 기선회사 P&O 소속 선박과 일본 어뢰정 지시마호 충돌, 어뢰정 침몰해 승조원 74명 익사
1893	7월 25일	무쓰 외상, 아오키 슈조青木周藏 주영 일본 공사에게 불평등한 영-일 조약 개정 지시
	12월 30일	일본군 전시 편성 완료. 군함 쓰쿠바筑波·오시마大島호 조선에 파견해 정보 수집
1894	4월	일본 낭인 혼마 규스케本間九介, 4월 17일부터 6월 16일까지 「니로쿠신보二六新報」에 조선 정탐 내용 연재
	5월 15일	일본 민당 세력 내각 탄핵 상주안 제출
	5월 20일	일본 참모본부 소속 이지치 고스케伊知地幸介 소좌 부산 파견, 동학 농민군 동향 파악

5월 22일 스기무라 후카시杉村濬 주한 일본 대리공사, 무쓰 무네미쓰 일본 외상에게 "조선에 출병 준비 필요" 상신

5월 27일 조선 관군, 장성에서 동학 농민군에 패배

5월 29일 초토사 홍계훈 청군 원병 요청

5월 31일 동학 농민군 전주성 점령

일본 중의원, 이토 히로부미伊藤博文 내각 탄핵 상주안 가결

6월 1일 민영준, 위안스카이袁世凱에게 동학 농민군 토벌 위한 청군 파병 요청

일본 참모본부, '육군 대연습' 명목으로 일본우선회사 선박 징발

6월 2일 민영준 주도로 조선 정부의 청병 파병 요청 공문 완성

스기무라 대리공사, 공사관 서기생(중국어 통역관) 데이 에이호鄭永邦 위안스카이에게 보내 청국 정부의 조선 파병 의사 탐지해 본국 정부에 보고

이토 총리, 임시 각료 회의 소집, 중의원 해산 및 조선 출병 결정

무쓰 외상, 비밀 회의 열어 "조선에서 전쟁 일으키고, 승리 위한 방법" 논의

6월 3일 스기무라 대리공사, 위안스카이와 회담

위안스카이, 리훙장에게 청군 조선 출병 요청 보고서 상신

고종, 참의교섭통상사무 성기운 통해 동학 농민군 진압 위한 청군 파병 요청 공문 발송

일본 영사관 경부警部 와타나베 다카지로渡邊鷹次郎, 운현궁 방문해 대원군 추대 의사 전달

6월 4일 위안스카이, 조선 정부로부터 청군 파병 요청 공문 받은 사실 일본 공사관에 통지

고종, 공조 참의 이중하 청국 군함 영접관 임명

6월 5일 일본군, 히로시마 주둔 제5사단 동원령, 대본영大本營 설치

리훙장, 청국 정부의 명 받아 조선에 파병 공식 통보, 군함 지위안濟遠·양웨이揚威 조선 파견, 제독 예즈차오葉志超에게 조선으로 출동해 동학 농민군 진압 명령

오토리 게이스케大鳥圭介 주한 일본 공사, 육전대 488명과 함께 요코스카橫須賀 출항

6월 6일 홍계훈, 관군이 농민군 격파 소식 조정에 알려

리훙장, 주일 청국 공사 왕펑짜오汪鳳藻에게 "톈진조약에 따라 조선에 병력 파견 사실 일본 외무성에 통지" 훈령

6월 7일, 민영준, 위안스카이에게 "청군 파병 중지 및 원병 상륙 불가" 공문 보내

무쓰 외상, 청국 총리아문에 일본 정부도 조선에 출병 조회 보내

6월 8일 청군 선두 부대 아산 해안에 접근하자 조선 정부 상륙 불허. 청군은 백석포에 상륙해 아산 진주

6월 9일 오토리 공사와 일본군 488명 인천 상륙

6월 10일 오토리 공사, 일본군 호위하에 서울 입성

6월 11일 동학 농민군과 정부군 사이에 전주화약 성립

오토리 주한 공사, 일본군 조선 파견 보류 의견 타전

6월 12일 일본군 선발대 이치노헤一戶兵衛 대대 인천 상륙

조선 정부, 일본 공사관에 농민군 해산 사실을 알리고 일본

군 철수 요구

예즈차오 백석포에 상륙, 도착해 있던 네스청聶士成 군대와 합류

6월 13일 일본군 선발대 (제5사단 보병11연대 제1대대) 서울 입성

오토리 공사, "본 공사가 필요하다고 인정한 병사 이외의 병력 쓰시마로 퇴각시켜 달라" 의견 타전

무쓰 외상, 오토리 공사 질책하는 전문 보내

6월 14일 이토 총리와 무쓰 외상, 청국에 일·청 양국 공동으로 조선 내정 개혁 제안 결정

6월 15일 일본군 혼성여단 후속 부대 2,700명 인천 입항

일본 각의, "일·청 양국 공동으로 동학 농민군 토벌 및 조선 내정 개혁 추진" 결정

오토리 공사, 위안스카이와 회담해 일·청 양군 동시 철병 합의

오시마 요시마사大島義昌 제9혼성여단장 인천 입항

6월 16일 제9혼성여단 상륙해 인천 거류지 내에 여단 사령부 설치

6월 17일 스기무라, 오토리 공사에게 일·청 동시 철병안 파기 요청, 오토리 공사, 동시 철병 교섭 중단

6월 21일 리훙장, 일본 외무성에 '조선 내정 공동 개혁' 제안 거절

무쓰 외상, 메이지 천황에게 "조선에서 일본 단독으로 개혁 추진" 상주

일본 참모본부, 청국과 전쟁 대비한 육·해군 공동 작전 계획 작성

6월 22일 무쓰 외상, 청국에 '제1차 절교서' 송부

일본군 제9혼성여단 인천 떠나 서울 침입

이승수 주미 조선 공사, 그레셤 미 국무 장관에게 미국의 우호적 개입 요청

6월 24일 인천 거류지의 일본군 제11연대 및 특과대 서울 이동

6월 25일 청군 총병 샤칭윈夏青雲 부대 아산 도착

히트로보 주일 러시아 공사, 무쓰 외상에게 청일 양군 동시 철병 요구

6월 26일 용산 주둔 일본군 1개 대대 서울 시가지에서 위력 시위

오토리 공사, 고종에게 조선 내정 개혁 위한 조사위원 임명 요구

6월 27일 가토 마스오加藤增雄 일본 외무서기관, 오토리 주한 공사에게 "수단 방법 총동원해 개전 구실 만들라"라는 무쓰 외상의 비밀 훈령 전달

6월 28일 녜스청, 동학 농민군 진압 위해 병력 이끌고 태인·고부 일대로 이동

일본 제9혼성여단 제2차 부대 인천 상륙

내정 개혁 압력 받은 조선 정부, 리훙장에게 중재 요청

이승수 주미 조선 공사, 그레셤 장관에게 미국의 우호적 개입 재차 요청

6월 30일 히트로보 주일 러시아 공사, 무쓰 외상에게 청·일 양군 동시 철병 재차 요구

7월 1일 리훙장, "조선 정부는 일본의 내정 개혁 요구 거부하라" 공문 발송

7월 3일 오토리 공사, 외아문 독판 조병직에게 조선 내정 개혁안

5개조 제시

7월 4일 고종, 김홍집을 총리교섭통상사무로 임명, 조선 내정 개혁안 대응 지시

7월 5일 오카모토 류노스케岡本柳之助, 대원군 방문해 협조 요청

7월 7일 고종, 신정희·김종한·조인승 내정개혁조사위원 임명

7월 10일 오토리 공사, 남산 노인정에서 내정개혁조사위원들과 회동

일본군 제9혼성여단 잔여 부대 인천 상륙

7월 11일 오토리 공사와 조선의 내정개혁조사위원, '내정개혁방안 강목綱目' 27개항 고종에게 상주

7월 12일 무쓰 외상, 청국 정부에 '제2차 절교서' 최후 통첩

고종, 서태후의 회갑 축하 위해 진하사 이승순 베이징 파견

7월 13일 고종, 교정청 창설, "독자적인 내정 개혁 실행" 발표

7월 15일 오토리 공사, 조선 측 내정 개혁 조사위원들과 남산 노인정 3차 회동

7월 16일 영-일 신조약(영일항해통상조약) 체결

7월 17일 일본 최초의 대본영 어전 회의에서 일 청 개전 결정

오토리 공사, 조병직에게 "일본 정부 단독으로 조선 개혁 진행" 통보

7월 18일 조선 파견 일본군 무력 시위 돌입

7월 19일 일본 대본영 연합함대 편성, 이토 스케유키伊東祐亨를 사령장관에 임명

혼노 이치로本野一郎 참사관과 후쿠시마 야스마사福島安正 보병중좌, 오토리 공사에게 "일 청 충돌 서두르라"라는 무쓰 외상의 훈령 전달

위안스카이, 노인으로 변장해 서울 탈출

일본군 병영 설치, 경부간 군용 전신선 가설 선언, 조선의 국유 전신선을 일본 군용으로 이용하기로 결정

7월 20일 대본영, 오시마 요시마사 제9혼성여단장에게 "주력 부대 동원해 적을 격파하라" 개전 허가

일본, 조선 정부에 청군 퇴치 요청 공문 강요, 한-청 종속 관계 강요하는 통상장정 폐기 7월 22일 밤 12시까지 회답 요구

오토리 공사, 오시마 여단장에게 "조선 왕궁 포위" 제안

성군盛軍·의군毅軍·봉군奉軍·연군練軍 등 네 개의 청군 부대 평양으로 이동

7월 21일 주한 일본 공사관, 대원군 앞세워 친일 괴뢰 정권 수립 결의

청군 병력(인자영 의군) 태운 영국 선박 아이런愛人호 톈진 출발

7월 22일 영국, 일본에게 상하이 일대에서는 전투 행위 금지 요구

일본군, 경복궁 점령 위한 지휘관 회의 소집

청군(성군 의승전영義勝前營) 태운 영국 상선 페이징飛鯨호 톈진 출발

7월 23일 일본군 경복궁 점령, 대원군 앞세워 친일 괴뢰 정권 출범

오토리 공사, 「경성 탈취를 위한 여단 명령」(경복궁 점령 계획) 일본 참모본부에 보고

청군 병력 태운 영국 상선 가오성高陞호 톈진 출발

북양해군 소속 광이廣乙호 아산 앞바다에 도착, 주변 해역 경계

7월 24일 일본 내각, "상하이에서 전투 행위 금지" 영국 요구 수용
고종, 대원군에게 군무 재결권 위임
청군 병력과 무기 실은 병력 수송선 아이런호·페이징호 아산 도착

7월 25일 오시마 혼성여단장, 청군 소탕 위해 용산 기지 출발
조선 정부, 일본에 "청군 축출 의뢰" 공문 발송
조선 정부, 청국과 체결한 3개 장정 폐기 통고
풍도 해전에서 일본 해군 승리

7월 27일 일본 제9혼성여단, 성환과 평택 사이 소사들에 출몰
개화 정책 추진 기구인 군국기무처 발족

7월 29일 성환 전투에서 일본 육군 승리

7월 30일 군국기무처, 국내외 공문서에 개국기년 사용 명문화, 귀천에 관계없이 인재 선발 의안 채택

7월 31일 일본, 청국에 국교 단절 통고
대원군, 주한 일본 공사관에 민 왕후 폐서 추진 의사 전달. 일본 공사관 이를 거부

8월 1일 청·일 양국, 상대국에 선전 포고

8월 2일 대원군, 주한 러시아 공사 베베르에게 청일전쟁 종식 위해 중재 요청

8월 6일 오토리 공사, 남산 왜성대에서 성환 전투 승리 환영연
일본군 제5사단 병력 부산·원산 상륙

8월 10일 박영효와 그의 부하 5명, 일본 경찰 보호하에 귀국

8월 11일 은본위 화폐 제도 골자로 하는 '신식화폐발행장정' 시행

8월 15일 대원군, 손자 이준용을 내무 대신서리, 통위사 임명

의정부 부활시켜 정부 권한 의정부로 이양

8월 16일 신규 가설한 일본 군용 전신선 정식 개통

대원군, 평양 주둔 청군 사령관에게 밀사 파견, 일본군 축출 위한 군사 원조 요청

8월 17일 무쓰 외상, 조선 정책 방향 결정을 요청하는 「처한방책 4통處韓方策四通」 각의에 제출

일본 각의, 조선 보호국화 결정

8월 18일 군국기무처, 내무 대신서리 이준용의 권한 약화 위해 내무 대신의 지방관 임용권 박탈

8월 20일 조선 정부, 조일잠정합동조관 조인

8월 21일 성환 전투에서 패한 예즈차오의 선발대 평양 도착

러시아 황제 알렉산드르 3세, 특별 각료 회의 소집, 조선에 대한 현상 유지 정책 결정

8월 25일 리훙장, 제독 예즈차오를 평양 주둔 청군 사령관에 임명

8월 26일 대일본·대조선 양국 맹약 조인

8월 31일 일본 천황, 특사 사이온지 긴모치西園寺公望 조선 황실 위문사로 파견

9월 6일 청·일 양군, 황주 부근에서 소규모 교전

9월 7일 청·일 양군, 중화에서 소규모 교전

9월 8일 일본 정부, 대본영을 도쿄에서 히로시마로 이전

9월 12일 일본군 평양성 포위

9월 13일 제1군 사령관 야마가타 아리토모山縣有朋 서울 도착

9월 14일 예즈차오 청군 사령관, 압록강 이북으로 철수해 만주에서 결전 주장

전봉준, 800여 명의 부하 인솔해 전주성 진입

9월 15일 메이지 천황, 히로시마 대본영으로 가서 전쟁 지휘

청·일 양군, 평양 전투

9월 16일 일본군, 평양 전투에서 승리해 평양성 점령

9월 17일 무쓰 외상, 전승 지역에 조선군 장교 파견해 민심 수습 지시

압록강 입구에서 벌어진 황해 해전에서 일본군 승리

9월 19일 주한 일본 공사관, 조선 정부에 「갑오경장의 실적에 관한 반성 촉구」라는 문서 보내 간섭 강화 통보

9월 21일 대원군파 군국기무처 의원 이태용·이원긍 의원직 박탈

9월 23일 대원군·고종이 청군 사령관에게 보낸 밀서 노획돼 대본영으로 이관

9월 25일 경무청, 주한 일본 공사관에 대원군이 동학교도에게 밀사 파견 사실 제보

경북 안동 유생 서상철, 일본군에 맞서 의병 봉기

9월 30일 일본 중로中路 병참감 후루가와 노부요시古川宣譽 대좌, "조선 인민이 전신선 절단하면 총살" 명령

10월 12일 동학 남접 세력 전라도에서 봉기

10월 14일 야마가타 제1군 사령관, 전군에 압록강으로 전진 명령

10월 15일 일본 제2군, 우지나 항 출항해 대륙 원정

10월 16일 목포·진남포 개항 조약 체결

10월 17일 오토리 주한 공사, 대본영에 동학 농민군 토벌 위한 병력 증파 요청

10월 19일 고종, 양호순무영 설치, 동학 농민군 진압 작전 전개

10월 20일 평양 전투 승선 축하 위해 의화군 이강을 대표로 한 보빙

사절단 히로시마 도착

10월 21일 군국기무처, 국왕·왕비 폐위 시도한 대원군·이준용 조사 결의

10월 24일 의병 4,000여 명, 단양 공격

10월 25일 일본군, 압록강에 부교 설치해 만주 침공

북접 산하 동학 농민군, 가흥 병참사령부 습격

일본군 제2군, 화위안커우花園口에 상륙, 무혈점령

10월 27일 이노우에 가오루井上馨 주한 일본 공사 부임

동학 농민군 2,000여 명 수안보 병참지부 공격, 경부 군용 전신선 절단

가와카미 소로쿠川上操六 일본 참모본부 차장, 동학 농민군 몰살 명령

이노우에 공사, 이토 총리에게 동학 농민군 토벌 위해 5개 중대 파병 요청

10월 28일 이토 총리, 대본영 긴급 회의에서 동학 농민군 토벌 부대 파병 요청

10월 31일 친일 개화 관료 김학우, 대원군이 보낸 자객에게 암살당해

무쓰 외상, 이노우에 공사에게 동학 농민군 조기 진압 지령

11월 1일 러시아 황제 알렉산드르 3세 사망

11월 3일 일본군 제5사단 펑황청鳳凰城 공격 점령

야마가타 제1군 사령관, 대본영에 '정청征清 3책策' 건의

11월 5일 미 국무 장관 그레셤, 청-일 정부 간 거중조정 의사 밝혀

11월 6일 일본군 제1사단 노기 마레스케乃木希典 부대 진저우金州 공격 점령

동학 농민군 토벌 위한 일본 후비보병 제19대대 소속 3개 중대 인천 상륙

11월 7일 동학 농민군 3만여 명 논산 집결, 북상 시도

노기 부대, 다롄 항 점령

11월 8일 김홍집·김윤식·어윤중 등 정권 핵심 수뇌, 이노우에 공사와 동학 농민군 공동 토벌 작전 논의

11월 9일 대본영, 야마가타 제1군 사령관에게 "현지에서 현 상태로 대기" 명령

동학 농민군 토벌 위한 조-일 공동 정토군 조직

11월 11일 동학 농민군 북상해 논산에 본진 설치

11월 13일 남접·북접 동학 농민군 논산에서 합류

11월 14일 일본 정부, 미국의 거중조정 제안 수용

11월 16일 노무라 야스시野村靖 일본 내무 대신, 청국과 조선 점령지에 일본 경찰관 파견

11월 18일 목천 세성산 전투에서 동학 농민군 대패

11월 20일 논산의 동학 농민군 공주 일대 진출

동학 농민군, 이인·효포·능치에서 조-일 연합군과 전투

11월 21일 일본군, 뤼순 요새 점령, 청국 민간인 학살·약탈·강간

11월 23일 청국 정부, 뤼순 전투 패전 책임 물어 리훙장 혁직유임 조치

11월 26일 청국 강화 협상 대표 데트링과 알렉산더 마치, 리훙장 친서 휴대하고 고베 도착

11월 29일 메이지 천황, 야마가타 제1군 사령관 해임, 감군監軍에 임명

12월 4일 이토 총리, 대본영에 「웨이하이웨이 타격하고 타이완을 공략해야 할 방략」 의견서 제출

	12월 5일	우금치 전투 시작
	12월 7일	동학 농민군 노성으로 후퇴
	12월 9일	일본 대본영, 이토 총리 제안에 따라 웨이하이웨이 작전 결정하고 즈리直隸 결전 연기
	12월 10일	도쿄에서 뤼순 점령 전승 축하 대회 우금치 전투에서 패배해 노성·논산·연산으로 흩어진 농민군과 일본군 전투
	12월 13일	일본군 제3사단 하이청海城 점령
	12월 14일	후쿠자와 유키치福澤諭吉, 「지지신보時事新報」에 "뤼순의 살육, 근거없는 유언流言" 칼럼 게재
	12월 17일	군국기무처 폐지
	12월 24일	제2차 봉기한 동학 농민군 정읍에서 해산 전봉준, 정읍 입암산성으로 탈출
	12월 27일	전봉준 순창 피노리에서 지방 민병에게 생포 동학 농민군 지도자 김개남, 태인에서 관군에게 체포 조선 정부, 순무영 철폐하고 동학 농민군 토벌 작전 종료
1895	1월 4일	일본군 후비보병 제19대대, 나주에 작전본부 설치
	1월 6일	미나미 대대장, 휘하 부대에 "장흥·해남·우수영·진도 일대의 도적 떼 섬멸" 명령
	1월 20일	일본군 제2·제6사단 산둥山東반도 상륙
	1월 22일	김개남 효수
	1월 26일	기르스 러시아 외상 사망
	1월 30일	일본군, 웨이하이웨이威海衛 남쪽 청군 포대 점령
	2월 2일	일본군, 웨이하이웨이 북쪽 청군 포대 점령

2월 3일	일본 연합함대와 육군, 북양함대 및 류궁다오劉公島 수·륙 합동 공격
2월 5일	일본 제2·3어뢰전대, 류궁다오 항만 내 진입, 북양함대 기습 공격
2월 6일	일본 제2·3어뢰전대, 딩위안·라이위안·웨이위안함 어뢰 공격
2월 7일	딩루창丁汝昌 북양함대 사령관, 리훙장에게 지원군 요청
2월 8일	일본 연합함대, 류궁다오 점령
2월 9일	일본군, 육상·해상서 합동 공격으로 딩위안함 타격 성공 전봉준, 서울로 압송돼 이노우에 공사 심문 받아
2월 10일	라이위안·웨이위안함 격침
2월 11일	리훙장, 딩루창 제독에게 "지원군 파견 불가" 전보
2월 12일	북양함대 항복, 딩루창 북양함대 사령관 자결
2월 14일	일본군 제3사단, 하이청 포위망 탈출 성공
2월 17일	북양함대 생존 함정 일본 해군에게 이양, 웨이하이웨이 전투 종료
2월 27일	전봉준 조선 정부 법무아문에 인도
2월 28일	서울 용산에서 동학당 정토 작전 마치고 귀환한 조·일 양군 개선식
4월 23일	전봉준 재판에서 사형 선고
4월 24일	전봉준 사형 집행

『주한일본공사관기록』 1권, 「충청도 천안군에서 일본인이 동학당에게 살해된 건」.

가토 요코加藤陽子, 윤현명·이승혁 옮김, 『그럼에도 일본은 전쟁을 선택했다』, 서해문집, 2018.

강문호, 「李鴻章, 伊藤博文과 19세기말 동아시아 국제절서의 변화」, 『동학연구』 제26집, 한국동학학회, 2009.

______, 「동학농민전쟁, 청일전쟁과 청 중앙의 강경론 | 文廷式의 『文廷式集』을 중심으로」, 『동학연구』 통권 제27호, 2009.

강성학, 『시베리아 횡단열차와 사무라이-러일전쟁의 외교와 군사전략』, 고려대 출판부, 1999.

강성학 편저, 『용과 사무라이의 결투-중(청)일전쟁의 국제정치와 군사전략』, 리북, 2006.

강정일, 「지정학으로 본 러시아제국의 對한반도정책 (1884-1904)」, 고려대 박사학위 논문, 2013.

강효숙, 「동학농민전쟁과 조청일전쟁-일본 측 사료를 통해서 살펴 본」, 동북아역사재단·한국사연구회 엮음, 『청일전쟁·동학농민혁명과 21세기 동아시아 미래 전망』, 동학과 청일전쟁 120주년 기념 학술회의록, 2014.

곽위동, 「동학농민군의 기의와 중·한·일 삼국의 외교 각축」, 동학농민혁명기념사업회 엮음, 『동학농민혁명의 동아시아사적 의미』, 서경문화사, 2002.

구태훈, 『일본근대사』, 히스토리메이커, 2017.

국방대학원, 『일본의 대외 팽창정책과 전쟁지도』, 1995.

국사편찬위원회, 『한국사 40 : 청일전쟁과 갑오개혁』, 탐구당, 2003.

권혁수, 「청일전쟁 전후 조선에 관한 중국인의 체험과 기록」, 『한국학연구』 제29집, 인하대 한국학연구소, 2013.

(윌리엄) 길모어, 이복기 옮김, 『서양인 교사 윌리엄 길모어 서울을 걷다』, 살림출판사, 2009.

김경록, 「청일전쟁 초기 한일맹약의 강제 체결과 일본의 군사침략」, 『한일관계사연구』 제51집, 한일관계사학회, 2015.

김경태 엮음, 『통상휘찬通商彙纂』 (한국편 3), 여강출판사, 1987.

김기혁 외, 『청일전쟁의 재조명』, 한림대학교 아시아문화연구소, 1996.

김낙년, 「조선 무역의 장기동향」, 안병직 편, 『한국경제성장사』, 서울대학교 출판부, 2001.

김대래, 「개항기 일본인의 조선인식-혼마 규스케의 『조선잡기』를 중심으로」, 『역사와 경계』 Vol. 93, 부산경남사학회, 2014.

김문자, 김승일 옮김, 『명성황후 시해와 일본인』, 태학사, 2011.

김보경, 「청일전쟁 후 국제질서 인식의 변화」, 숙명여대 박사학위 논문, 2004.

김삼웅, 『녹두 전봉준 평전』, 시대의창, 2009.

김상기, 『한말 전기 의병』, 독립기념관 한국독립운동사연구소, 2009.

김영수, 『미쩰의 시기-을미사변과 아관파천』, 2013.

김정노, 「내가 난리 치러본 이야기-9세 때에 일청전쟁」, 『혜성彗星』 제1권,

1931년 11월.
김종건, 「1895년 山東에서의 청일전쟁과 항일운동」, 『대구사학』 제76집, 대구사학회, 2004.
김태웅, 「1920·30년대 한국인 대중의 화교 인식과 국내 민족주의 계열 지식인의 내면세계」, 역사교육연구회, 『역사교육』 제112집, 2009.
김현철, 「청일전쟁」, 문정인 외, 『동아시아의 전쟁과 평화』, 연세대 출판부, 2006.
나카츠카 아키라中塚明, 박맹수 옮김, 『1894년, 경복궁을 점령하라』, 푸른역사, 2014.
나카츠카 아키라中塚明·이노우에 가쓰오井上勝生·박맹수, 한혜인 옮김, 『동학농민전쟁과 일본』, 도서출판 모시는사람들, 2014.
(이안) 니시, 「청일전쟁과 영국」, 김기혁 외, 『청일전쟁의 재조명』, 한림대학교 아시아문화연구소, 1996.
다보하시 기요시田保橋潔, 김종학 옮김, 『근대일선관계의 연구 (下)』, 일조각, 2016.
大谷正, 「日清戰爭の'軍夫'關係史料調査旅行の記錄 (上)」, 『專修大學人文科學研究所月報』 147, 1992-5.
도베 료이치戸部良一, 이현수·권태환 옮김, 『근대 일본의 군대』, 육사화랑대연구소, 2003.
동북아역사재단·한국사연구회 편, 『청일전쟁·동학농민혁명과 21세기 동아시아 미래전망』, 동학과 청일전쟁 120주년 기념학술회의록, 2014년 11월 21일.
동학농민혁명기념사업회 편, 『동학농민혁명의 동아시아사적 의미』, 서경문화사, 2002.

(잭) 런던, 윤미기 옮김, 『잭 런던의 조선사람 엿보기』, 한울, 2011.

모리야마 시게노리, 「청일전쟁 중 일본군부의 대한정략」, 김기혁 외, 『청일전쟁의 재조명』, 한림대학교 아시아문화연구소, 1996.

무쓰 무네미쓰陸奧宗光, 김승일 옮김, 『건건록蹇蹇錄』, 범우사, 2013.

博文館 編, 『日清戰爭實記』 8, 東京: 博文館, 1894.

박양신, 「청일전후 일본 지식인의 대외인식론-陸羯南과 德富蘇峰을 중심으로」, 『동양학』 31집, 동양학연구소, 2001.

박영준, 「청일전쟁 이후 일본의 대외정책론(1895-1904)-야마가타 아리토모山縣有朋의 전략론과 대항 담론들」, 『일본연구논총』 제27호, 현대일본학회, 2008.

______, 『제국 일본의 전쟁 (1868-1945)』, 사회평론아카데미, 2020.

박종근, 박영재 옮김, 『청일전쟁과 조선』, 일조각, 1989.

박찬승 엮음, 『여행의 발견, 타자의 표상』, 민속원, 2010.

배항섭, 「전봉준과 대원군의 '밀약설' 고찰」, 『역사비평』 1997년 겨울호.

______, 「중일전쟁이 동학농민전쟁에 미친 영향」, 강성학 편저, 『용과 사무라이의 결투-중(청)일전쟁의 국제정치와 군사전략』, 리북, 2006.

(제노네) 볼피첼리, 유영분 옮김, 『구한말 러시아 외교관의 눈으로 본 청일전쟁』, 살림출판사, 2009.

(제임스) 브래들리, 송정애 옮김, 『임페리얼 크루즈-대한제국 침탈 비밀외교 100일의 기록』, 도서출판 프리뷰, 2010.

(이사벨라 버드) 비숍, 이인화 옮김, 『한국과 그 이웃 나라들』, 도서출판 살림, 2003.

서민교, 「1894~5년 중일전쟁기의 일본군과 조선」, 강성학 편저, 『용과 사무라이의 결투-중(청)일전쟁의 국제정치와 군사전략』, 리북, 2006.

석화정, 「청일전쟁 전황과 '조선의 독립' 문제에 대한 열강의 정책」, 『군사軍史』 제102호, 국방부 군사편찬연구소, 2017년 3월.
셰쥔메이謝俊美, 「청일전쟁시 조선 투입 청군의 동원과 조선 내에서의 전투상황」, 김기혁 외, 『청일전쟁의 재조명』, 한림대학교 아시아문화연구소, 1996.
스기무라 후카시, 「재한고심록在韓苦心錄 1894~1895」, 이노우에 가쿠고로, 한상일 역·해설, 『서울에 남겨둔 꿈』, 건국대 출판부, 1993.
시바 료타로司馬遼太郎, 이송희 옮김, 『언덕 위의 구름』 (전10권), 도서출판 명문각, 1992.
신복룡, 『동학사상과 갑오농민혁명』, 선인, 2006(개정판).
______, 『전봉준평전』, 지식산업사, 2006.
신영우, 「양호도순무영과 『갑오군정실기』」, 『청일전쟁·동학농민혁명과 21세기 동아시아 미래전망』, 동학과 청일전쟁 120주년 기념학술회의 자료집 (2014년 11월 21일).
신용하, 「갑오농민전쟁의 제2차 농민전쟁」, 『한국문화』 No.14, 1993.
(제임스) 앨런, 김대륜 옮김, 『영국 선원 앨런의 청일전쟁 비망록』, 살림출판사, 2011.
야마무로 신이치山室信一, 정재정 옮김, 『러일전쟁의 세기』, 도서출판 소화, 2010.
양태진, 「청일전쟁은 왜 한반도에서 일어나야 했는가」, 『군사軍史』 29, 국방부 군사편찬연구소, 1994년 12월.
오비나타 스미오, 「청일전쟁 전후 일본 정치에서의 동아시아 질서 구상」, 왕현종 외, 『청일전쟁기 한·중·일 삼국의 상호전략』, 동북아역사재단, 2009.
오타니 다다시大谷正, 이재우 옮김, 『청일전쟁-국민의 탄생』, 오월의봄, 2018.

와다 하루키和田春樹, 이웅현 옮김, 『러일전쟁-기원과 개전 1』, 한길사, 2019.

왕현종, 「근대화 운동의 전개-갑신정변과 갑오개혁」, 한국사연구회 편, 『새로운 한국사 길잡이 (하)』, 지식산업사, 2008.

______, 「1894년 농민전쟁 지도자의 재판 투쟁과 정세인식」, 『청일전쟁-동학농민혁명과 21세기 동아시아 미래전망』, 동학과 청일전쟁 120주년 기념학술회의 자료집(2014년 11월 21일).

왕현종 외, 『청일전쟁기 한·중·일 삼국의 상호전략』, 동북아역사재단, 2009.

原田敬一, 「軍夫の日清戰爭」, 『日清戰爭と東アジア世界の變容 (下)』, 東京: ゆまに書房, 1997.

유영익, 「대원군과 청일전쟁」, 김기혁 외, 『청일전쟁의 재조명』, 한림대학교 아시아문화연구소, 1996.

______, 『동학농민봉기와 갑오경장』, 일조각, 1998.

유이 마사오미由井正臣, 서정완·김성희·문희수·이기은·이시현 옮김, 『대일본제국의 시대』, 도서출판 소화, 2016.

육군군사연구소, 『청일전쟁(1894~1895)』, 국군인쇄창, 2014.

윤소영, 「청일전쟁기 일본인의 전쟁관과 조선인식-라프카디오 헌의 에세이와 대중매체를 통하여」, 『일본사상』 제31호, 한국일본사상사학회, 2016.

은정태, 「청일전쟁 전후 조선의 대청정책과 조청관계의 변화」, 왕현종 외 4인, 『청일전쟁기 한·중·일 삼국의 상호 전략』, 동북아역사재단, 2009.

이경하, 「청일전쟁 시기 '신보申報' 사설에 나타난 '조선'과 '일본'에 대한 시각」, 『중국어문학지』 제23집, 중국어문학회, 2007.

이균, 『일본경제 근대화의 발자취』, 한국학술정보, 2007.

이노우에 가쿠고로, 한상일 역·해설, 『서울에 남겨둔 꿈』, 건국대 출판부, 1993.

이돈화, 『천도교 창건사』, 천도교중앙종리원, 1933.

이삼성, 『동아시아의 전쟁과 평화 (2)』, 한길사, 2017.

이상백, 「동학란과 대원군」, 『역사학보』 17·18, 역사학회, 1962.

이영훈, 『한국경제사 (1)』, 일조각, 2016.

이완범, 『한반도 분할의 역사』, 한국학중앙연구원 출판부, 2013.

이윤섭, 『일본 100년』, 아이필드, 2016.

이인직, 「혈의 누」. 이인직 외, 『신소설』, 동아출판사, 1995.

임계순, 『청사淸史-만주족이 통치한 중국』, 신서원, 2001.

임종국, 『일본군의 조선침략사 I』, 일월서각, 1988.

정선태, 「'일청전쟁'이라는 재난과 문명세계의 상상-『혈의 누』를 다시 읽는다」, 『한국학논총』 43, 2015.

정성철, 「동아시아 세력전이와 한반도 전쟁-19세기 청일전쟁과 21세기 미중 경쟁」, 『담론 201』 제23권 1호, 한국사회역사학회, 2020.

정의, 「근대 일본의 서구숭배와 국수주의-메이지유신부터 청일전쟁까지를 중심으로」, 『일본사상』 제27호, 한국일본사상사학회, 2014.

조관자, 「청일·러일전쟁기의 사상과 동아시아의 변혁-일본의 아시아주의, 국수주의, 사회주의를 중심으로」, 『한림일본학』 제32집, 한림대 일본학연구소, 2018.

조명철, 「청일전쟁기, 열강과 일본의 중국침탈」, 『일본연구』 13, 고려대 일본학연구센터, 2010.

조재곤, 「한 일본인 종군기자가 본 1894년 청일전쟁과 조선」, 『군사軍史』 제66호, 2008년 4월.

조항래, 「일본 국수주의 단체의 一研究-현양사를 중심으로」, 역사학회 편, 『일본의 침략정책사 연구』, 일조각, 1984.

차경애, 「청일전쟁 당시의 전쟁견문록을 통해서 본 전쟁지역 민중의 삶」, 『명청사연구』 제28집, 명청사학회, 2007.

______, 「청일전쟁 당시 조선 전쟁터의 실상」, 『한국문화연구』 vol.14, 2008.

최규진, 「청일전쟁기 지식인의 국제정세 인식과 세계관」, 『아시아문화연구』 제26집, 가천대 아시아문화연구소, 2012.

최덕규, 「글로벌 전신네트워크와 서로전선의 가설」, 『세계역사와 문화연구』 45, 한국세계문화사학회, 2017.

______, 「청일전쟁과 고승호 사건의 국제법(1894-1903)」, 『군사軍史』 제113호, 국방부 군사편찬연구소, 2019년 12월.

최문형, 『한국을 둘러싼 제국주의 열강의 각축』, 지식산업사, 2006, 107쪽.

최보영, 「청일전쟁기(1894~1896) 주한일본영사의 영사보고와 '첩보' 활용」, 『동국사학』 69집, 2020년 12월.

최혜주, 「'조선시베리아기행'에 보이는 야즈 쇼에이의 조선 인식」, 박찬승 엮음, 『여행의 발견-타자의 표상』, 민속원, 2010.

카르네프 외 4인, A. 이르계바예브·김정화 옮김, 『내가 본 조선, 조선인-러시아 장교 조선 여행기』, 가야넷, 2003.

(A. M.) 풀리 엮음, 신복룡·나홍주 옮김, 『하야시 다다스林董 비밀회고록-1900~1910년 일본 외교의 내막』, 건국대학교 출판부, 1989.

하라 아키라原朗, 김연옥 옮김, 『청일·러일전쟁 어떻게 볼 것인가』, 살림, 2015.

하라다 게이이치原田敬一, 최석완 옮김, 『청일·러일전쟁』, 어문학사, 2013.

한상일 역·해설, 『서울에 남겨둔 꿈』, 건국대학교 출판부, 1993.

혼마 규스케本間九介, 최혜주 역주, 『조선잡기朝鮮雜記』, 김영사, 2014.

홍용덕, 「19세기 동아시아 국제질서의 구조적 변동과 '한국문제'의 형성-청일전쟁과 러일전쟁을 중심으로」, 한신대 박사학위 논문, 2015.

황동란, 「중국에는 역사가 없는가-지나사, 동양사에서 중국사에 이르기까지」, 『개념과 소통』 제8호, 한림과학원, 2011.

후지무라 미치오藤村道生, 허남린 옮김, 『청일전쟁』, 도서출판 소화, 1997.

후지와라 아키라藤原彰, 서영식 옮김, 『일본군사사日本軍事史 (上)』, 제이앤씨, 2013.

세계사와 포개 읽는 한국 100년 동안의 역사 ❻

조선을 침몰시킨 청일전쟁

펴낸날 초판 1쇄 2022년 2월 14일

지은이 김용삼
펴낸이 김광숙
펴낸곳 백년동안
출판등록 2014년 3월 25일 제406-2014-000031호

주소 경기도 파주시 광인사길 22
전화 031-941-8988
팩스 070-8884-8988
이메일 on100years@gmail.com

ISBN 979-11-86061-90-9 04910
979-11-86061-70-1 04910 (세트)

※ 값은 뒤표지에 있습니다.
※ 잘못 만들어진 책은 구입하신 서점에서 바꾸어 드립니다.